SUCURSA
APUMANC
FONOS:
2462106

MW01174319

Primero, lo primero

Stephen R. Covey
A. Roger Merrill
Rebecca R. Merrill

Primero, lo primero
Vivir, amar, aprender,
dejar un legado

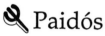 Paidós
Buenos Aires • Barcelona • México

Título original: *First Things First*
Simon & Schuster, Nueva York
© 1994 by Stephen R. Covey, A. Roger Merrill and Rebecca R. Merrill
ISBN 0-671-86441-6

Traducción de Alejandra Bolanca (Secciones 1 a 3)
y Adolfo Negrotto (Sección 4 y Apéndices)

Cubierta de Gustavo Macri

1ª edición en Argentina, 1995
1a. reimpresión, 1996

Impreso en la Argentina - Printed in Argentina
Queda hecho el depósito que previene la ley 11.723

© Copyright de todas las ediciones en castellano by

Editorial Paidós SAICF
Defensa 599, Buenos Aires

Ediciones Paidós Ibérica S.A.
Mariano Cubí 92, Barcelona

Editorial Paidós Mexicana S.A.
Rubén Darío 118, México D.F.

La reproducción total o parcial de este libro, en cualquier forma que sea, idéntica o modificada, escrita a máquina, por el sistema "multigraph", mimeógrafo, impreso, por fotocopia, fotoduplicación, etc., no autorizada por los editores, viola derechos reservados. Cualquier utilización debe ser previamente solicitada.

ISBN 950-12-1032-4

Agradecimientos

Agradecemos y expresamos nuestro profundo aprecio a todos aquellos que contribuyeron a hacer posible este proyecto:

- a quienes a través de sus obras y con el ejemplo de sus vidas nos transmitieron la sabiduría milenaria. Hemos tratado de aprender de su legado;
- a nuestros colegas, clientes y participantes en seminarios que, con su voluntad de compartir y su sinergia, potenciaron en alto grado nuestro pensamiento;
- a nuestros asociados del Covey Leadership Center, por su sinergia y abnegado apoyo;
- a Bob Asahina, de Simon & Schuster, por su paciencia, discernimiento y guía;
- a los miembros del equipo *Primero, lo primero* —Boyd Craig, Greg Link, Toni Harris, Adam Merrill y Ken Shelton— por sus importantes contribuciones. En situaciones difíciles, demostraron poseer atributos como el carácter y la competencia, cuya descripción hemos intentado en este libro;
- por sobre todo, a nuestras familias y a las familias de los miembros del equipo, cuyo cariñoso apoyo ha sido un estímulo insustituible. En parte fueron ellas quienes nos enseñaron qué es lo importante y por qué debe dársele prioridad.

A nuestros nietos,
nacidos y por nacer,
que constantemente nos estimulan
a dar a las cosas importantes el primer lugar.

Índice

Sección Tres
LA SINERGIA DE LA INTERDEPENDENCIA

Sección Cuatro
EL PODER Y LA PAZ DE LA VIDA CENTRADA EN PRINCIPIOS

APÉNDICES

Introducción

*Si trabajar con más intensidad, ingenio y rapi-
dez no brinda una solución, ¿qué puede hacerlo?*

Si usted se detiene a pensar con seriedad acerca de las "cosas
importantes" de su vida —las tres o cuatro primordiales—,
¿cuáles serían?

¿Reciben esas cosas la atención preferente y el tiempo que en
realidad desea brindarles?

Gracias al trabajo que se lleva a cabo en el Covey Leadership
Center (Centro de Liderazgo de Covey), conocemos muchos casos
de todas partes del mundo que de forma constante nos sorprenden por lo que representan. Se trata de personas activas, labo-
riosas, competentes, solícitas y deseosas de destacarse. Sin
embargo, insisten en las tremendas batallas que deben enfrentar
cada día al intentar dar prioridad a las cosas más importantes
de sus vidas. El hecho de que usted haya elegido este libro indica
que probablemente comparte lo que sienten esos individuos.

¿Cuál es la razón por la cual no solemos colocar en primer
lugar las cosas esenciales? Durante años tuvimos acceso a métodos, técnicas, herramientas e información sobre la administración y control de nuestro tiempo. Se nos aseguró que si trabajáramos más, aprendiéramos a hacer las cosas mejor y más rápido,
usáramos alguna máquina o herramienta nuevas, ordenáramos
nuestros archivos o los organizáramos de cierta manera, podríamos llegar a hacerlo todo. Así, compramos el nuevo planificador,
asistimos a los nuevos cursos y leemos el nuevo libro. Lo apren-

demos, lo aplicamos, nos esforzamos, y ¿qué ocurre? Conforme
a los comentarios de las personas que conocemos, el resultado es
mayor frustración y culpa.

- Necesito más tiempo.
- Deseo disfrutar más de la vida. Estoy siempre corriendo.
  Nunca tengo tiempo para mí.
- Mis amigos y familiares exigen más de mí, pero no sé
  cómo satisfacerlos.
- Me encuentro en una permanente situación de crisis
  porque pospongo las cosas, y pospongo las cosas porque
  estoy siempre en crisis.
- No existe equilibrio entre mi vida privada y la laboral. Da
  la impresión de que, cuando le quito el tiempo a una para
  brindárselo a la otra, la situación sólo empeora.
- ¡Estoy muy estresado!
- Hay mucho que hacer y todo es importante. ¿Cómo hago
  para elegir?

El método de administración del tiempo tradicional sugiere
que, al hacer las cosas con mayor eficiencia, se llega a tomar el
control de la propia vida y que ese mayor control trae consigo la
paz y la satisfacción que se desea.

No estamos de acuerdo

Resulta infructuoso basar nuestra felicidad en la capacidad
de controlar todo. Aunque la elección de las acciones que hemos
de ejecutar está bajo nuestro control, no controlamos las consecuencias de nuestras opciones. Las leyes y principios universales, en cambio, sí lo hacen. De este modo, no somos *nosotros* quienes controlamos nuestra vida, sino los *principios*. Creemos que
esta idea aclara los motivos de la frustración que sufrimos con

14

el enfoque de la vida basado en el método tradicional de la "administración del tiempo".

En esta obra presentamos un enfoque de la administración del tiempo totalmente diferente. Se trata de un enfoque centrado en principios. Trasciende las tradicionales recetas que implican realizar más cosas con mayor velocidad, más trabajo y más ingenio. En lugar de proporcionar otro reloj, este libro ofrece una brújula, puesto que tiene más importancia la meta hacia la que nos dirigimos que la rapidez con que lo hacemos.

En un sentido, este enfoque es nuevo; en otros, es muy viejo. Tiene profundas raíces en los clásicos y eternos principios que representan un contraste bien definido con respecto al enfoque de la vida basado en la rápida solución y la obtención de riquezas sin esfuerzo que promueven la actual metodología de la administración del tiempo y la literatura "sobre el éxito". Vivimos en una sociedad moderna a la cual le agradan las técnicas que proporcionan atajos. No obstante, no se llega a la calidad de vida tomando un atajo.

No existen atajos, pero sí un camino. Éste se basa en principios respetados a lo largo de la historia. El mensaje que se deduce de esta sabiduría es que una vida con sentido no se fundamenta en la rapidez o la eficiencia. Tiene más importancia lo que se hace y cómo se hace que la velocidad en realizarlo.

Éstos son los temas que usted hallará en *Primero, lo primero*.

• En la Sección Uno, "El reloj y la brújula", analizamos la brecha que muchos encontramos entre la forma como empleamos nuestro tiempo y lo que es realmente importante para nosotros. Describimos las tres "generaciones" de métodos para administrar el tiempo, que incluyen el actual paradigma de eficiencia y control, y tratamos las razones por las cuales este enfoque basado "sólo en el reloj" en realidad amplía la brecha en lugar de cerrarla. Estudiamos la necesidad de un nuevo nivel de pensamiento, de una cuarta generación de índole distinta. Lo alentamos a examinar la forma de emplear su tiempo en la actualidad para determinar si hace lo que es meramente "urgente" o lo que en verdad es "importante" en su vida; y también tratamos las consecuencias de la "adicción a lo urgente". Por último, consideramos las "cosas primordiales" (las necesidades y capacidades humanas básicas de vivir, amar, aprender y dejar un legado) y planteamos la forma de darles prioridad mediante el uso de la brújula interior con el objeto de ordenar la propia vida según las realidades "del verdadero norte" que gobierna la calidad de vida.

• En la Sección Dos, "Lo principal es mantener primero lo primero", presentamos el proceso de organización del Cuadrante II, un proceso semanal de treinta minutos que somete el reloj a la brújula y capacita para cambiar el foco de lo "urgente" a lo "importante". Describimos el proceso en general con el fin de mostrar los beneficios inmediatos y luego analizamos cada parte con detenimiento para destacar cuánto es lo que puede aportar usted a su vida con el transcurso del tiempo. Consideramos:

— Cómo descubrir su misión y crear una poderosa visión del futuro que se convierta en el ADN de su vida y le otorgue significado y propósito,
— cómo crear equilibrio y sinergia entre los distintos roles que desempeña en su vida,
— cómo establecer y lograr metas basadas en principios que redunden en resultados de calidad de vida,
— cómo conservar una perspectiva que le otorgue el poder de "mantener primero lo primero",
— cómo actuar con integridad en el momento de elegir: cómo poseer la sabiduría y el juicio necesarios para determinar si "poner primero lo primero" significa ajustarse al propio plan o cambiar… y ser capaz de hacer lo que se decida con confianza y paz,

16

— cómo convertir las semanas en una espiral ascendente de aprendizaje y vida.

• En la Sección Tres, "La sinergia de la interdependencia", abordaremos los problemas y el potencial de la realidad interdependiente en la que el individuo pasa el 80 por ciento del tiempo, un área que en lo esencial el método de administración del tiempo tradicional pasa por alto o trata de forma inadecuada. Examinamos las diferencias entre las interacciones transaccionales y las transformacionales. En lugar de considerar a los demás como meras fuentes de las que se puede obtener la realización de más cosas mediante la delegación, analizamos la forma de crear una poderosa sinergia mediante una visión compartida y acuerdos sinergéticos. Estudiamos el otorgamiento de poder (el desplazamiento del fulcro) y describimos lo que se puede hacer para fomentar el crecimiento personal y organizativo y para convertirse en agente catalizador del cambio en la propia familia, en el grupo laboral o en otra organización.

• En la Sección Cuatro, "El poder y la paz de la vida centrada en principios", citamos algunos ejemplos de la vida real y demostramos cómo el enfoque de cuarta generación transformará literalmente la calidad de su día y la naturaleza de lo que hace. Finalizamos con el análisis de los principios de paz y la forma de evitar los principales obstáculos que se oponen al logro de una vida con satisfacciones, significado y alegría.

Para obtener el máximo beneficio de este material, es necesario que usted se compenetre con él y acepte realizar un examen de su vida, sus planes de acción, sus motivaciones, sus "cosas principales" y lo que usted representa. Se trata de un proceso sumamente introspectivo. A medida que trabaje con este material, le aconsejamos detenerse con frecuencia para escuchar la voz de su mente y su corazón. Resulta imposible no cambiar al sumergirse en esta clase de autoconocimiento profundo. Usted percibirá el mundo de otra manera. Verá las relaciones de otra manera. Valorará el tiempo de otra manera. Se verá a sí mismo de otra manera. Estamos convencidos de que este material puede capacitarlo para cerrar la brecha que existe entre lo que es totalmente importante para usted y la forma de emplear su tiempo.

Agradecemos su deseo de tener en cuenta lo que creemos que constituye un mejor método. Estamos convencidos por propia experiencia de que los principios redundan tanto en paz personal como en efectos sorprendentes.

El poder está en los principios.

Creemos que el material de esta obra lo ayudará a escapar de la tiranía del reloj y a volver a descubrir su brújula. Ésta lo capacitará para vivir, amar, aprender y dejar un enorme y duradero legado... con alegría.

Sección Uno
El reloj y la brújula

Stephen: Una noche conversaba con mi hija María, que acababa de tener a su tercer hijo. Me comentó: "¡Me siento tan frustrada, papá! Sabes cuánto amo a mi bebita, pero cuidarla me lleva literalmente todo el día. No puedo dedicarme a otra cosa, ni siquiera a las que sólo yo puedo hacer."

Yo comprendía la frustración que debía experimentar María. Es brillante y capaz. Además, siempre desempeñó ocupaciones interesantes. Tenía en mente emprender muchas cosas útiles: llevar a cabo proyectos, realizar contribuciones, hacer cosas en la casa que de otro modo quedaban pendientes.

Mientras conversábamos nos dimos cuenta de que su frustración era esencialmente la consecuencia de sus expectativas. Por el momento, la única necesidad consistía en disfrutar de su bebita.

"Sólo necesitas relajarte", le aconsejé. "Tranquilízate y disfruta de esta experiencia. Deja que tu hija perciba la alegría que sientes por ser su madre. Ninguna otra persona puede amarla y cuidarla como tú lo haces. Todo otro interés en tu vida queda postergado por el momento."

María descubrió que, por un tiempo, su vida se desequilibraría... y que así debía ser. "Existe el momento y la oportunidad para cada cosa bajo el sol." Asimismo, descubrió que, a medida que su hija creciera y comenzara otra etapa de la vida, ella podría lograr sus objetivos y contribuir en otras formas poderosas.

Por último opiné: "Ni siquiera sigas un horario. Olvida el calendario y abandona las agendas si sólo te hacen sentir culpable. Este bebé es lo más importante en tu vida en este momento. Tan sólo disfruta de su compañía y no te preocupes. Deja que te gobierne tu brújula interna y no el reloj de la pared."

Para muchas personas existe una brecha entre la brújula y el reloj, entre lo que es sumamente importante y la forma como hacen uso de su tiempo. El enfoque de la "administración del tiempo" tradicional, consistente en hacer más cosas con más rapidez, no cierra esta brecha. En realidad, muchos se percatan de que el aumento de velocidad sólo lleva a hacer peor las cosas.

Considere el siguiente caso: si alguien tuviera la varita mágica y súbitamente le garantizara el 15 o 20 % de aumento de la eficiencia que promete el método de la administración del tiempo tradicional, ¿solucionaría esto los problemas inherentes a la administración del tiempo? Aunque al principio sienta entusiasmo ante la idea de incrementar la eficiencia, si usted se parece a las personas con las que trabajamos, es probable que llegue a la conclusión de que los problemas que enfrenta no se solucionan simplemente al mejorar su capacidad de realizar las cosas en menos tiempo.

En esta sección analizamos en detalle las tres generaciones de la administración del tiempo tradicional y se estudian las razones por las cuales no logran cerrar la brecha antes mencionada. Invitamos a usted a reflexionar si considera la vida a través de un paradigma basado en "lo urgente" o "lo importante", y tratamos las consecuencias de la adicción a lo urgente. Examinamos la necesidad de una cuarta generación de índole distinta. Más que un método de "administración del tiempo", es una generación de liderazgo personal. Más que en hacer las cosas de forma correcta, se basa en hacer las cosas correctas.

En el capítulo 3 abordamos el complicado tema de lo que consideramos "las cosas importantes" en la vida y la capacidad de darles prioridad. Este capítulo trata las tres ideas esenciales en el mismo núcleo de la cuarta generación. Con seguridad contradirá lo que usted piensa sobre el tiempo y la vida. Este capítulo exige cierta disposición emocional con el fin de llevar a cabo un profundo trabajo interior. Sugerimos leer los capítulos por su orden, pero, si usted lo considera más útil, puede pasar directamente a la Sección Dos, analizar el proceso de organización del Cuadrante II, observar los beneficios del tema tratado y luego regresar al capítulo 3. Garantizamos que la comprensión y la aplicación de las tres ideas fundamentales de este capítulo ejercerán enorme influencia en el empleo de su tiempo y en la calidad de su vida.

1

¿Cuántas personas en su lecho de muerte desearían haber pasado más tiempo en la oficina?

El enemigo de lo "mejor" es lo "bueno".

Constantemente estamos decidiendo cómo hemos de emplear el tiempo, se trate de largos períodos o de breves momentos. Asimismo, vivimos con las consecuencias de esas decisiones. Y a muchos de nosotros nos desagradan las consecuencias, en especial cuando pensamos que hay una brecha entre el modo como empleamos el tiempo y lo que consideramos sumamente importante en la vida.

¡Mi vida es muy agitada! Corro durante todo el día: reuniones, llamadas telefónicas, papelerío, citas. Me exijo a mí mismo hasta el límite, caigo rendido en la cama y me levanto temprano a la mañana siguiente para hacer lo mismo. Mi desgaste es tremendo, pues hago muchas cosas. Sin embargo, en mi interior me corroe la duda: "¿Y qué? ¿Qué haces que realmente sea importante?" Debo admitir que no lo sé.

Me siento atormentado. Mi familia es importante para mí, pero también mi trabajo. Vivo un conflicto perpetuo, pues intento satisfacer las exigencias de ambos. ¿Es posible encontrar el éxito y la felicidad verdaderos en la oficina y en casa?

23

No me queda mucho tiempo para distraerme. El directorio y los accionistas me persiguen como un enjambre de abejas debido a la baja de precios de nuestras acciones. Me paso haciendo de árbitro en las guerras por territorio entre los miembros de mi equipo de ejecutivos. Percibo una presión inmensa al conducir la iniciativa para mejorar la calidad de nuestra organización. La moral de nuestros empleados es baja y me siento culpable por no convocarlos y escucharlos. Para colmo, mi familia casi me da por perdido porque nunca me ve.

Creo que no controlo mi vida. Trato de imaginar lo que es importante y fijar metas para hacerlo, pero los demás —mi jefe, mis socios, mi esposa— constantemente se interponen. Lo que otras personas desean que haga para ellos impide que haga lo que decidí emprender. Lo que considero importante es arrastrado por la corriente de lo que resulta importante para los demás.

Todo el mundo me dice que tengo mucho éxito. Trabajé, ahorré y me sacrifiqué para llegar a la cima. Pero no soy feliz. Por dentro me siento vacío. Como dice la canción: "¿Esto es todo?"

La mayor parte del tiempo no disfruto de la vida. Por cada cosa que hago, pienso en diez que no realizo, lo cual me hace sentir culpable. El constante estrés que sufro al intentar determinar lo que debo hacer entre todas las cosas que podría llevar a cabo, crea una continua tensión. ¿Cómo adivinar lo que es más importante? ¿Cómo puedo lograrlo? ¿Cómo puedo disfrutarlo?

Me gustaría saber cómo debo obrar con mi vida. Puse por escrito lo que considero en verdad importante y fijé metas para realizarlo. No obstante, se pierde entre mi visión y acción diarias. ¿Cómo trasladar a la vida cotidiana lo que realmente es importante?

Poner primero lo primero constituye un acto esencial en la vida. Casi todos nosotros nos sentimos atormentados por las cosas que desearíamos hacer, por las exigencias de los demás, por las numerosas responsabilidades que tenemos. Todos nos sentimos desafiados por las decisiones que debemos tomar día tras día y momento tras momento con respecto a cómo mejorar nuestro empleo del tiempo.

Las decisiones resultan más fáciles cuando el problema se reduce a la cuestión de lo "bueno" y lo "malo". Es fácil para todos ver que algunas formas de pasar el tiempo son inútiles, embrutecedoras e incluso destructivas. Pero para la mayoría de nosotros el asunto no tiene que ver con lo "bueno" y lo "malo", sino con lo "bueno" y lo "mejor". A menudo el enemigo de lo mejor es lo bueno.

Stephen: Conocí a un hombre a quien nombraron decano de una facultad de economía de una gran universidad. Apenas se instaló en su puesto, estudió la situación por la que atravesaba la facultad y pensó que lo que más se necesitaba era dinero. Reparó en que contaba con una singular capacidad para recaudar fondos y decidió que ésa era su función principal.

Esto originó un problema en la institución, ya que los decanos anteriores se habían concentrado sobre todo en satisfacer las necesidades cotidianas de la facultad. El nuevo decano nunca se encontraba allí. Recorría el país con el propósito de reunir fondos destinados a la investigación, becas y otros privilegios. No se ocupaba de las tareas diarias como lo hacía su antecesor. Los profesores tenían que entenderse con el asistente administrativo y muchos de ellos, que estaban acostumbrados a tratar con la máxima autoridad, se sentían disminuidos.

Los profesores se sintieron tan perturbados que enviaron una delegación para pedir al presidente de la Universidad el cambio del decano o un cambio radical en el estilo de conducción. El presidente, que estaba al tanto de lo que hacía el decano, dijo: "No se preocupen. Cuenta con un buen asistente administrativo. Denle algo más de tiempo".

Poco después comenzó a ingresar el dinero y los profesores comenzaron a apreciar la visión del decano. No pasó mucho tiempo antes de que le dijeran, cada vez que lo veían: "¡Váyase de aquí! No queremos verlo. Vaya y traiga más fondos. Su asistente administrativo dirige esta oficina mejor que nadie."

Más tarde este hombre admitió que había cometido el error de no hacer el suficiente trabajo de equipo, de no dar las suficientes explicaciones, de no explicar de forma suficiente lo que se proponía llevar a cabo. Estoy seguro de que podría haber obrado mejor, pero aprendí una lección de suma trascendencia. Es preciso preguntarse en forma constante: "¿Qué se necesita aquí y en qué consiste mi habilidad singular, mi don?".

Le habría resultado fácil a este hombre satisfacer las expectativas apremiantes de los demás. Podría haber hecho una carrera de gran prestigio en la universidad, pero, si no hubiera descubierto las verdaderas necesidades y sus propias habilidades singulares ni llevado a cabo la visión desarrollada, nunca habría logrado lo *mejor* para él, los profesores o la universidad.

¿Qué es para usted "lo mejor"? ¿Qué le impide otorgar a esas cosas "mejores" el tiempo y la energía que desea brindarles? ¿Interfieren demasiadas cosas "buenas"? Y eso es precisamente lo que les ocurre a muchas personas. Y la consecuencia es el sentimiento perturbador de que no ponen primero lo primero en sus vidas.

El reloj y la brújula

Nuestra lucha por colocar primero lo primero se caracteriza por el contraste existente entre dos poderosas herramientas que nos dirigen: el reloj y la brújula. El reloj representa los compromisos, las citas, los horarios, las metas, las actividades: lo que hacemos con el tiempo y cómo lo administramos. La brújula representa nuestra visión, nuestros valores, nuestros principios, nuestra misión, nuestra conciencia moral, nuestra orientación: todo lo que sentimos que es importante y el modo como *dirigimos* nuestra vida.

La lucha se desencadena cuando percibimos una brecha entre el reloj y la brújula, cuando lo que hacemos no contribuye a lo que es lo más importante en nuestras vidas.

Para muchos de nosotros, el dolor que produce la brecha es

26

intenso. No podemos hacer lo que decimos. Nos sentimos atrapados y controlados por otras personas y situaciones. Siempre nos enfrentamos a crisis. Muy a menudo quedamos aprisionados en "una maraña de trivialidades",[1] ocupados en apagar incendios y sin tiempo para hacer lo que reconocemos como trascendente. Tenemos la impresión de que los demás viven nuestras vidas por nosotros.

Para otros, el dolor nos resulta una leve incomodidad. No logramos hacer coincidir lo que creemos que *debemos* hacer, lo que *deseamos* hacer y lo que en realidad *hacemos*. Nos encontramos frente a dilemas. Dada la culpabilidad que sentimos por lo que no llevamos a cabo, no disfrutamos lo que hacemos.

Algunos nos sentimos vacíos. Al haber definido la felicidad únicamente en términos de logro profesional o económico, percibimos que el "éxito" obtenido no nos brinda la satisfacción esperada. Con esmero, subimos la "escalera del éxito" peldaño por peldaño —el diploma, las noches en vela, los ascensos— sólo para descubrir, al llegar al último peldaño, que la escalera estaba apoyada en la pared equivocada. Concentrados en ascender, dejamos por el camino una serie de relaciones frustradas y momentos de intensas y provechosas vivencias pasados por alto, luego de habernos dedicado de forma exagerada a ese gran esfuerzo. En nuestra carrera ascendente, simplemente no nos tomamos el tiempo para hacer lo verdaderamente importante.

Otros nos sentimos desorientados y confundidos. En realidad no sabemos qué es "lo más importante". Pasamos de una actividad a otra de forma automática. Nuestra vida se vuelve mecánica. De vez en cuando nos preguntamos si lo que hacemos tiene sentido.

Hay quienes sabemos que no poseemos equilibrio, pero no tenemos confianza en otras alternativas o pensamos que el costo

---

[1] A menudo utilizado en charlas y artículos por un respetado amigo, Neal A. Maxwell.

del cambio es demasiado alto o tememos hacer el intento; entonces creemos que es más fácil vivir en el desequilibrio.

Llamadas de atención

Es posible tomar conciencia de esta brecha de manera espectacular. Un ser querido muere. De repente ya no está y se presenta la oscura realidad que muestra lo que podríamos haber hecho, pero no hicimos, porque estábamos demasiado ocupados en ascender la "escalera del éxito" para cuidar y atender una relación sumamente satisfactoria.

Podemos descubrir que nuestro hijo es adicto a las drogas. Nuestra mente se inunda de imágenes: momentos que podríamos haber empleado a lo largo de los años haciendo cosas junto a nuestro hijo, compartiendo, construyendo la relación... pero que no hicimos porque estábamos demasiado ocupados ganándonos el sustento, estableciendo contactos adecuados o simplemente leyendo el periódico.

La compañía ha decidido reducir el personal y peligra nuestro puesto de trabajo, o nuestro médico nos comunica que nos quedan unos pocos meses de vida. O sobre nuestro matrimonio pende la amenaza de divorcio. Algunos momentos de crisis nos hacen ver con claridad que lo que hacemos con nuestro tiempo no se relaciona con lo que consideramos lo más importante.

Rebecca: Hace años visité a una joven en el hospital. Tenía veintitrés años y dos hijos pequeños en casa. Le acababan de informar que tenía un cáncer incurable. Mientras le sostenía la mano e intentaba decirle algo que la aliviara, ella gritó: "¡Daría cualquier cosa por ir a casa a cambiar un pañal sucio!".

En tanto reflexionaba sobre sus palabras y mi propia experiencia con mis pequeños hijos, me pregunté cuántas veces ambas habíamos cambiado pañales por obligación, con prisa, incluso con una sensación de frustración creada por el aparente estorbo que esa tarea representaba, en lugar de disfrutar esos preciosos momentos de vida y amor que no teníamos modo de saber si se repetirían.

Cuando no surgen esas "llamadas de atención", muchos de nosotros nunca nos enfrentamos con los temas cruciales de la vida. En lugar de buscar las causas profundas y crónicas, recurrimos a la aspirina y al apósito de fácil aplicación para tratar el agudo dolor. El alivio temporario nos da fuerzas, que empleamos para estar cada vez más ocupados en cosas "buenas", sin siquiera detenernos a meditar si lo que hacemos es en verdad lo que más importa.

Las tres generaciones
de la administración del tiempo

En nuestro esfuerzo por cerrar la brecha que hay en la vida entre el reloj y la brújula, muchos recurrimos a los métodos de "administración del tiempo". Mientras que hace sólo tres décadas había menos de una docena de libros importantes sobre el tema, una investigación reciente nos reveló la existencia de un centenar de libros, cientos de artículos y una amplia variedad de calendarios, planificadores, programas de computación y otras herramientas para administrar el tiempo. Esto refleja una especie de "estampida", en la que la creciente presión de la cultura crea en forma vertiginosa un conjunto de obras y herramientas.

Al realizar esta investigación, leímos, clasificamos y resumimos la información en ocho enfoques básicos de la administración del tiempo, que van desde los más tradicionales, orientados hacia la "eficiencia" (como el enfoque *Organícese*, el enfoque del *Guerrero* y el enfoque de la *Priorización* o del *ABC*), hasta algunos de los enfoques más modernos que desplazan a los paradigmas tradicionales. Éstos incluyen en especial el enfoque *Dejarse llevar por la corriente* del Lejano Oriente, que nos induce a conectarnos con los ritmos naturales de la vida, con esos momentos "atemporales" cuando el tictac del reloj sencillamente se desvanece en el goce del momento. Asimismo, incluyen el enfoque del *Restablecimiento*, el cual señala que factores que hacen perder el tiempo como la postergación y la delegación inefectiva suelen derivar de una profunda programación psicológica, y que las personas marcadas como "deseosas de agradar" con frecuencia asumen demasiados compromisos y trabajan en exceso por temor al rechazo y al bochorno.

Para los interesados incluimos una breve explicación de cada uno de estos enfoques y una bibliografía en el anexo B, aunque, por lo general, advertimos que la mayoría de las personas se relacionan en mayor medida con las que se podrían llamar las tres "generaciones" de la administración del tiempo. Cada generación se basa en la anterior y tiende hacia una mejor eficiencia y control.

Primera generación. La primera generación se basa en "recordatorios". Consiste en "dejarse llevar por la corriente" pero sin perder de vista lo que se desea hacer con su propio tiempo: escribir un informe, asistir a una reunión, reparar el automóvil, ordenar el garaje. Esta generación se caracteriza por la redacción de simples notas y listas de tareas. Si usted pertenece a esta generación, llevará consigo estas listas y recurrirá a ellas para no olvidar hacer tal o cual cosa. Si todo marcha bien, al finalizar el día habría realizado mucho de lo planeado y lo podrá borrar de la lista. Las que no hizo las transferirá a la lista del día siguiente.

Segunda generación. La segunda generación se fundamenta en "planificar y preparar". Se caracteriza por el empleo de calendarios y agendas. Se trata de eficiencia, responsabilidad personal, logro en fijar metas, planificación por adelantado y programación de futuras actividades y acontecimientos. Si usted pertenece a esta generación, concertará entrevistas, pondrá por escrito compromisos, identificará las fechas tope, anotará los lugares donde se celebran las reuniones. Incluso es posible que ingrese esta información en algún tipo de computadora o de red.

Tercera generación. La tercera generación supone "el planeamiento, la priorización y el control". Si usted pertenece a esta generación, con seguridad habrá dedicado cierto tiempo a la aclaración de sus valores y prioridades. Se habrá preguntado: "¿Qué deseo?". Habrá establecido metas a largo, mediano y corto plazo para obtener estos valores. Habrá clasificado sus actividades por orden de prioridad sobre una base diaria. Esta generación se caracteriza por una amplia variedad de planificadores y organizadores —ya sea electrónicos o de papel— con detalladas formas de planificación diaria.

En cierto modo, estas tres generaciones de administración del tiempo aportaron al incremento de la efectividad en la vida. La eficiencia, la planificación, la priorización, la clarificación de valores y la fijación de metas constituyeron un importante y positivo aporte.

No obstante, el tema crucial para la mayoría de la gente —a pesar del tremendo aumento de interés y material— es que persiste la brecha entre lo que les resulta sumamente importante y la manera como emplean el tiempo. En muchos casos llega a la exasperación. La gente comenta: "Hacemos más cosas en menos tiempo, pero, ¿dónde están las valiosas relaciones, la paz interna, el equilibrio, la confianza en que hacemos lo que más importa en la forma correcta?".

Roger: Estas tres generaciones describen mi historia en lo que atañe a la administración del tiempo. Me crié en el Carmel, en la zona de Pebble Beach, California. El ambiente artístico, libre pensador y filosofante pertenecía sin duda a la primera generación. Yo anotaba, de vez en cuando, cosas de las que no quería olvidarme: en especial los torneos de golf, que eran parte importante de mi vida. Dado que también me dedicaba al negocio de ranchos y caballos de carrera, debía asimismo recordar otras fechas y eventos relevantes.

En tanto progresaba, la necesidad de hacer mayor cantidad de cosas en menos tiempo, las exigencias propias de las tareas que deseaba cumplir y las magníficas oportunidades que surgían a mi alrededor me condujeron de forma rotunda al enfoque de la segunda generación. Leía todo lo que caía en mis manos sobre métodos de administración del tiempo. De hecho, durante un período, me desempeñé como consultor sobre métodos de administración del tiempo. Enseñaba a otras personas a ser más eficientes, a organizarse mejor, a utilizar bien el teléfono, etcétera. Era típico que, luego de observar y analizar sus actividades durante una jornada, hiciera sugerencias específicas sobre la manera de hacer más cosas en menos tiempo.

Con el transcurso del tiempo descubrí, desalentado, que en realidad no estaba seguro de serles útil. De hecho, comencé a preguntarme si sólo ayudaba a la gente a fracasar con mayor rapidez. El problema no radicaba en la cantidad de cosas que llegaran a hacer, sino hacia dónde se dirigían y lo que pretendían lograr. Estaban ansiosos por saber cómo se desempeñaban, pero reparé en que no podía decírselo a menos que averiguara sus metas. Esto me llevó a la tercera generación. En realidad, Stephen y yo participamos en algunas de las tareas que marcaron el comienzo de esta tercera generación y trabajamos con algunos individuos que tuvieron mucha influencia en ese campo. Nuestro interés consistía en adjudicar valores a las metas para ayudar a las personas a hacer más que fuera congruente y prioritario. En ese entonces, parecía un sendero claro que era preciso transitar.

No obstante, con el tiempo, se hizo evidente la verdadera diferencia entre lo que la gente deseaba y lo que claramente necesitaba en la vida. Muchos alcanzaban más y más metas… y se sentían cada vez más desdichados e insatisfechos.

Como consecuencia, comencé a poner en duda algunos de los paradigmas fundamentales y mi forma de pensar. Me di cuenta de que las respuestas no se hallaban en estas tres generaciones de la administración del tiempo, sino en el nivel del paradigma fundamental. Se encontraban en las suposiciones mediante las cuales se determina y enfoca lo que se intenta hacer.

Las ventajas y desventajas
de cada generación

Resulta conveniente contemplar las virtudes y flaquezas de cada generación y observar de forma específica la ayuda que aportan... además de las razones por las que no logran satisfacer la necesidad más profunda.

Las personas en la *primera generación* tienden a la flexibilidad. Son capaces de responder a los demás y a necesidades cambiantes. Saben adaptarse y obtener buenos resultados. Se basan en sus propios horarios y hacen lo que consideran necesario o acuciante en ese momento.

Sin embargo, a menudo las cosas no salen bien. Se olvidan citas y no cumplen compromisos. Sin un sentido capacitador de la visión del tiempo de vida y la fijación de metas, el logro significativo no llega a ser lo que debería. Para la gente de esta generación las "cosas importantes" son esencialmente las que están frente a ellos.

Los integrantes del plan de la *segunda generación* planifican y preparan. Por lo general, sienten un nivel más alto de responsabilidad personal hacia los resultados y los compromisos. Las agendas y programas no sólo les sirven como recordatorios, sino que los ayudan a prepararse mejor para reuniones y presentaciones, ya sea profesionales o con la familia, amigos y socios. La preparación incrementa la eficiencia y la efectividad. La fijación de metas y la planificación aumentan el rendimiento y los resultados.

No obstante, al concentrarse en la elaboración de horarios, la fijación de metas y la búsqueda de la eficiencia, se glorifica la programación. Si bien muchas personas en la segunda generación valoran sinceramente a otras y sus relaciones, esta atención a la programación a menudo las hace actuar como si los demás representaran "el enemigo". Otros dan origen a interrupciones y distracciones que impiden cumplir planes y programas. Se apartan o aíslan de los demás, o bien delegan en otros, pues los consideran primordialmente como un instrumento a través del cual elevan sus propios niveles personales. Asimismo, los que pertenecen a la segunda generación pueden obtener más de lo que desean, pero lo que logran no satisface sus profundas necesidades ni los deja en paz consigo mismo. Para los individuos de la segunda generación "lo importante" es una función del calendario y las metas.

La *tercera generación* brinda un gran aporte al asignar valores a metas y planes. Los integrantes de esta generación logran aumentar de manera apreciable su productividad personal mediante la concentración en la planificación y la priorización diarias. "Lo importante" se halla en función de los valores y las metas.

Los resultados de esta generación parecen muy prometedores. En efecto, para muchos esta generación es lo máximo en métodos de "administrar el tiempo". Creen que, si se concentran en ella, se hallarán en la cima. Sin embargo, la tercera generación presenta algunas fallas serias, no en lo que respecta a los propósitos, sino a las consecuencias no buscadas que derivan de paradigmas incompletos y elementos vitales omitidos. Es conveniente examinar estos defectos en detalle, ya que para muchos individuos esta generación representa el "ideal", y para otros que pertenecen a la primera o la segunda generación es la meta a la que aspiran.

Algunos de los *paradigmas* o predisposiciones mentales fundamentales se asemejan a mapas. No son el territorio, sino su descripción. Si el mapa no es el que necesitamos —si intentamos llegar a algún lugar en Detroit y sólo contamos con un mapa de Chicago— será complicado encontrar el sitio que buscamos. Podemos mejorar lo que hacemos —viajar de modo más eficiente, conseguir un automóvil que economice combustible, aumentar la velocidad— sin conseguir otra cosa que llegar más rápido al lugar equivocado.

Podemos influir en nuestra actitud: estar tan motivados para llegar que ni siquiera nos importe arribar a otro lugar. Sin embargo, el problema no tiene relación con lo que hacemos ni con nuestra actitud. El problema consiste en que tenemos el mapa equivocado.

Si bien estos paradigmas sustentan el enfoque tradicional de la administración del tiempo en todas sus variantes, la tercera generación pone en ellos un énfasis especial.

- *Control*. El principal paradigma de la tercera generación se basa en el control: planificar, programar, organizar. Paso a paso. Evitar que todo se desmorone. La mayoría de nosotros piensa que sería maravilloso poseer el "control" de nuestra vida, pero el hecho es que no *contamos* con ese control: los principios sí. Aunque podemos controlar la elección de nuestras acciones, no podemos controlar sus consecuencias. Al levantar un extremo de una varilla, recogemos el otro. Pensar que tenemos el control es engañarnos a nosotros mismos y colocarnos en la postura de intentar regular las consecuencias. Además, no podemos controlar a los demás. Dado que el paradigma básico se relaciona con el control, la administración del tiempo en esencia pasa por alto el hecho de que la mayor parte del tiempo vivimos y trabajamos con otras personas a quienes no podemos controlar.

- *Eficiencia*. La eficiencia consiste en "hacer más cosas en menos tiempo". Tiene sentido. Hacemos más cosas. Reducimos e, incluso, eliminamos la pérdida de tiempo. Nos perfeccionamos, adquirimos velocidad y elevamos nuestro nivel. El aumento en la productividad es increíble. Pero el supuesto subyacente es que "la cantidad" y "la velocidad" son lo mejor. ¿Es esto necesariamente verdadero? Existe una diferencia vital entre eficiencia y efectividad. Usted puede conducir por la carretera mientras disfruta de un clima adecuado para viajar y obtener un rendimiento espectacular en kilometraje, es decir, logra una gran eficiencia.

Sin embargo, si se dirige hacia el sur de la costa californiana por la ruta 101 y su meta es la ciudad de Nueva York (a unos cinco mil kilómetros al este), no está siendo muy efectivo.

Además, ¿cómo puede ser "eficiente" con la gente? ¿Intentó alguna vez ser eficiente con su cónyuge o su hijo adolescente o un empleado respecto de un tema emocional trascendente? ¿Cómo le fue?

"Lo siento, pero no puede explayarse sobre sus sentimientos ahora. Sólo cuento con diez minutos para esta entrevista."

"No me molestes ahora, hijo. Vete con tu quebrantada y sangrante alma a otra parte por unos minutos mientras termino con la 'tarea' que mi agenda indica."

Se puede obrar con eficiencia con las cosas, pero no se puede ser eficiente —con efectividad— con las personas.

- *Valores.* Valorar algo significa atribuirle valor. Los valores tienen una importancia vital. Nuestros valores guían nuestras elecciones y acciones. Valoramos muchas cosas diferentes: el amor, la seguridad, una gran casa, dinero en el banco, el nivel social, el reconocimiento, la fama. Nuestra mera valoración de algo no implica necesariamente que nos ofrezca resultados de calidad de vida. Si lo que valoramos se opone a las leyes naturales que gobiernan la paz mental y la calidad de vida, nos estamos basando en ilusiones y el fin será el fracaso. En sí, podemos constituirnos en una ley.

- *Logros independientes.* La administración del tiempo tradicional se concentra en logro, cumplimiento, obtención de lo que desea, sin dejar que nada se interponga en su camino. Otros son considerados en esencia como recursos que posibilitan hacer más en menos tiempo, o bien como obstáculos o interrupciones. Las relaciones son, en lo esencial, transaccionales. No obstante, lo real es que la mayoría de los grandes logros y la alegría en la vida deriva de relaciones que son transformacionales. En la

36

misma naturaleza de la interacción las personas sufren alteraciones. Se transforman. Se genera algo nuevo que nadie controla ni pudo anticipar. No se trata de una función de la eficiencia, sino de una función del intercambio de comprensión, entendimiento, nuevos aprendizajes y entusiasmo por esos nuevos aprendizajes. El acceso al poder transformacional de la sinergia interdependiente es el máximo "desplazamiento del fulcro" en términos de tiempo y de resultados de calidad de vida.

• *Chronos.* La administración del tiempo se ocupa de *chronos*, la palabra griega que define el tiempo cronológico. El tiempo *chronos* se considera lineal y secuencial. Ningún segundo vale más que otro. El reloj dicta en esencia el ritmo de nuestra vida. Pero en el mundo hay culturas que enfocan la vida desde un paradigma basado en el *kairos* ("tiempo apropiado" o "tiempo de calidad"). El tiempo se debe *experimentar*. Es exponencial, existencial. La esencia del tiempo *kairos* reside en el grado de valor que se obtiene de él, más que en la cantidad de tiempo *chronos* que en él se invierte. El lenguaje refleja el reconocimiento del tiempo *kairos* cuando preguntamos: "¿Pasaste un buen rato?". No deseamos saber cuánto tiempo *chronos* se empleó en una forma determinada, sino el valor, la calidad de ese tiempo.

• *Competencias.* La administración del tiempo consiste esencialmente en un conjunto de competencias. La idea es que si se desarrollan ciertas aptitudes, se podrán obtener resultados de calidad de vida. Sin embargo, la efectividad personal es una función de la aptitud o competencia y el *carácter*. De una forma u otra, casi toda la literatura expresa "El tiempo es vida", pero a semejanza de las obras sobre el "éxito" de los últimos setenta años, la literatura sobre la administración del tiempo en esencia separa lo que hacemos de lo que somos. [2] Por otro lado, la mile-

---

[2] Stephen R. Covey, *The 7 Habits of Highly Effective People* (Nueva York, Simon & Schuster), 1989. [Trad. cast.: *Los 7 hábitos de la gente altamente efec-*

naria literatura sapiencial confirma la suprema importancia de desarrollar el carácter tanto como la competencia para obtener resultados de calidad de vida.

- *Administración*. La administración del tiempo en sí consiste en una perspectiva de la *administración*, no del *liderazgo*. La administración opera sin salirse del paradigma. El liderazgo crea nuevos paradigmas. La administración funciona dentro del sistema. El liderazgo influye sobre el sistema. Se administran "cosas", pero se lideran personas. Para poner primero lo primero en nuestra vida es fundamental *anteponer* el liderazgo a la administración: "¿Hago las cosas correctas?" antes que "¿Hago las cosas de forma correcta?".

Las ventajas y desventajas de las tres generaciones de la administración del tiempo se resumen en el diagrama de la página siguiente.

Lo que se ve es lo que se obtiene

¿Cuáles son los paradigmas subyacentes que producen este tipo de resultados: eficiencia, control, administración, aptitud, *chronos*? ¿Son mapas exactos del territorio? ¿Satisfacen las expectativas que crean respecto de la calidad de vida? El hecho de que invirtamos crecientes esfuerzos en técnicas e instrumentos basados en estos paradigmas —y que el principal problema persista (en muchos casos en verdad se agrava)— indica sin duda que los paradigmas básicos tienen fallas.

tiva, Buenos Aires, Paidós, 1990.] Véase, en págs. 18-19, la reseña de doscientos años de literatura sobre el éxito. Ese estudio, concluido hace casi veinte años, reveló el papel dominante de la ética de la personalidad en la literatura sobre el éxito de los cincuenta años precedentes. Aunque desde entonces han aparecido algunas señales promisorias, el tema dominante en los años posteriores siguió siendo el mismo.

	Ventajas	Desventajas
Primera generación	• Capacidad para adaptarse cuando surge algo más importante: flexibilidad del "dejarse llevar por la corriente". • Mayor sensibilidad hacia los otros. • Falta de excesiva programación y estructuración. • Menos estrés. • Registra las "tareas por hacer".	• Carencia de verdadera estructura. • Las cosas se van de las manos. • Se ignoran u olvidan los compromisos con los demás, lo cual incide en las relaciones. • Se logra relativamente poco. • Pasa de una crisis a otra como consecuencia de no tener en cuenta horarios y estructura. • "Cosas importantes": las que tenemos delante.
Segunda generación	• Registra compromisos y citas. • Más logros a través de metas y planificación. • Reuniones y presentaciones más efectivas gracias a la preparación.	• Conduce a anteponer los horarios a la gente. • Más de lo que se *desea* —no necesariamente lo que *necesita*— o lo que satisface. • Pensamiento y acción independientes. Considera a la gente como medios o barreras en relación con las metas.
Tercera generación	• Asume la responsabilidad por los resultados . • Relaciona los valores. • • Aprovecha el poder de las metas a largo, mediano y corto plazo. • Traduce los valores en metas y acciones. • Incrementa la productividad personal mediante la planificación y priorización diarias. • Aumenta la eficiencia. • Brinda estructura/orden a la vida. • Refuerza la habilidad para administrar el tiempo y a sí mismo.	• Puede inducir a creer que usted tiene el control, en lugar de las leyes o principios naturales: orgullo de "encarnar la ley". • Clarificación de los valores no necesariamente congruente con los principios que gobiernan. • No se aprovecha el poder de la visión. • La planificación diaria rara vez va más allá de dar prioridad a lo urgente, lo acuciante y la administración de las crisis. • Conduce a la culpa, la programación excesiva y el desequilibrio entre los roles. • Antepone los horarios a las personas, a quienes cosifica. • Menor flexibilidad/espontaneidad. • Las habilidades por sí solas no producen efectividad y liderazgo; se necesita el carácter. • La urgencia y los valores determinan qué es "lo primero".

Es conveniente volver a algunos de los casos destacados con anterioridad.

¡Mi vida es muy agitada! Corro durante todo el día: reuniones, llamadas telefónicas, papelerío, citas. Me exijo a mí mismo hasta el límite, caigo rendido en la cama y me levanto temprano a la mañana siguiente para hacer lo mismo. Mi desgaste es tremendo, pues hago muchas cosas. Sin embargo, en mi interior me corroe la duda: "¿Y qué? ¿Qué haces que realmente sea importante?". Debo admitir que no lo sé.

"El interior se convierte en forma incesante en el exterior", expresó James Allen, autor del clásico *As a Man Thinketh*. "Del estado del corazón de un hombre proceden las condiciones de su vida; sus pensamientos florecen en hechos y sus hechos sustentan su carácter y su destino". [3]

Comprender estos paradigmas subyacentes a la administración del tiempo es muy importante porque nuestros paradigmas son los mapas de nuestras mentes y corazones, de los cuales derivan nuestras actitudes, nuestras conductas y los resultados que obtenemos en la vida... Crean una especie de círculo "ver/hacer/obtener".

La forma como vemos (nuestro paradigma) nos conduce a lo que hacemos (nuestras actitudes y conductas); y lo que hacemos nos lleva a los resultados que obtenemos en la vida. De este modo, si deseamos generar un considerable cambio en los resultados, no nos basta con alterar actitudes y conductas, métodos o técnicas: nos es preciso modificar los paradigmas básicos de donde surgen. Cuando intentamos cambiar la conducta o el método sin modificar el paradigma, éste finalmente vence al cambio. Es por ello que no tienen éxito las tentativas de "instalar" capacitación o calidad total en las organizaciones. No es

---

[3] James Allen, *As a Man Thinketh*, vol. 2 (Bountiful, Utah, MindArt, 1988), pág. 83.

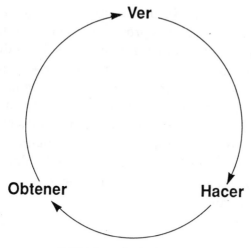

© 1994 Covey Leadership Center, Inc.

posible instalarlas; deben desarrollarse. Surgen de forma natural de los paradigmas que las crean.

El cambio de una herramienta o método de planificación no altera los resultados que se obtienen en la vida, aunque la promesa implícita lo afirme. No se trata de controlar más cosas, de una forma más correcta o rápida, sino de cuestionar la toma de control.

Según Albert Einstein:

> No podemos solucionar los problemas trascendentales con que nos enfrentamos con el mismo nivel de pensamiento que los creó.[4]

Más importante que trabajar sobre actitudes y conductas es examinar los paradigmas de los que ellas surgen. "La vida que

---

[4] Atribuido a Albert Einstein.

no se examina no merece la pena de ser vivida", observó Platón .5 Sin embargo, resulta sorprendente la cantidad de personas que, luego de asistir a nuestros programas de desarrollo del liderazgo, confiesan: "¡No había reflexionado sobre ello durante años!". Como seres humanos, intentamos —a veces con desastrosas consecuencias— conducir nuestros negocios, educar a nuestros hijos, enseñar a nuestros alumnos, involucrarnos en relaciones sin considerar de forma seria y cuidadosa las raíces de las cuales crecen los frutos en nuestra vida. De alguna manera, la administración del tiempo constituye una habilidad mecánica, segregada de las cosas que intentamos hacer y a las que dedicamos nuestro tiempo.

La necesidad de la cuarta generación

Una cosa es cierta: si seguimos haciendo lo que hacemos, seguiremos obteniendo lo mismo. Una de las definiciones de la demencia es "hacer siempre lo mismo y esperar que los resultados varíen". Si la administración del tiempo fuera la solución, sin duda la gran cantidad de buenas ideas disponibles ya se habría traducido en importantes resultados. Sin embargo, advertimos que la calidad de vida preocupa *por igual* a quienes han recibido enseñanzas sobre la administración del tiempo y a quienes no la han recibido.

La administración del tiempo —en especial la tercera generación— suena atrayente. Brinda la promesa del logro, una sensación de esperanza. No obstante, no la cumple. Para muchos el enfoque culminante de la tercera generación es rígido, estructurado y artificial. Resulta difícil mantener la intensidad. ¡Lo primero que muchos hacen al prepararse para salir de vacaciones

5 Platón, *Apology, Crito, Phaedo, Symposium, Republic*, trad. por B. Jowett y editado con una introducción por Louise Hopes Loomis (Roslyn, Nueva York, Walter J. Black, 1942), pág. 56.

es dejar sus planificadores —los símbolos de la tercera generación— en casa!

Es evidente la necesidad de una cuarta generación, que tenga todas las ventajas de las generaciones 1, 2 y 3, pero que carezca de sus desventajas... y que vaya más allá. Para ello se requieren un paradigma y un enfoque que no se diferencien por el grado, sino por la calidad: una ruptura con las formas de pensar y obrar menos efectivas.

Más que una evolución, necesitamos una revolución. Es preciso pasar de la administración del tiempo al liderazgo de la vida: a una cuarta generación basada en paradigmas que logren resultados de calidad de vida.

2

La adicción a lo urgente

Todo lo que no llega a ser un compromiso consciente con lo sustancial resulta un compromiso inconsciente con lo insustancial.

Para comenzar este capítulo lo invito a considerar las respuestas que daría a las siguientes preguntas:

¿Cuál es la actividad que usted *sabe* que, si la hubiera desempeñado con excelencia y sin descanso, habría redundado en importantes resultados positivos en su vida personal?

¿Cuál es la actividad que usted *sabe* que, si la hubiera desempeñado con excelencia y sin descanso, habría redundado en importantes resultados positivos en su vida profesional o laboral?

Si usted *sabe* que todas esas cosas significan una diferencia sustancial, ¿por qué no las hace?

Mientras usted piensa sus respuestas, analizaremos los dos factores primordiales que nos guían al elegir la manera de emplear nuestro tiempo: la *urgencia* y la *importancia*. Si bien a ambos los tenemos en cuenta, uno de ellos es el paradigma básico mediante el cual visualizamos nuestro tiempo y nuestra vida.

La cuarta generación se basa en el paradigma de la "importancia". Conocer y hacer lo que es importante en lugar de simplemente responder a lo que es urgente resulta fundamental para determinar nuestras prioridades.

A medida que usted lea este capítulo le solicitaremos que examine sus propios paradigmas con cuidado. Según actúe basado en un paradigma de lo urgente o en un paradigma de lo importante, ello influirá en los resultados que obtenga en la vida.

Urgencia

Pocos nos percatamos de qué forma poderosa influye la urgencia en nuestra elección de las cosas que debemos hacer. El teléfono suena. El bebé llora. Alguien golpea a la puerta. Se acerca una fecha de vencimiento.

"Necesito esto *ahora*."
"Estoy en un lío, ¿puede venir aquí un momento?"
"Se le hace tarde para la cita."

¿Hasta qué punto lo urgente controla su vida? Sugerimos que usted se tome unos minutos para considerar algunas de las actitudes y conductas que surgen de ese hecho, como lo muestra el Índice de Urgencia más adelante. El grado en el que usted se relacione con los enunciados del Índice le dará una idea de cómo ve la vida a través del paradigma de lo urgente. A medida que lea cada enunciado, le proponemos que haga una marca sobre el número del continuo que mejor describa su respuesta.

Una vez terminado el Índice, sume el puntaje total y mídase según el siguiente orden:

0-25	Baja predisposición mental
26-45	Alta predisposición mental
46 +	Adicción a lo urgente

Si el puntaje que obtuvo indica una baja predisposición mental, es probable que el paradigma de lo urgente no resulte

45

un factor significativo en su vida. Si señala un nivel medio o con tendencia al más alto, existe la posibilidad de que la urgencia constituya su paradigma operacional. Si el puntaje es, sin lugar a dudas, alto, la urgencia puede ser algo más que una manera de ver, es decir, puede llegar a ser una adicción.

La adicción a lo urgente

Algunas personas se acostumbran tanto al flujo de adrenalina descargada en las crisis, que dependen de ella para sentirse con entusiasmo y energía. ¿Cómo se siente usted en los casos de urgencia? ¿Estresado? ¿Presionado? ¿Tenso? ¿Exhausto? No cabe duda. Pero, para hablar con sinceridad, ésas resultan situaciones vivificantes. Nos sentimos útiles, exitosos, valorados. Nos sentimos bien. Siempre que surge un problema, cabalgamos hacia el pueblo, desenfundamos la pistola, aniquilamos al bandido, soplamos el humo del cañón de nuestra arma y nos alejamos rumbo al crepúsculo como héroes. Obtenemos así resultados instantáneos y gratificación inmediata.

Experimentamos una superioridad temporaria al resolver crisis urgentes e importantes. Cuando debemos resolver algo sin importancia nuestra fijación en la urgencia es tan poderosa que hacemos cualquier cosa por el simple hecho de estar activos.

Se espera que estemos siempre ocupados, con exceso de trabajo, y esta expectativa se ha convertido en un símbolo de nivel social: si estamos ocupados, somos importantes; si no estamos ocupados, nos da vergüenza admitirlo. La seguridad surge del hecho de estar ocupado. Otorga valor. Es popular y gratificante. Resulta también una buena excusa para no encarar lo primordial de la propia vida.

"Desearía pasar buenos momentos contigo, pero tengo que trabajar. Tengo esta fecha tope. Es urgente. Por supuesto que lo entiendes."

El Índice de Urgencia ©

Marque con un círculo el número de la matriz que represente con mayor exactitud las conductas o actitudes normales referentes a los enunciados que aparecen a la izquierda (0 = Nunca, 2 = Algunas veces, 4 = Siempre).

N   A   S

1. Parece que hago mi trabajo mejor bajo presión.

0 1 2 3 4

2. Con frecuencia culpo al apuro y la presión externos por no poder dedicar unos momentos a una profunda introspección.

0 1 2 3 4

3. A menudo me siento frustrado por la lentitud de la gente y las cosas que me rodean. Odio esperar o hacer cola.

0 1 2 3 4

4. Me siento culpable cuando me tomo unos minutos de descanso.

0 1 2 3 4

5. Siempre corro de un lugar o evento a otro.

0 1 2 3 4

6. Con frecuencia descubro que despido a la gente para terminar un proyecto.

0 1 2 3 4

7. Siento ansiedad cuando no estoy en contacto con la oficina por más de unos pocos minutos.

0 1 2 3 4

8. A menudo me preocupo por algo cuando estoy haciendo otra cosa.

0 1 2 3 4

9. Rindo lo máximo cuando manejo una situación de crisis.

0 1 2 3 4

10. El flujo de adrenalina debido a una nueva crisis me satisface más que la segura obtención de resultados a largo plazo.

0 1 2 3 4

11. En lugar de emplear el tiempo de calidad con personas importantes en mi vida, suelo destinarlo a solucionar situaciones de crisis.

0 1 2 3 4

12. Presumo que la gente naturalmente comprenderá si debo desilusionarla o dejar pasar las cosas con el fin de manejar una crisis.

0 1 2 3 4

13. Cuento con solucionar una situación de crisis para que el día tenga significado y propósito.

0 1 2 3 4

14. Suelo desayunar o almorzar mientras trabajo.

0 1 2 3 4

15. Persisto en la idea de que algún día haré lo que en realidad deseo.

0 1 2 3 4

16. Si la bandeja de salida sobre mi escritorio está llena, siento que fue un día productivo

0 1 2 3 4

"No tengo tiempo para hacer ejercicios. Sé que es importante, pero tengo que hacer muchas cosas urgentes ahora. Tal vez cuando no tenga tantas cosas que hacer."

La adicción a la urgencia equivale a una conducta autodestructiva que llena de forma temporaria el vacío que producen las necesidades insatisfechas. En lugar de satisfacerlas, las herramientas y los enfoques que empleamos para administrar el tiempo a menudo fomentan esa adicción y nos mantienen concentrados en la priorización diaria de lo urgente.

La adicción a lo urgente es tan peligrosa como otras dependencias bien conocidas. Las siguientes características se extrajeron de la bibliografía sobre recuperación que no se relaciona con la administración del tiempo. Se refieren primordialmente a la adicción a las sustancias químicas, el juego y la comida. Sin embargo, ¡las similitudes son sorprendentes! [1]

La experiencia de la adicción

1. Crea sensaciones predecibles y confiables
2. Se convierte en el primordial punto de concentración y absorbe la atención
3. Erradica el dolor y otras sensaciones negativas de forma temporaria
4. Proporciona un sentido artificial de autoestima, poder, control, seguridad, intimidad, realización
5. Agrava los problemas y sentimientos que intenta remediar
6. Empeora el funcionamiento, ocasiona la pérdida de relaciones.

---

[1] Adaptación de S. Peele, *Diseasing of America: Addiction Treatment Out of Control* (Lexington, MA, Lexington Books, 1989), pág. 147.

Estas características describen de manera precisa la adicción a lo urgente, que literalmente inunda nuestra sociedad. En todos los aspectos, este tipo de adicción se incrementa en nuestra vida y nuestra cultura.

> *Roger*: Durante uno de los programas, estudié el Índice de Urgencia con un grupo de ejecutivos de alto nivel de una empresa multinacional. Durante la pausa, el gerente general de Australia se me acercó con una mueca que intentaba ser una sonrisa. "¡No puedo creerlo!", exclamó. "¡Soy un adicto total! Es la cultura del negocio. Vivimos de crisis en crisis. Nada se hace hasta que alguien dice que es urgente."
>
> Mientras hablaba, el ejecutivo que le seguía en el nivel jerárquico de la firma se aproximó a él y expresó su acuerdo con un gesto. Bromearon un minuto sobre su situación, pero se notaba un matiz de seriedad. Luego el gerente general se volvió hacia mí y me dijo: "Sabe, cuando este hombre se unió a la compañía no era así. Pero ahora sí lo es".
>
> Abrió los ojos como si repentinamente se hubiera percatado de algo. "¿Sabe qué?", preguntó. "¡No sólo soy un adicto, sino también un 'traficante'!".

Resulta importante advertir que el problema no radica en la urgencia en sí, sino en que, cuando la urgencia es el *factor dominante* en nuestra vida, la importancia pierde valor y consideramos que "lo primero" es lo urgente. Estamos tan atrapados en nuestras tareas que ni siquiera nos detenemos a pensar si lo que hacemos es verdaderamente necesario. Como consecuencia, incrementamos la brecha entre la brújula y el reloj. Charles Hummel expresa en su obra *La tiranía de lo urgente*:

> Lo importante rara vez debe hacerse en el mismo día ni tampoco en la misma semana... Lo urgente exige acción instantánea... La atracción momentánea de lo urgente parece irresistible, y consume la energía de la persona. No obstante, a la luz de la perspectiva del tiempo, se desvanece su engañosa prominencia. Con un sentido de pérdida, la persona recuerda la tarea vital que

dejó de lado. Advierte que se convirtió en una esclava de la tiranía de lo urgente. [2]

Muchas de las herramientas de la metodología para administrar el tiempo tradicional en realidad fomentan la adicción. La diaria planificación y elaboración de listas de "tareas a cumplir" en esencia nos mantienen concentrados en priorizar y realizar sólo lo urgente. Cuanta más urgencia tenemos, menor es la importancia de lo que hacemos.

Importancia

Muchas cosas importantes que contribuyen a alcanzar nuestros objetivos generales y dan plenitud y significado a nuestra vida no tienden a presionarnos. Al no ser "urgentes", debemos considerarlas y actuar sobre ellas.

Con el fin de enfocar los temas de la urgencia y la importancia con mayor efectividad, analizamos a continuación el cuadro de la Matriz de Administración de Tiempo, en la página siguiente, que clasifica nuestras actividades en cuatro cuadrantes.

El Cuadrante I representa lo que es "urgente" e "importante": atendemos a un cliente furioso, nos encontramos en una fecha tope, reparamos una máquina arruinada, nos sometemos a cirugía cardíaca o ayudamos a un niño que llora por haberse lastimado. Necesitamos pasar tiempo al Cuadrante I, que es donde nos desenvolvemos, donde producimos, donde aplicamos nuestra experiencia y juicio para responder a muchas necesidades y desafíos. Si lo pasamos por alto, nos enterramos en vida. Pero también es preciso advertir que muchas actividades importantes se vuelven urgentes debido a que las postergamos más allá

[2] Charles Hummel, *Tyranny of the Urgent* (Downers Grove, IL: InterVarsity Christian Fellowship of the United States of America, 1967), págs.

	Urgente	No urgente
Importante	**I** • Crisis • Problemas acuciantes • Proyectos con fechas de vencimiento, reuniones y preparaciones	**II** • Preparación • Prevención • Clarificación de valores • Planificación • Creación de relaciones • Verdadera recreación • Catalizar el poder interior
No importante	**III** • Interrupciones, algunas llamadas telefónicas • Correspondencia, informes • Reuniones • Muchos asuntos acuciantes e inmediatos • Muchas actividades populares	**IV** • Trivialidades, ajetreo • Correspondencia publicitaria • Algunas llamadas telefónicas • Acciones que representan pérdida de tiempo • Actividades "de escape"

© 1994 Covey Leadership Center, Inc.

de lo necesario o a que las prevemos y planificamos de forma insuficiente.

El Cuadrante II incluye actividades que son "importantes, pero no urgentes". Es el Cuadrante de la Calidad, donde planificamos a largo plazo, anticipamos y prevemos problemas, otorgamos poder a los demás, ampliamos nuestra mente e incrementamos nuestras habilidades mediante la lectura y el continuo desarrollo profesional, visualizamos el modo de ayudar a nuestros hijos en sus problemas, nos preparamos para reuniones y presentaciones importantes o invertimos en relaciones al escuchar de forma atenta y sincera. Al incrementar el tiempo que pasamos en este cuadrante, *crece nuestra capacidad para ejecutar;* si pasamos por alto este cuadrante nutrimos y ampliamos el Cuadrante I. Si nos detenemos en él sufrimos estrés, agotamiento y profundas crisis. Por otro lado, al invertir tiempo en este cuadrante reducimos el I. Planificar, prepararse y prevenir impiden que muchas cosas se vuelvan urgentes. El Cuadrante II no actúa sobre nosotros; somos nosotros quienes debemos actuar sobre él. Se trata del cuadrante de liderazgo personal.

El Cuadrante III es casi el fantasma del Cuadrante I. Incluye las cosas que son "urgentes, pero no importantes". Es el cuadrante del engaño. El "ruido" de la urgencia crea una importancia ficticia. Sin embargo, las actividades reales, cuando son importantes, sólo lo son para el prójimo. Muchas llamadas telefónicas, reuniones, visitas inesperadas, se encuentran en esta categoría. En realidad, pasamos mucho tiempo en el Cuadrante III para satisfacer las prioridades y las expectativas de los demás, aunque supongamos que nos hallamos en el Cuadrante I.

El Cuadrante IV incluye las actividades que "no son urgentes ni importantes". Es el cuadrante de la pérdida de tiempo. Por supuesto, no debemos permanecer allí todo el tiempo. Pero, luego de sufrir los ajetreos y contrariedades que deparan los Cuadrantes I y III, a menudo "nos escapamos" al Cuadrante IV para sobrevivir. ¿Qué incluye el Cuadrante IV? No necesariamente distracciones, porque la recreación, en el verdadero sentido de la re-creación, es una valiosa actividad del Cuadrante II. Como actividades que representan la pérdida de tiempo en el Cuadrante IV podemos mencionar la adicción a la lectura de novelas frívolas, el hábito de ver espectáculos "idiotizantes" de televisión o el chismorreo al lado del surtidor de agua de la oficina. El Cuadrante IV no representa supervivencia, sino deterioro. Posee el atractivo de la nieve de azúcar, y lo mismo que esta golosina, pronto revela que carece de consistencia.

Nos gustaría sugerirle que analice la Matriz de Administración del Tiempo y reflexione sobre la última semana vivida. En caso de que pueda ubicar cada una de las actividades que realizó en los cuatro cuadrantes, ¿dónde diría que pasó la mayor parte de su tiempo?

Es conveniente que usted medite con cuidado sobre lo que atañe a los Cuadrantes I y III. Resulta fácil creer que lo urgente es importante. Una forma rápida de advertir las diferencias entre ambos consiste en preguntarse si la actividad urgente contribuyó a lograr un objetivo importante. Si no fue así, es probable que pertenezca al Cuadrante III.

Si usted se identifica con las personas que estudiamos, existe la posibilidad de que haya pasado gran parte de su tiempo en los Cuadrantes I y III.

¿Y cuál es el precio que debió pagar por ello? Si se dejó llevar por lo urgente, ¿qué cosas importantes —quizás incluso "primeras cosas"— no recibieron su tiempo y atención?

Vuelva a reflexionar sobre las preguntas que respondió con anterioridad en este capítulo:

> ¿Cuál es la actividad que usted *sabe* que, si la hubiera desempeñado con excelencia y sin descanso, habría redundado en importantes resultados positivos en su vida personal?

> ¿Cuál es la actividad que usted *sabe* que, si la hubiera desempeñado con excelencia y sin descanso, habría redundado en importantes resultados positivos en su vida profesional o laboral?

Lo invitamos a analizar a qué cuadrantes se ajustan sus respuestas. Supongamos que al Cuadrante II. Miles de personas respondieron a este cuestionario, por lo que dedujimos que la gran mayoría se refirió a siete actividades clave:

1. Mejoramiento de la comunicación con los demás
2. Mejor preparación
3. Mejor planificación y organización
4. Cuidado de la propia persona

5. Aprovechamiento de nuevas oportunidades
6. Desarrollo personal
7. Adquisición de dotes

Todas estas actividades pertenecen al Cuadrante II. Son importantes.

Entonces, ¿por qué no las llevamos a cabo? ¿Por qué usted no realiza las tareas que identificó en el cuestionario?

Tal vez porque no son urgentes ni acuciantes. No actúan sobre usted, sino que es usted quien ha de actuar sobre ellas.

El paradigma de la importancia

Es obvio que siempre nos enfrentamos con estos dos factores: urgencia e importancia. Sin embargo, en la toma de decisiones diaria prevalece uno de ellos. El problema surge cuando actuamos según el paradigma de lo urgente, y dejamos de lado el paradigma de lo importante.

Cuando actuamos según el paradigma de la importancia, vivimos en los Cuadrantes I y II. Somos ajenos a los Cuadrantes III y IV; además, al dedicar más tiempo a preparar, prevenir, planificar y capacitarnos reducimos el tiempo destinado a apagar los incendios que provoca el Cuadrante I, y hasta cambiamos su naturaleza. La mayor parte del tiempo permanecemos allí por elección y no por error. Es posible que optemos por realizar algo urgente u oportuno porque en verdad es importante.

Una de nuestras asociadas comentó así su experiencia:

Hace poco una de mis amigas atravesaba una crisis en su pareja. Yo estaba muy ocupada con la casa y el trabajo, pero me las arreglaba para seguir adelante y mantener mi tiempo de renovación personal. Pero un día en que debía asistir a tres reuniones, a un almuerzo importante, llevar a reparar el automóvil e ir de compras, ella me llamó. De inmediato advertí que mi amiga pasaba por un día muy malo y decidí dejar de lado todas las otras actividades y hacer el viaje de una hora hasta su casa. Sabía que al día siguiente el Cuadrante I estaría sobrecargado de actividades que no había llevado a cabo ese día. Sin embargo, el asunto que me ocupaba era en verdad muy importante: había elegido ponerme en una situación de urgencia, pero no me arrepentí de ello.

En nuestros seminarios, a menudo pedimos a la gente que identifique los sentimientos que asocia con los diferentes paradigmas. Cuando se refieren a la urgencia, es típico que empleen parabras como "estresado", "agotado", "insatisfecho" y "exhausto". Pero cuando hablan sobre la importancia emplean términos como "confiado", "satisfecho", "al tanto", "significativo" y "pacífico". Usted puede intentar realizar este ejercicio. ¿Cómo se siente cuando actúa según uno de los dos paradigmas? Estos sentimientos son muy sugestivos en lo que atañe a la fuente de los resultados que se obtienen en la vida.

Las preguntas que la gente formula sobre la matriz

Ahora bien, no olvidemos que la vida real no es tan clara, ordenada y lógica como lo sugieren los cuatro cuadrantes. Existe un continuo dentro de cada cuadrante, y entre cuadrante y cuadrante; hay cierta superposición. Las categorías se basan tanto en el grado como en la clase.

A continuación transcribimos las preguntas que la gente formula con mayor asiduidad sobre la matriz:

• *¿Cómo discernir qué hacer, entre todas las cosas urgentes e importantes que surgen?* Éste es un dilema repetido en nuestras vidas. Es lo que nos hace sentir que necesitamos esforzarnos y hacer más cosas con mayor velocidad. Sin embargo, casi siempre *existe una cosa* entre todas que merece prioridad. En un sentido, hay otro Cuadrante I en el mismo Cuadrante I u otro Cuadrante II en el mismo Cuadrante II. Las razones por las que se decide qué es *lo más* importante en un determinado momento constituyen uno de los temas primordiales que abordamos en los capítulos siguientes.

• *¿Está mal estar en el Cuadrante I?* No, de ningún modo. De hecho, muchos pasan un tiempo considerable en el Cuadrante I. El tema clave reside en las razones por las cuales se hallan allí. ¿Se encuentran en el Cuadrante I por urgencia o importancia? Si prevalece la urgencia, cuando desaparece la importancia se pasa al Cuadrante III: la adicción a lo urgente. Pero, si se halla en el Cuadrante I por la importancia, cuando la urgencia desaparece, pasará al Cuadrante II. El Cuadrante I y el Cuadrante II describen lo que es importante: sólo cambia el factor tiempo. El verdadero problema radica en qué momentos se encuentra en los Cuadrantes III y IV.

• *¿Dónde se consigue el tiempo para destinarlo al Cuadrante II?* Si se busca tiempo para destinarlo al Cuadrante II, el III es el principal lugar donde encontrarlo. El tiempo empleado en el Cuadrante I es de carácter urgente e importante: ya sabemos que debemos permanecer en él. También sabemos que no debemos estar en el Cuadrante IV. Sin embargo, el Cuadrante III puede resultar engañoso. La clave consiste en aprender a considerar todas las actividades según su importancia. Entonces es posible recuperar el tiempo perdido en la ficción de lo urgente y destinarlo al Cuadrante II.

• *¿Qué ocurre si me hallo en un ambiente perteneciente al Cuadrante I?* Algunas profesiones, por naturaleza, pertenecen totalmente al Cuadrante I. Por ejemplo, es tarea de bomberos, médicos y enfermeras, agentes de policía, periodistas novatos y editores responder a lo urgente e importante. Para estas personas resulta aún más crítico obtener tiempo del Cuadrante II, por la simple razón de que genera sus aptitudes para desenvolverse en el Cuadrante I. El tiempo empleado en el Cuadrante II incrementa la capacidad para actuar.

- *¿Existe algo en el Cuadrante I que no actúe sobre la persona y le exija una atención "inmediata"?* Algunas tareas desencadenan crisis o generan problemas al llevarlas a cabo, cuando no les prestamos atención. Podemos *elegir* realizarlas de forma urgente. Asimismo, lo que para una organización puede ser una actividad del Cuadrante II, como visualizar, planificar y crear relaciones a largo plazo, es posible que el ejecutivo de más alto nivel considere que pertenece al Cuadrante I. Se trata de su propio y singular deber. La ejecución de esa tarea es muy necesaria y las consecuencias que derivan de su realización o incumplimiento son significativas. La necesidad de ese ejecutivo es "inmediata", urgente y debe actuar sobre ella.

El valor de la matriz reside en el hecho de que ayuda a analizar cómo influyen la importancia y la urgencia en el momento en que elegimos la manera de emplear el tiempo. Nos permite descubrir en qué empleamos el tiempo y las razones por las que así actuamos. Asimismo, revela que *el grado en que la urgencia prevalece equivale al grado en que no lo hace la importancia.*

En el lado lejano de la complejidad

Como ocurre en el caso de abuso de drogas, la urgencia es un calmante temporario que se emplea en exceso. Atenúa parte del dolor agudo producido por la brecha existente entre la brújula y el reloj. Durante un tiempo, el alivio resulta placentero. Sin embargo, se trata de una satisfacción efímera, pues desaparece con rapidez y el dolor retorna. El hecho de realizar las cosas con prontitud no conduce a conocer las causas crónicas de los problemas básicos, la *razón* del dolor. Equivale a hacer la segunda (o tercera o cuarta) tarea con mayor velocidad... pero en realidad nada para solucionar el dolor crónico que se produce al dejar a un lado lo primero.

Para conocer los problemas crónicos se requiere una clase de pensamiento diferente, similar a la diferencia que existe entre la "prevención" y el "tratamiento", según la medicina preventiva. El tratamiento se relaciona con el nivel agudo o doloroso de la enfermedad; la prevención trata los temas referentes al estilo de vida y el cuidado de la salud. Éstos son dos paradigmas diferentes. Incluso un médico puede actuar basado en ambos, aunque por lo general uno predomine.

> *Stephen*: Me sometí a varios exámenes físicos realizados por médicos con diferentes paradigmas y objetivos. Por ejemplo, algunos médicos se guiaban por el paradigma del tratamiento: observaban el resultado de mis análisis de sangre y concluían que había mejorado porque el colesterol total estaba por debajo de 200. Otros, guiados por el paradigma de la prevención, estudiaban el mismo análisis (en especial la relación entre el colesterol total y las lipoproteínas de alta y baja densidad) y opinaban que no había mejoría, que me hallaba en un estado moderamente riesgoso, por lo cual me recomendaban hacer ejercicios, seguir una dieta y tomar medicamentos.

La mayoría de nosotros repara en que un buen porcentaje de los problemas de salud se relaciona con el estilo de vida. Sin una "llamada de atención" extrema, como un ataque cardíaco, muchos vivimos en una fantasía basada en el rescate. Vivimos como queremos vivir —no hacemos o hacemos poco ejercicio, nos alimentamos mal, incurrimos en toda clase de excesos— y cuando tenemos un problema, esperamos que el médico lo solucione. Si bien es posible disminuir el dolor con medicamentos y apósitos, si en verdad deseamos erradicarlo, debemos averiguar su causa. Es necesario prestar especial atención a la prevención. Lo mismo ocurre en todos los aspectos de la vida. Oliver Wendell Holmes expresó: "Me importa un comino la simplicidad de este lado de la complejidad; daría mi brazo derecho por la simplicidad del lado lejano de la complejidad".[3] Las respuestas simplistas de este lado de la complejidad no se orientan a la realidad total en que vivimos. Nos dan una sensación de rapidez y facilidad, pero sus promesas son vacías. Y la gente lo sabe. Según nuestra experiencia, esas personas están cansadas de los apósitos y las aspirinas que ofrecen las técnicas de la solución instantánea y la ética de la personalidad. Desean enfocar y resolver los problemas crónicos que les impiden dar prioridad a las cosas más importantes de sus vidas.

En el capítulo siguiente ampliaremos el tema referente al dolor agudo causado por los problemas que se trataron en los capítulos 1 y 2, y a sus causas crónicas y fundamentales. Examinaremos el núcleo de la complejidad, la realidad total que influye en nuestro tiempo y la calidad de nuestra vida. Tal vez las tres ideas expuestas en el capítulo 3 representen un desafío para su forma de pensar, pero es conveniente que pague el precio e interactúe con estas ideas en un profundo nivel personal. Creemos que afirmarán un mayor conocimiento que trascenderá sus paradigmas y lo fortalecerá para crear mapas que describan el territorio con precisión.

De estas ideas (del lado lejano de la complejidad) nacen los sencillos y poderosos paradigmas y procesos explicados en la Sección Dos, que lo capacitarán para dar prioridad, con mayor efectividad, a lo más importante en su vida.

3 Atribuido a Oliver Wendell Holmes.

3
Vivir, amar, aprender, dejar un legado

*Hacer muchas cosas más rápido no reemplaza
a actuar correctamente.*

Al pasar de lo urgente a lo importante, surge el problema
fundamental inmediato: "¿Qué es 'lo primero' y cómo se le da
prioridad en la vida?".

En la esencia de las cuatro generaciones existen tres ideas
básicas que nos capacitan para responder a esa pregunta:

1. la satisfacción de las cuatro necesidades y habilidades
   humanas,
2. la realidad de los principios basados en el "verdadero
   norte",
3. la potencialidad de los cuatro dones humanos.

1. La satisfacción de las cuatro necesidades y habilidades humanas

Ciertas cosas resultan fundamentales para la realización
humana. Si no satisfacemos estas necesidades básicas, nos sentimos vacíos, incompletos. Es posible que intentemos llenar ese
vacío mediante la adicción a lo urgente, o que nos volvamos com-
placientes y nos conformemos con la satisfacción temporaria que
nos puede brindar una realización parcial.

60

Ya sea que seamos conscientes o no de esas necesidades, en lo profundo de nuestro ser sabemos que existen. Además, son importantes. Podemos validarlas mediante la experiencia de otras personas. Podemos validarlas mediante la experiencia de todos los seres humanos, que se extiende por todo el mundo y a través de los tiempos. La "literatura sapiencial" * ha reconocido estas necesidades a lo largo de la historia como áreas vitales de la realización humana.

La esencia de estas necesidades se sintetiza en la frase "vivir, amar, aprender, dejar un legado". Vivir es nuestra necesidad *física* en lo que respecta a alimentos, vestimenta, vivienda, bienestar económico y salud. Amar es nuestra necesidad *social* de relacionarnos con los demás, pertenecer, amar y ser amados. Aprender es nuestra necesidad *mental* de desarrollarnos y crecer. Por último, la necesidad de dejar un legado equivale a la necesidad *espiritual* de poseer un sentido del significado, el propósito, la congruencia personal y la contribución.

¿Con qué intensidad afectan estas necesidades el tiempo y la calidad de nuestra vida? Resultaría útil reflexionar sobre los temas que se exponen a continuación:

- ¿Posee la misma energía y capacidad física durante todo el día o desearía hacer otras cosas a las que no se puede dedicar porque se siente cansado o fuera de forma?
- ¿Se encuentra en una posición económica segura? ¿Es capaz de satisfacer sus necesidades y guardar reservas para el futuro? ¿O tiene deudas, trabaja durante largas horas y apenas progresa?
- ¿Entabla relaciones satisfactorias con los demás? ¿Puede trabajar con otros de forma efectiva para lograr objetivos comunes o se siente aislado y solo, incapaz de pasar

* La "literatura sapiencial" es la parte de la literatura clásica, filosófica y religiosa de una sociedad que trata de forma específica sobre el arte de vivir (véase el Apéndice C para más explicaciones y lecturas sugeridas).

buenos momentos con la gente que ama, o bien trabajar con otros le resulta un desafío debido a malentendidos, falta de comunicación, politiqueo, calumnias, acusaciones y reproches?

- ¿Aprende, crece, desarrolla nuevas perspectivas, adquiere nuevos talentos o, por el contrario, se siente estancado? ¿Se halla obstaculizado para progresar en su profesión u otras actividades que desearía emprender, dado que no posee la educación o las aptitudes necesarias?
- ¿Cuenta con un claro sentido de la dirección y el propósito que lo inspira y energiza o se siente inseguro respecto de lo que es importante para usted y confuso acerca de lo que en verdad desea realizar en la vida?

Cada una de estas necesidades tiene una importancia vital. *En caso de no satisfacer alguna de ellas, se reduce la calidad de vida.* Si tiene deudas o mala salud, si no cuenta con el alimento, la vestimenta y la vivienda adecuados, si se siente aislado y solo, si se halla mentalmente estancado, si no posee un sentido del propósito y la integridad, la calidad de su vida se perjudica. Una salud excelente, la seguridad económica, las relaciones provechosas y satisfactorias, el progresivo desarrollo personal y profesional y un profundo sentido del propósito, la contribución y la congruencia personal crean calidad de vida.

La falta de satisfacción de alguna de estas necesidades origina un agujero negro que devora su energía y su atención. Si tiene un problema económico o sufre un intenso trauma social como un divorcio, o contrae una enfermedad, la necesidad no satisfecha puede convertirse en el factor urgente, dominante y acuciante que lo consume. Tiende a olvidar otras necesidades, lo cual redunda de forma negativa en su calidad de vida desde todo punto de vista.

En caso de no satisfacer alguna de estas necesidades, usted puede adquirir una adicción a lo urgente. Al responder con frecuencia a lo urgente, a las necesidades insatisfechas, usted tiende a convertirse en un excelente administrador de urgencias. Comienza a dar prioridad a las crisis y hacer lo urgente con mayor eficiencia, porque piensa: "Si estoy ocupado, debo de ser efectivo". Obtiene ayuda de los picos de adrenalina que se generan al apagar incendios y responder a las exigencias urgentes de los demás. Sin embargo, estas actividades no le aportan resultados de calidad de vida. No satisfacen sus necesidades fundamentales. Cuanto más se dedica a lo urgente, más aumenta su adicción. Continúa sustituyendo el "viaje" artificial que provoca la fijación a lo urgente, por la profunda realización que provoca la satisfacción de las cuatro necesidades fundamentales.

Equilibrio y sinergia entre las cuatro necesidades

Estas necesidades están profundamente interrelacionadas. Algunos de nosotros reconocemos que las tenemos pero tendemos a considerarlas como "compartimientos" de la vida. Pensamos que el "equilibrio" consiste en correr de un área a otra con la sufi-

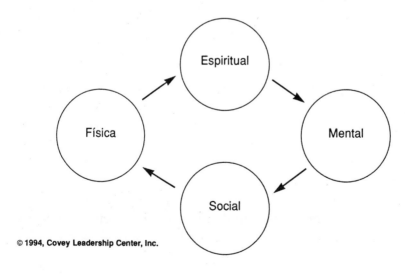

© 1994, Covey Leadership Center, Inc.

ciente rapidez como para dedicarle igual cantidad de tiempo a cada una.

Pero el paradigma de "tocar las bases" omite la realidad de la poderosa sinergia de éstas. Donde se superponen estas cuatro necesidades, se hallan el verdadero equilibrio interior, el logro completo y la alegría.

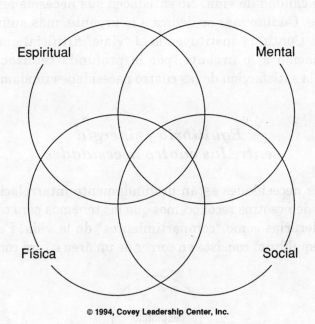

© 1994, Covey Leadership Center, Inc.

Basta con observar la diferencia. Si se obra según el paradigma de "tocar las bases" se aprecia la necesidad de ganar el sustento separadamente de la necesidad espiritual de contribuir a la sociedad. El trabajo que se elige puede resultar monótono, aburrido y frustrante. Incluso llega a ser contraproducente para el bienestar de la sociedad.

Si consideramos la necesidad psicológica de aprender y desarrollarnos de forma separada de la necesidad social de amar y ser amados, no intentamos conocer la manera de amar a los demás verdadera e intensamente. Mientras incrementamos el conocimiento académico quizá reduzcamos nuestra capacidad para relacionarnos con los demás de forma significativa.

Si consideramos la necesidad física separadamente de todas las otras, podemos no apreciar del todo la manera como nuestra calidad de salud afecta a la de cada una de las otras áreas. Cuando no nos sentimos bien, resulta mucho más difícil pensar con claridad, relacionarse con los demás de forma positiva y concentrarse en la contribución en lugar de la supervivencia.

Si consideramos la necesidad espiritual de forma separada de todas las otras, podemos no descubrir que lo que creemos de nosotros mismos y nuestros propósitos tiene gran influencia tanto en nuestra manera de vivir y amar como en lo que aprendemos. El hecho de generar compartimientos separados o, incluso, pasar por alto la dimensión espiritual de la vida afecta poderosamente cada una de las otras dimensiones. Son el significado y el propósito los que ofrecen el contexto para la realización en todas las otras dimensiones.

Sólo cuando advertimos la interrelatividad y la poderosa sinergia de estas cuatro necesidades nos capacitamos para realizarlas de un modo que cree verdadero equilibrio interior, profunda realización humana y alegría. El trabajo tiene sentido, las relaciones se profundizan y crecen, la salud se vuelve una fuente para llevar a cabo propósitos valiosos.

Al contemplar la interrelatividad de estas necesidades, descubrimos que la clave para cumplir una necesidad no satisfecha reside en concentrarnos en las otras, y no en pasarlas por alto.

Ésta es una de las ventajas del liderazgo personal: mientras que la administración se orienta al problema, el liderazgo se dirige hacia la oportunidad. En lugar de considerar un problema de forma segmentada y mecánica —como una parte rota que se debe adherir—, se trata de contemplar lo que rodea un problema, lo que se relaciona con él, lo que lo influye, así como también el problema en sí.

Por ejemplo, si surge un problema en el área física —usted tiene deudas o pasa por una crisis económica—, en lugar de omitir sus necesidades sociales, mentales y espirituales, es preferible buscar la ayuda y el consejo de otros, aumentar el conocimiento sobre la administración del dinero y las opciones para resolver problemas y definir una razón para desear saldar las deudas que brinde significado, contexto y propósito a todo camino que elija recorrer. Al concentrarse en estas áreas de la vida cuando se relacionan con la necesidad física, usted obtiene el poder para satisfacer la necesidad de la forma más efectiva.

Si tiene un problema en el área social —tal vez un divorcio— la atención a las áreas física, mental y espiritual incrementa su capacidad para resolverlo. Mediante el ejercicio y el cuidado de su salud, el estudio y el aprendizaje de la naturaleza de las relaciones y el refuerzo del sentido del propósito y el significado en su vida, usted desarrolla las condiciones que lo facultan a enfrentar el problema social de la mejor manera posible.

El fuego interior

El cumplimiento de las cuatro necesidades en una forma integrada equivale a la combinación de elementos químicos. Cuando se llega a una "masa crítica" de integración, se percibe una combustión espontánea —una explosión de sinergia interior que enciende el fuego interior y ofrece a la vida visión, pasión y un espíritu de aventura—.

La clave hacia el fuego interior consiste en la necesidad espiritual de dejar un legado. *Transforma las otras necesidades en capacidades para la contribución*. El alimento, el dinero, la salud, la educación y el amor se convierten en fuentes que acercan y ayudan a cumplir las necesidades insatisfechas de los demás.

Piense en el impacto que produce la forma como empleamos

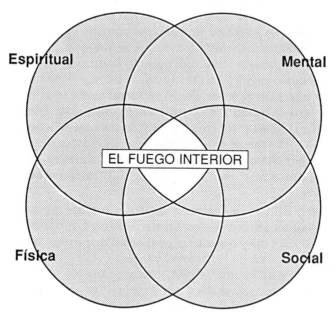

EL FUEGO INTERIOR

Espiritual

Mental

Física

Social

© 1994, Covey Leadership Center, Inc.

el tiempo y en la calidad de la vida cuando somos capaces de satisfacer de forma efectiva nuestras necesidades y convertirlas en facultades para la contribución. Abraham Maslow, uno de los padres de la psicología moderna, desarrolló una "jerarquía de necesidades", en la cual identificó la "autorrealización" como la experiencia humana suprema. Pero en sus últimos años reconsideró su primera teoría y admitió que esta experiencia máxima no equivalía a la "autorrealización", sino a la "autotrascendencia" o a vivir para un propósito superior al sí-mismo. [1]

En palabras de George Bernard Shaw:

[1] Véase Abraham Maslow, *Toward a Psychology of Being*, 2ª ed. (Nueva York, Van Nostrand, 1968), y A. H. Maslow, *The Farther Reaches of Human Nature* (Nueva York, Penguin, 1971).

Ésta es la verdadera alegría en la vida... ser utilizado para un propósito que se reconoce como poderoso... ser una fuerza de la Naturaleza en lugar de un pequeño simplón egoísta y desasosegado por dolencias y aflicciones, que se queja de que el mundo no se dedica a hacerlo feliz... Mi opinión es que mi vida pertenece a toda la humanidad y, en tanto viva, es mi privilegio hacer por ella lo que esté a mi alcance. Deseo estar exhausto en el momento de mi muerte. Cuanto más duro trabajo, más vivo. Disfruto de la vida por sí misma. No creo que la vida sea una vela de poca duración; es una especie de antorcha espléndida que debo mantener en alto por el momento. Anhelo que arda lo más resplandeciente posible antes de transmitírsela a las futuras generaciones. [2]

Roger: En uno de nuestros recientes programas de Liderazgo Centrado en Principios de fin de semana largo, un hombre se acercó a mí y me preguntó si podía confiarme una preocupación. Nos ubicamos en un lugar en el balcón terraza que daba a un hermoso lago y un campo de golf, y comenzamos a conversar.

Mientras contemplaba a este hombre, me costaba imaginar la naturaleza del problema que deseaba tratar. Era una persona notable: de mediana edad, a cargo de la vicepresidencia de una compañía multinacional, con una agradable familia. Participaba activamente en el programa y parecía captar con rapidez el material.

"Me siento cada vez más incómodo a medida que transcurre la semana", admitió. "Mi malestar comenzó con ese ejercicio del lunes por la noche...".

Me contó algo que atañía a su historia personal. Se había criado en un pequeño pueblo del Medio Oeste donde se había dedicado a los deportes, había sido un buen estudiante, un muchacho del coro. Había asistido a la universidad, donde participó en una serie de programas y clubes. Luego tuvo su primer trabajo importante, contrajo matrimonio, tuvo un hijo, viajó al exterior, ascendió en su trabajo, compró una casa nueva, tuvo otro hijo, llegó a vicepresidente. Mientras escuchaba esperé que comentara su problema, un golpe fuerte en la vida que debió de haber echado abajo el mundo perfecto que lo rodeaba.

2 Esta cita, atribuida a George Bernard Shaw, nos la comunicó un asociado y nos inspiró durante años.

"El problema —dijo por fin— es que mi vida está llena de cosas agradables: una bella casa, un buen automóvil, un excelente trabajo, muchas actividades. Sin embargo, cuando debo reflexionar sobre ella, enfrentarme a lo que más importa, realmente me encuentro en un aprieto.

"Casi siempre (como adolescente, como estudiante universitario, en mi juventud) me involucré en un tipo de causa. Deseaba hacer algo trascendente para el mundo, una contribución significativa.

"Cuando comencé a meditar sobre lo que realmente me importaba, súbitamente me di cuenta de que durante estos últimos años, ese sentimiento, ese sentido de propósito, de alguna manera se había perdido. Me adormecí en la sensación de seguridad. No logré nada trascendente. Básicamente me quedé contemplando desde mi club campestre cómo transcurría la vida."

Observé con interés cómo su conducta cambiaba por completo. "Tomé una decisión", dijo. "Resolví volver a entablar conexiones con una organización de caridad con la que solía trabajar. Realizan una tarea sorprendente en la ayuda a países del Tercer Mundo. Deseo formar parte de ella."

Había un brillo en sus ojos, un sentido de propósito en sus palabras. Desplegaba energía. Resultaba fácil deducir que la calidad de sus últimos años antes de jubilarse y del resto de su vida posterior —como también la calidad de vida para muchas otras personas en el mundo— recibiría una poderosa influencia con el legado que él dejaría.

Sea lo que fuere lo que valoramos, la realidad radica en que cada una de estas áreas de la realidad humana es esencial para la calidad de vida. ¿Puede pensar en alguna excepción, alguna persona que no cuente con estas necesidades y aptitudes físicas, sociales, mentales y espirituales? ¿Puede pensar en algún problema referente a la administración del tiempo que no se relacione de raíz con la satisfacción de alguna de estas necesidades básicas?

2. La realidad de los principios basados en el "verdadero norte"

Tan "importante" como las necesidades que hay que satisfacer es el modo como buscamos satisfacerlas. Nuestra capacidad para crear calidad de vida es una función del grado en que nuestra vida se ordena según realidades extrínsecas al intentar satisfacer las necesidades humanas básicas.

¿Podría usted cerrar los ojos ahora y señalar el norte? Cuando solicitamos a la gente que lo hagan en los seminarios, se sorprenden cuando abren los ojos y ven a los demás señalando en todas direcciones. Si el lector se halla en su casa, será capaz de hacerlo con facilidad porque está bien orientado y sabe dónde se encuentra. Pero si está afuera, sin las señales familiares, la tarea se complica.

¿Es importante saber dónde está "el verdadero norte"? La mayoría de la gente diría que sí. Si un avión que parte de San Francisco equivoca el rumbo, terminará en Moscú y no en Jerusalén.

¿Qué es el "norte"? ¿Consiste en una cuestión de opiniones? ¿Es algo sobre lo que se debe votar? ¿Depende del proceso democrático? No, porque el "norte" es una realidad que no depende de nosotros.

La realidad del "verdadero norte" ofrece contexto y significado al sitio donde nos encontramos, al lugar al que nos dirigimos y la manera de llegar allí. Sin una brújula, estrellas o una comprensión correcta de nuestra ubicación, nos resulta difícil localizarlo aunque siempre se halla en el mismo lugar.

Tan real como el "verdadero norte" en el mundo físico son las leyes atemporales de causa y efecto que obran en el mundo de la efectividad personal y la interacción humana. La sabiduría colectiva acumulada época tras época revela que estos principios son temas recurrentes, fundamentales para toda persona o sociedad realmente importantes. Con esto en mente, desearíamos explorar el "verdadero norte" en la dimensión humana y estudiar la forma de crear una brújula interna que nos faculte para sincronizar con ella nuestra vida. Al aplicar el "verdadero norte" como una metáfora para principios o realidades externas, no discriminamos entre las diferentes técnicas como el "verdadero norte", el "norte magnético" y el "norte de cuadrícula".

Qué no *son los principios*

Cuando hablamos de principios, también es importante saber de qué no hablamos.

No hablamos de valores. Muchos pensamos que el mero hecho de valorar algo implica que, al obtenerlo, nuestra calidad de vida mejorará. Pensamos: "Me sentiré feliz y realizado cuando haga más dinero... cuando reconozcan mi talento... cuando compre una casa costosa o un automóvil nuevo... cuando termine mis estudios universitarios".

Sin embargo, centrarse en los valores constituye uno de los principales engaños del tradicional enfoque de la administración del tiempo. Se trata de contenido sin contexto. Implica prever el éxito, fijar metas, subir escaleras sin comprender las realidades del verdadero norte sobre las cuales deben basarse estos esfuerzos para ser efectivos. Esencialmente sostiene que "lo primero equivale a sus prioridades. Usted decide qué es lo que valora y va en su búsqueda de forma eficiente". Esto puede conducir a la arrogancia: creer que somos la encarnación misma de la ley y considerar a los demás como "cosas" o recursos que servirán para realizar lo que deseamos.

Los valores *no* aportarán resultados de calidad de vida... *a menos que valoremos los principios.* Una parte vital de la cuarta generación radica en la humildad de advertir que existen "cosas primordiales" que no dependen de nuestros valores. La calidad de vida es una función de la medida en que convertimos estas "cosas primordiales" en *nuestras* "cosas primordiales" y nos capacitamos para en verdad darles prioridad en nuestra vida. También se trata de la humildad de admitir que la calidad de vida no es "yo", sino "nosotros", que todos vivimos en una realidad interdependiente de abundancia y potencialidad que sólo se logra cuando actuamos con otros de formas totalmente auténticas y sinérgicas.

Todo anhelo e, incluso, todo el trabajo en el mundo, si no está basado en principios válidos, no ofrece resultados de calidad de vida. No basta con soñar. No basta con hacer el intento. No basta con fijar metas o ascender. No basta con valorar. El esfuerzo debe basarse en realidades prácticas que rindan resultados. Sólo entonces podemos soñar, fijar metas y trabajar para lograrlas con confianza.

No hablamos de prácticas. En medio de la complejidad, tendemos a buscar la seguridad en las prácticas, es decir, en específicas y establecidas maneras de obrar. Nos concentramos en los métodos y no en los resultados. "Sólo díganme lo que debo hacer. Denme las instrucciones." Podemos obtener resultados positivos con una práctica en una determinada situación, pero, si intentamos aplicar la misma práctica en otra, a menudo advertimos que no sirve. Cuando nos enfrentamos con situaciones para las cuales no establecimos práctica alguna, con frecuencia nos sentimos perdidos e incompetentes.

Arnold Toynbee, el gran historiador, declaró que se podía escribir toda la historia en una pequeña y simple fórmula: desafío-respuesta. El medio ambiente crea el desafío y luego el individuo, la institución, la sociedad, ofrecen una respuesta. Luego surge otro desafío y otra respuesta. La fórmula se repite de forma constante.

El problema reside en que estas respuestas se codifican. Se solidifican en cemento. Se vuelven parte de nuestro modo de pensar y de obrar. Es posible que resulten buenos procedimientos y buenas prácticas. Pero cuando nos enfrentamos con otro nuevo desafío, las viejas prácticas ya no sirven. Se vuelven obsoletas. Nos encontramos solos en medio del mar intentando navegar con un mapa de caminos.

Nuestra sociedad segmentada y mecanizada nos mantiene en un calidoscopio en constante cambio, de manera que nos aferramos a prácticas, estructuras y sistemas para dar alguna posibilidad de predicción a nuestra propia vida, y, poco a poco, el desafío los desintegra. Éste es el legado de las personas y las instituciones (incluso de familias, cuyos padres no se adaptan a la realidad de sus propios hijos, que enfrentan los diferentes desafíos que ellos mismos encararon mientras crecían).

El poder de los principios radica en que son verdades universales, atemporales. Si comprendemos y vivimos la vida basados en principios, nuestra adaptación es rápida; podemos aplicarlos en cualquier caso. Al enseñar los principios a nuestros hijos, en lugar de prácticas, o al enseñarles los principios que sustentan las prácticas, los preparamos para manejar los futuros desafíos desconocidos. Comprender la aplicación consiste en vencer el desafío del momento, pero comprender el principio reside en vencer el desafío del momento de forma más efectiva y adquirir el poder para enfrentar también los miles de desafíos que el futuro nos depara.

No hablamos de "religión". Dado que los principios tratan el significado y la verdad, algunas personas suelen relacionarlos con su propia experiencia positiva o negativa en lo que atañe a organizaciones religiosas o a teología. Enseñamos en distintas partes del mundo y la gente expresa su reconocimiento por nuestra "renovación de la ética cristiana", por nuestra "evocación de las enseñanzas de Buda" o por nuestros mensajes que "se acercan tanto a la filosofía india". Por otro lado, unos pocos tienen una reacción doble cuando escuchan lo que enseñamos porque sienten que "suena a religión" y, para ellos, el término "religión" posee connotaciones institucionales que no son necesariamente positivas. En el otro extremo, algunos se preguntan si lo que enseñamos acerca de concentrarnos en principios se basa en lo humanístico y deja totalmente de lado a Dios.

No hablamos de religión. No abordamos temas como la salvación, la vida después de la muerte ni tampoco la fuente de estos principios. *Sí pensamos que éstos son temas importantes que todo individuo debe tener en cuenta.* Sin embargo, se hallan más allá del alcance de este libro. No tratamos las razones por las cuales existe el "verdadero norte", de dónde provino, o el modo como llegó a serlo. Abordamos simplemente el hecho de que se encuentra allí y que gobierna la calidad de nuestra vida. Mientras encontramos pruebas de estos principios en las sagradas escrituras de las religiones importantes, sus facetas derivan de las mentes, los lápices y las palabras de filósofos, científicos, reyes, campesinos y santos de todos los lugares del mundo y de todas las épocas de la historia.

Estos principios a veces reciben nombres diferentes al traducirse según diferentes sistemas de valores. Emerson dijo del principio de la benevolencia: "Las cosas proceden del mismo espíritu, que se denomina en forma variada amor, justicia, templanza, en sus diferentes aplicaciones, de igual manera que el océano recibe diferentes nombres según la playa que baña".[3] Los principios fundamentales existen y todas las civilizaciones importantes a través de los tiempos los reconocieron, a veces con nombres diferentes.

De modo que no hablamos de valores, prácticas ni religión. De lo que sí hablamos es de las realidades del verdadero norte sobre las cuales se basa la calidad de vida. Estos principios se relacionan con lo que, a la larga, ofrecerá resultados de felicidad y calidad de vida. Abarcan principios como el servicio y la reciprocidad. Tratan los procesos del crecimiento y del cambio. Inclu-

[3] Ralph Waldo Emerson, "The Divinity School Address", en *The Collected Works of Ralph Waldo Emerson*, vol. 1, *Nature. Addresses, and Lectures* (Cambridge, MA, Belknap Press, 1971), págs. 78-79.

yen las leyes que gobiernan el cumplimiento efectivo de las necesidades y facultades humanas básicas.

En los capítulos siguientes expondremos numerosos principios que resultan esenciales para cultivar la calidad de vida. No obstante, nuestro objetivo general no apunta a su inclusión, sino a la afirmación de la efectividad de un enfoque de la vida que se basa en la continua búsqueda y esfuerzo por vivir de forma congruente con estas verdades atemporales y capacitadoras.

Qué son *los principios: la Ley de la Cosecha*

Uno de los mejores modos de entender la forma como gobiernan estas realidades extrínsecas reside en tener en cuenta la Ley de la Cosecha. En agricultura, admitimos con facilidad que las leyes y los principios naturales gobiernan el trabajo y determinan la cosecha. Pero en las culturas sociales y corporativas, creemos de algún modo que se pueden dejar de lado los procesos naturales, engañar al sistema y, sin embargo, salir triunfantes. Existen muchas pruebas que sustentan esta creencia.

Por ejemplo, ¿alguna vez el lector preparó un examen en la escuela de forma apresurada y desprolija, luego de haber haraganeado durante todo el semestre; es decir, pasó una noche en vela antes del gran examen con la intención de meterse en la cabeza todo lo que debió aprender en ese lapso?

Stephen: Me avergüenza decirlo, pero durante toda la escuela preparatoria me creía inteligente porque no preparaba mis exámenes sino hasta último momento, en que debía estudiarlo todo de forma precipitada. Aprendí a intuir la naturaleza del sistema desde el punto de vista psicológico, a imaginar lo que deseaba el profesor. "¿Cómo califica la profesora? ¿Por lo general según las lecciones dadas? ¡Fantástico! Entonces no debo preocuparme por leer los libros de texto. ¿Qué hay acerca de la otra clase? ¿Debemos leer el libro? Muy bien, ¿dónde consigo los *Apuntes Cliff* para leer el resumen, en lugar de toda la obra?" Anhelaba graduarme, pero no quería que ello obstaculizara mi estilo de vida.

Luego debí prepararme para la graduación. Todo cambió. Durante los primeros tres meses me dediqué a estudiar de forma intensa y apresurada para compensar los cuatro años de preparatoria en los que siempre había dejado el estudio para el final. Terminé en el hospital con colitis ulcerosa. Intentaba forzar los procesos naturales y averigüé que, a la larga, es simplemente imposible. Intenté durante años compensar la tontería de seguir un sistema de valores que no dependía de ningún principio.

¿Puede imaginar esta indolencia y acumulación de trabajo en una granja? ¿Olvidar plantar durante la primavera, dormitar todo el verano y realizar todo el trabajo en invierno, es decir, arar la tierra, arrojar las semillas, regar y cultivar con la esperanza de obtener una abundante cosecha del día a la noche?

En un sistema natural como una granja, acumular el trabajo para hacerlo todo a último momento no da resultado. Ésa es la diferencia fundamental entre un sistema social y un sistema natural. El sistema social se basa en valores, mientras que el sistema natural se fundamenta en principios. A corto plazo, dejarlo todo para último momento parece funcionar en un sistema social. Usted puede recurrir a técnicas y "soluciones instantáneas" con aparente éxito.

Pero, a largo plazo, la Ley de la Cosecha rige sobre todos los aspectos de la vida. ¿Cuántos de nosotros desearíamos hoy no haber haraganeado y estudiado todo a último momento? Poseemos el diploma, pero no la educación. Por fin reparamos en que existe una diferencia entre el éxito en el sistema social de la escuela y el éxito en el desarrollo mental: la facultad de pensar de forma analítica, creativa, con profundos niveles de abstracción; la aptitud de comunicarnos de forma oral y por escrito, cruzar límites, elevarnos por encima de prácticas fuera de moda y resolver problemas mediante formas más nuevas y mejores.

¿Qué hay acerca del carácter? ¿Puede holgazanear y acumular todo el trabajo para hacerlo a último momento y volverse de repente una persona de integridad y coraje o compasiva? ¿Y la salud física? ¿Puede superar años de papas fritas, tortas de chocolate y falta de ejercicio dedicándose a un intenso entrenamiento en el gimnasio durante toda la noche anterior al maratón?

¿Y el matrimonio? Ya esté gobernado por la ley de la escuela o la Ley de la Cosecha, depende de la duración que usted desee darle. Muchas personas que contraen matrimonio no desean cambiar en absoluto de estilo de vida. Son solteros casados. No destinan tiempo a nutrir las semillas de la visión compartida, la abnegación, el cuidado, la ternura y la consideración. Sin embargo, se sorprenden al cosechar malezas. Los remedios instantáneos del sistema social y las técnicas de ética de la personalidad que intentan aplicar para resolver el problema simplemente no funcionan. Estas "soluciones" no pueden tomar el lugar de las estaciones de la siembra, el cultivo y el cuidado.

¿Y las relaciones con los hijos? Podemos tomar atajos: creernos más grandes, más inteligentes, con mayor autoridad. Regañamos, amenazamos, imponemos nuestra voluntad. Intentamos transmitir la responsabilidad de la educación a escuelas, iglesias o centros de atención diaria. Pero, pasado el tiempo, ¿estos atajos habrán formado adultos responsables, atentos, sabios y con el poder de tomar decisiones efectivas y vivir vidas felices? ¿Redundarán en relaciones excelentes y compensadoras para con aquellos que cuentan con el potencial para convertirse en amigos íntimos?

A corto plazo es posible recurrir a las "soluciones instantáneas" con aparente éxito. Podemos impresionar, conducirnos con encanto. Podemos aprender técnicas de manipulación: empujar tal palanca, oprimir tal tecla para obtener la reacción deseada. Sin embargo, a largo plazo, rige la Ley de la Cosecha en todos los ámbitos de la vida. Y no existe forma de falsificar la cosecha. El doctor Sidney Bremer opina:

La naturaleza se halla en total equilibrio. No es posible rom-
perlo, puesto que los seres humanos saben que la ley de causa y
efecto equivale a la infalible e inexorable ley de la naturaleza. Sin
embargo, no encuentran su propio equilibrio como naciones o individuos porque no aprendieron aún que la misma ley actúa tan ine-
xorablemente en la vida humana y en la sociedad como en la
naturaleza: lo que se siembra, se cosecha.[4]

Ficción versus *realidad*

Los problemas de la vida surgen cuando sembramos una cosa
y esperamos cosechar otra totalmente diferente.

Muchos de los paradigmas fundamentales y los procesos y los
hábitos que derivan de ellos nunca producirán los resultados que
fuimos conducidos a esperar. Estos paradigmas —creados por
personas que buscan atajos, publicidad, entrenamiento del programa del mes y setenta años de literatura sobre el éxito ético
de la personalidad— se basan en la ficción de las soluciones rápi-
das. Esto no sólo afecta la conciencia de nuestras necesidades
individuales, sino también el modo como intentamos satisfacerlas.

Necesidades físicas

Una salud excelente se basa en principios naturales. Se
obtiene con el tiempo gracias al ejercicio regular, una alimentación adecuada, el descanso apropiado, una forma de pensar sana
y el rechazo de sustancias nocivas para el cuerpo. No obstante,
en lugar de pagar el precio, caemos en la ficción que crea la apariencia, es decir, la fantasía de que las ropas adecuadas, el

---

[4] Sidney Newton Bremer, *Spirit of Apollo* (Lexington, NC, Successful
Achievement, 1971), pág. 167.

78

maquillaje conveniente, los programas para perder peso de forma rápida (de los que se ha demostrado que contribuyen a prolongar el problema en lugar de eliminarlo) satisfarán nuestras necesidades físicas. Resultan promesas vacías. Aportan satisfacción a corto plazo, son como un copo de azúcar. No poseen solidez alguna. Desaparecen con rapidez.

El bienestar económico se basa en los principios de frugalidad, laboriosidad y previsión de las necesidades futuras; en ganar intereses en lugar de pagarlos. Pero nos domina la ilusión de que poseer "cosas" satisfará la necesidad, aunque la hayamos comprado a crédito y necesitemos meses o incluso años para pagar el doble de lo que valen a cambio de la satisfacción insustancial de la gratificación instantánea. O bien alentamos la fantasía de la "salvación", que llegará bajo la forma de un billete de lotería premiado, la ilusión de que alguien o algo resolverá mágicamente todos nuestros problemas y nos librará de la necesidad de adquirir competencia en cuestiones económicas.

Necesidades sociales

La realidad reside en que las relaciones de calidad se construyen sobre principios, en especial el principio de la confianza. Ésta nace de la confiabilidad, de la capacidad de establecer y mantener compromisos, compartir recursos, actuar de forma responsable y atenta, pertenecer y amar incondicionalmente.

No obstante, cuando nos sentimos melancólicos y dolidos por una necesidad insatisfecha, no deseamos que nos digan que salgamos a ganar, que seamos dignos de confianza —dignos de la confianza y el afecto de otro—. Es más fácil creer en la ficción efímera de la gratificación sexual, en la idea de que la apariencia y la personalidad ganan el afecto o en que, con una llamada telefónica a un programa nocturno de televisión, alguien nos hablará con cariño. Es más fácil obtener un amor instantáneo que trabajar para llegar a ser una persona que brinda amor. Y nuestra cultura —la música, los libros, la publicidad, las películas, los programas de televisión— está llena de engaños.

Necesidades mentales

Con frecuencia recurrimos a la ficción de acumular el trabajo para hacerlo todo en una sola vez en lugar de orientarnos hacia la realidad del desarrollo y el crecimiento a largo plazo. Estamos sumergidos en "obtener el título... para obtener el puesto de trabajo... para obtener el dinero... para comprar cosas... para tener éxito". Pero, ¿qué aporta ese tipo de "éxito"? ¿El mismo carácter y la misma actitud que provienen de una intensa y continua inversión en el aprendizaje y el crecimiento?

Necesidades espirituales

Nos conformamos con la ficción que la sociedad nos vende, que indica que el significado se halla en la concentración en el sí-mismo —la autoestima, el propio desarrollo, la superación personal— y en "lo que yo deseo", "déjenme hacer lo que quiero" y "lo hice a *mi* manera". No obstante, la literatura sapiencial de la historia milenaria valida repetidamente el hecho de que la más grande realización en la superación personal proviene de la facultad de acercarnos y ayudar al prójimo de forma más efectiva. La calidad de vida está del revés. El significado está en la contribución, en vivir por algo superior a uno mismo. Los resultados de la ficción y de la realidad son tan diferentes como el Mar Muerto —un extremo estancado en sí mismo donde no existe salida ni vida— y el Mar Rojo, donde las aguas fluyen y nutren la vida abundante que existe a su paso.

En el área de la administración del tiempo muchas de las técnicas se disfrazan de soluciones prácticas y rotundas que se concentran en preocupaciones inmediatas. Sin embargo, su promesa implícita consiste en la ilusión de las soluciones instantáneas. No se toman en cuenta las necesidades crónicas y fundamentales. Separamos esas soluciones de los principios que ofrecen resultados duraderos y de calidad de vida. Regresamos a la satisfacción engañosa del copo de azúcar, y los resultados que obtenemos en la vida lo prueban.

No existe forma alguna de que la calidad de vida emerja de la ilusión. Los métodos para conseguir resultados instantáneos, las perogrulladas y las técnicas de personalidad que quebrantan los principios básicos nunca aportan resultados de calidad de vida.

¿Cómo descubrir y sincronizar nuestra vida con las realidades del verdadero norte que rige la calidad de vida?

3. *La potencialidad de los cuatro dones humanos*

Por naturaleza poseemos dones que nos distinguen del mundo animal. Ocupan el espacio entre el estímulo y la respuesta, entre las cosas que nos ocurren y la forma como reaccionamos ante ellas.

Stephen: Hace unos años, mientras me paseaba entre las pilas de libros en la biblioteca de la universidad, por casualidad abrí uno donde leí una de las más poderosas y significativas ideas que encontré en mi vida. Su esencia era la siguiente:

"Entre el estímulo y la respuesta existe un espacio.

En ese espacio se halla el poder para elegir la respuesta.

En la respuesta yacen el crecimiento y la libertad del ser humano."

Esa idea me impactó de forma increíble. Durante los días siguientes reflexioné sobre ella una y otra vez. Tuvo un poderoso efecto en mi paradigma de vida. Comencé a descubrir en ese espa-

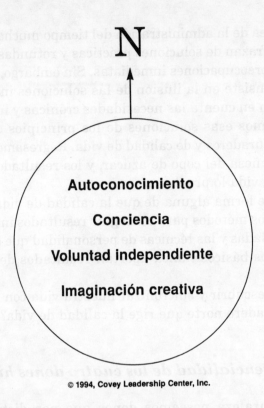

N

Autoconocimiento

Conciencia

Voluntad independiente

Imaginación creativa

© 1994, Covey Leadership Center, Inc.

cio mi propia capacidad para elegir una respuesta de forma consciente.

Los dones que yacen en este espacio —autoconocimiento, conciencia, imaginación creativa y voluntad independiente— crean la suprema libertad humana: el poder para elegir, para reaccionar, para cambiar. Crean la brújula que nos capacita para sincronizar nuestra vida con el verdadero norte.

- El *autoconocimiento* es nuestra capacidad de apartarse de nosotros mismos y examinar nuestra forma de pensar, nuestros motivos, nuestra historia, nuestras vocaciones, nuestras acciones, nuestros hábitos y tendencias. Nos permite quitarnos los "anteojos" y mirar tanto a ellos como a través de ellos. Nos posibilita tomar conciencia de la historia social y psíquica de los programas que existen en nuestro interior y ampliar la separación entre el estímulo y la respuesta.

- La *conciencia* nos conecta con la sabiduría de las épocas y la sabiduría del corazón. Constituye un sistema de guía interno, que nos permite deducir cuándo actuar o, incluso, cuándo pretender actuar en una forma que es contraria al principio. Asimismo, nos proporciona una idea de nuestros talentos y nuestra misión personal.

- La *voluntad independiente* es nuestra capacidad para actuar. Nos otorga el poder de ir más allá de los paradigmas, nadar contra la corriente, evaluar los comportamientos, actuar basados en principios en lugar de reaccionar según la emoción o las circunstancias. Si bien las influencias genéticas y del medio ambiente resultan muy poderosas, no nos controlan; no somos víctimas. No somos el producto de nuestro pasado, sino de nuestras elecciones. Somos "responsables"; es decir, capaces de responder, de elegir de forma independiente de estados de ánimo y tendencias. Tenemos poder de voluntad para actuar según el autoconocimiento, la conciencia y la visión.

- La *imaginación creativa* es el poder para prever un estado futuro, para crear algo en nuestra mente y para solucionar problemas sinérgicamente. Se trata de la facultad que no permite vernos a nosotros y a los demás de forma diferente y mejor de lo que somos en la actualidad. Nos capacita para escribir un enunciado de misión personal, fijar metas o planificar una reunión. También nos capacita para vernos en el momento en que vivimos nuestro enunciado de misión, aun en las circunstancias más desafiantes, y a aplicar los principios de formas efectivas en nuevas situaciones.

Los "movimientos" del automejoramiento a menudo reconocen estos dones, pero tienden a fraccionarlos y a concentrarse en ellos de forma aislada.

- El *autoconocimiento* es el punto de atención del movimiento de recuperación, como también el psicoanálisis y la mayoría de las psicoterapias.
- La *conciencia* es el punto de atención de la religión —el mundo de la moralidad, el pensamiento ético, cuestionamientos sobre el significado y lo correcto e incorrecto—.
- La *voluntad independiente* es el poder de voluntad, el enfoque del "hombre de la calle" —abrirse camino para obtener lo que desea—. "Sin dolor, nada se obtiene."
- La *imaginación creativa* es el punto de atención de la visualización y los movimientos del poder de la mente como el Pensamiento Positivo, la Psicocibernética, la Magia de Creer y la Programación Neurolingüística.

Aunque cada uno de los enfoques desarrolla una o más dotes humanas, ninguno las reconoce como una totalidad interrelacionada y sinérgica. Sin embargo, cada uno de estos dones —y la sinergia existente entre ellos— es necesario para crear calidad de vida. No basta con conocerse uno mismo —conocer que nos adaptamos a comportamientos que no coinciden con nuestra conciencia interna más profunda—, si no contamos con la imaginación creativa para visualizar el mejor modo de actuar y la voluntad independiente para crear cambios. No basta con poseer la voluntad independiente para "abrirnos camino" en la vida, si no desarrollamos la conciencia para descubrir el verdadero norte y dejar de recurrir a la racionalización y la justificación, que nos llevan a callejones sin salida. La imaginación sin la voluntad independiente llega a crear un soñador idealista; la imaginación sin la conciencia llega a crear un Hitler.

El desarrollo de cada una de las cuatro facultades y la sinergia existente entre ellas conforman la esencia del liderazgo personal. Es lo que nos otorga el poder para decir: "Puedo examinar mis paradigmas. Puedo examinar los resultados que producen. Recurro a mi conciencia para determinar nuevos caminos que coinciden con mis principios y con mi capacidad única para contribuir. Puedo usar mi imaginación creativa para hacer elecciones y crear cambios; para crear más allá de mi actual realidad, para encontrar nuevas alternativas".

Cómo desarrollar los propios dones

Todos poseemos cada uno de estos dones. Todos tuvimos momentos de autoconocimiento. A veces escuchamos y actuamos de acuerdo con algún imperativo interior. Tuvimos experiencias en las cuales actuamos según lo que sentimos que era lo más importante, en lugar de reaccionar a las emociones o a las circunstancias. Tuvimos momentos de visión, momentos de creatividad inspirada.

Pero lo reconozcamos o no, sin duda también sufrimos momentos de ceguera increíbles, momentos en los que omitimos o nos resistimos al impulso de ese sistema de guía interior, momentos de conducta sumamente reactiva, momentos sin visión o imaginación.

La pregunta es: "¿Hasta qué punto las personas desarrollamos nuestros dones singulares y cuán poderosa es la sinergia en nuestras vidas?

Le sugerimos que se detenga un momento a pensar con seriedad sobre la pregunta anterior. Sus respuestas le darán una idea del grado en que desarrolló y en que aplica en la actualidad estos dones en su vida.

Luego de examinar las preguntas, escriba su puntaje en cada uno de los cuatro dones. Calcule su puntaje en cada sección según la siguiente consigna:

0-7	Facultad inactiva
8-12	Facultad activa
13-16	Facultad sumamente desarrollada

Marque con un círculo el número sobre la matriz que represente con mayor fidelidad su conducta o actitudes normales en lo que respecta a los enunciados que aparecen a la izquierda (0 = Nunca; 2 = Algunas veces; 4 = Siempre).

Autoconocimiento

1. ¿Soy capaz de apartarme de mis pensamientos o sentimientos a fin de examinarlos y cambiarlos?

2. ¿Conozco mis paradigmas fundamentales y el efecto que tienen en mis actitudes y conductas, y los resultados que obtengo en mi vida?

3. ¿Advierto la diferencia entre mi comportamiento biológico, genealógico, psicológico y sociológico, y mis propios profundos pensamientos?

4. Cuando la respuesta de otros hacia mí —o hacia algo que hago— desafía mi modo de autopercibirme, ¿soy capaz de evaluar esa retroalimentación sobre un profundo autoconocimiento personal y aprender de ello?

Conciencia

1. ¿Siento a veces un impulso interior de que debo hacer algo o de que no debo realizar lo que estoy a punto de hacer?

2. ¿Percibo la diferencia entre "conciencia social" —lo que la sociedad me impuso que valorara— y mis propias directivas internas?

3. ¿Percibo en mi interior la realidad de los principios del verdadero norte, como la integridad y la confiabilidad?

4. ¿Veo un modelo en la experiencia humana —mayor que la sociedad donde vivo— que valide la realidad de los principios?

Voluntad independiente

1. ¿Soy capaz de hacer y cumplir las promesas que me hago o que hago a los demás?

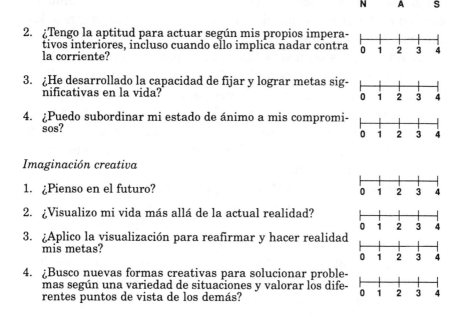

N   A   S

2. ¿Tengo la aptitud para actuar según mis propios imperativos interiores, incluso cuando ello implica nadar contra la corriente?

0   1   2   3   4

3. ¿He desarrollado la capacidad de fijar y lograr metas significativas en la vida?

0   1   2   3   4

4. ¿Puedo subordinar mi estado de ánimo a mis compromisos?

0   1   2   3   4

Imaginación creativa

1. ¿Pienso en el futuro?

0   1   2   3   4

2. ¿Visualizo mi vida más allá de la actual realidad?

0   1   2   3   4

3. ¿Aplico la visualización para reafirmar y hacer realidad mis metas?

0   1   2   3   4

4. ¿Busco nuevas formas creativas para solucionar problemas según una variedad de situaciones y valorar los diferentes puntos de vista de los demás?

0   1   2   3   4

El desarrollo de estos dones constituye un proceso basado en su continuo fomento y ejercicio. Si bien existen muchos modos de nutrirlos, en este capítulo sugerimos una manera poderosa de desarrollarlos y cultivar la sinergia entre ellos.

Nutrir el autoconocimiento mediante anotaciones en un diario íntimo

Llevar un diario íntimo es una actividad de gran influencia del Cuadrante II que incrementa de forma significativa y mejora todos los dones y la sinergia existente entre ellos.

¿Qué escribiría en un diario íntimo? Si no le agradan los resultados que obtiene en la vida, escriba sobre ello. Póngalo por escrito. Observe cómo obra la Ley de la Cosecha en su vida. Vea

87

cómo las consecuencias derivan de causas básicas; cómo se pueden rastrear los resultados hasta llegar a los paradigmas, los procesos y los hábitos.

Si aún no está seguro de las razones por las que hace ciertas cosas que sabe que son perjudiciales o autofrustrantes, analícelas, procéselas y escríbalas. Si sus padres hicieron algo que lo volvió loco, y se dijo a sí mismo: "¡Cuando sea padre nunca haré eso!" —y luego descubre que sí lo hace— escríbalo. Brindará conocimiento sobre su propio comportamiento. Lo ayudará a tomar decisiones sabias.

Si descubre algo importante o aprende un principio u observa una situación donde un principio produjo ciertos resultados, escriba sobre ello. Si percibe un impulso interno y lo sigue o lo pasa por alto, escriba sobre ello y sus consecuencias. El proceso lo ayudará a prestar más atención a ese sistema de guía interior. Refuerza y educa su conciencia.

Si contrae un compromiso consigo mismo o con otra persona, escriba sobre el modo como emplea su voluntad independiente para llevarlo a cabo. Si se compromete a hacer ejercicios cuatro veces a la semana, evalúe los factores que lo capacitan para hacerlos —o investigue las razones por las que no los hace—. ¿Contrajo el compromiso a desgano, de forma precipitada o fuera de la realidad? ¿Fue un desafío demasiado grande para su actual nivel de voluntad independiente? El compromiso que estableció con usted mismo, ¿tuvo igual importancia que los que contrajo con los demás? Incrementar su conocimiento de su voluntad independiente lo ayudará a desarrollarlo.

Visualice posibilidades y escríbalas. Los sueños crean la imaginación creativa. Analice sus sueños. ¿Se basan en principios? ¿Está dispuesto a pagar el precio de hacerlos realidad?

Mientras desarrolla su imaginación, puede emplearla para crear en su mente lo que espera crear en su vida. Se trata del bosquejo antes de terminar la casa, de la visión del director antes de la puesta en escena. Se trata de crear metas de largo, mediano y corto plazo que ayudan a trasladar la visión a la realidad.

Es posible que descubra que vive con sueños no realizados. Tal vez se encuentre resignado, busque una segunda oportunidad y piense que "si sólo las cosas fueran diferentes" podría hacer realidad esos sueños. Pero si paga el precio y lo logra a fuerza de golpes, advertirá que sus sueños son ficciones —desea, espera y quiere algo que nunca aportará calidad de vida.

Apártese de sus sueños. Obsérvelos. Escriba sobre ellos. Luche con ellos hasta que se convenza de que se basan en principios que brindarán resultados. Luego recurra a su imaginación creativa para investigar nuevas aplicaciones, nuevas formas de hacer las cosas que cuenten con el poder basado en principios para hacer realidad esos sueños.

Llevar un diario lo capacita para observar y mejorar, diariamente, la forma como desarrolla y emplea sus dones. Dado que la escritura en verdad se fija en la memoria, también lo ayudará a recordar y aplicar las cosas que intenta hacer. Además, proporciona una herramienta contextual poderosa. Cuando tenga la oportunidad —tal vez en caso de un retiro para la renovación del enunciado de misión— de leer sus experiencias de semanas, meses, años pasados, usted adquiere conocimientos invaluables sobre modelos y temas repetidos en su vida.

Educar la conciencia al aprender, escuchar y responder

La existencia de la conciencia es uno de los conceptos más ampliamente validados en la literatura sobre psicología, sociología, religión y filosofía, a través de los tiempos. Desde la "voz interior" de la literatura sapiencial al "inconsciente colectivo" de la psicología —incluso hasta "Jiminy Cricket" de Walt Disney— se reconoció y concentró en este don una de las partes más importantes del ser humano. Sigmund Freud sostenía que la conciencia es sobre todo un producto de nuestra vida temprana y la cultura. Carl Jung reconoció la conciencia social, aunque también se refirió al "inconsciente colectivo" que penetra en el espíritu universal de todos, hombres y mujeres. [5]

Cuando trabajamos con empresas en el desarrollo de enunciados de misión, observamos la repetida validación del "inconsciente colectivo". Cuando la mayoría de la gente se compenetra en lo más profundo de sus vidas, sin importar la cultura, la educación, la religión o la raza, adquiere un sentido de las leyes básicas de la vida.

No obstante, la mayoría de nosotros trabajamos y vivimos en ambientes donde no se fomenta el desarrollo de la conciencia. Para escucharla con claridad se requiere a menudo estar "tranquilo", "pensativo" o "meditativo": una situación que rara vez se elige o se encuentra. Nos rodea la actividad, el ruido, los acondicionamientos sociales y culturales, los mensajes de los medios de comunicación y los paradigmas defectuosos que ensordecen nuestra sensibilidad a esa calma voz interior que nos enseñaría los principios del verdadero norte junto con nuestro grado de congruencia.

> *Stephen*: Hace unos años me invitaron a participar en un foro universitario de fin de semana largo que trataría muchos problemas y temas de interés actual. Formaba parte de un grupo de invitados con diferentes puntos de vista y antecedentes.
>
> La segunda noche, me invitaron a dar una charla en un club de estudiantes sobre el tema de "la nueva moralidad". Había aproximadamente ciento cincuenta jóvenes. Estaban sentados en la

---

[5] Hay muchas obras de Freud y Jung o que versan sobre ellos. Algunas son en especial interesantes: C. G. Jung, *The Undiscovered Self* (Princeton, Princeton University Press, 1990); C. G. Jung, "A Psychological View of Conscience", en *Civilization in Transition*, vol. 10 de *The Collected Works of C. Jung* (Nueva York, Bollingen Foundation, 1964), y Erich Fromm, *Psychoanalysis and Religion* (Binghamton, NY, Vail-Ballou Press, 1950).

habitación del frente, en el comedor, en el pasillo y sobre las escaleras. Tuve la terrible sensación de que me abrumaban y rodeaban, y me sentí muy solo. Expuse mi punto de vista sobre la existencia de un grupo de principios que eran universales y que actuaban independientemente de todo individuo. Percibí durante toda la presentación una considerable resistencia y descreimiento.

Cuando llegó el momento de hacer preguntas y responderlas, dos estudiantes con hábil locuacidad comenzaron a apoyar con vehemencia la ética situacional de la "nueva moralidad". La nueva moralidad se basaba en la idea de que no existen verdades absolutas y comunes, sino que se debe observar cada situación conforme a los involucrados y a otros factores que pudieran presentarse. Un estudiante fue en especial efectivo y persuasivo al dar un ejemplo sobre un tema que creyó que no se fundamentaba en lo correcto o incorrecto o un principio absoluto, sino que era correcto según la situación.

Si bien advertí un considerable apoyo a ese punto de vista en el auditorio, continué en exponer mi caso de principios universales como la Ley de la Cosecha, la integridad, la moderación, la autodisciplina, la fidelidad y la responsabilidad. Sabía que mi mensaje no llegaba a los estudiantes y que éstos pensaban que estaba bastante "fuera de onda". Intenté explicar que surgirían consecuencias terribles al violar el principio relacionado con el tema expuesto. El estudiante convincente de la fila del frente no lo aceptó. Le pregunté de forma directa lo que sucedería si una persona tomara veneno sin saberlo. ¿No acarrearía consecuencias terribles? Respondió que esa analogía no servía, que yo no daba suficiente valor a la libertad individual.

En ese momento me di cuenta de que no llegaríamos a nada. Así que miré a todos y dije: "Cada uno de nosotros conoce en el fondo de su corazón la verdad sobre este asunto. Todos tenemos una conciencia. Todos sabemos. Si se detuvieran unos momentos a reflexionar y a escuchar con atención lo que el corazón les dice, conocerían la verdad". Muchos se expresaron de manera despectiva o burlona con respecto a la idea.

Respondí a esta ridiculización con la repetición del desafío: pedí a cada uno que lo intentara de forma individual y que, si cada uno no sentía que su conciencia respondía a la pregunta en un minuto, el grupo podía despedirme de inmediato y no les haría perder más tiempo. Esto los calmó y la mayoría estuvo dispuesta a hacer el experimento. Les dije que se quedaran bien quietos y que no hablaran, sino que escucharan su interior y que se preguntaran a sí mismos: "¿Equivale el tema que se explicó esta noche a un principio verdadero o no?".

Durante los dos primeros segundos algunos miraron a su alrededor para averiguar quién tomaría el asunto con seriedad, pero en aproximadamente veinte segundos casi todos estaban sentados sin moverse y parecían estar concentrados en pensar y escuchar. Muchos bajaron la cabeza. Pasado un minuto de este silencio, que tal vez algunos consideraron una eternidad, miré al sujeto de mi izquierda que se había expresado de modo tan convincente y clamoroso y le dije: "Honestamente, mi amigo, ¿qué escuchó?".

Respondió con calma pero sin rodeos: "Lo que escuché no es lo que he dicho".

Me dirigí hacia otro que no había estado de acuerdo y le pregunté lo que había escuchado.

Comentó: "No lo sé, en realidad no lo sé. Ya no estoy seguro".

Se creó un espíritu totalmente diferente en el grupo. Desde ese momento, todos se comportaron de forma más controlada y calma. Dejaron de mostrarse tan intelectuales y defensivos y se volvieron más receptivos y dispuestos a aprender.

Ésta es la clase de humildad que se experimenta al descubrir que los principios rigen —que existe una realidad universal independiente del individuo que la conciencia afirma.

Entonces, ¿cómo se desarrolla el don de la conciencia?

Compararemos el desarrollo de la conciencia con el desarrollo de la capacidad física simbolizada por cinco grupos de manos. Un grupo pertenece a un gran concertista de piano que llega a subyugar al auditorio con sus interpretaciones. Otro par son las manos de un hábil cirujano del ojo y del cerebro que logra salvar vidas. Otro par de manos pertenece a un gran jugador de golf, que gana torneos al ejecutar tiros fantásticos bajo presión. Otro par de manos pertenece a un ciego, que lee a velocidades increíbles al rozar con los dedos las marcas sobresalientes de la página. Y el quinto par de manos pertenece a un gran escultor que crea hermosas obras de arte con bloques de mármol o granito.

Una conciencia sumamente educada se asimila mucho a estos pares de manos. Se pagó un alto precio para educarla. Se hicieron sacrificios y se superaron obstáculos. De hecho, se requiere, en realidad, aún más disciplina, sacrificio y sabiduría para desarrollar una conciencia educada, que para convertirse en un gran escultor, jugador de golf, cirujano, lector del sistema Braille o concertista de piano. Pero las recompensas son mayores: una conciencia educada influye en cada aspecto de nuestra vida.

Educamos la conciencia al:

- leer y analizar la literatura sapiencial de todas las épocas para ampliar nuestro conocimiento sobre los principios del verdadero norte que se consideraron temas corrientes a lo largo de los tiempos;
- apartarse y aprender de nuestra experiencia;
- observar con atención la experiencia de los demás;
- tomarse el tiempo para tranquilizarse y escuchar la profunda voz interior;
- responder a esa voz.

No basta con escuchar la voz de la conciencia: también debemos responderle. Cuando no obramos en armonía con ella, comenzamos a construir un muro a su alrededor que bloquea su sensibilidad y receptividad. C. S. Lewis expresó: "La desobediencia a la conciencia la enceguece". [6]

Cuando nos conectamos con la sabiduría de los tiempos y del corazón, nos convertimos no tanto en una función del espejo social, sino más bien en una persona de carácter y conciencia. Nuestra seguridad no deriva de la manera como nos tratan los demás o en compararnos con los otros. Proviene de nuestra integridad básica.

[6] C. S. Lewis, *The Quotable Lewis*, comp. por Wayne Martindale y Jerry Root (Wheaton, IL, Tymedale House of Publishers, 1989), pág. 232.

Nutrir la voluntad independiente al hacer y cumplir promesas

Una de las mejores formas para fortalecer nuestra voluntad independiente radica en hacer y cumplir promesas. Cada vez que esto sucede realizamos depósitos en nuestra cuenta de integridad personal. Es una metáfora que describe el grado de confianza que tenemos en nosotros mismos, en nuestra capacidad para hacer lo que decimos.

Resulta importante comenzar de a poco. Haga y cumpla una promesa, incluso si implica levantarse por la mañana un poco más temprano para hacer ejercicios. Incluso si implica que no mirará televisión por la noche. Incluso si implica dar prioridad a la alimentación, y no al gusto, durante una semana.

Debe estar seguro de no violar ese compromiso y de que no hace promesas exageradas o que cumplirá a medias. No debe arriesgarse a hacer un retiro de su cuenta de integridad personal. Construya con lentitud hasta que su sentido del honor, y no su estado de ánimo, predomine. Medite sobre la totalidad de la realidad en que vive y, basado en ese cuidadoso pensamiento, penetre en ella y diga: "Haré esto". Luego, sin importar lo que sea, hágalo.

Poco a poco aumentará su fe en sí mismo. Si lo que se comprometió a hacer se centra en principios, usted logrará de forma gradual basarse en principios. Cumpla la promesa que se hizo a sí mismo e incrementará su integridad.

Stephen: Una vez traté a un hombre cuya vida estaba del todo arruinada. Tenía un aspecto desaliñado y excéntrico. De vez en cuando prestaba atención a su apariencia como un pez volador que resplandece a los rayos del sol para luego sumergirse en una vida de abandono y egoísmo, acuciado por todo lo urgente que lo afligía.

Comencé a alentarlo para que penetrara en sus propias facultades humanas de forma paulatina. Le aconsejé: "¿Se levantará temprano por la mañana cuando se diga que piensa levantarse

temprano? ¿En verdad se levantará temprano por la mañana?".
El hombre dijo: "¿Cómo afectará eso todo lo demás?".
Le expliqué: "Su cuerpo es el único instrumento mediante el cual usted actúa en la vida. Si no lo controla, ¿cómo pretende controlar las expresiones que surgen de su cuerpo y su mente?".

En consecuencia, cada noche decidía levantarse temprano, pero por la mañana lo abrumaba un nuevo pensamiento. Se convertía en un esclavo total: adoraba la cama.

Lo intenté de nuevo. "¿Se levantará a una hora determinada durante un mes?".

Me respondió: "En verdad no sé si podré".

"Entonces no se comprometa a hacerlo. Su integridad está en peligro. Como lo reconoce, su vida está totalmente fragmentada. No posee en absoluto ninguna paz interna. Por ende, no haga una promesa para romperla luego. Comience de a poco. ¿Piensa que lo haría durante una semana?"

"Sí, creo que podría hacerlo durante una semana."

"¿Se *levantará* a la hora que se proponga durante una semana?"

"Sí, lo haré."

Lo encontré una semana más tarde, "¿Lo hizo?".

"Sí."

"¡Felicitaciones! Su vida ya se integró en un pequeño nivel. Ahora, ¿cuál será su próxima promesa?"

Poco a poco, este hombre comenzó a hacer y cumplir promesas. Nadie estaba enterado de sus planes, salvo un amigo y yo, que lo alentábamos. Pero empezamos a observar en él cambios notables. Antes, su vida emocional estaba sometida a cambios abruptos y extremos. Sus decisiones eran en función de las circunstancias y de sus estados de ánimo. Hacía una promesa y se sentía magnífico, pero, cuando las circunstancias y su estado de ánimo eran desalentadores, se deprimía y la rompía. También algo en su interior se rompía: su integridad.

Al comenzar el proceso de hacer y cumplir pequeñas promesas, su vida emocional se niveló. Descubrió que al hacerse y cumplir sus promesas incrementaba su capacidad para hacer y cumplir promesas también a los demás. Advirtió que su falta de integridad había sido un gran impedimento en sus relaciones con las otras personas. De las victorias privadas, derivaron victorias públicas.

Un hombre sabio declaró: "Las batallas más arduas se pelean en las habitaciones silenciosas de la propia alma". Necesitamos preguntarnos: "¿Estoy dispuesto a ser una persona de total integridad? ¿Estoy dispuesto a disculparme cuando cometo errores, a amar de forma incondicional, a valorar la felicidad del otro de la misma manera en que valoro la mía?".

Parte de nuestro comportamiento e historia dirá: "No, no lo estoy. Ésa no es la forma en que me educaron". Pero la voluntad independiente exclama: "¡Espera un momento! Eres capaz de hacerlo. No tienes que ser una función de tu comportamiento o el espejo social ni tomar el camino conveniente que otros toman. Tienes la oportunidad ahora para decidir tu respuesta a todo lo que te ocurrió. Si los demás lo hacen o no, resulta irrelevante. Tienes el poder de considerar tu propia implicación, de observar tu respuesta y de cambiarla".

A los que dicen: "¡Vamos! ¿No saben lo que hay allí afuera?", les decimos: "¡Vamos! ¿No conocen el poder que tienen en su interior?". No tenemos la intención de ofender, sino de expresarnos con amor. Nuestra vida se basa en los resultados de nuestras elecciones. Si culpamos y acusamos a los demás, al medio ambiente o a otros factores extrínsecos, elegimos otorgarles el poder para que nos dominen.

Elegimos vivir nuestra vida o dejar que otros la vivan por nosotros. Al hacer nuestras promesas de a poco y cumplirlas incrementamos nuestra fuerza hasta que nuestra capacidad para actuar sea más poderosa que cualquiera otra fuerza que actúe sobre nosotros.

Desarrollar la imaginación creativa mediante la visualización

Imagine la siguiente escena:

Gotas de transpiración corren por su rostro. El intenso calor del hostil clima tropical del país latinoamericano, arruinado por la guerra, apenas permite respirar. La aterrorizada mujer que acaba de rescatar de la prisión —infestada de cucarachas— de la guerrilla se aferra a su brazo, a punto de caer en la histeria. Su misión: devolverla sana y salva a su padre, el embajador. No cuenta con armas, ni alimentos, ni transporte, ni medio alguno para comunicarse con el mundo exterior. Rodeado por hostiles tropas enemigas, advierte que su escondite es apenas adecuado y que pronto los descubrirán.

¿Qué hacer?

Con toda franqueza, no sabemos qué haríamos. No sabemos lo que usted haría. Pero sí sabemos qué haría MacGyver.

La estrella de la serie de aventuras de la televisión, llamada MacGyver, es un maestro del ingenio. Parece que no existe la situación que este hombre milagroso no pueda manejar. Es el enigma de las obras policiales modernas, el hombre sin armas, el hombre con *mente*. Con sus vastos conocimientos y su creatividad, construye un espejo reflector parabólico a partir de los restos de un jeep que explotó entre los arbustos donde se esconde. Al enfocar los rayos del sol sobre las municiones del enemigo, se origina una explosión que mantiene ocupadas a las tropas mientras él y la mujer corren hasta el granero de una granja abandonada. Con pedazos y piezas de viejos materiales y elementos químicos caseros y corrientes que allí encuentra es capaz de elaborar explosivos como futura protección. Junta suficientes partes de un aparato de radio roto para fabricar un artefacto autodirigible que hace señales al helicóptero de rescate para que los localice.

¿Fantástico? Sí. Evidente ficción. Sin embargo, ¿no le gustaría tener un gerente de comercialización como MacGyver?

El "factor MacGyver", como nos agrada denominarlo, es la encarnación del poder de la imaginación creativa. Consiste en la comprensión y la capacidad de aplicar principios en una amplia variedad de situaciones. Con el factor MacGyver, usted obtiene cuatro al sumar dos más dos, pero también lo logra con uno más tres, noventa y dos menos ochenta y ocho, doscientos veintiocho dividido cincuenta y siete, una infinita variedad de combinaciones fraccionadas, o la raíz cuadrada de dieciséis.

El factor MacGyver muestra la poderosa naturaleza de los principios. Si MacGyver hubiera pensado en términos de práctica en lugar de principios, él y la hija del embajador aún estarían sentados en la prisión latinoamericana infestada de cucarachas, y se lamentarían de no haber encontrado una granada de mano.

Comprender el factor MacGyver es uno de los aspectos más excitantes y capacitadores de una vida centrada en principios. Los principios constituyen la simplicidad del lado lejano de la complejidad. Según las palabras de Alfred North Whitehead:

> En un sentido, el conocimiento se reduce mientras aumenta la sabiduría, dado que los detalles desaparecen en los principios. Los detalles del conocimiento que son importantes se tomarán al pie de la letra en cada episodio de la vida, pero el hábito de la utilización activa de los principios bien entendidos equivale a la posesión final de la sabiduría. [7]

Con una sólida comprensión de los principios, observamos con facilidad que la Ley de la Cosecha sirve tanto para el desarrollo personal como para el crecimiento de los tomates —o que el mismo principio de sinergia, que posibilita que el peso que sostienen dos tablas juntas sea mayor que el que soporta cada una por separado, otorgue el poder a dos personas para obtener una mejor solución que la que cada una habría pensado individualmente.

El proceso que sugerimos para fomentar el desarrollo de la imaginación creativa radica en la visualización: un ejercicio

[7] Alfred N. Whitehead, "The Rhythmic Claims of Freedom and Discipline", en *The Aims of Education and Other Essays* (Nueva York, New American Library, s/f), pág. 46.

mental de gran eficacia empleado por atletas y artistas de primer nivel. Pero sugerimos que, en lugar de aplicarlo para mejorar su juego de tenis o su ejecución musical, lo utilice para perfeccionar su calidad de vida.

Le proponemos que dedique unos momentos a hallarse en soledad, lejos de las interrupciones, para cerrar los ojos y visualizarse a sí mismo en alguna circunstancia que, por lo general, origina incomodidad y dolor. Algo le molesta. Su jefe le grita. Su hija adolescente se queja de que nunca se compra ropas nuevas. Su compañero de trabajo esparce un feo rumor sobre usted.

Utilice su autoconocimiento para apartarse de los pensamientos y sentimientos normales que generaría la situación. Con el ojo de su mente, en lugar de observarse reaccionar como lo haría normalmente, contemple cómo actuaría basado en los principios que está convencido que darán resultados de calidad de vida. Contemple cómo interactúa con otros de una forma que combina el coraje y la consideración. Emplee el factor MacGyver para averiguar la manera de aplicar los principios en diferentes situaciones. El valor de estos ejercicios se multiplica cuando lo utiliza para internalizar los principios y valores en un poderoso enunciado de misión.

El mejor modo de predecir su futuro radica en crearlo. Usted puede utilizar el mismo poder de imaginación creativa para visualizar una meta antes de cumplirla o planear una reunión para crear gran parte de la calidad de la propia realidad antes de vivirla.

La humildad de los principios

Del paradigma que afirma la existencia de los principios —y que sólo somos efectivos en la medida en que los descubrimos y vivimos en armonía con ellos— surge un sentido de humildad. No tenemos el control de nuestra vida; es tener los principios.

Dejamos de pretender encarnar la ley. Cultivamos actitudes de receptividad de enseñanzas, hábitos de continuo aprendizaje. Nos involucramos en una continua búsqueda para comprender y vivir en armonía con las Leyes de la Vida. No caemos atrapados en la arrogancia de los valores que enceguecen nuestro autoconocimiento y nuestra conciencia. Nuestra seguridad no se basa en la ilusión del pensamiento comparativo —soy más apuesto, poseo más dinero, tengo un mejor trabajo o trabajo más que otro—. Tampoco nos sentimos menos seguros si no somos tan apuestos, o no poseemos tanto dinero o prestigio como otro. Esto es irrelevante. Nuestra seguridad deriva de nuestra integridad hacia el verdadero norte.

Cuando fracasamos o cometemos un error o nos topamos con un principio de frente, decimos: "¿Qué puedo aprender de esto?". Llegamos al principio para que nos enseñe. Mientras aprendemos dónde nos equivocamos conforme a ese principio, podemos convertir las debilidades en fuerzas. Enfrentamos la conducta con la verdad en una forma que representa la confianza en la verdad y el reconocimiento de nuestra capacidad para aprender y cambiar.

En verdad, la humildad es la madre de todas las virtudes. Nos convierte en una nave, un vehículo, un agente en lugar de "la fuente" o el superior. Desencadena todo otro aprendizaje, todo crecimiento y proceso. Con la humildad que surge de una existencia basada en principios, nos capacitamos para aprender del pasado, tener esperanza para el futuro y actuar con confianza en el presente. Esta confianza equivale a una garantía, basada en las pruebas de la Ley de la Cosecha —en todo el mundo, a lo largo de la historia y en nuestra vida—: si obramos según los principios, obtendremos resultados de calidad de vida.

El ingreso a la cuarta generación

Según nuestra experiencia, la mayoría de la gente que piensa en su propia experiencia y en la experiencia de otros sabe que todos tenemos necesidades y capacidades básicas, fundamentales para la realización humana. Poseen un conocimiento de algunos de los principios del verdadero norte que rigen la calidad de vida. Tuvieron alguna experiencia con los dones que les posibilitan sincronizar su vida según el verdadero norte. En cierto modo, este capítulo es un recordatorio de las cosas que, en lo profundo del ser, casi todos conocemos. *Del hecho de conocerlo* —y de no trasladarlo a la vida cotidiana— deriva la frustración de la brecha existente entre la brújula y el reloj. Nuestro problema, como se lo expone, "es utilizar la sabiduría que ya poseemos".

Además, conforme a nuestra experiencia, la mayoría de la gente en verdad desea estar en la cuarta generación. Desean dar prioridad a las personas más que a los horarios; a las brújulas más que a los relojes. Anhelan tener una vida con significado y contribución. Desean vivir, amar, aprender y dejar un legado con equilibrio y alegría.

Pero es frecuente que la metodología tradicional de administración del tiempo se interponga en el camino. Las agendas, los horarios y los planificadores de tercera generación nos mantienen centrados en lo urgente más que en lo importante. Generan una sensación de culpa cuando ésta no se ajusta al horario, o revisa todas las "tareas a realizar" de la lista. Suprimen la flexibilidad y la espontaneidad. Con frecuencia crean desórdenes entre lo que realmente más importa y la forma como vivimos cotidianamente. De hecho, mucha gente que aplica estas herramientas no las utiliza del modo que se supondría que deberían hacerlo por esas mismas razones.

Por cierto que deseamos los enormes beneficios de las tres primeras generaciones —eficiencia, priorización, productividad, logro de metas— pero necesitamos más. *La realización de más*

cosas con mayor rapidez no sustituye la ejecución de lo correcto.
Necesitamos una generación de teoría y herramientas que nos
capacite para emplear nuestras dotes a fin de satisfacer necesidades y capacidades básicas de una forma equilibrada y centrada en principios.

Desde un punto de vista pragmático, el poder de crear calidad de vida no se encuentra en un planificador. Ni en una técnica o herramienta. No se limita a nuestra capacidad para planificar el día. No somos omniscientes. No conocemos las
oportunidades, desafíos, sorpresas, tristezas o inesperadas ale-
grías que nos deparará el próximo momento de nuestra vida.

El poder de crear calidad de vida se halla en nuestro interior
—en nuestra capacidad para desarrollar y utilizar nuestra brújula interior, de manera que podamos actuar con integridad en
el momento de elegir —ya sea que dediquemos ese momento a
planificar una semana, manejar una crisis, responder a la propia
conciencia, entablar una relación, trabajar con un cliente furioso
o dar un paseo. Para que una herramienta resulte efectiva debe
sincronizarse con esa realidad y fomentar el desarrollo y aplicación de la brújula interior.

Sección Dos

Lo principal es mantener primero lo primero

En esta sección presentamos el proceso de organización del Cuadrante II, un proceso y una herramienta semanales de treinta minutos que lo capacitarán para crear calidad de vida basada en necesidades, principios y dotes. A medida que explicamos las partes del proceso, le plantearemos problemas como los siguientes:

- Imagine que planifica un día. ¿Cómo sabe qué es lo más importante que debe hacer? ¿Qué determina lo que es "prioritario para usted"?, ¿la urgencia, los valores... o una visión y una misión capacitadoras basadas en los principios que crean calidad de vida?
- ¿Qué hace usted cuando se encuentra frente a un dilema entre diferentes roles en su vida, como el trabajo y la familia o la contribución y el desarrollo personal? ¿Consiste el "equilibrio" en correr entre las bases con la suficiente rapidez como para pasar por todas?
- Imagine que tiene usted el día planificado y alguien llega con una necesidad "urgente". ¿Cómo sabe si "lo mejor" es cambiar sus prioridades? ¿Puede cambiarlas con la confianza y la paz de que pone primero lo primero?
- Imagine que transcurre el día según lo programado hasta

que surge algo imprevisto. ¿Cómo sabe si "lo mejor" es responder a la oportunidad o seguir su plan?

La primera vez que examine este proceso notará beneficios inmediatos. Será capaz de cambiar su punto de concentración de "lo urgente" a "lo importante" y de aprender el modo de crear un marco flexible para tomar decisiones efectivas en lugar de un rígido horario establecido de tareas.

Usted notará los efectos poderosos del proceso a medida que expliquemos cada paso en detalle desde el capítulo 5 hasta el 10, en los cuales se tratan:

- El poder transformador de una visión y una misión basadas en principios.
- El modo de crear equilibrio y sinergia entre los diversos roles de su vida.
- El modo de fijar y lograr metas basadas en principios.
- La razón por la cual la proyección de la semana resulta de importancia vital al poner primero lo primero.
- El modo de actuar con integridad en el momento en que se elige la acción a ejecutar donde se pone en marcha el motor cada día.
- El modo de crear una espiral ascendente de aprendizaje y vida.

Al final de cada uno de estos capítulos, hallará sugerencias específicas de metas que usted podrá fijar al organizar la semana para integrarlas a su vida. Algunas propuestas resultan más útiles que otras. Esperamos que aporte sus propias ideas. Al finalizar estos capítulos, usted podrá considerar el proceso desde otro punto de vista. Será capaz de observar la forma como, con el transcurso del tiempo, el sistema de organización del Cuadrante II le otorga el poder de vivir, amar, aprender y dejar un enorme y perdurable legado.

La clave para obtener calidad de vida reside en la brújula, es decir, en las acciones que se eligen realizar cada día. A medida que aprendemos a detenernos en el espacio entre el estímulo y la respuesta y a consultar nuestra propia brújula interior, podemos enfrentar el cambio cara a cara, con la confianza de que obramos con lealtad al principio y al propósito, y de que damos prioridad a lo más importante de nuestra propia vida.

4

El organizador del Cuadrante II: El proceso de poner primero lo primero

Sin jardinero, no hay jardín.

Roger: Hace algún tiempo, un amigo —un consultor comercial— se mudó a su nueva casa y decidió contratar a una amiga con un título en horticultura y sumamente competente y conocedora de la materia, para el diseño del jardín.

Mi amigo tenía una gran visión respecto del terreno y, como estaba muy ocupado y viajaba mucho, insistía en que era preciso que su jardín exigiera poco o ningún cuidado de su parte. Destacó que era totalmente necesario instalar regadores automáticos y otros aparatos que ahorraran trabajo. Él siempre intentaba encontrar la forma de reducir el tiempo que debía dedicar al mantenimiento de las cosas.

Por último, ella se detuvo y le dijo: "Fred, entiendo lo que dices. Pero hay algo sobre lo que debes pensar antes de proseguir: ¡Sin jardinero, no hay jardín!".

La mayoría de la gente cree que sería fabuloso si fuera posible poner sus jardines —o sus vidas— en automático y, de alguna manera, obtener los mismos resultados de calidad que derivan del cuidado esmerado y persistente de los elementos que la crean.

Sin embargo, la vida no funciona así. No se trata tan sólo de lanzar unas semillas al suelo, continuar con lo que deseamos hacer y regresar con la suposición de encontrar una hermosa y floreciente huerta que nos ofrecerá una abundante cosecha de porotos, maíz, papas, zanahorias y arvejas. Debemos regar, cultivar y limpiar de malezas el terreno de forma regular si proyectamos sacar provecho de una futura cosecha.

Nuestra vida continúa. Todo crece. Pero la diferencia entre nuestra participación activa como jardineros y el descuido equivale a la diferencia entre un hermoso jardín y un terreno lleno de malezas.

Este capítulo describe el proceso del cuidado del jardín. Se trata de identificar lo que es importante y concentrar nuestro esfuerzo en ayudar para que crezca. Se trata de plantar, cultivar, regar y quitar malezas. Se trata de aplicar el paradigma de la importancia para nutrir la calidad de vida. Se trata de una actividad "de gran influencia" que se puede realizar en unos treinta minutos cada semana. Cualquiera que sea su actual calidad de vida, el proceso del Cuadrante II producirá resultados significativos.

En un cierto nivel, este proceso consiste en una medida de primeros auxilios para tratar el problema de la adicción a lo urgente. Si usted no tuvo la oportunidad de meditar sobre las necesidades y principios de su vida y básicamente actúa según el paradigma de la urgencia, lo ayudará a comenzar a cambiar su forma de pensar basada en lo urgente por la basada en lo importante. El solo hecho de observar el proceso lo ayudará a actuar conforme a lo importante, en lugar de reaccionar según las emociones o las circunstancias.

En otro nivel, elabora un marco dentro del cual usted podría organizar su tiempo para concentrarse en las necesidades y principios y comenzar a trabajar sobre ellos en su propia vida. A lo largo de este proceso organizativo, será capaz de crear tiempo perteneciente al Cuadrante II para conectarse con su vida más profunda, generar un enunciado de misión personal basado en principios que aborde las cuatro necesidades, y desarrollar su capacidad personal para comprender y ordenar su vida según los principios que rigen la calidad de vida.

Incluso en un tercer nivel, este proceso lo capacitará para trasladar su enunciado de misión personal al marco de la rutina de su vida. Desde la misión hasta el momento vivido, el proceso lo capacitará para vivir con integridad y dar prioridad a lo más importante de una forma equilibrada y centrada en principios.

A medida que se presentan las etapas del proceso, le sugerimos que las considere con atención, que tome nota de ellas. Cuanto más se involucre, más significativo será el aprendizaje. Le sugerimos que examine la hoja de trabajo de las páginas 112-113 y luego la utilice para organizar la semana de acuerdo con el proceso de seis etapas que sigue.

Los métodos que se emplean en este capítulo forman parte de un sistema organizativo que desarrollamos basado en el Cuadrante II.* Deseamos destacar el hecho de que el sistema no equivale a una "herramienta mágica". Está diseñado para mejorar el proceso de organización del Cuadrante II. Pero este mismo proceso puede organizarse en un planificador, en una computadora, en una libreta con espiral e, incluso, en una servilleta de papel. Resulta vital cerciorarse de que cualquiera que sea el sistema que se elija, se alinee según lo que se intenta hacer. Un sistema que se concentra en priorizar las actividades urgentes de los Cuadrantes I/III se interpondrá en el camino de los esfuerzos que usted realiza en su transición al Cuadrante II.

La hoja de trabajo semanal ®

Al examinar la hoja de trabajo semanal que aparece más adelante, advertirá que difiere de la mayoría de las herramientas de planificación en que es una página semanal y no diaria.

La semana crea contexto. Tal vez usted vio esos maravillosos videoclips de dos o tres minutos, donde la cámara hace tomas

* Puede usted copiar con libertad la hoja de trabajo con el fin de practicar. Para la obtención de una muestra de 4 semanas complementaria del Organizador de los Siete Hábitos, llamar al (801) 229-1333 o enviar un fax al (801) 229-1233.

panorámicas de lo que parecen ser grandes colinas y valles, mientras se mueve de arriba abajo y da diversas perspectivas de los evidentes contornos de una vasta área geográfica. En cada deslizamiento de la cámara, nos preguntamos qué es lo que vemos. ¿Son esas zonas elevadas las ondulantes colinas de ciertas tierras estériles? ¿Son las enormes dunas de un desierto remoto? Luego de unos minutos, la cámara retrocede con lentitud, de modo que queda visible el cuadro completo. Las "montañas" y los "valles", ¡son la textura reconocible de una naranja!

La planificación diaria nos provee una vista limitada. Cuando ésta consiste en un "primer plano" a menudo nos conduce a que nos concentremos en lo que tenemos enfrente. La urgencia y la eficiencia toman el lugar de la importancia y la efectividad. Además, la organización semanal proporciona un contexto más vasto de lo que realiza. Amplía la foto y nos permite ver lo que en realidad son las "montañas". Las actividades diarias comienzan a tomar dimensiones más adecuadas cuando las visualizamos en el contexto de la semana.

Etapa uno: conéctese con su visión y su misión

Mientras usted se organiza para la semana siguiente, la primera etapa consiste en conectarse con lo más importante de su vida en conjunto. El contexto brinda significado. Usted debe tener en cuenta el cuadro extenso —lo que lo preocupa, lo que da sentido a los momentos de su vida—. La clave para esta conexión reside en la claridad de su visión en lo que respecta a las siguientes preguntas:

- *¿Qué es lo más importante?*
- *¿Qué da sentido a su vida?*
- *¿Qué desea ser y hacer en la vida?*

110

Muchas personas escriben sus respuestas a estas preguntas en un credo personal o un enunciado de misión. Esos enunciados representan lo que usted desea ser y lo que desea hacer en su vida, y los principios sobre los cuales se basa el hecho de ser y hacer. Es primordial ser muy claro en estos temas porque influyen en todo lo demás: las metas que se ha fijado, las decisiones que tome, los paradigmas que adopte, el modo como emplee su tiempo. Recordando la metáfora de la escalera, un enunciado de misión personal suministra los criterios fundamentales para decidir sobre qué pared apoyarla.

Dada su índole fundamental, es el primer escalón natural del proceso del Cuadrante II. ¿Por qué programar actividades y citas que no se orientan hacia su propósito? Es fundamental que usted se conecte con su misión personal para obrar según el paradigma de importancia. Influye de forma contundente en el modo como lleva a cabo el resto del proceso del Cuadrante II. Si su misión incluye asuntos como el crecimiento personal, participación familiar, cualidades del ser, o áreas de contribución, al revisarlas se grabarán estas "cosas importantes" en su mente. Creará una poderosa estructura para la toma de decisiones en las siguientes etapas.

En el capítulo 5 analizamos en detalle el área de la visión y la misión personales. Estudiamos la manera como usted es capaz de crear un poderoso enunciado de misión que produzca resultados de calidad de vida y genere una pasión por la vida.

Si no tiene un enunciado de misión personal en la actualidad, descubrirá lo que es para usted importante al realizar una de las siguientes tareas:

- Hacer una lista con las tres o cuatro cosas que consideraría "lo primero" en su vida.
- Considerar metas de largo plazo que habrá fijado.
- Pensar en las relaciones más importantes en su vida.
- Reflexionar sobre las contribuciones que le gustaría hacer.

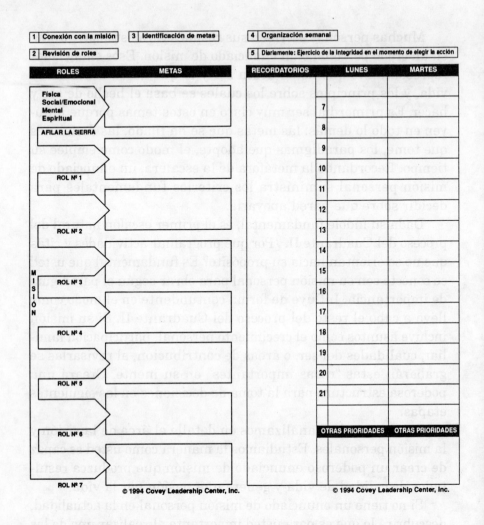

| 1 | Conexión con la misión | 3 | Identificación de metas | | 4 | Organización semanal | |
| 2 | Revisión de roles | | | | 5 | Diariamente: Ejercicio de la integridad en el momento de elegir la acción | |

ROLES	METAS	RECORDATORIOS	LUNES	MARTES
Física Social/Emocional Mental Espiritual AFILAR LA SIERRA				
ROL Nº 1		7		
		8		
		9		
		10		
ROL Nº 2		11		
		12		
		13		
ROL Nº 3		14		
		15		
		16		
ROL Nº 4		17		
		18		
		19		
ROL Nº 5		20		
		21		
ROL Nº 6		OTRAS PRIORIDADES	OTRAS PRIORIDADES	
ROL Nº 7				

© 1994 Covey Leadership Center, Inc.   © 1994 Covey Leadership Center, Inc.

- Reafirmar los sentimientos que desea experimentar en la vida: paz, confianza, felicidad, contribución, significado.
- Meditar sobre cómo pasaría esta semana si supiera que sólo cuenta con seis meses de vida.

Considere el impacto que un enunciado de misión personal le produciría al preguntarse:

112

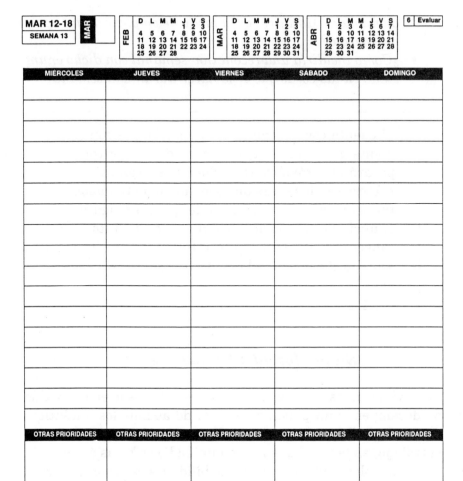

© 1994 Covey Leadership Center, Inc.

- *¿Qué importancia tendría una clara visión de mis principios, mis valores y mis máximos objetivos en la forma como empleo mi tiempo?*
- *¿Cómo me sentiría acerca de mi vida si supiera lo que resulta de suprema importancia para mí?*
- *¿Tendría valor para mí un enunciado escrito del propósito*

113

*de mi vida? ¿Influiría en el modo de emplear mi tiempo y
mi energía?*

- *¿Cómo incidiría una reconexión semanal con dicho enunciado en las cosas que elijo hacer durante la semana?*

Si cuenta con un enunciado de misión, es conveniente que lo revise ahora antes de decidir cómo pasará los próximos siete días de su vida. Reconéctese con las cosas que son sumamente importantes para usted. En caso de que no tenga un enunciado de misión, dedique unos minutos a conectarse con su brújula interior y a meditar sobre lo que en verdad resulta trascendente en su vida.

Etapa dos: identifique sus roles

Vivimos nuestra vida en función de roles —no en el sentido de desempeñar un papel, sino en el de asumir los auténticos deberes que elegimos cumplir—. Tenemos roles importantes en el trabajo, en la familia, en la comunidad o en otras áreas de la vida. Los roles simbolizan responsabilidades, relaciones y áreas de contribución.

Gran parte de nuestro dolor proviene de la experiencia de que tenemos éxito en un rol a expensas de otro, tal vez más importante. Podremos desempeñar nuestro rol de vicepresidente de la compañía de forma excelente, pero sin cumplir en absoluto como debiéramos nuestro rol de padres o esposos. Quizá tengamos éxito al satisfacer las necesidades de nuestros clientes, pero no las nuestras en lo que atañe al desarrollo y crecimiento personal.

114

Un claro conjunto de roles proporciona una estructura natural para crear orden y equilibrio. Si usted posee un enunciado de misión, sus roles derivarán de él. El equilibrio entre los roles no implica simplemente que dedique tiempo a cada uno, sino que estos roles funcionen juntos para realizar la misión.

En el capítulo 6 analizamos en detalle los roles y el equilibrio entre ellos. Por ahora, usted sólo debe hacer una lista de los roles que recuerda en la forma que le parezca más conveniente. No es preciso que se preocupe demasiado por describirlos "exactamente" la primera vez. Pueden transcurrir varias semanas antes que sienta que expresan las diversas facetas de su vida de modo acertado. No existe un método fijo para hacerlo: otra persona que realice casi las mismas cosas que usted podría definir los roles de forma diferente. Además, es muy probable que sus roles varíen con los años. Tal vez cambie de trabajo, se asocie a un club, contraiga matrimonio o se convierta en padre o abuelo.

Usted puede definir su rol familiar simplemente como "un miembro de la familia". O quizás elija dividirlo en dos roles: "esposo" y "padre", "esposa" y "madre", "hija" y "hermana". Algunas áreas de la vida, como la laboral, pueden abarcar varios roles: uno respecto de la administración; el segundo, de la comercialización; el tercero, del área de personal, y el último, de la planificación a largo plazo. Asimismo puede referirse a un rol que refleje su desarrollo personal.

Un ejecutivo especializado en el desarrollo de productos definiría sus roles según la hoja de trabajo de la página siguiente.

Un vendedor de propiedades de medio tiempo anotaría los roles según la hoja de trabajo de la página 117.

Dado que los estudios demuestran que resulta menos efectivo intentar ordenar mentalmente más de siete categorías, le recomendamos que combine las funciones como, por ejemplo, administración/finanzas o personal/formación de equipos, para no sobrepasar ese número. Esto contribuirá a la organización mental en lo que atañe a las áreas de los roles. Además, usted

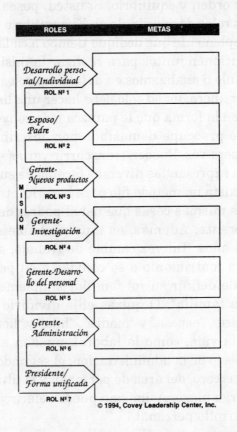

ROLES	METAS
Desarrollo perso-nal/Individual ROL Nº 1	
Esposo/Padre ROL Nº 2	
Gerente-Nuevos productos ROL Nº 3	
Gerente-Investigación ROL Nº 4	
Gerente-Desarro-llo del personal ROL Nº 5	
Gerente-Administración ROL Nº 6	
Presidente/Forma unificada ROL Nº 7	

M
I
S
I
Ó
N

© 1994, Covey Leadership Center, Inc.

no debe sentirse obligado a enumerar siete roles. Si sólo identifica cinco o seis, está bien. El número siete simplemente representa un límite para un procesamiento mental conveniente.

La identificación de los roles brinda un sentido de la vida de calidad en su conjunto —que la vida es algo más que un puesto de trabajo, una familia, una relación en especial—. La vida es el conjunto de todo esto. Asimismo, la identificación de los roles destaca las áreas "importantes, pero no urgentes" que en la actualidad se pasan por alto.

Además de los roles que usted identifica, le sugerimos tener

116

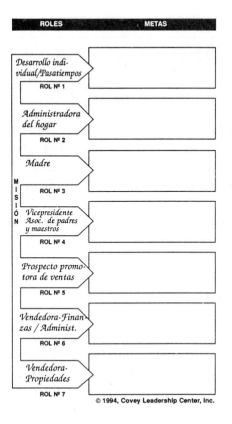

ROLES	METAS
Desarrollo individual/Pasatiempos ROL N° 1	
Administradora del hogar ROL N° 2	
Madre ROL N° 3	
Vicepresidente Asoc. de padres y maestros ROL N° 4	
Prospecto promotora de ventas ROL N° 5	
Vendedora-Finanzas / Administ. ROL N° 6	
Vendedora-Propiedades ROL N° 7	

MISIÓN

© 1994, Covey Leadership Center, Inc.

en cuenta un rol aislado y fundamental llamado "afilar la sierra". Lo trataremos como un rol por separado por dos razones: 1) se trata de un rol que todos poseemos, y 2) resulta fundamental para el éxito en todos los otros. Usted lo hallará representado en la esquina superior izquierda de la planilla semanal.

El término "afilar la sierra" es una metáfora que describe la energía que se invierte en incrementar nuestra capacidad personal en las cuatro áreas básicas: física, social, mental y espiritual. A menudo estamos tan ocupados en "aserrar" (producir resultados) que nos olvidamos de "afilar la sierra" (mantener o incrementar nuestra capacidad para producir resultados en el futuro). Es posible que dejemos de hacer ejercicios (área física),

117

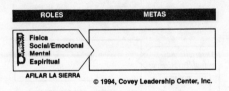

© 1994, Covey Leadership Center, Inc.

o no entablemos relaciones esenciales (área social/emocional) o no estemos al corriente en nuestro campo laboral (área mental) o no tengamos en claro qué es importante y significativo en nuestra vida (área espiritual). Si no desarrollamos nuestra capacidad personal en todas estas áreas, con rapidez caemos en el "embotamiento" y el "agotamiento" debido al desequilibrio, y no somos capaces de progresar con efectividad en los otros roles de la vida.

Con frecuencia escuchamos historias de atletas olímpicos que dedicaron años de entrenamiento y preparación rigurosos para el día de la competición. Ellos ensayan mentalmente su actuación, visualizan una y otra vez los detalles de la ejecución. Generan en sí mismos la fuerza que les permite competir con éxito. Estos atletas no pueden entrenar solamente cuando es conveniente o fácil y están seguros de la victoria. Tampoco podemos esperar tener la capacidad para disfrutar de la vida con plenitud sin cuidar ni acondicionar las fuentes vitales proveedoras de la fuerza para lograrlo.

Tal vez usted encuentre que el "rol" referente a afilar la sierra se superpone con un rol de desarrollo personal que ya definió. Ello no es problema. Lo importante es que ninguna de las cuatro áreas se pase por alto. Algunas personas emplean su rol de "afilar la sierra" para organizar actividades semanales de "inversión", como los ejercicios diarios o la lectura personal, y destinan uno de los otros roles a temas de largo plazo, como la planificación de una carrera o la continuación de los estudios. En realidad se trata de lo que más le convenga a usted.

Es importante darse cuenta de que todos estos roles no son

"divisiones" definidas de la vida. Forman un conjunto sumamente interrelacionado. Cuando usted identifica sus roles, no intenta fragmentar su vida para luego acomodarla en prolijos casilleros de una página de planificación. Usted crea una variedad de perspectivas con las que examina su vida para asegurarse el equilibrio y la armonía. El paradigma siempre se basa en la importancia, la interdependencia y la relatividad.

Si usted aún no lo hizo, escriba sus roles en la planilla ahora.

Considere las siguientes preguntas:

- *¿Pienso a menudo que me acaparan uno o dos roles de mi vida mientras no brindo a los otros el tiempo ni la atención que me gustaría?*
- *¿Cuántas de mis "cosas primordiales" se hallan en los roles que no son los que reciben toda mi atención y mi tiempo?*
- *¿Funciona el conjunto de roles que seleccioné de tal manera que contribuyen al cumplimiento de mi misión?*
- *¿De qué forma incidiría en la calidad de mi vida el hecho de considerar estos roles según una base semanal y cerciorarme de que mis actividades se hallan verdaderamente en equilibrio?*

En el capítulo 6 trataremos temas relacionados con estos y otros roles.

Etapa tres: seleccione las metas del Cuadrante II en cada rol

Luego de identificar su estructura de roles, pregúntese:

¿Qué es lo más importante que podría hacer en cada rol esta semana para lograr el mayor impacto positivo?

119

Mientras se detiene a pensar esta pregunta, es preciso que consulte tanto la sabiduría de su corazón como la de su mente. ¿Qué cree que influiría sobremanera en cada rol? ¿Con respecto a su rol de cónyuge? ¿Como amigo? ¿Como padre? ¿Como empleado? En tanto considera las actividades más importantes de cada rol, comience a utilizar la brújula en lugar del reloj. Escuche a su conciencia. Concéntrese en la importancia y no en la urgencia.

Si uno de los roles se relaciona con su propio desarrollo, las metas podrían abarcar acciones tales como planificar un período de retiro personal, trabajar un enunciado de misión o recopilar información sobre un curso de lectura veloz. Si usted es padre, su meta podría ser pasar momentos junto a su hijo. Si es casado, podría consistir en una cita con su cónyuge. Es posible que las metas que se relacionan con el plano laboral incluyan destinar tiempo para planificar a largo plazo, entrenar a un compañero o un subordinado, visitar a clientes o trabajar en expectativas compartidas con su jefe.

En el área de "afilar la sierra" las metas relacionadas con lo físico podrían abarcar el ejercicio regular o una dieta adecuada. En el área espiritual quizás usted elija la meditación, la oración o el estudio de literatura inspiradora. Con respecto al área mental podría fijar la meta de asistir a un curso o practicar su propio programa de lectura. Como desarrollo social, podría trabajar sobre principios de interdependencia efectiva, como escuchar con esmerada atención, sinceridad o amor incondicional. La clave radica en hacer con firmeza lo que genere su fuerza en estas áreas y aumente su capacidad para vivir, amar, aprender y dejar un legado. Una hora diaria dedicada a "afilar la sierra" origina la "victoria privada" que posibilita las victorias públicas.

Es probable que usted conozca varias metas que podría fijar en cada rol. Pero, por el momento, es mejor que se limite a la meta o las dos metas que son *en extremo* importantes. Incluso tal vez estime, según su propia brújula interior, que no debe fijar metas en cada rol de esa semana. El proceso del Cuadrante II permite esa flexibilidad e induce a la aplicación de la propia brújula para determinar la ejecución de la actividad más importante para usted. En el capítulo 7 examinaremos cómo emplear sus dotes para realizar estas elecciones y para fijar y lograr las metas basadas en principios que brindan resultados de calidad de vida.

> Escriba sus metas en el área de las "metas" o en la planilla semanal.

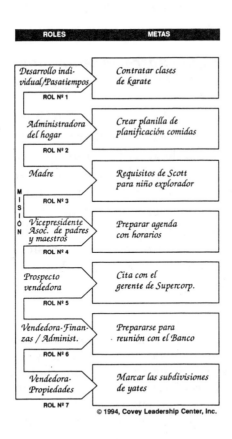

© 1994, Covey Leadership Center, Inc.

Si usted realmente se esmeró, sus metas representarán las actividades que piensa que en verdad son importantes para el cumplimiento de sus roles.

Ahora formúlese las siguientes preguntas:

- *¿Qué sucedería si realizara estas actividades durante la próxima semana?*
- *¿Qué pensaría respecto de la calidad de mi vida?*
- *¿Qué ocurriría si realizo sólo algunas de ellas?*
- *¿Incidiría de forma positiva en mi vida?*
- *¿Y si lo hago cada semana?*
- *¿Sería más efectivo de lo que soy ahora?*

Etapa cuatro: cree un marco de toma de decisiones para la semana

El traslado efectivo de las metas de gran influencia del Cuadrante II a un plan de acción requiere la creación de un marco para la efectiva toma de decisiones durante toda la semana. La mayoría de la gente intenta sin cesar encontrar tiempo para las actividades "importantes" en los ya rebosantes horarios de los Cuadrantes I/III. Transfieren las tareas, las delegan, las cancelan, las posponen —todo con la esperanza de hallar tiempo para lo principal—. No obstante, la clave no reside en priorizar sus horarios, sino en programar sus prioridades.

Uno de nuestros asociados relató así su experiencia:

Concurrí una vez a un seminario donde el instructor daba una conferencia sobre el tiempo. En un cierto momento dijo: "Muy bien, es tiempo de jugar a las preguntas y respuestas". Sacó de debajo del escritorio un frasco de unos cuatro litros y medio con boca ancha. Lo colocó sobre la mesa junto a una bandeja con piedras del tamaño de un puño y preguntó:

"¿Cuántas de estas piedras piensan que caben en el frasco?"

Una vez que todos expresaron sus conjeturas, dijo: "Muy bien. Vamos a averiguarlo". Introdujo una piedra... luego otra... luego otra. No recuerdo cuántas metió, pero llenó el frasco. Luego preguntó: "¿Está lleno?"

Todo el mundo miró las piedras y asintió.

Entonces él agregó: "Ahhh". Metió la mano bajo la mesa y sacó un balde de pedregullo. Luego introdujo parte de él en el tarro y lo sacudió. Las piedrecillas penetraron por los pequeños espacios que dejaban las piedras grandes. El conferencista rió con ironía y repitió: "¿Está lleno?"

Esa vez nos acercamos y dudamos. "Tal vez no."

"¡Bien!", replicó. Y extrajo un balde de arena que había debajo de la mesa. Comenzó a volcar la arena en el frasco que se infiltraba por los pequeños espacios que dejaban las piedras y el pedregullo. Otra vez nos miró e interrogó. "¿Está lleno?"

"¡No!", exclamamos todos.

"¡Bien!", comentó y tomó una jarra de agua y comenzó a verterla en el tarro. Había más de un litro de agua en la jarra. Entonces indagó, "¿Bueno, qué se demostró?"

Alguien respondió: "Bueno, existen vacíos, que si reciben atención, es posible incorporar más elementos en la vida".

"No", contestó el conferencista. "Ése no es el caso. Se trata de lo siguiente: si ustedes no hubieran colocado las piedras grandes en primer lugar, ¿habrían podido introducirlas alguna vez?"

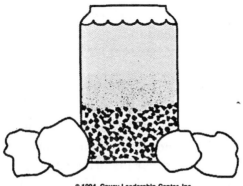

© 1994, Covey Leadership Center, Inc.

Según el paradigma de "cuanto más, mejor", siempre intentamos agregar más actividades al tiempo con que contamos. Sin embargo, ¿qué importancia tiene la cantidad de tareas que se realizan, si no son las más importantes?

Las metas del Cuadrante II equivalen a las "piedras grandes". Si colocamos en primer lugar otras actividades (el agua, la arena y el pedregullo) y luego intentamos introducir las piedras grandes, no sólo no cabrán, sino que terminaremos por hacer un buen lío en el proceso.

No obstante, si sabemos lo que son las piedras grandes y las colocamos en primer lugar, es sorprendente la cantidad que se llega a introducir —y cuánta arena, pedregullo y agua llena los vacíos—. Al margen de todo lo que realmente cabe, la clave reside en introducir primero las piedras grandes: las metas del Cuadrante II. (Véase la siguiente ilustración.)

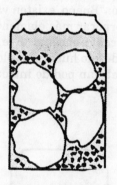

© 1994, Covey Leadership Center, Inc.

Mientras usted observa la hoja de trabajo semanal, debe colocar las metas del Cuadrante II en el lugar correspondiente. Notará que existen dos clases de áreas en la planilla semanal para cada día: una dedicada a los compromisos específicos; la otra, al espacio para enumerar las prioridades del día. A fin de programar las metas del Cuadrante II, usted puede establecer un período específico durante el día para dedicarse a la meta o anotarla como prioridad. (Véase la planilla de trabajo de la página 126.)

Por lo general, el compromiso específico es el más efectivo. Tal vez usted crea que las metas más importantes de la semana incluyen cierta planificación a largo plazo, la práctica de ejercicios y la preparación de la propuesta de un proyecto trascendente. Fije momentos específicos para dedicarse a estas metas y encare la cita con usted mismo de igual modo que encara una cita con otra persona. Usted debe hacer planes al respecto. Encauce otras actividades y requerimientos a horarios diferentes. Si es preciso cambiar esa cita, hágalo de inmediato. Otórguese la misma consideración que tiene para con otras personas.

En algunos casos, resulta más efectivo *no* programar una meta en un determinado horario del día, sino enlistarla como prioridad. Por ejemplo, si su meta consiste en mejorar las relaciones con su hija adolescente, es importante tener en cuenta que quizá la oportunidad no surja en un momento predecible. En lugar de planificar una actividad específica durante la semana, usted encontrará más efectivo escribir simplemente el nombre de su hija en la parte superior de la lista de las "otras prioridades", y esperar que surja la oportunidad. Si usted hace esto un día lunes y nada ocurre, dibuje una flecha en la misma línea hacia el casillero del martes. En caso de que no surja la oportunidad ese día, vuelva a dibujar una flecha hacia el miércoles. De esta manera, usted tendrá presente esa prioridad. Usted está buscando la ocasión apropiada. Puede observar lo que ocurre en la semana al respecto.

OTRAS PRIORIDADES	OTRAS PRIORIDADES	OTRAS PRIORIDADES
Tiempo con Sharrie	→ →	→ →

© 1994, Covey Leadership Center, Inc.

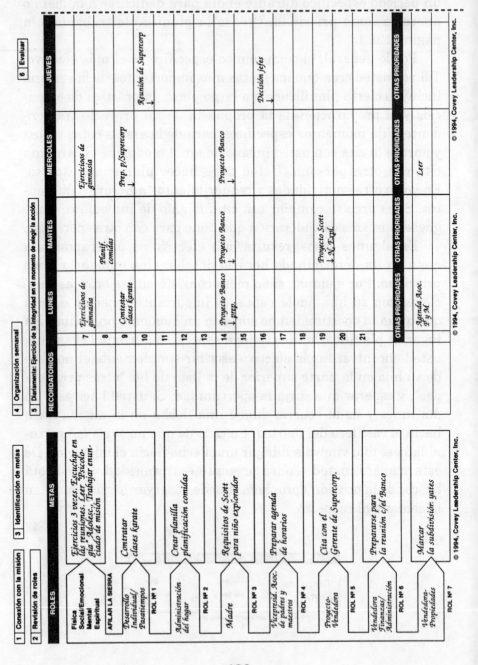

1 Conexión con la misión   **3** Identificación de metas
2 Revisión de roles
4 Organización semanal
5 Diariamente: Ejercicio de la integridad en el momento de elegir la acción
6 Evaluar

ROLES	METAS
Física / Social/Emocional / Mental / Espiritual **AFILAR LA SIERRA**	Ejercicios 3 veces. Escuchar en las reuniones. Leer "Psicología "Adolesc... Trabajar enunciado de misión
Desarrollo Individual/Pasatiempos **ROL Nº 1**	Contratar clases karate
Administración del hogar **ROL Nº 2**	Crear planilla planificación comidas
Madre **ROL Nº 3**	Requisitos de Scott para niño explorador
Vicepresid. Asoc. de padres y maestros **ROL Nº 4**	Preparar agenda de horarios
Proyecto-Vendedora **ROL Nº 5**	Cita con el Gerente de Supercorp
Vendedora Finanzas/Administración **ROL Nº 6**	Prepararse para la reunión c/el Banco
Vendedora-Propiedades **ROL Nº 7**	Marcar la subdivisión yates

© 1994, Covey Leadership Center, Inc.

RECORDATORIOS	LUNES	MARTES	MIERCOLES	JUEVES
7	Ejercicios de gimnasia		Ejercicios de gimnasia	
8		Planif. comidas		
9	Contestar clases karate		Prep. p/Supercorp →	
10				Reunión de Supercorp →
11				
12				
13				
14	Proyecto Banco → prep.	Proyecto Banco →	Proyecto Banco →	
15				
16			Decisión jefes →	
17				
18				
19		Proyecto Scott → N. Expl.		
20				
21				
OTRAS PRIORIDADES	OTRAS PRIORIDADES	OTRAS PRIORIDADES	OTRAS PRIORIDADES	OTRAS PRIORIDADES
Agenda Asoc. P y M			Leer	

© 1994, Covey Leadership Center, Inc.

126

Más tarde, el miércoles por la noche, cuando usted esté leyendo el periódico y su hija llegue y desee conversar, estará motivado para dejar de lado el diario —y no a la muchacha—.

Por supuesto, las actividades específicas con los hijos también tienen mucho valor. Es a menudo cuando se dedica tiempo a jugar bolos o a mirar una película juntos que se originan las conversaciones espontáneas. Lo esencial radica en percibir tanto la necesidad de la meta como su naturaleza cuando se determina lo que es más apropiado.

> Si usted está planificando la semana mientras lee este capítulo, dedique unos momentos para programar las metas del Cuadrante II.

La programación de las metas importantes del Cuadrante II constituye un paso esencial para determinar primero lo primero. Si no colocamos las actividades del Cuadrante II en primer

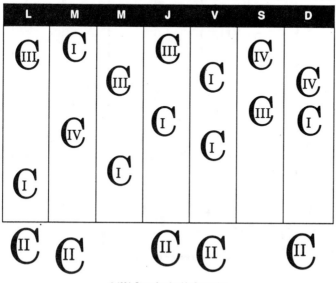

© 1994, Covey Leadership Center, Inc.

lugar, la semana desbordará de actividades de los Cuadrantes I y III que reclaman nuestra atención constantemente. Resulta difícil "acomodar" esas actividades importantes del Cuadrante II que influirán sobremanera.

Sin embargo, si introducimos las "piedras grandes" primero, revertiremos esa tendencia. Creamos una estructura para lograr lo que consideramos importante, y entonces podremos "ajustar" las otras actividades.

Una vez que las piedras grandes del Cuadrante II se hayan colocado, usted podrá comenzar a agregar con comodidad otras actividades, ya sea citas o prioridades del día. Vale la pena examinar cada actividad con cuidado y determinar a qué cuadrante se adapta. Podrá *aparentar* ser urgente. Pero, ¿lo es? ¿O sólo lo parece porque alguien o algo lo está presionando? ¿Es en realidad importante? ¿O al creerla urgente la hace sólo *parecer* importante?

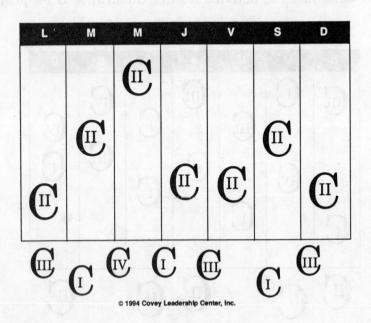

© 1994 Covey Leadership Center, Inc.

Como ya observamos, si usted es adicto a la modalidad de crisis, resulta obvio deducir que casi todas las tareas que realiza pertenecen al Cuadrante I. No obstante, un análisis exhaustivo quizá revele que una gran cantidad de tiempo está destinada al Cuadrante III. Si usted necesita encontrar tiempo para invertirlo en el Cuadrante II, el Cuadrante III es el principal lugar donde obtenerlo.

Una vez que comience a invertir tiempo en el Cuadrante II, se influye de forma significativa en la cantidad de tiempo que usted emplea en cada uno de los otros cuadrantes. Mientras planifica, prepara, entabla relaciones o disfruta de la re-creación de calidad, descubrirá que dedica mucho menos tiempo a recoger los fragmentos rotos del Cuadrante I o a reaccionar a las exigencias urgentes de los demás en el Cuadrante III. Lo ideal es trabajar para eliminar las tareas de III y IV, como también emplear el tiempo en las actividades importantes de los Cuadrantes I y II, y orientarse cada vez más a las actividades de preparación, prevención y capacitación del Cuadrante II.

Cuando usted observe la programación de la semana, es importante que advierta que es crucial *no* dedicar cada momento de cada día a citas que no permitan cambios de horario. Es indispensable la flexibilidad. Mientras usted se esfuerza en planificar del mejor modo posible lo que es importante basado en el conocimiento disponible, la realidad demuestra que la vida no es la encarnación automática de una página planificada sin importar lo bien escrita que esté. Ignorar lo inesperado (aun si fuera posible) equivaldría a vivir sin oportunidad ni espontaneidad los ricos momentos con los que está hecha la "vida".

El objeto de organizar el Cuadrante II no consiste en crear un programa rígido, sino un *marco* en el cual sea posible tomar decisiones de calidad basadas en la importancia, día tras día, momento tras momento.

Si usted se dedica ahora a organizar la semana, debe planificar las otras actividades clave conforme a las metas del Cuadrante II y programarlas como citas o prioridades diarias.

Estime el valor de este marco semanal formulándose las siguientes preguntas:

- *¿Qué pienso sobre la forma como planifiqué la semana?*
- *¿En qué influiría si planificara las metas del Cuadrante II en cada rol (como compromisos o como prioridades diarias) de forma semanal y las llevara a cabo?*
- *¿Noto la lógica de colocar las "piedras grandes" primero? ¿De qué forma me ayudaría a realizar esas tareas importantes?*

En el capítulo 8 analizaremos con mayor detenimiento las tres "perspectivas operativas" que obtenemos al cambiar el foco de observación diario por el semanal.

Etapa cinco: ejerza integridad en el momento

Una vez distribuidas en la semana las metas importantes del Cuadrante II, la tarea diaria consiste en conseguir que lo primero siga siendo lo primero a través de las oportunidades y los desafíos inesperados a lo largo del día. Ejercer la integridad, o la integralidad, implica el traslado de la misión al momento con paz y confianza, sea que dar prioridad a lo primero signifique llevar a cabo el plan o bien crear un cambio dirigido de conciencia. Todas las etapas por las que pasamos en el proceso se diseñaron para mejorar su carácter, sus aptitudes, su forma de

130

juzgar y su capacidad para acceder a la brújula interior en los momentos de toma de decisiones cuando el motor se pone en marcha.

Existen otras tres tareas adicionales que usted puede realizar al comienzo del día para mejorar su habilidad de poner primero lo primero.

1. *Prever el día*. Este proceso difiere sobremanera de la "planificación diaria" del método tradicional de administrar el tiempo. Consiste en dedicar unos pocos momentos al comienzo del día para revisar su agenda, lo cual le permite ubicarse, controlar la brújula, observar el día según el contexto de la semana y renovar la perspectiva que fortalece para responder de forma significativa a la oportunidad o el desafío inesperados. Al respecto, algunas personas prefieren disponer de un espacio en la página diaria para mayores detalles.

2. *Priorizar*. Como paso previo a la priorización en el sentido tradicional de la palabra, usted encontrará útil identificar sus actividades como tareas pertenecientes al Cuadrante I o al Cuadrante II, lo cual le ofrece la oportunidad adicional de cerciorarse de que las actividades del Cuadrante III no se infiltraron en la agenda disimuladamente. Además, permite contar con un contexto *kairos* o basado en la brújula durante el día (que por lo general es más *chronos* o basado en el reloj). También refuerza el paradigma de la importancia y lo hace más receptivo de la naturaleza de las acciones que elige realizar.

Si lo ayuda una posterior priorización, puede indicar la categoría de cada actividad del CI o CII. Algunos prefieren aplicar el método ABC, por el cual les asignan una A, B o C, según el orden de importancia, y siempre actúan sobre las A. Otros prefieren un sistema de numeración sencillo que requiere una definición de prioridades más específica. (Véanse las páginas 132 y 133.)

5	Diariamente: Ejercicio de la integridad en el momento de elegir la acción

	D	L	M	M	J 1	V 2	S 3
MAR	4	5	6	7	8	9	10
	11	12	13	14	15	16	17
	18	19	20	21	22	23	24
	25	26	27	28	29	30	31

LUNES
DIA 71, QUEDAN 294

12 ABR

	CITAS	IMPORTANCIA	PUNTOS DE ACCIÓN
	Caminata matinal		*CI: ¡Depósito bancario!* *Devolver llamada:*
7	*Oficina* ↓		*Contactar la ciudad para yates*
8			*Contrato de subdivisión*
9	*Casa de los Collins:* *Mostrar equipo*		*Preparar informe/ventas para reunión* *con equipo*
10			*Pagar aranceles inscripción*
11			*para clases de karate*
12	*Almuerzo - Javed*		*Recoger la madera (32 x 45)* *para el proyecto de Scott*
13			*C II: Obtener mapas de la zona*
14	*Proyecto c/el Banco*		*de la ciudad para Andy*
15			*Conseguir cinta video* *para el juego de Scott*
16	*Contacto inicial* *Reunión c/Tisha Bared*		*Enviar a Marsha tarjeta*
17	*Trámites*		*de cumpleaños*
18	*Cena*		*Dejar las camisas de Tim*
19	*Comité de tareas de la* *Asociación Padres y Maestros*		*Confirmar la fecha de la cena* *c/Paul y Kate*
20			
21	*Lectura*		
		GASTOS	IMPORTE

© 1994, Covey Leadership Center, Inc.

5	Diariamente: Ejercicio de la integridad en el momento de elegir la acción		

MAR	D	L	M	M	J 1	V 2	S 3
	4	5	6	7	8	9	10
	11	12	13	14	15	16	17
	18	19	20	21	22	23	24
	25	26	27	28	29	30	31

LUNES
DIA 71, QUEDAN 294

12 ABR

	CITAS	IMPORTANCIA	PUNTOS DE ACCION
	Caminata matinal		CI: A1; ¡Depósito Bancario!
7	Oficina ↓		A2 Devolver llamada Consejo Estatal de Asoc. P y M (555-7362)
8			B1. Contactar la ciudad para Yates Contrato de subdivisión
9	Casa de los Collins: Mostrar equipo		
10			B2. Preparar informes/ventas para reunión equipo
11			C1. Pagar aranceles inscripción para clases de karate
12	Almuerzo - Javed		
13			C2. Recoger la madera (3 2 x 45) para el proyecto de Scott
14	Proyecto c/el Banco		CII A II: A1 Obtener mapas de la zona de la ciudad para Andy
15			B1 Conseguir cinta vídeo para el juego de Scott
16	Contacto inicial Reunión c/Tisha Bared		
17	Trámites		B2 Enviar a Marsha tarjeta de cumpleaños
18	Cena		B3 Dejar las camisas de Tim
19	Comité de tareas de la Asociación Padres y Maestros		
20			C1 Confirmar la fecha de la cena c/Paul y Kate
21	Lectura		
		GASTOS	IMPORTE

© 1994, Covey Leadership Center, Inc.

5	Diariamente: Ejercicio de la integridad en el momento de elegir la acción

MAR

D	L	M	M	J	V	S
				1	2	3
4	5	6	7	8	9	10
11	12	13	14	15	16	17
18	19	20	21	22	23	24
25	26	27	28	29	30	31

LUNES
DIA 71, QUEDAN 294

12 ABR

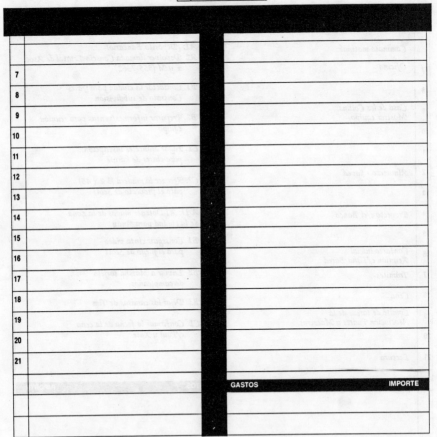

GASTOS — IMPORTE

© 1994, Covey Leadership Center, inc.

134

LUNES	MARTES	MIÉRCOLES	JUEVES

© 1994, Covey Leadership Center, Inc.

Utilice usted o no la indicación de prioridades más detallada, le recomendamos con énfasis que destaque o marque con un círculo o asterisco su prioridad más importante, lo cual tal vez exija decidirse entre las actividades del Cuadrante II que organizó para el día. Si la característica del día es que no se lleva a cabo ninguna otra actividad, usted aún tiene la satisfacción de saber que hizo la tarea que más importaba.

Al priorizar es vital que recuerde que sólo incluye los temas que incorporó en el marco semanal. No se toma en cuenta la prioridad de las oportunidades y los desafíos inesperados. Si usted consideró con cuidado sus roles y metas, lo que se halle en su marco reflejará sus mejores esfuerzos para determinar lo primordial de la semana. Sin embargo, nadie es omnisciente. Es posible que algunas ocupaciones resulten genuinamente más importantes que lo que había planificado. Manténgase conectado con su brújula interior y así podrá actuar con integridad con respecto a lo que es más importante, y no necesariamente a lo programado.

3. *Utilice algún formulario de planificación T para el día.* En la hoja de trabajo diaria la estructura básica permite al lector hacer una lista de actividades "que se resisten al cambio de horario", a la izquierda, y las actividades que se pueden realizar en cualquier momento del día a la derecha. Esta técnica se denomina a menudo "planificación T". Al separar las actividades que no pueden cambiar de horario del resto, usted será capaz de tomar decisiones más efectivas sobre la programación y ajustarse a los compromisos importantes. La Hoja Semanal más abreviada muestra estas áreas en las partes superior e inferior. (Véanse las páginas 132 y 133.)

Se considera que una actividad "no puede cambiar de horario" cuando su valor se relaciona con un momento determinado del día. Por ejemplo, la cita con el médico tiene sumo valor a las 10:00, es decir, la hora reservada para la consulta, y ninguno a las 16 (a menos que usted aún esté esperando que lo atienda). El hecho de que una tarea esté programada en el área que no admite cambio de horario no significa que cuando llegue el momento usted deje todo lo que esté haciendo y cambie automáticamente de objetivo. Quizás esté ocupado en algo en verdad más importante y necesite reprogramar el día. La clave reside en su habilidad para examinar las dos actividades y determinar cuál de ellas tiene más importancia en ese momento.

Durante el transcurso del día, sin duda surgirán ciertos factores que lo llevarán a reevaluar las actividades que planificó: su jefe lo convoca a una reunión, alguien le ofrece dos entradas para un concierto, su hija lo llama desde la escuela porque se rompió un brazo, un cliente cancela una cita.

Organizar el Cuadrante II lo capacita para emplear mejor su tiempo según el paradigma de la importancia y no el de la urgencia. Al modificarse las situaciones, usted puede detenerse y conectarse con su brújula interior para determinar el "mejor" empleo de su tiempo y su energía. Cuando lo inesperado es menos importante que lo que había planificado, organizar el Cuadrante II le ofrece perspectiva y poder para mantenerse al corriente. Cuando lo inesperado es más importante, lo fortalece para adaptarse y cambiar con confianza al saber que su actuación se centra sobre lo verdaderamente importante, y que no es una mera reacción a lo urgente.

En el capítulo 9 estudiaremos en detalle cómo acceder a la brújula interior en los momentos de decisión. Hablaremos sobre cómo adquirir fortaleza en los trances difíciles, cómo reconocer cuándo una oportunidad o un desafío inesperados son más importantes que lo que está planificado, y cómo decidir cuándo ajustarse a lo planificado o cambiarlo con confianza y tranquilidad.

Etapa seis: evalúe

El proceso del Cuadrante II sería incompleto si no se cerrara el círculo: si no se vuelca la experiencia de una semana a las bases para obtener mayor efectividad en la próxima. A menos que aprendamos de la vida, ¿cómo evitaremos hacer lo mismo —cometer los mismos errores, combatir los mismos problemas— semana tras semana? Al finalizar la semana —antes de revisar el enunciado de su misión para comenzar la organización de la siguiente— usted debe formularse estas preguntas:

- *¿Qué metas logré?*
- *¿Con qué desafíos me enfrenté?*
- *¿Qué decisiones tomé?*
- *Al tomar decisiones, ¿mantuve primero lo primero?*

En el capítulo 10 sugeriremos más preguntas específicas que se refieren al poder de las cuatro dotes que nos ayudan a aprender de la vida. Con esta última etapa, el Cuadrante II se convierte en un ciclo de vida y aprendizaje que genera una espiral ascendente de crecimiento.

Suponga que usted dedicara treinta minutos por semana durante las siguientes cincuenta y dos semanas de su vida a este proceso. Suponga que sólo lograra la mitad de las metas del Cuadrante II que se propuso. ¿Significaría más tiempo en el Cuadrante II que el que usted dedica en la actualidad? ¿Poco o mucho? Si fuera capaz de invertir todo este tiempo en el Cuadrante II, ¿cómo influiría en la calidad de su vida personal y profesional?

El paradigma y el proceso

El Cuadrante II no es una herramienta: es una forma de pensar. Reconocemos que muchas personas que recurren a herramientas de planificación de la segunda y tercera generación, las emplean esencialmente según la cuarta. Por otro lado, otros individuos que utilizan herramientas de la cuarta generación —incluso nuestro propio sistema de organización— lo hacen conforme a la segunda y tercera, y obtienen resultados mucho menos efectivos.

Es evidente que el paradigma resulta del todo esencial. Sin embargo, es preciso reconocer que una herramienta que no responde a un paradigma puede crear inefectividad y frustración. Si usted intenta crear un estilo de vida según la cuarta generación, basado en la importancia, y emplea una herramienta que se centra en la priorización diaria de lo urgente, equivale a intentar avanzar por un pasadizo mientras otra persona arroja piedras a su paso. Incluso el sistema puede amenazar con otorgar demasiado poder al paradigma, de manera que usted termina al servicio del sistema en detrimento propio, en lugar de aprovecharlo como ayuda para lograr lo que desea.

El proceso organizador del Cuadrante II refuerza el paradigma de la "importancia". El máximo valor del proceso no radica en el efecto que produce en su programación, sino en su cabeza. Al comenzar a pensar más en términos de importancia, usted comienza a visualizar el tiempo de otra manera. Está capacitado para poner primero lo primero en su vida de manera significativa.

Si usted se parece a la mayoría de las personas con las que tuvimos la oportunidad de trabajar, es probable que haya advertido algunos de los beneficios inmediatos del proceso organizador del Cuadrante II: el cambio de mentalidad de lo urgente a lo importante, la más amplia perspectiva de la semana, el aumento de flexibilidad, y colocar primero las "grandes piedras".

No obstante, el viaje sólo acaba al comenzar. Este capítulo suministra una somera descripción del proceso organizador del Cuadrante II. Los próximos seis capítulos tratan en detalle y con amplitud este proceso que lo fortalecerá con el tiempo para "mantener primordial lo primordial" en su vida.

5

La pasión de la visión

Resulta fácil decir "¡no!" cuando hay un pro-
fundo "¡sí!" que arde en nuestro interior.

Viktor Frankl, un psicólogo austríaco sobreviviente de los campos de concentración de la Alemania nazi, hizo un descubrimiento trascendental. Al encontrar en sí mismo la capacidad para elevarse por encima de su humillante situación, se convirtió en un observador, como también en un participante, de la experiencia. Contemplaba a los que también compartían esa ordalía y se preguntaba qué hacía posible que algunas personas sobrevivieran cuando la mayoría moría.

Consideró varios factores: la salud, la vitalidad, la estructura familiar, la inteligencia y la habilidad para sobrevivir. Por último, sacó en conclusión que ninguno de esos factores era la causa primordial. Se dio cuenta de que el único factor relevante era una visión de futuro —la instigadora convicción de quienes sobrevivirían de que tenían una misión que cumplir, una tarea importante que realizar—.[1]

Sobrevivientes de los campos POW de Vietnam y otros lugares informaron sobre la misma experiencia: una motivadora visión orientada al futuro fue la fuerza vital que los mantuvo vivos.

¡El poder de la visión es increíble! Las investigaciones indi-

[1] Viktor E. Frankl, *Man's Search for Meaning* (Nueva York, Pocket Books, 1959), págs. 164-66.

can que los niños con "imágenes de roles centrados en el futuro" se desempeñan mucho mejor en la escuela y poseen una capacidad considerablemente mayor para enfrentar los desafíos de la vida. [2] Los equipos y organizaciones con un fuerte sentido de la misión superan de forma apreciable a los que carecen de esta fuerza. [3] Según la opinión del sociólogo holandés Fred Polak, un factor primordial que influye en el éxito de las civilizaciones es la "visión colectiva" que la gente tiene de su futuro. [4]

La visión constituye la mejor manifestación de la imaginación creativa y la principal motivación de la acción humana. Equivale a la aptitud para ver más allá de nuestra realidad del momento, crear, inventar lo que todavía no existe, convertirnos en lo que aún no somos. Nos confiere la capacidad para vivir conforme a nuestra imaginación y no a nuestra memoria.

En este capítulo desearíamos analizar el efecto de nuestra visión personal sobre nuestro tiempo y nuestra vida. Estudiamos el modo de crear una visión capacitadora e integrarla a la rutina de todos los días.

Todos poseemos una visión de nosotros mismos y de nuestro futuro. Y esa visión produce consecuencias. Más que cualquier otro factor, la visión incide en nuestra elección y en la forma como empleamos nuestro tiempo.

Si nuestra visión es limitada —si no va más allá del juego de pelota del viernes por la noche o del próximo espectáculo de televisión—, tendemos a basar nuestras elecciones sólo en lo inmediato. Reaccionamos a todo lo que es urgente, al impulso del momento, a nuestros sentimientos o estados de ánimo, al limitado conocimiento de nuestras opciones y a las prioridades de los

2 Benjamin Singer, "The Future-Focused Role-Image", en Alvin Toffler, *Learning for Tomorrow: The Role of the Future in Education* (Nueva York, Random House, 1974), págs. 19-32.

3 Andrew Campbell y Laura L. Nash, *A Sense of Mission* (Nueva York, Addison-Wesley, 1990). Véase en especial el capítulo 3.

4 Fred Polak, *The Image of the Future* (San Francisco, Jossey-Bass, 1972).

demás. Dudamos y fluctuamos. Lo que pensamos respecto de nuestras decisiones —incluso el modo como las tomamos— varía día tras día.

Si nuestra visión se basa en la ilusión, las elecciones de las tareas que realizamos no están basadas en los principios del norte verdadero. Con el tiempo, esas opciones no producen los resultados de calidad de vida que esperamos. Nuestra visión se convierte en nada más que trivialidades. Entonces nos desilusionamos y tal vez nos volvamos cínicos. Nuestra imaginación creativa se opaca y no confiamos más en nuestros sueños.

Si nuestra visión es parcial —si nos centramos solamente en las necesidades económicas y sociales e ignoramos nuestras necesidades mentales y espirituales, por ejemplo— elegimos acciones que nos conducen al desequilibrio.

Si nuestra visión se basa en el espejo social, nuestras elecciones se basarán en las expectativas de los demás. Se dice que "cuando el hombre descubrió el espejo, comenzó a perder el alma". [5] Si nuestra visión no es más que un reflejo del espejo social, no estamos conectados de modo alguno con nuestro yo interior, con nuestra singularidad y nuestra capacidad para contribuir. Estamos viviendo según guiones escritos por los demás: la familia, los socios, los amigos, los enemigos, los medios de comunicación.

¿Y cuáles son esos guiones? Algunos parecerán constructivos: "¡Eres tan talentoso!", "¡Eres un innato jugador de pelota!", "¡Siempre dije que debías convertirte en médico!"; y otros, destructivos: "¡Eres lento!", "¡No puedes hacer nada bien!", "¿Por qué no te pareces un poco a tu hermana?". Buenos o malos, estos guiones evitan que nos conectemos con "qué somos" y "quiénes somos".

Y examinemos las imágenes que proyectan los medios de información: cinismo, escepticismo, violencia, indulgencia, fata-

---

[5] Atribuido al eminente sociólogo Émile Durkheim.

lismo, materialismo. Las "noticias importantes" son malas noticias.

Si estas imágenes son la fuente de nuestra visión personal, ¿qué tiene de sorprendente que muchos nos sintamos desconectados y contrariados con nosotros mismos?

La visión que transforma y trasciende

Cuando hablamos de "la pasión de la visión" nos referimos a la profunda y sólida energía que proviene de una *visualización integral* basada en principios, necesidades y dotes, que trasciende a *chronos* e, incluso, a *kairos*. Se trata de un concepto *aeon* del tiempo, del griego *aion,* que significa una edad, una vida o más. Penetra en la esencia de "qué somos" y "quiénes somos". Se nutre de la realización de la contribución singular que estamos capacitados para hacer: el legado que podemos dejar. Clarifica propósitos, indica direcciones y nos fortalece para actuar más allá de nuestros recursos.

La denominamos "pasión" porque esta visión llega a ser una fuerza motivadora tan poderosa que se convierte en el ADN de nuestra vida. Se arraiga e integra de tal manera a cada aspecto de nuestro ser que se convierte en el impulso movilizador detrás de cada decisión que tomamos. Es el fuego interior —la explosión de sinergia interior que se produce cuando la masa crítica alcanza la integración de las cuatro necesidades fundamentales—. Es la energía que convierte la vida en una aventura, el profundo "¡sí!" que arde en nuestro interior y que nos capacita para poder decir "no", en paz y con confianza, a las cosas menos importantes en nuestra existencia.

Esta pasión nos puede capacitar para literalmente superar el miedo, la duda, el desaliento y muchos otros sentimientos que nos alejan del logro y la contribución. Por ejemplo, consideremos el caso de Gandhi, que pertenecía a un medio conformado por la timidez, la insuficiencia, los celos, el temor y la inseguridad. Ni siquiera anhelaba la compañía de la gente; deseaba estar solo. No le gustaba ejercer su profesión de abogado hasta que, de forma gradual, comenzó a encontrar cierta satisfacción en entablar con persistente esfuerzo relaciones del tipo ganar/ganar entre quienes esgrimían intereses opuestos.

No obstante, al advertir las injusticias que se cometían contra su pueblo, surgió una visión en su mente y su corazón. Esta visión dio origen a la idea de crear una comunidad experimental —un *ashram*— donde las personas pudieran practicar los valores de igualdad. Él descubrió la manera de ayudar al pueblo indio a transformar la imagen de sí mismo como personas inferiores respecto de sus amos británicos, y a desarrollar un sentido de autovalía.

Al centrarse en su visión, las debilidades de su personalidad se eclipsaron. La visión y el propósito generaron el crecimiento y el desarrollo de su personalidad. Gandhi deseaba amar a los demás, servirlos, estar con ellos. Su más caro deseo radicaba en ayudar a redimir una nación. Como consecuencia, doblegó a Inglaterra y liberó a trescientos millones de indios.

Poco antes de su muerte declaró: "Afirmo que sólo soy un hombre común con menos aptitudes que cualquiera. No me cabe ninguna duda de que cualquier hombre o mujer es capaz de obtener lo que yo logré si hicieran los mismos esfuerzos y cultivaran la misma esperanza y fe". [6] El poder de la visión trascendente es mayor que el del guión que reside en lo profundo de la personalidad del ser humano y lo subordina, lo sumerge hasta que todo él se reorganiza en el cumplimiento de esa visión.

La pasión de la visión *compartida* fortalece a la gente para trascender las interacciones negativas triviales que consumen tanto tiempo y esfuerzo, y reducen la calidad de vida.

[6] Eknath Easwaran, *Gandhi, the Man*, 2ª ed. (Nilgin Press, 1978), pág. 145.

Stephen: Acabo de terminar un trabajo de dos días con el cuerpo docente y el administrativo de una facultad en una de las provincias del Canadá. Trataban temas muy polémicos y no aportaban buenas ideas. Abundaba en el ambiente la trivialidad, la insignificancia y la acusación.

Habían dedicado cierto tiempo a la elaboración de un enunciado de misión y, mientras trabajábamos juntos, llegaron a una especie de conclusión. Por fin determinaron que su misión residía en "convertirse en un instituto educacional mentor" para la provincia. Deseaban constituir una organización que se preocupara y guiara a otras para que se centraran en principios.

Al llegar a esa decisión, desaparecieron la trivialidad y la insignificancia. Algo más importante, un propósito trascendente que hacía irrelevante todo lo demás, energizó a estas personas.

Esto es lo que sucede cuando la gente posee un verdadero sentido de legado, un sentido de importancia, un sentido de contribución. Entonces penetra en lo profundo de sus corazones y almas. Saca a la superficie lo mejor y subordina el resto. Las trivialidades pierden importancia cuando las personas se apasionan por un propósito superior a sí mismas.

La pasión de la clase de visión que abordamos tiene un efecto transformador y trascendente, tal vez el mayor de todos los factores singulares relacionados con el tiempo y la calidad de vida.

Crear y vivir un enunciado de misión capacitador

Uno de los procesos más poderosos que hallamos al cultivar la pasión de la visión es crear e integrar un enunciado de misión personal capacitador.

El lector ya sabrá el concepto de un enunciado de misión personal. La idea no es nueva. Pueblos de variadas culturas crearon enunciados de fe, credos personales y enunciados similares a través de los tiempos. Quizás usted ya escribió el suyo como parte de un programa de desarrollo personal colectivo o de alguna otra capacidad.

Sin embargo, al involucrarnos en un trabajo sobre enunciados de misión en el nivel mundial, descubrimos que algunos son considerablemente más capacitadores que otros. Quienes intentan escribir un enunciado de misión por primera vez a menudo lo hacen para agradar o impresionar a otras personas. No acortan distancias ni pagan el precio para crear una conexión interior profunda. Sus enunciados de misión se convierten en un conjunto de trivialidades, un "deber" controlar la lista y guardarla en algún lado para una inspiración ocasional.

En un nivel organizacional, esto es lo que ocurre cuando los enunciados de misión provienen del ejecutivo "Monte Olimpo" y son "forjados" por el departamento de RP. No hay verdadero compromiso y, por ende, ninguna adquisición. El enunciado termina colgado en la pared en lugar de vivir en los corazones, las mentes y las vidas de la gente que allí trabaja.

Este tema del que hablamos no se limita a la mera redacción de un enunciado de fe. Estamos hablando de acceder a una conexión abierta, de crearla, con la energía profunda que proviene de un sentido del propósito y el significado de la vida bien definido y totalmente integrado. Hablamos de crear una visión poderosa basada en los principios del verdadero norte que asegure su éxito. Hablamos del sentimiento de entusiasmo y aventura que crece al conectarse usted con su propósito singular y de la profunda satisfacción que deriva de su cumplimiento.

Un ejercicio de imaginación creativa

Si usted nunca intentó escribir un enunciado de misión personal —o incluso, si tiene uno pero le agradaría que tuviera una perspectiva diferente— lo invitamos a tomarse unos minutos y ejercitar su don de imaginación creativa. Visualice su octogésimo cumpleaños o sus bodas de oro. Trate de imaginar un festejo maravilloso donde amigos, gente querida, socios de todas las

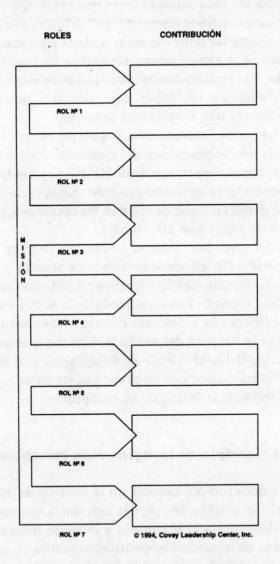

ROLES   CONTRIBUCIÓN

ROL Nº 1

ROL Nº 2

M
I
S
I
Ó
N

ROL Nº 3

ROL Nº 4

ROL Nº 5

ROL Nº 6

ROL Nº 7   © 1994, Covey Leadership Center, Inc.

etapas de su vida, se reúnan en su honor. Imagínelo con lujo de detalles: el lugar, la gente, la decoración.

Observe a estas personas con el ojo de su mente mientras se detienen uno a uno a saludarlo. Suponga que representan roles que usted desempeña ahora en la vida —tal vez padre, maestro, gerente o funcionario de la comunidad—. Asimismo, suponga que cumplió estos roles con el máximo de su potencial.

¿Qué dirían estos individuos? ¿Por qué cualidades de carácter lo recordarían? ¿Qué contribuciones relevantes mencionarían? Contemple a esa gente. ¿En qué forma influyó usted en sus vidas?

Mientras lo medita, intente escribir sus propios roles y, al lado de cada uno, el enunciado de tributo que le gustaría que le expresaran en esa ocasión.

¿Cómo se siente al contemplar esta visión de lo que podría representar su vida? Ahora bien, ¿qué pasaría si usted fuera capaz de tener esa visión y cerciorarse de que se basa en principios y está conectada con sus exigencias internas más profundas y la tradujera en palabras, la depurara totalmente, la aplicara como base para el organizador del Cuadrante II, la memorizara, visualizara su cumplimiento, la grabara en su mente y su corazón de manera que influyese en cada momento de su vida?

Este rápido ejercicio le proporcionará una conprensión repentina del poder potencial y la pasión de la visión. En realidad, crear e integrar un enunciado de misión capacitador necesita tiempo y un serio compromiso. A tal fin, debemos compenetrarnos y crear una conexión abierta con nuestra vida interior.

Compenetrarnos con nuestra vida interior

En cierto sentido, cada uno de nosotros vive tres vidas. Tenemos una vida pública donde interactuamos con otras personas

149

en el trabajo, en la comunidad, en los eventos sociales. Tenemos una vida privada, donde nos mantenemos alejados de lo público. Podemos estar solos o elegir la compañía de amigos o familiares.

Pero nuestra vida más importante es la interior. Ahí es donde nos contactamos con nuestros dones humanos singulares de autoconocimiento, conciencia, voluntad independiente e imaginación creativa. Sin ellos, es imposible crear la clase de visión capacitadora que producirá resultados de calidad de vida.

Autoconocimiento

En nuestra vida interior, utilizamos nuestro don de autoconocimiento para estudiar nuestras necesidades y capacidades e integrarlas en un nivel muy esencial. Podemos examinar nuestros paradigmas, observar las raíces y los frutos de nuestra vida, analizar nuestros motivos. Una de las más poderosas aplicaciones del autoconocimiento consiste en despertar nuestra conciencia y el modo como funciona dentro de nosotros.

Conciencia

La conciencia nos pone en contacto con lo singular y lo universal.

Sólo al penetrar en nuestra conciencia descubrimos nuestro propósito y nuestra capacidad singulares para la contribución. Piense en la gente representada por cada uno de los roles en el ejercicio del cumpleaños o aniversario que acaba de realizar, y en la oportunidad única que tiene de influir en sus vidas. Ninguna otra persona puede ser la madre o el padre de sus hijos. Ninguna otra persona puede ser el esposo o la esposa de su cónyuge. Ninguna otra persona puede ser el médico de sus pacientes, el maestro de sus alumnos, la hermana, el amigo, el volun-

150

tario para el trabajo comunal respecto de la gente en cuya vida usted influye. Lo que usted solo puede contribuir, no puede ofrecerlo nadie. Viktor Frankl opina que no inventamos nuestra misión, sino que la detectamos. Se halla en nuestro interior a la espera de ser descubierta.

> Toda persona tiene una vocación o misión específica en la vida. Toda persona debe llevar a cabo un designio concreto que exige su cumplimiento. Por ello es irreemplazable, y su vida, irrepetible. De este modo, la tarea de cada persona es única así como la oportunidad específica de realizarla. [7]

William Ellery Channing expresó:

> Todo ser humano tiene una tarea que realizar, deberes que cumplir e influencias que ejercer que le pertenecen de forma singular y que sólo su propia conciencia puede enseñar. [8]

Sólo cuando nos conectamos con nuestra conciencia en esta vida interior profunda tenemos la posibilidad de encender el fuego interior. Los enunciados de misiones que surgen de la vida pública o privada nunca acceden a ese profundo núcleo interior de capacitación personal.

Como investigador, escritor y cineasta, sir Laurens van der Post comentó:

> Es preciso obrar con recogimiento, mirar dentro de nosotros mismos, observar dentro de este envase que es nuestra alma: mirarla y escucharla. Hasta que no haya escuchado eso que sueña en su interior a través de sí mismo —en otras palabras, respondido al golpe en la puerta en la oscuridad—, usted no podrá volver

[7] Viktor E. Frankl, *Man's Search for Meaning* (Nueva York, Pocket Books, 1959), pág. 172.
[8] Atribuido a William Ellery Channing, escritor, reformador social y sacerdote del siglo XIX.

a elevar ese momento en que cayó prisionero hasta el nivel donde se desarrolla el gran acto de la creación. [9]

Roger: Hace algunos años, conocí a Tom en un seminario para estudiantes universitarios. Cuando le pedí que se presentara y se refiriera brevemente a cuáles eran sus metas, señaló que estaba haciendo el doctorado en ingeniería civil. Más tarde, durante el seminario, le pedí que compartiera con los demás lo que haría si contara con un mes sin exigencias de tiempo y con fondos ilimitados.

Su rostro se iluminó como un árbol de Navidad. "¡Eso es fácil!", replicó con entusiasmo: "Compraría un serrucho de mesa, un planificador y... ¡oh! otras muchas herramientas. Las pondría en la cochera, reuniría a todos los niños del vecindario y construiríamos cosas: mesas, casas de juguete, muebles. ¡Sería fantástico!"

Mientras observaba sus brillantes ojos, no pude evitar recordar la apatía con que había nombrado su doctorado unos minutos antes.

"¿En verdad le gustaría enseñar, no es cierto?", pregunté.

"¡Me encantaría!", respondió simplemente.

"¿Y disfruta del trabajo con las herramientas?"

"¡Oh, puede apostarlo!"

"¿Disfruta de sus clases de ingeniería civil?"

"Oh, no lo sé. Se gana dinero en la ingeniería..."

La voz del estudiante se desvaneció.

"Tom", dije, "¿nunca se le ocurrió que se paga a las personas que enseñan a los niños a construir objetos con herramientas?"

Resultaba fascinante contemplar su rostro. Era evidente que su decisión de doctorarse en ingeniería civil no era el resultado de una profunda conexión interior con sus propios talentos y un sentido de la contribución inspirado por la conciencia. No obstante, cuando estableció esa conexión, incluso con brevedad —cuando de súbito vio la posibilidad de realizar su propia singularidad— se energizó por completo.

Aunque Tom hubiera sido un buen ingeniero civil, era fácil deducir que sería un magnífico maestro de taller y que su amor

---

[9] Un asociado sudafricano nos comunicó esta cita, atribuida a sir Laurens van der Post, escritor, soldado y cineasta.

por los trabajos en madera y por los niños lo capacitaría para realizar algo de trascendencia.

La conciencia no sólo nos pone en contacto con nuestra singularidad; también nos conecta con los principios universales del verdadero norte, que crean calidad de vida. Podemos emplear la conciencia para ajustar nuestros valores y estrategias a los principios, y cerciorarnos de que los fines y los medios de nuestro enunciado de la misión —la contribución y los métodos aplicados en su realización— están basados en principios.

Imaginación creativa

Una vez que se penetra en la conciencia, se puede utilizar el don de la imaginación creativa para visualizar y brindar una expresión significativa a la visión y los valores inspirados en la conciencia, al crear un enunciado personal de misión capacitador. Se trata de hacer el bosquejo antes que la construcción; la creación mental, antes que la física.

Luego de escribir un enunciado, podemos aplicar la imaginación creativa para visualizarnos viviéndolo —hoy en el trabajo, esta noche en casa, cuando estemos cansados, cuando no se cumplan nuestras expectativas, cuando estemos desilusionados—. Podemos utilizar nuestra mente para enfrentar y solucionar con creatividad los desafíos más difíciles relacionados con nuestra integridad. Podemos vivir por nuestra imaginación, en lugar de por nuestra memoria.

Voluntad independiente

Cuando vivir nuestro enunciado de misión implica ir contra la corriente, contra el medio circundante o nuestros hábitos y conductas profundamente arraigados, podemos recurrir a nuestro don de voluntad independiente. Podemos actuar en lugar de que actúen sobre nosotros.

La pasión de visión nos confiere una nueva comprensión de voluntad independiente. Sin la pasión de visión, la "disciplina" equivale a reglamentar y limitar: autocontrol, estoicismo, esfuerzo para abrirse camino en la vida. El paradigma básico revela que, sin alguna forma de control severo, todo termina en confusión. Perdemos nuestra confianza, cuando estamos librados a nuestras motivaciones interiores, en hacer momento a momento elecciones efectivas.

Sin embargo, la pasión de la visión libera el poder que conecta la "disciplina" con la palabra "discípulo", de la misma raíz. Nos convertimos en seguidores de nuestros imperativos interiores, subordinando voluntariamente lo menos importante al profundo "¡sí!" que arde en nuestro interior. En lugar de centrarnos en el "control", lo hacemos en la "liberación".

La clave de la motivación es el motivo. Es la *razón*, es el profundo "¡sí!" que arde dentro, que facilita decir "no" a lo que tiene menor importancia.

Características de los enunciados de misión capacitadores

Dado que tuvimos la oportunidad de leer cientos de enunciados de misión de todo el mundo, consideramos que es una experiencia humilde contemplar con tanta claridad en el profundo interior de las vidas de otros seres humanos. Al leer cada expresión, sentimos que estamos en terreno sagrado.

Estos enunciados varían de forma increíble. Abarcan de unas pocas palabras a varias páginas. Algunos se expresan mediante la música, la poesía y el arte. La visión personal de cada sujeto es única.

154

No obstante, una de las más importantes validaciones de la realidad del verdadero norte radica en la expresión casi universal de estos enunciados de las Leyes Básicas de la Vida. Los principios fundamentales y el reconocimiento de las cuatro necesidades y capacidades —vivir, amar, aprender, dejar un legado— son transculturales, transreligiosas, transnacionales y transraciales. Al margen de quiénes son y dónde se hallan, cuando las personas penetran en su propia vida interior perciben el verdadero norte.

Los enunciados de misión que las personas encontraron sumamente capacitadores comparten también algunas otras características. Usted considerará útil esta lista al escribir su propio enunciado de misión o al evaluar el que ya está escrito.

Un enunciado de misión capacitador:

1. Representa lo más profundo y lo mejor que hay en usted. Surge de una sólida conexión con su profunda vida interior;
2. es la realización de sus dones únicos y singulares; la expresión de su propia capacidad para contribuir;
3. es trascendental. Se basa en los principios de contribución y propósito superiores al sí-mismo;
4. se dirige a las cuatro necesidades y capacidades básicas humanas y las integra. Incluye la realización en las dimensiones física, social, mental y espiritual;
5. se basa en principios que producen resultados de calidad de vida. Los fines y los medios se basan en principios del verdadero norte;
6. aborda la visión y lo valores basados en principios. No basta con poseer valores sin visión —usted desea ser bueno, pero bueno para algo—. Por otra parte, la visión sin valores puede crear un Hitler. Un enunciado de misión capacitador se refiere al carácter y las aptitudes: lo que desea ser y lo que desea hacer en la vida;

7. se relaciona con todos los roles significativos de su vida. Representa un equilibrio a lo largo de su vida entre los roles que usted cree que debe cumplir: personal, familiar, laboral, social;
8. se escribe para inspirarlo —no para impresionar a otro—. Se comunica con usted y lo inspira en el nivel más esencial.

Un enunciado de misión con estas características posee los fundamentos de amplitud, profundidad y principios que lo hacen capacitador. Para brindar a usted ayuda específica en la creación del enunciado de misión personal incluimos en el Anexo un enunciado de "minimisión" con detallados ejercicios, instrucciones y ejemplos.

De la misión al momento

Incluso con un poderoso documento escrito, es vital advertir que es imposible trasladar la misión a un momento de nuestra vida sin una preparación semanal: meditar sobre él, memorizarlo, escribirlo en nuestro corazón y nuestra mente, revisarlo y aplicarlo como base para organizar el Cuadrante II semanal. Asimismo, usted hallará útil realizar un retiro personal —tal vez anual— para evaluarlo y actualizarlo.

Lamentablemente, mucha gente que vive según el paradigma de la eficiencia de la administración del tiempo de tercera generación tiende a considerar "la escritura del enunciado de misión personal" como otra "tarea pendiente" para chequear en su lista. Una mujer observó:

Anoté mi enunciado de misión. En verdad me hacía sentir bien. Pero luego lo incorporé al organizador y en forma mental lo taché en la lista como "hecho".
Proseguí así durante meses —con éxito en los negocios, al fijar

metas y progresar en la vida—. Cada vez me centraba más en los ítemes que llevaban el término "tener": quiero tener un automóvil nuevo, quiero tener una casa nueva.

Escribía las metas —"Queremos construir esta casa". Entonces, ¿qué necesitamos hacer? Ahorrar esta determinada suma de dinero, obtener un préstamo— todo ese tipo de cosas. Creía que hacía todo de forma correcta.

Y entonces, una noche me encontré sentada sola en mi nueva y hermosa casa y me pregunté: "¿Por qué no soy feliz?". Había pensado que, una vez saldado el préstamo, una vez firmados los documentos, de repente tendría aquello por lo que había trabajado. Sin embargo, sólo sentía melancolía, y pensé: "Me falta algo". No experimentaba la felicidad que había creído que esas cosas traerían consigo.

Mientras meditaba, abrí mi organizador y leí mi enunciado de misión. Ni una sola vez durante la construcción de la casa lo había vuelto a leer.

Mientras leía advertí que no había nada materialista en él. Todos los ítemes incluían la palabra "ser": quiero ser una buena persona... quiero ser un buen ejemplo... y por último, quiero ser una buena madre.

Comencé a llorar. Me quedé sentada en la nueva y hermosa casa con las luces apagadas mientras reflexionaba. Había creído que esto me haría feliz... tan pronto como adquiriera este automóvil o esta casa o lo que fuere, entonces sería feliz. Pero contemplaba todo lo que tenía y yo no era en absoluto lo que había deseado ser.

Un enunciado de misión capacitador no constituye otra "tarea pendiente" para tachar de la lista. Para que sea capacitador debe convertirse en un documento vivo, en parte de nuestra naturaleza, de manera que los criterios que empleamos en él sean los mismos que se hallan en nuestro propio interior, en nuestra forma de vida, día tras día. Otra persona comentó así su experiencia:

Poco después de escribir mi enunciado de misión personal, mi esposa y yo nos peleamos con unos amigos íntimos. No sabíamos en realidad la razón de la pelea. Todo lo que sabíamos era que estaba relacionada con una cuestión de tiempo y que algo súbito fue la gota que había desbordado el vaso y que había quebrado nuestra amistad.

Vivimos con esta pena durante dos meses. En ciertas oportunidades, cuando estábamos con otros amigos no nos hablábamos. Mi esposa y yo conversábamos sobre el asunto al acostarnos. No pasaba un día sin que recordara a mis amigos y reflexionara sobre cómo cerrar la brecha que se había abierto entre nosotros.

Una noche volvía a casa cuando de repente se me ocurrió: ¿está el modo en que manejé toda la situación del comienzo al fin en armonía con mi misión como individuo? ¿Como amigo? Parte de mi misión se refiere al aprendizaje de algunas lecciones que da la vida y a comprender y madurar a través de ellas, de manera que pudiera enseñarlas a los demás —no sólo a mi familia, sino también a amigos y a todo el que tuviera el mismo problema en un determinado momento de su vida.

De improviso me di cuenta de que el modo como había actuado no coincidía con mi misión, y en ese instante —sé que sonará extraño— me liberé de la culpa y el dolor. Sabía que necesitaba en verdad comprender toda esta experiencia y aprender de ella —lo que había estado mal, cómo había ocurrido— para luego reconciliarme con ellos. Era capaz en ese momento de tomar mi misión, aplicarla al problema y decir: "Ésta es mi misión y ésta es la forma como elegí manejar la situación". Llegué a casa e ideé el modo como solucionar el conflicto. Para entonces, mi misión se me hizo real.

Fui a ver a mi amigo y le dije que lamentaba mucho toda la situación, que mi esposa y yo habíamos sufrido por ello. Sentía que transmitía humildad y enseñanza. En verdad, deseaba con vehemencia comprender lo que él experimentaba y dónde radicaba el problema.

Entonces, él se suavizó y se dispuso a conversar sobre lo que consideraba que había sido el problema y sobre lo que él y su mujer pudieron equivocarse. Fuimos capaces de alcanzar un alto nivel de comunicación y solucionar la situación. Luego nos reunimos con nuestras esposas y ellas tuvieron una conversación similar.

Fue una experiencia liberadora. ¡Incluso me sentía agradecido por el dolor! Consideraba capacitador advertir lo importante y real que podía ser el enunciado de una misión. A ese respecto estaba vivo. Era un documento vivo.

De esta experiencia pude extraer otras en diferentes roles y responsabilidades y expresar: "¿Es esto en verdad parte de mi misión?" Y todo el asunto —toda la idea de la administración del tiempo del Cuadrante II y de poner primero lo primero— se hizo realidad. Fui capaz de convertir este documento en casi una cubierta transparente, para colocarla sobre cualquier situación y decidir el modo de responder.

La mayoría de la gente que siente que el enunciado de misión la capacita descubre que, en cierto momento, el enunciado "vive". Lo posee. Le pertenece. La conexión vital se realiza entre la misión y un momento en la vida. Entonces, mediante su desarrollo y cultivo continuos, el enunciado de la misión se convierte en el factor primordial que influye en cada una de nuestras elecciones.

Un legado de visión

Crear y vivir un enunciado de misión tiene un apreciable impacto sobre la forma como empleamos el tiempo. Cuando abordamos el tema de la administración del tiempo, parece ridículo preocuparse por la velocidad antes que por la dirección, por ahorrar unos minutos cuando estamos perdiendo años. La visión es la fuerza fundamental que conduce todo lo demás en nuestra vida. Nos confiere un sentido de la contribución singular que nos corresponde realizar. Nos capacita para poner primero lo primero, las brújulas antes que los relojes, a la gente antes que las agendas y las cosas. Crear e integrar un enunciado de misión personal capacitador constituye una de las inversiones más importantes que podemos hacer en el Cuadrante II.

Mientras vivimos, amamos y aprendemos con mayor significado en nuestra vida, comenzamos a advertir que tal vez el legado más importante que podemos dejar sea la visión. Lo que nuestros hijos y otras personas ven de sí mismos y del futuro tiene un efecto profundo en la calidad de vida para todos nosotros.

Metas del Cuadrante II para fomentar la pasión de la visión

- Establecer el tiempo del Cuadrante II cada semana para cultivar una vida interior rica, fomentar un lugar calmo dentro de usted mismo donde pueda conectarse con su propia brújula interior.
- Programar un retiro personal para desarrollar el Plan de Trabajo sobre el Enunciado de Misión (Anexo A) y escribir un enunciado de misión personal.
- Tomar nota del tiempo para evaluar y rever su actual enunciado de misión.
- Memorizar su enunciado de misión.
- Fijar la meta diaria de "afilar la sierra" para visualizarse mientras vive su enunciado de misión.
- Revisar su enunciado de misión todas las semanas antes de comenzar a organizarse.
- Registrar en el diario íntimo la forma como su enunciado de misión personal influye en sus experiencias sufridas, sus acciones elegidas y las decisiones tomadas.
- Leer enunciados de misión escritos por otras personas a lo largo de la historia. Considerar el efecto de estos enunciados en sus vidas y en la sociedad.
- Ayudar a sus hijos o a aquellos con quienes está vinculado a crear sus propios enunciados de misión. Fomentar la visión en los demás.

160

6

El equilibrio de los roles

*El equilibrio no implica "o... o" (disyunción)
sino "y" (conjunción).*

Es probable que la peor dificultad que más se menciona con respecto al área de "administración del tiempo" derive del desequilibrio.

Muchas personas que viven la experiencia del enunciado de misión llegan al severo y penoso conocimiento de importantes áreas de sus vidas a las que no habían prestado la debida atención. Reparan en que invirtieron enormes cantidades de tiempo y energía en una sola área de sus vidas —como los negocios, el cuidado físico o el servicio a la comunidad— a expensas de otras áreas vitales como la salud, la familia o las amistades. Otras personas conocen sus diversos roles, pero se sienten atormentadas, pues éstos se hallan en constante conflicto y competencia por conseguir el tiempo y la atención limitados de que esas personas disponen. Oímos a menudo el siguiente tipo de comentario:

> Deseo atender a mi familia y tener éxito en mi carrera. Sin embargo, mi compañía cree que no tomo con seriedad la idea de progresar si no trabajo en la oficina desde temprano hasta muy tarde y durante los fines de semana.
>
> Cuando llego a casa, me siento agotado. Tengo más trabajo para hacer y ninguna energía o tiempo para brindar a mi familia. Sin embargo, me necesitan. Hay que reparar bicicletas, leer cuentos, ayudar en las tareas del hogar, conversar sobre distintos asuntos. Y yo los necesito. ¿Qué es la calidad de vida si no implica pasar tiempo con las personas que más se ama?

Y ni siquiera incluí mis otros roles. Deseo ser un buen vecino y colaborar en la comunidad. Además necesito algo de tiempo para mí, para hacer ejercicios, leer: tiempo para tan sólo meditar de vez en cuando.

Me siento tironeado en tantas direcciones... ¡y todas son importantes! ¿Cómo es posible hacerlo todo?

El conflicto mencionado más a menudo es el que existe entre los roles familiares y los laborales. La queja más frecuente se refiere a las relaciones y la falta de desarrollo personal. La gente dice: "No corro lo suficientemente rápido como para tocar todas las bases* de mi vida todos los días. Algunas cosas importantes de mi vida quedan sin hacer. Cuanto más rápido corro, más fuera de equilibrio me siento."

Si usted vio la película *The Karate Kid*, recordará la escena a la orilla del océano donde el viejo Miyagi enseña a su joven pupilo Daniel a sostenerse sobre la movediza tabla de surf. "¡Aprende a mantener el equilibrio! ¡Aprende a mantener el equilibrio!", le grita.

Una y otra vez el muchacho lucha contra las aplastantes olas y cae derribado. Por último, se vuelve para ver a su instructor en la distancia, que se encuentra de pie sobre el extremo de un poste. En esa posición, Miyagi ejecuta los complicados movimientos de la técnica de la cigüeña para mostrar el perfecto equilibrio, al cambiar el apoyo en el aire con facilidad de un pie al otro.

Podemos escuchar nuestra profunda voz interior que nos dice: "¡Aprende a mantener el equilibrio! ¡Aprende a mantener el equilibrio!" Sin embargo, la mayoría de nosotros nos sentimos como Daniel sobre la movediza tabla de surf, de la cual cae, derribado por fuerzas poderosas que parecen provenir de todas las direcciones.

---

* Referencia al juego del béisbol. [E.]

¿Qué es el equilibrio?

Es evidente que el equilibrio es un principio de "verdadero norte". Observamos sus manifestaciones por doquier —el equilibrio de la naturaleza, el equilibrio comercial, el equilibrio del poder, las comidas equilibradas—. Como ocurre con cualquier principio, uno de los testigos más poderosos de su realidad es la consecuencia de vivir con su oponente, el desequilibrio. Una infección del oído interno que causa la pérdida del equilibrio, la caída en un juego de básquetbol o vivir con la incomodidad de una existencia desequilibrada validan la realidad y la importancia del principio.

Pero, ¿cómo podremos fomentar el equilibrio en nuestras vidas? ¿Se trata simplemente de correr de una base a otra con la suficiente rapidez como para tocarlas todas cada día? ¿O existe otro modo más efectivo para considerarlo que influye de forma poderosa en los resultados que se obtienen en la vida?

Dedique unos momentos a revisar los roles que enumeró cuando analizamos el proceso organizador del Cuadrante II.

¿Qué piensa de estos roles? Muchos de los que habitamos el mundo occidental estamos programados desde temprana edad para considerarlos como "compartimientos" separados de la vida. Asistimos a diferentes cursos en la escuela, con distintas materias y diversos textos. Cuando obtenemos una A en biología y una C en historia, nunca se nos cruza el pensamiento de que exista algún tipo de relación entre ambas. Consideramos que nuestro rol laboral está totalmente separado del rol familiar y que ninguno tiene mucha relación con roles como el del desarrollo personal y el servicio comunitario. Como consecuencia, pensamos en términos de "disyunción": podemos centrarnos o en un rol o bien en otro.

Esta división en compartimientos se traslada al carácter. Lo que somos en el trabajo difiere de alguna manera de lo que

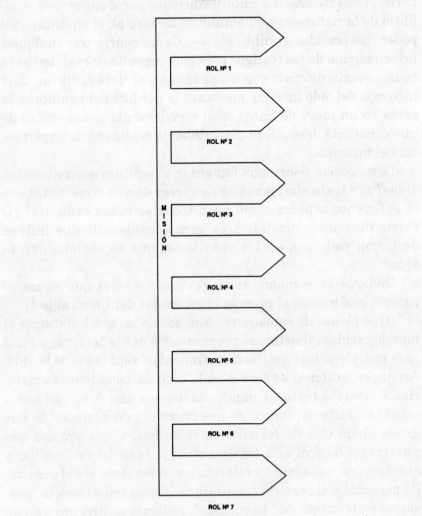

ROLES

MISIÓN

ROL Nº 1

ROL Nº 2

ROL Nº 3

ROL Nº 4

ROL Nº 5

ROL Nº 6

ROL Nº 7

© 1994, Covey Leadership Center, Inc.

164

somos en nuestro hogar. Lo que hacemos en la vida privada está separado de lo que hacemos en la vida pública.

En *The Unschooled Mind*, Howard Gardner muestra el efecto que produce la mentalidad basada en la división en compartimientos.[1] Las personas con educación avanzada rinden en el trabajo en tanto actúen según fueron capacitadas. Pero, si se las pone a prueba al cambiar de situación o circunstancias, no sólo realizan peor la tarea, ¡sino que fracasan! No la pueden hacer. No son capaces de pensar más allá de los límites que les impusieron.

La manera como vemos un problema *es* el problema. Esta división en compartimientos se basa en la ilusión y resulta increíblemente agotador intentar vivir la ficción.

En realidad, estos roles forman parte de un conjunto sumamente interrelacionado, un ecosistema vivo donde cada parte influye en la otra. Gandhi comentó: "Un hombre no puede actuar de forma correcta en una sección de la vida mientras se ocupa de forma incorrecta en otra. La vida equivale a un todo indivisible".[2]

Este paradigma más holístico es fundamental para la sabiduría oriental, donde se considera esencial el equilibrio para la vida y la salud.

El doctor David Eisenberg, clínico entrenado en la medicina china, observa:

> Nosotros [los occidentales] inventamos la idea de que la "biología", la "física", la psicología y la psiquiatría son distintas ciencias. Si deseamos tratar la salud y contemplamos sólo la química o el estado emocional del paciente, obtenemos un cuadro imperfecto. El paciente que me consulta no sólo cuenta con un patrón químico, sino con familia, relaciones, emociones y personalidad.

[1] Howard Gardner, *The Unschooled Mind: How Children Think and How Schools Should Teach* (Nueva York, Basic Books, 1991), págs. 3-6.

[2] Eknath Easwaran, *Gandhi, the Man* (2ª ed., Nilgin Press, 1978), pág. 145.

Las diferencias que se plantean en un nivel hospitalario con respecto a la mente y el cuerpo son abstracciones. El paciente sigue siendo una persona total y, para ayudarlo aún más, lo ideal es tratar todos esos aspectos —el equilibrio de la vida de un ser humano—. [3]

La esencia de este paradigma de equilibrio más holístico queda plasmada en las palabras de una antigua enseñanza sufí: "Piensas que porque comprendes *uno* debes comprender *dos*, porque uno y uno hacen dos. Pero también debes comprender *y*". [4]

Cuando comenzamos a aplicar este paradigma en un nivel personal, observamos que el equilibrio en nuestra vida no consiste en correr de un compartimiento a otro. Se trata de un equilibrio dinámico: todas las partes funcionan de forma sinérgica en una totalidad sumamente interrelacionada. El equilibrio no implica "o... o" (disyunción), sino "y" (conjunción).

La creación de sinergia entre los roles

¡Qué diferencia tan increíble hace en nuestras vidas! La literatura sobre ética de la personalidad de los últimos setenta años pretendía que creyéramos que el "éxito" en algunos roles significa asumir diferentes personalidades, como se cambia de suéter o de zapatos. Genera la fragmentación, la duplicidad. Pero la realidad es que la misma persona que se levanta, toma un baño y desayuna por la mañana es también la que interactúa con clientes en la oficina, realiza presentaciones ante el directorio, entrena el equipo de Ligas Menores, limpia el garaje y va a la

---

3 Citado en Bill Moyers, *Healing and the Mind* (Nueva York, Doubleday, 1993), pág. 310.
4 Citado en Margaret J. Wheatley, *Leadership and the New Science* (San Francisco, Berrett-Koehler, 1992), pág. 9.

iglesia. Todo lo que somos lo volcamos en cada uno de los roles de nuestra vida.

Y lo que vale para el carácter, también es válido, en gran medida, para las aptitudes. Si bien existen ciertas aptitudes específicas relacionadas con cada rol, los principios del verdadero norte nos capacitan con facultades básicas para todos los roles, y crean una poderosa sinergia entre ellos.

Rebecca: Recuerdo cuando Roger estaba haciendo el doctorado y yo me quedaba en casa con los pequeños. Cuando conversábamos por la noche sobre los temas que trabajaba en clase, cada vez era más evidente que los mismos principios que funcionaban en el ámbito comercial podían aplicarse en el nivel del liderazgo y la administración del hogar. Resultaba emocionante descubrir que los principios capacitadores que producían empleados responsables y competentes podían aplicarse para capacitar a niños de tres y cuatro años para limpiar sus habitaciones.

Asimismo advertimos que muchos de los principios que creaban fuertes relaciones positivas en la familia era posible utilizarlos en los negocios y obtener así apreciables resultados. Advertimos que la confianza era la base de la sinergia colectiva efectiva, y que la integridad era esencial para que existiera una influencia colectiva duradera.

Parecía que, una vez que nos centrábamos en los principios, nuestros diferentes roles ya no eran compartimientos que fraccionaban y separaban nuestras vidas. Se convirtieron en vías de aplicación de principios universales. Resultaba un emocionante desafío ver en cuántas formas podíamos aplicar los mismos principios en las diferentes áreas de nuestra vida.

Esta sinergia interroles ahorra una increíble cantidad de tiempo y energía destinados a solucionar problemas. Un principio como la proactividad —aceptación de la responsabilidad personal de la propia vida— capacita tanto para tratar con un cónyuge malhumorado o un adolescente rebelde como con un cliente furioso, un jefe exigente o un superior frustrado. La empatía —la búsqueda de comprender en primer lugar— crea la misma clase de confianza y capacitación en los equipos de trabajo que en los círculos de amistades, familiares y organizaciones de servicio a la comunidad.

Esta sinergia nos capacita para considerar nuestros roles de acuerdo con la mentalidad MacGyver. Pensamos en términos de cumplimiento de una meta de desarrollo personal (hacer ejercicios) y de una meta parental (elaborar una relación con una hija adolescente al llevarla a jugar un partido de tenis). Si necesitamos inspeccionar una fábrica y entrenar a un nuevo asistente, podemos ver la primera tarea como una forma de ejecutar la segunda.

La comprensión de esta sinergia nos ayuda a trascender las dicotomías "o... o". Una mujer que elige tener niños y estar con ellos puede trascender la dolorosa dicotomía de la mentalidad *chronos* entre los niños o la carrera. La visión de su rol de madre como contribución relevante a la sociedad la energiza. Desarrolla el carácter y la competencia que la capacitarán para cumplir también otros roles.

Rebecca: Con frecuencia me siento turbada por el estigma que soportan las mujeres que eligen centrar su tiempo y esfuerzos primordialmente en la maternidad. Da la impresión de que la sociedad de alguna manera da menos valor al hecho de criar niños competentes que a incrementar las ganancias de una línea de productos de una firma.

La mujer que elige centrarse en la maternidad, y lo hace conforme a un claro sentido de su propia visión personal, en verdad se energiza en su rol. Reconoce el valor de sus esfuerzos al moldear el carácter de futuros líderes de la sociedad. Y en el proceso, desarrolla su competencia y su carácter para desempeñar otros roles. Tal vez está en sus planes una segunda carrera o la obtención de otro título, pero no la distraen de la tarea del momento. El tema no radica en la capacidad, sino en la contribución elegida.

Hay mujeres que, al elegir la maternidad por un período, no adquieren carácter ni competencia porque no se hallan muy conectadas con la visión del rol y no vuelcan toda su energía creativa en él. Pero las que sí lo hacen, están capacitadas para cumplir otros roles con excelencia.

La trascendencia de la disyunción cada vez adquiere mayor relevancia en nuestras organizaciones contemporáneas. En la sociedad segmentada que es a veces lenta en apreciar y trasladar las habilidades del administrador hogareño competente —hombre o mujer— al mercado laboral, la que sufre es la misma sociedad. Las investigaciones actuales muestran que los atributos llamados femeninos (bien ejercidos en la maternidad) constituyen las capacidades fundamentales requeridas para desenvolverse con efectividad en las emergentes culturas democráticas de nuestras actuales organizaciones. [5] Pero, ¿por qué descubrimos esto ahora?

En el siglo V a.C., Jenofonte deja constancia de que Nicomaquides, un soldado profesional, se enojó cuando nombraron general a otro hombre —con ninguna otra recomendación que la de su excelencia en la administración del hogar y del *chorus*— en lugar de él. Como respuesta, Sócrates comentó que "sea lo que fuere lo que un hombre preside, si sabe lo que necesita y es capaz de obtenerlo, será un buen presidente, esté a cargo de un *chorus*, una familia, una ciudad o un ejército... Por ende, no desprecien a los hombres hábiles en la administración del hogar, pues la conducción de los asuntos privados difiere del gobierno de los públicos sólo en su magnitud". [6]

Cuando vemos nuestros roles como partes segmentadas de la vida, desarrollamos una mentalidad de *chronos* insuficiente. Sólo hay mucho tiempo. Gastarlo en un rol significa que no lo podemos gastar en otro. Es ganar/perder —un rol gana, el otro pierde—. Competimos con nosotros mismos. Nos involucramos

[5] Véase Sally Helgesen, *The Female Advantage: Women's Ways of Leadership* (Nueva York, Doubleday, 1990); y John Naisbitt y Patricia Aburdene, *Megatrends 2000* (Nueva York, William Morrow, 1990).

[6] Jenofonte, *Memorabilia and Oeconomicus*, trad. por E. C. Marchant, The Loeb Classical Library ed. (Cambridge, Harvard University Press, s. f.), págs. 186-87.

en una profecía de autocumplimiento y vamos recopilando pruebas para justificar la posición en la que nos hallamos.

Pero los principios nos confieren una mentalidad basada en la abundancia. Hay abundancia de todo. Podemos pensar en ganar/ganar en todos los roles de nuestra vida y considerarlos como partes de un todo sumamente interrelacionado.

Tres paradigmas que nutren el equilibrio

Al analizar el proceso organizador del Cuadrante II por primera vez, muchos consideramos los roles como una importante manera de organizar la información y las tareas. Si bien obtenemos algún provecho de esta nueva perspectiva, nos beneficiamos mucho más al lograr una comprensión más profunda de nuestros roles que nos capacitan para crear sinergia y equilibrio en nuestra vida. Nos gustaría sugerir tres paradigmas fundamentales que dan origen a esa comprensión más profunda.

1. Nuestros roles "naturales" surgen de nuestra misión

¿Dónde conseguimos nuestros roles? Si no pagamos el precio de trabajar para obtenerlos de una profunda vida interior, probablemente consistan en una combinación de los sentimientos que tengamos sobre nosotros mismos y el espejo social.

Pero, si hemos pagado el precio, nuestros roles son como las ramas de un árbol vivo. Crecen de forma natural de un tronco común —nuestra misión, el cumplimiento singular de nuestras propias necesidades y capacidades— y de raíces comunes —los principios que generan sustento y vida—. Nuestros roles se convierten en los canales a través de los cuales vivimos, amamos, aprendemos y dejamos un legado.

Esta profunda conexión con la visión suministra pasión y energía a nuestros roles. Por ejemplo, cuando los padres comienzan a detectar la poderosa singularidad de sus roles —la extraordinaria oportunidad para mejorar el crecimiento y el desarrollo de una nueva vida y la fuerza generativa que representa la nueva vida al influir en las generaciones futuras— se energizan y liberan para trascender los guiones erróneos, las viejas cargas, las debilidades de las generaciones precedentes. En lugar de transmitirlos, los modifican. De figuras de *transición* se transforman en figuras de *transmisión*. Un sentido del legado los capacita para tratarse a sí mismos de modo transformacional antes que transaccional.

Por otra parte, los roles separados de las necesidades, los principios y la misión —un rol laboral que no tiene significado alguno salvo seguridad económica; una relación basada en la ilusión y no en el principio, o un servicio a la comunidad basado en las expectativas de los demás y no en la convicción interior— no

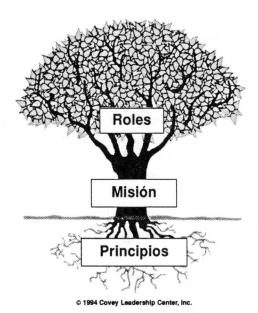

© 1994 Covey Leadership Center, Inc.

poseen un poder sólido, porque no penetran en el "¡sí!" profundo y ardiente de nuestro ser.

Todo rol tiene una importancia vital. El éxito en un rol no justifica el fracaso en otro. El éxito en los negocios no justifica el fracaso en el matrimonio; el éxito en el servicio prestado a la comunidad no justifica el fracaso como padre. El éxito o el fracaso en cualquier rol contribuyen a la calidad de todos los otros roles y de nuestra vida en su totalidad.

Sin este conocimiento "a gran escala" de nuestros roles, podemos ser consumidos por algunos de ellos y descuidar los otros. Es por eso que dedicamos tiempo del proceso organizador del Cuadrante II cada semana para anotar nuestros roles.

Un ajetreado ejecutivo comentó:

> En los últimos diecisiete años que me desempeñé como ejecutivo, invité a comer a mucha gente. Sin embargo, mientras escribía mis roles, apareció la palabra "esposo"; me di cuenta de que no estaba saliendo a cenar con mi esposa. Y mi relación con ella es una de las más importantes de mi vida.
>
> Por ende, como consecuencia de la organización semanal, comenzamos a salir, lo que nos acercó aún más. Aumentó nuestra comunicación, que me condujo a descubrir otras formas de ser mejor marido. Al rever mi rol como esposo cada semana, creo que realizo un mejor trabajo en la oficina.

Al escribir nuestros roles cada semana nos mantenemos conscientes de ellos, lo que nos ayuda a prestar atención a todas las dimensiones importantes de nuestra vida. Pero esto no necesariamente significa que fijemos una meta en cada rol cada semana. Tampoco que nuestros roles sean los mismos todas las semanas o que nos centremos en todos los roles todas las semanas. El equilibrio mismo de la naturaleza nos enseña el principio de los ciclos y las estaciones. En nuestra vida a veces el desequilibrio es equilibrio, cuando el foco a corto plazo contribuye a nuestra misión general en la vida.

Por ejemplo, una madre primeriza pasa una increíble cantidad de tiempo brindando amor, cuidado y atención a su bebé. Durante un tiempo, su vida parece fuera de equilibrio. Sin embargo, si observamos la vida desde la perspectiva *aeon* —advertir que el equilibrio consiste en vivir, amar, aprender y dejar un legado—, brinda contexto y significado a su desequilibrio temporario. En otras épocas, cuando el desequilibrio a corto plazo crea equilibrio a largo plazo queda implícito un relevante proyecto de contribución, el cuidado de uno de los padres ancianos o el inicio de un negocio. Hay épocas en que una intensa inversión marca la diferencia entre éxito o fracaso, entre mediocridad o excelencia. Dicha inversión, o su falta, tiene un efecto tremendo para los otros: el cónyuge, los hijos, los empleados, los socios, la comunidad en su totalidad. Durante los períodos de desequilibrio elegido, tal vez nos sintamos más cómodos enumerando solamente uno o dos roles al organizar la semana. Algunos creen que eso los libera para una mayor concentración: otros perciben un sentido de contexto al tener enfrente sus roles, aun cuando no fijen metas en cada uno.

El factor vital en toda elección que atañe al equilibrio en nuestra vida reside en una profunda conexión con nuestra voz interior de conciencia. Dado que vivimos en un medio saturado de *acciones* humanas, más que de *personalidades* humanas, con facilidad caemos en el desequilibrio al punto de que éste ya no refleja la misión o los principios. En lugar de dejarnos llevar por la misión, nos guiamos por la urgencia.

Carol Orsborn, fundadora de Superexitosos Anónimos, señala:

> Hay épocas en que es necesario, e incluso estimulante, producir más allá de la resistencia y la capacidad durante un período prolongado. No lamento, por ejemplo, haber dedicado largas horas a nuestro negocio durante los primeros años. No tengo problema alguno en quemarme las pestañas durante la noche mientras intento inspirarme en algún nuevo tema interesante para este libro.

No obstante, el verdadero problema surge cuando yo —o cualquiera de nosotros— me paso de la raya al olvidar volver a la calma luego de que ese salto de adrenalina cumplió su cometido. [7]

Sólo al mantener una comunicación abierta con nuestra propia vida interior tendremos sabiduría para realizar elecciones efectivas. La psicóloga y doctora Barbara Killinger afirma:

> La sabiduría deriva del... equilibrio. Los adictos al trabajo son muy inteligentes, interesantes, a menudo ingeniosos y encantadores, pero no poseen esa sabiduría interior. Lo atestiguan las crisis que sufren en su vida. El buen juicio emerge cuando los pensamientos e ideas lógicos y racionales reciben el apoyo de una reacción básica por la cual la decisión "parece" correcta y es posible vivir con comodidad con las consecuencias de esa acción. La sabiduría interior va, incluso, más allá porque la decisión no sólo parece correcta, sino que también se ajusta a los propios valores y creencias. Algo en el fondo del ser responde "¡sí!". [8]

Conocimos a personas con magníficas carreras que se alejaron de ellas durante un tiempo para centrarse en un hijo o hija drogadictos. Conocimos a personas con ingresos de seis o siete cifras que se jubilaron antes de tiempo para entrenar un equipo de fútbol del vecindario. Conocimos a personas que dirigían la enorme energía y apoyo recibidos de la familia y los amigos quienes debían arreglárselas sin ellos, pues dedicaban mucho tiempo y energía a proyectos que consideraban provechosos para la comunidad. ¡Y toda esta gente pensaba que su elección había sido maravillosa! Los guiaba la misión. Estaban firmemente conectados con sus propias vidas interiores.

[7] Carol Orsborn, *Inner Excellence: Spiritual Principles of Life-Driven Business* (San Rafael, CA, New World Library, 1992), págs. 27-28.

[8] Barbara Killinger, *Workaholics: The Respectable Addicts* (Nueva York, Simon & Schuster, 1991), pág. 115. [Trad. cast.: *La adicción al trabajo*, Barcelona, Paidós, 1994.]

Una mujer que parece haber logrado esta conexión interior relata su experiencia.

> Integro el consejo directivo de una residencia para adolescentes embarazadas. Es una magnífica organización que quiero mucho. Presidí su comité de relaciones públicas durante un tiempo.
>
> Tuvimos un paréntesis de dos meses durante los cuales intenté ponerme al corriente de mi nuevo negocio. También dediqué bastante tiempo a mi familia. Todo el mundo daba por sentado que volvería al consejo, pero tuve que declarar "No, no trabajaré en el comité este año. No deseo crear expectativas que luego no podré cumplir". Fue doloroso.
>
> Descubrí que la base principal en la vida consiste en tener mayor confianza en sí mismo y saber que es posible salir de situaciones sin ningún inconveniente. Darse cuenta de esto libera. Aprendí a decir "no" en beneficio de un mayor "sí" en mi vida.
>
> A veces pierdo la sincronización y caigo en viejos hábitos. Hay ajetreos. Hay acumulación de trabajo que no espera. Sin embargo, con el conocimiento y la tranquilidad interiores de que cuento con dicha base sólida, vuelvo a adaptarme con rapidez y recupero el equilibrio.

Cuando nuestra voz interior nos conduce a períodos de desequilibrio de corto plazo, podemos involucrar a otros cuyas vidas reciben esa influencia, y elaborar juntos un equilibrio interdependiente.

> *Rebecca:* Al hacer planes sobre la redacción de este libro, me sentía muy incómoda por el desequilibrio que creía que provocaría en mi vida. Si bien había participado en un número de actividades para el servicio a la comunidad y en otros proyectos de libros, mi familia fue mi gran pasión y área de mi contribución de los últimos veinticinco años. Las elecciones que hice a través de los años a fin de "acompañar" a mi esposo e hijos se regían por la misión. Sin embargo, percibía una especie de pasión por este trabajo. Me compenetré en otros valores y otros roles que también forman parte de mi vida.
>
> Pensé en lo que no podría hacer por mi familia si elegía escri-

bir. Todavía tengo tres niños en casa que necesitan que los ayuden en sus ejercicios de música y tareas, que los lleven a las lecciones, que les preparen comidas nutritivas y que los escuchen. Anhelo reforzar nuestros lazos y profundizar los que tenemos con los hijos ya casados que viven cerca. Al desear hacer todo esto, me sentía angustiada porque sabía que, por un tiempo, no podría hacerlo, por lo menos no en la medida en que me creía importante en mi rol de madre.

Roger y yo trabajamos juntos durante un tiempo en la escritura del libro y en el cuidado de los niños, de manera que satisfacíamos sus necesidades básicas al vivir en casa y, como abuelos, brindábamos una maravillosa asistencia al ayudar a los nietos en los ejercicios de música y llevarlos de un lugar a otro. No obstante, el hecho trascendente radicó en la creación de una sinergia entre este proyecto y las necesidades de nuestros hijos para dejar un legado. Parte de nuestra misión familiar consiste en "emplear el tiempo, los talentos y los recursos de forma sabia para beneficiar a los demás". Cuando nos sentamos a conversar con los hijos y les explicamos el propósito de este libro, elaboramos una visión compartida que penetró en el poder de esta parte de la misión. Se entusiasmaron y ofrecieron su colaboración en la forma que fuera posible. Varios de nuestros hijos casados se involucraron en el proyecto mismo. Otros ayudaron de otro modo. Un sábado, varios de ellos y sus esposas nos visitaron para ayudar en los trabajos en exteriores que se habían anticipado por escrito.

Tuvimos que hacer sacrificios, pero los muchachos estaban dispuestos a trabajar juntos y colaborar en innumerables formas que posibilitaron el proyecto. En lugar de originar separación, en gran medida nos acercó. Es algo que hicimos todos juntos. Y todos crecimos en el proceso.

Cuando nuestros roles derivan de la misión, la visión y los principios, el "equilibrio" consiste en algo más que pasar el tiempo en compartimientos de la vida. El equilibrio equivale a vivir, amar, aprender y dejar un legado, en tanto que nuestros roles crean las vidas sinérgicas y, a veces, temporales, a través de las cuales se lo obtiene.

176

2. Cada rol es una responsabilidad

La naturaleza nos revela la existencia de un gran equilibrio interdependiente. Un árbol en sí forma parte de un enorme ecosistema. Su bienestar afecta y está afectado por el bienestar de los otros seres vivos que lo rodean. La realidad de esta interdependencia hace vital reconocer cada rol como una responsabilidad: la de custodiarlos. Un "custodio" es la persona a quien se convoca para administrar de forma responsable las posesiones que se le confían. Somos los custodios de nuestro tiempo, nuestras habilidades y nuestros recursos. Tenemos la responsabilidad en el ámbito laboral, comunal y familiar.

La responsabilidad implica una especie de rendición de cuentas a alguien o algo superior al sí-mismo. Ya sea que consideremos a ese alguien o algo como el Creador, las generaciones futuras o la sociedad en general, se trata de una idea cuyo tiempo arriba de modo crítico. Este hecho volcó espectacularmente nuestra atención a temas como el medio ambiente, la deuda nacional y el sida. La "posesión" implica "puedo hacer lo que deseo sin afectar a otro". Pero la idea de que podemos destruir o emplear mal algún recurso con impunidad es una ilusión. Todos los resultados que producimos influirán en la calidad de vida de las futuras generaciones.

No hay modo de escapar a la rendición de cuentas. Nosotros *sí* provocamos cambios de un modo u otro. *Somos* responsables del efecto que produce nuestra vida. Lo que sea que hagamos con lo que tengamos (dinero, posesiones, talento e, incluso, tiempo), dejamos detrás de nosotros un legado para los que vendrán. E, independientemente de nuestro propio guión, ejercitamos nuestros dones singulares y elegimos el tipo de custodios que deseamos ser. No debemos transmitir a las futuras generaciones el abuso, las deudas, los recursos naturales exhaustos, la autoconcentración o las ilusiones. Sí podemos transmitir un medio ambiente sano, unas posesiones bien cuidadas, un sentido de responsabilidad, una

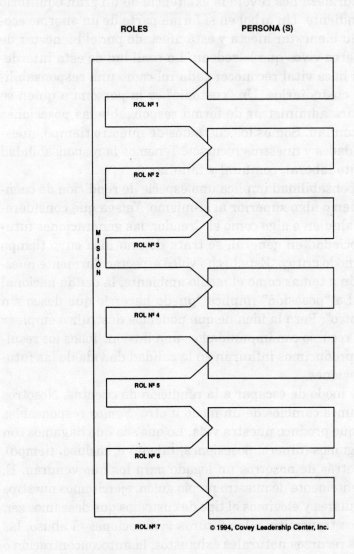

ROLES PERSONA (S)

ROL Nº 1

ROL Nº 2

M I S I Ó N

ROL Nº 3

ROL Nº 4

ROL Nº 5

ROL Nº 6

ROL Nº 7

© 1994, Covey Leadership Center, Inc.

178

herencia de valores basados en principios y la visión de contribución. Al hacerlo, mejoramos la calidad de vida actual y futura.

Usted encontrará útil el gráfico de la página anterior a fin de visualizar sus propios roles en función de gerencia e identificar cuáles son los que despiertan su necesidad de rendir cuentas por cada uno de ellos. En la Sección Tres analizamos en detalle cómo podemos generar acuerdos de gerencias con los demás, que se relacionan con la naturaleza interdependiente de nuestros roles.

3. Todo rol contiene las cuatro dimensiones

Todo rol en nuestras vidas tiene una dimensión física (requiere o crea recursos), una dimensión espiritual (conecta la misión y los principios), una dimensión social (implica la relación con los demás) y una dimensión mental (exige aprendizaje).

Consideremos las dimensiones social y mental con más detenimiento. Todo rol tiene una relación con familiares, compañeros de trabajo, parientes o amigos. Incluso el rol laboral del portero que limpia él solo el edificio durante la noche implica su relación con la gente para la que trabaja y la que se beneficia con sus tareas. Visualizar esta vital dimensión social nos capacita para dar prioridad a las personas antes que las agendas. Los ejecutivos que contemplan sus roles como *tareas*, con facilidad se frustran por las "interrupciones" de los empleados. Los que consideran su rol en función de la *gente* se sienten realizados al tener la oportunidad de satisfacer necesidades, capacitar y colaborar. Las amas de casa que ven su rol como el trabajo de hacer camas, limpiar y preparar la comida tienen dificultad para tratar con un niño que no desea hacer la tarea de la escuela. Las que consideran su rol en función de los familiares a quienes aman y sirven, disfrutan los momentos dedicados a enseñar la lección a un hijo.

En lugar de orientarnos hacia las tareas, lo cual se interpone en nuestras relaciones, el conocimiento de la dimensión social de todo rol nos ayuda a desarrollar una orientación hacia las personas, que crea relaciones ricas y provechosas con la gente con la que vivimos y trabajamos.

Asimismo, todo rol tiene una dimensión mental de aprendizaje, desarrollo, comprensión creciente y habilidad. Una gran parte de la efectividad en todo rol reside en el equilibrio entre la evolución y la acción, entre la producción (P) y el incremento de nuestra capacidad de producción (CP). Lo observamos en la ejecutiva que asiste a un semanario para aprender algo que la ayude a ser más efectiva en su rol laboral. También en la maestra que pasa parte de sus vacaciones de verano haciendo un curso para mejorar sus habilidades didácticas. Lo observamos también en la madre o el padre que leen o siguen un curso para perfeccionar su habilidad parental.

Al considerar nuestra vida como una totalidad, el equilibrio P/CP implica la renovación en las cuatro dimensiones de forma regular. Debemos dedicar tiempo a hacer ejercicios, leer, conectarnos con nuestra profunda vida interior para desarrollar carácter y facultades, como también la energía y la sabiduría que invertimos en todos los roles de nuestra vida.

El organizador del Cuadrante II fomenta el equilibrio

El equilibrio natural es dinámico y se manifiesta en tres formas importantes en nuestra vida.

- El equilibrio primario es el equilibrio interior entre las dimensiones física, social, emocional y espiritual. Sin equilibrio interior (sin sinergia generada al aliarse los actos de vivir, amar, aprender y dejar un legado), no existe equilibrio en la vida.
- El equilibrio secundario se halla en nuestros roles. Se

180

trata de un equilibrio sinérgico, a veces de un desequilibrio temporario, que ocurre cuando las partes funcionan juntas para producir una totalidad más grande.

- El equilibrio P/CP es el que existe entre la evolución y la acción que nos capacita para actuar de forma más efectiva al aumentar nuestra disposición.

Observemos el modo como el proceso del Cuadrante II fomenta la abundancia y el equilibrio en nuestra vida.

Al revisar nuestra misión cada semana, nos conectamos con la pasión y la perspectiva. Nos centramos en el equilibrio interior fundamental de nuestras dimensiones física, social, mental y espiritual que dan significado al equilibrio exterior de nuestra vida.

Al revisar nuestros roles, los vemos como las vías a lo largo de las cuales cumplimos nuestra misión. Apreciamos sus dimensiones social, mental, espiritual y física. Buscamos modos de crear sinergia entre ellos, y con las necesidades y facultades de los demás.

El primer rol de la hoja de trabajo semanal, "afilar la sierra", es el único que tiene título. El resto está en blanco, y esto se debe a que "afilar la sierra" es nuestro rol personal de CP. Nos recuerda que no debemos estar tan ocupados en aserrar que no podamos disponer de tiempo para afilar la sierra. Mediante este rol renovamos diariamente cada una de las cuatro dimensiones e incrementamos el carácter y la capacidad, la energía y la sabiduría que invertimos en todos nuestros roles.

Además, fomentamos el equilibrio de los roles del proceso del Cuadrante II al organizar y clarificar expectativas con respecto a los roles.

La organización de información mediante roles

El archivo de notas según un rol en especial —y no de forma cronológica o alfabética— facilita su rápida recuperación mediante la asociación mental.

Usted puede crear una sección para cada rol en su organizador. Luego, al tomar notas, las puede archivar según el rol apropiado. Si averiguó los precios de un nuevo revestimiento para su casa, anótelo en el rol que incluye la administración del hogar. Si tiene una idea sobre un producto nuevo, escríbala en el rol laboral que refleja el desarrollo del producto. Si recibe información para la campaña de caridad, regístrela en el rol de liderazgo comunal. Si cuenta con información sobre el cumpleaños de familiares, el número de calzado de sus hijos o el programa de vacunación del perro, asiéntelo en el rol familiar.

Incluso a muchos les conviene llevar una lista con los números telefónicos y las direcciones en cada rol. Por ejemplo, anotan los números telefónicos de sus compañeros de trabajo en el rol laboral, y los relativos a servicios, como la limpieza de alfombras o el lavado de ventanas, en el de administración del hogar.

Cuando usted ya no necesite acceder inmediatamente a sus notas, puede transferirlas a un archivo organizado según sus roles. La información profesional puede conservarse en un archivero creado para el rol laboral. En él podría haber una carpeta para cada rol (tal vez de colores diferentes para facilitar la identificación), y subdividirlo según la información específica. También se pueden organizar los proyectos en proceso según el rol y luego transferirlos al archivo cuando se completen. La información sobre la familia, como ideas sobre regalos, talles de ropa o metas parentales, se puede organizar en un archivo, un pequeño fichero o en su sistema de planificación personal en el rol que corresponda. Sus propios planes para su desarrollo personal (como una lista de libros para leer, un registro de sus ejercicios o un listado de "deseos") pueden archivarse en su rol personal. Asimismo, usted puede organizar el orden de su programa de computadora según los roles, para tener acceso inmediato a la información electrónica.

Organizar la información según los roles debe coincidir con su proceso mental. Suele ocurrir que cuando se emplea un sistema de archivo complicado diseñado por otro, a menudo falla en su objetivo, a menos que usted posea el mismo marco de referencia mental que el diseñador del sistema.

La organización de la información según los roles también refuerza la concentración en el Cuadrante II, al pensar más en lo importante que en lo urgente. Cada vez que tome nota, busque un número telefónico, archive información o use la computadora, usted pensará en función de las importantes relaciones y gerencias en su vida.

La clarificación de las expectativas acerca de los roles

Muchos encuentran más útil elaborar la definición detallada de un rol en especial que redactar un enunciado de misión personal. La creación de un enunciado de misión o un acuerdo de gerencia respecto de un rol en particular proporciona esa definición y también crea las expectativas compartidas para otros involucrados en el cumplimiento de ese mismo rol.

Si usted es un esposo o esposa y padre o madre, por ejemplo, quizá con su cónyuge desee expresar la visión y los valores parentales compartidos. En el trabajo, usted tal vez desee elaborar un claro acuerdo con su jefe en relación con su rol en la empresa. En el capítulo 12 analizaremos en detalle la visión y los acuerdos de gerencia compartidos. Puede archivar esos acuerdos en el rol apropiado en su organizador para acceder a ellos con facilidad y poder revisarlos con frecuencia.

El equilibrio conduce a la abundancia

Comprender el significado de los términos "equilibrio" y "roles" desde el punto de vista holístico nos capacita para trascender las restricciones convencionales impuestas por el tiempo *chronos*. Con la mentalidad *chronos*, vemos nuestros roles como compartimientos fragmentados de vida que compiten y luchan entre sí para obtener nuestro tiempo limitado y nuestra energía. Este paradigma genera la mentalidad de la escasez. Sólo hay mucho tiempo. Se trata de "o… o" (disyunción). No es posible hacerlo todo.

Pero con estos paradigmas más holísticos, vemos nuestros roles con la lente de "y" (conjunción). Observamos la profunda conexión que existe entre los roles de nuestra vida y la increíble oportunidad para la producción de sinergia. Se crea entonces la mentalidad de la abundancia. Si bien el tiempo es un recurso limitado, nosotros no lo somos. Al generar sinergia entre los roles de nuestra vida, hay más de nosotros para aportar en el tiempo que poseemos.

Metas del Cuadrante II para cultivar el equilibrio de los roles

- Evaluar el enunciado de su misión y sus roles para cerciorarse de que éstos nacen de la misión y de que ésta incluye todos los roles importantes de su vida.
- Analizar cada uno de sus roles en función de sus relaciones y gerencias. Encontrará útil la aplicación del gráfico de pág. 178.
- Organizar su sistema de planificación u organización de acuerdo con sus roles.
- Organizar su archivo u orden de programa de computadora de acuerdo con sus roles.
- Trabajar sobre los enunciados de misión o acuerdos gerenciales respecto de cada uno de sus roles.

7

El poder de las metas

Es posible que usted anhele realizar lo correcto, incluso, llevarlo a cabo por razones válidas. Pero, si no aplica los principios apropiados, se golpeará la cabeza contra la pared.

Uno de los elementos más corrientes de toda la literatura de autoayuda y administración es la idea del poder de las metas. Nos recomendaron fijar metas a largo y corto plazo, metas diarias y mensuales, metas personales y organizacionales, metas de diez años y vitalicias. Por generaciones, se predicaron las ventajas de las metas "mensurables, específicas y limitadas" desde el púlpito de los libros de autoayuda.

Es obvio que la fijación de metas es un proceso poderoso. Se basa en el mismo principio de enfocar que permite al ser humano concentrar los rayos difusos de luz solar en una fuerza lo suficientemente poderosa como para que se inicie el fuego. Es la manifestación de la imaginación creativa y la voluntad independiente. Es la practicidad de "comer nuestros elefantes de un bocado por vez", de trasladar la visión a la acción posible y realizable. Es el común denominador de los individuos y las organizaciones exitosas.

Pero, a pesar de su evidente valor, nuestra experiencia y los sentimientos percibidos en relación con las metas varían. Algunos fijamos metas heroicas, ponemos en práctica disciplinas tremendas y pagamos el precio por obtener un logro increíble. Otros no somos capaces de mantener una decisión tomada el día de Año Nuevo de no comer postre durante dos días seguidos. Algunos consideramos que las metas constituyen el factor primordial que moldea el destino de individuos y naciones. Otros creemos que conforman un idealismo superficial e ilusorio que no tiene poder duradero en el mundo "real". Algunos nos adherimos a la meta, sin importarnos nada más. Y algunas metas se adhieren a nosotros, sin importar nada. Algunos autores afirman que, si pensamos positivamente, podremos hacer cualquier cosa; otros nos recomiendan dejar de insistir cuando descubrimos que la meta es un imposible.

Dos áreas de dolor

De acuerdo con nuestra experiencia sobre la fijación de metas, parece haber dos grandes áreas de dolor: 1) el golpe a nuestra integridad y nuestro coraje cuando no alcanzamos nuestras metas, y 2) los resultados a veces devastadores cuando las logramos.

Retiros de la "Cuenta de Integridad Personal"

Como mencionamos antes, cada uno de nosotros posee lo que podemos llamar una "Cuenta de Integridad Personal" que refleja el monto de autoconfianza que tenemos. Cuando concertamos y complimos compromisos, como fijar y alcanzar metas, hacemos depósitos. Aumentamos la confianza en nuestra confiabilidad, en nuestra facultad para concertar y cumplir compromisos con nosotros y con los demás. Un saldo positivo en esta cuenta equivale a una fuente de fuerza y seguridad.

Pero cuando no alcanzamos nuestras metas, hacemos retiros, lo cual se convierte en fuente de penurias. Con el tiempo, los frecuentes retiros provocan la pérdida de confianza en nuestra capacidad para concertar y mantener compromisos y confiar en

186

nosotros y en los demás. Entonces, aparecen el cinismo y la racionalización, actitudes que nos separan del poder que permite fijar y alcanzar metas significativas. Luego, cuando necesitamos fuerza de carácter para enfrentar los desafíos críticos en nuestra vida, descubrimos que no la tenemos.

Stephen: Una vez me desempeñé como ayudante en un campamento de supervivencia y dirigí a un grupo de estudiantes en una excursión nocturna. Terminamos en un valle donde debíamos cruzar un río mientras nos sujetábamos de una cuerda. Estábamos agotados, extenuados, deshidratados. No habíamos comido ni bebido nada en veinticuatro horas. Pero, sabíamos que del otro lado de ese violento río de doce metros de ancho estaba el desayuno.

Como uno de los conductores del grupo, se suponía que debía ir a la vanguardia. Partí con determinación e, incluso, con un poco de arrogancia. Comencé a girar alrededor de la cuerda para hacerme ver. Cuando llegué a la mitad del trayecto, sentí que las fuerzas me abandonaban. Intenté todas las técnicas que conocía —desde la aplicación del poder de la voluntad hasta la visualización de mí mismo desayunando luego de haber cruzado el río—; pero alcancé el punto de temer soltar la soga para avanzar. No tenía confianza en que mi otra mano pudiera continuar soportando mi peso.

Justo en medio del río, caí. No había encontrado la fuerza. Quedé colgado de la cuerda de seguridad sobre las revueltas aguas. ¡A los estudiantes les encantó! "El orgullo precede a la caída." A su turno la mayoría sufrió la misma experiencia. Sólo unos pocos encontraron la fuerza para lograrlo.

Construir la fuerza de carácter es como construir la fuerza física. Cuando llega la hora de ponerse a prueba, si usted no la tiene, no hay manera de ocultar el hecho de que simplemente no existe. No puede fingir. Se requiere fuerza para fijar una meta heroica, para trabajar con problemas crónicos en lugar de recurrir a las "soluciones instantáneas", para no abandonar sus compromisos cuando se le opone la marea formada por la opinión popular.

Muchas son las razones por las que no podemos alcanzar nuestras metas. Algunas veces las metas que nos proponemos no son realistas. Nos creamos expectativas que no reflejan ningún tipo de autoconocimiento. Las decisiones tomadas el día de Año Nuevo son ejemplos típicos. De repente, esperamos cambiar nuestros hábitos de comer, de hacer ejercicios o de tratar a la gente simplemente porque el día del calendario cambió del 31 de diciembre al 1º de enero. Ello equivale a esperar que uno de nuestros hijos aprenderá a nadar, a comer con tenedor y a conducir un automóvil, todo en el mismo día. Nuestras metas se basan en la ilusión con poca autoconciencia o respeto por los principios del crecimiento natural.

A menudo fijamos metas y trabajamos para alcanzarlas, pero, o bien cambian las circunstancias o bien cambiamos nosotros. Surge una nueva oportunidad: el aspecto económico cambia; aparece un tercero, obtenemos una perspectiva diferente. Si nos aferramos a nuestras metas, ellas nos dominarán, en lugar de servirnos. Pero si las pasamos por alto, solemos sentirnos molestos o culpables porque no cumplimos nuestro compromiso. Encontramos difícil mantener un saldo positivo en nuestra Cuenta de Integridad Personal cuando de forma constante varían nuestras metas o fracasamos en alcanzarlas.

Escaleras apoyadas en la pared equivocada

Si bien el hecho de no alcanzar nuestras metas origina dolorosos inconvenientes, lo mismo ocurre al lograrlas. Algunas veces alcanzamos las metas a expensas de otras cosas más importantes en nuestra vida. Se trata del síndrome de la "escalera apoyada en la pared equivocada", lo que significa que subimos la proverbial escalera del éxito sólo para descubrir que está apoyada en la pared errónea.

Uno de nuestros asociados relató esta historia:

188

Hace varios años un hombre anunció a sus amigos y vecinos que ese año se había impuesto la meta de ganar un millón de dólares. Era una persona muy emprendedora que sostenía: "Denme una buena idea y venderé millones". Inventó y patentó un producto recreativo y moderno y luego recorrió el mundo para venderlo.

En ocasiones llevaba consigo a uno de sus niños en el viaje por una semana o más. Su esposa se quejaba a causa de ello. "Cuando regresan, ya no dicen sus oraciones ni hacen sus tareas escolares. Sólo juegan durante toda la semana. No lleves a los niños si no los ayudas con los deberes que deben cumplir."

Bueno, al finalizar el año el hombre declaró que había alcanzado la meta: había hecho un millón de dólares. Sin embargo, poco después, se divorció. Dos de sus hijos se hicieron drogadictos y el otro perdió los estribos. La familia se desintegró.

Este hombre se centró en una sola meta y todo lo midió de acuerdo con ella. Pero no calculó el costo total. Ese millón de dólares le costó más de lo que valía.

Cuando nos obsesionamos por conseguir una única meta, nos parecemos a un caballo con anteojeras, incapaz de ver nada más que lo que tiene delante. Algunas veces nuestras metas están basadas en el método de "golea y huye" que deja víctimas por el camino. Otras veces, nuestras metas pueden tener buenas intenciones, pero su cumplimiento crea otros resultados indeseables. Un participante del programa de Rusia nos contó su experiencia:

Gorbachov quiso restringir el consumo de alcohol y evitar que los rusos bebieran tanto. La medida tuvo el mismo efecto que la Ley Seca en Estados Unidos. En lugar de promover actividades más productivas, como se esperaba, la gente pasó del consumo de alcohol al uso de drogas. El gobierno logró la meta de reducir el consumo de alcohol, pero no obtuvo lo que deseaba.

Solemos fijar una meta con la esperanza de que, al alcanzarla, se producirán cambios positivos y mejor calidad de vida. Pero a menudo el cambio no es tan positivo. Alcanzar una meta influye en otras áreas de modo negativo. Cuando nos encontramos frente a los resultados, nos decepcionamos.

En vista de este dilema de "si lo hago me decepciono, si no lo hago, me condeno", ¿nos asombraremos de que muchos nos sintamos molestos con el proceso de fijación de metas?

¿Es posible contar con el poder sin los problemas? ¿Abrir una Cuenta de Integridad Personal poderosa al establecer y alcanzar metas significativas en forma regular? ¿Poder abandonar o modificar o aun lograr parcialmente una meta y todavía conservar nuestra Cuenta de Integridad Personal e incluso hacer depósitos en ella? ¿Cerciorarse de que la escalera esté apoyada en la pared correcta?

Afirmamos que todo esto es posible. Incluso que podemos acceder a un importante aumento en el poder de fijar metas. La clave radica en utilizar nuestros cuatro dones de forma sinérgica al establecer y alcanzar metas basadas en principios.

La aplicación de los cuatro dones humanos

Realizada correctamente, la fijación de metas en la forma tradicional resulta poderosa porque recurre al poder de dos de nuestros dones singulares: *la imaginación creativa* y *la voluntad independiente*.

Utilizamos la imaginación creativa para visualizar, concebir las posibilidades existentes más allá de la experiencia directa. Recurrimos a nuestra voluntad independiente para realizar elecciones, para transcender los antecedentes, el guión y las circunstancias. Cuando fijamos una meta, afirmamos: "Soy capaz de visualizar algo diferente de lo que es, y elegir centrar mis esfuerzos para crearlo". Empleamos nuestra imaginación para no olvidar la meta, y nuestra voluntad independiente para pagar el precio de lograrla.

El poder de estos dos dones es formidable: es el poder de vivir con sentido, el proceso fundamental del cambio consciente. Pero es sólo una pequeña parte del poder de que disponemos.

Lo que suele faltar en el proceso de fijación de metas es el poder de los otros dos dones:

- *conciencia*— la profunda conexión de las metas con la misión, las necesidades y los principios; y
- *autoconocimiento* —la evaluación exacta de nuestra capacidad y el saldo de nuestra Cuenta de Integridad Personal.

Analicemos estos dos dones en detalle para ver cómo nos pueden capacitar para establecer y alcanzar metas significativas.

La conciencia sincroniza la misión y los principios

La conciencia es poderosa porque sincroniza la misión y los principios, y sirve de guía en el momento de la elección. El momento de fijar nuestra meta (cuando decidimos conscientemente centrar nuestro tiempo y energía en un propósito determinado) constituye el momento de la elección. ¿Qué determina esa elección? ¿Es el espejo social, las agendas de los demás, los valores separados de los principios, necesidades y capacidades básicas? ¿O es un profundo fuego interior basado en los principios, conectado con la conciencia y centrado en la contribución?

Las metas relacionadas con nuestra vida interior tienen el poder de la pasión y el principio. Se alimentan con el fuego interior y se basan en los principios del "verdadero norte" que crean resultados de calidad de vida.

Uno de los mejores métodos para obtener este poder reside en formularse tres preguntas fundamentales: *¿qué?, ¿por qué?* y *¿cómo?*

¿Qué?

¿Qué anhelo lograr? ¿Qué contribución deseo realizar? ¿Qué objetivo tengo en mente?

El "qué" basado en los principios se centra en el crecimiento y la contribución. No es sólo fijar y alcanzar metas que eleven el nivel de vida. Hitler estableció y cumplió metas. Lo mismo hizo Gandhi. La diferencia está en el foco que eligieron para centrarse. Lo que buscamos, solemos encontrarlo. Cuando fijamos metas que están en armonía con la conciencia y los principios que mejoran el nivel de vida, estamos buscando —y encontramos— lo mejor.

¿Por qué?

¿Por qué anhelo hacerlo? ¿Deriva mi meta de la misión, las necesidades y los principios? ¿Me capacita para realizar contribuciones a través de mis roles?

En el contexto de la misión y la visión, resulta más fácil identificar el "qué" que el "por qué" y el "cómo".

Roger: Luego de dar una conferencia sobre la importancia de la misión y los roles en un seminario celebrado hace poco, pregunté a uno de los participantes si estaría dispuesto a recorrer el proceso de la fijación de metas conmigo frente al grupo. Asintió. Dije: "Muy bien, elija un rol, el que le guste."

"De padre."

"¿Qué meta considera la más importante para trabajar en ese rol?"

"Mejorar las relaciones con mi hijo de catorce años."

"¿Por qué?"

"Bueno, nuestra relación no es tan buena."

"¿Por qué desea mejorarla?"

"Tiene muchas dificultades en el colegio porque se siente presionado por sus amigos y sus compañeros. Lo empujaron en direc-

192

ciones que no son productivas. Creo que es importante que esté más cerca de él en este momento de su vida."

"¿Por qué?"

"Para ayudarlo a permanecer en el camino correcto y ser productivo."

"¿Por qué?"

"Porque lo necesita."

"¿Entonces por qué desea usted hacerlo?"

"Para ayudarlo."

"¿Por qué"

Comenzaba a turbarse un poco. "¡Porque soy su padre! ¡Es mi responsabilidad!"

"Entonces, ¿por qué desea hacerlo?"

Su rostro denotaba frustración. "Bueno, porque... porque..."

Había dos personas en su mesa que no podían ya quedarse quietas un minuto más. En el mismo instante, ambas casi gritaron: "¡Porque lo ama!"

Estaba escrito en su rostro. Sus palabras lo reflejaban. Era tan evidente que la gente que lo rodeaba percibía el profundo amor que sentía por su hijo. Tal vez no podía decirlo debido al ambiente de seminario o quizás a la falta de conexión con su propio fuego interior.

En el momento en que esas dos personas pronunciaron las palabras, una leve sonrisa inocente apareció en su rostro. "¡Es cierto!", dijo. "Lo amo." Todos pudieron percibir la fuerza y la paz que desbordaban de ese hombre.

Sin esta profunda conexión, durante el transcurso de nuestra vida nos sentimos responsables para desarrollar el suficiente autocontrol para alcanzar nuestras metas, perseverar hasta el fin, alcanzar la línea de llegada más muertos que vivos, aunque sea lo último que hagamos. No existe conexión alguna con nuestras fuentes de energía interiores, convicciones y experiencias. Actuamos en contra de nosotros mismos, sin estar seguros de por qué deseamos alcanzar una meta determinada, o incluso si queremos lograrla. Los compromisos que concertamos en un arrebato de entusiasmo no poseen el sólido poder para conducirnos al cumplimiento exitoso de nuestras metas.

La clave de la motivación es el motivo. Reside en el "por qué". Es lo que nos brinda la energía para soportar con firmeza los momentos difíciles. Nos otorga la fuerza para decir "no" porque estamos conectados con un "¡sí!" que arde en lo profundo de nuestro ser.

Si una meta no se relaciona con un profundo "por qué", aunque sea buena, sin duda no es la mejor. Necesitamos analizar la meta. Si está conectada, nos es preciso estimular nuestros pensamientos y sentimientos hasta que logremos crear una corriente abierta entre la pasión de la visión y la meta. Cuanto más fuerte sea la conexión, más poderosa y sólida será la motivación.

¿Cómo?

¿Cómo voy a hacerlo? ¿Cuáles son los principios clave que me darán el poder para lograr mi propósito? ¿A qué estrategias recurrir para implementar estos principios?

Una vez que sincronizamos el "qué" y el "por qué", estamos listos para examinar el "cómo". La elección del "cómo" suele depender de la elección entre los estilos de pensamiento y administración basados en el "control" y en la "liberación". Si nuestro paradigma es el control, suponemos que se debe supervisar a la gente en forma severa para que produzca o actúe bien. Si nuestro paradigma es de liberación, suponemos que con libertad, oportunidad y apoyo las personas mostrarán lo más excelso y perfecto que tienen en el fondo de su ser para obtener grandes logros.

La forma como veamos a los demás en función del control o la liberación por lo general refleja el modo como nos vemos a nosotros mismos. Si tenemos una perspectiva de control, suponemos que debemos ejercer un control estricto sobre nosotros mismos si deseamos alcanzar un objetivo. Si nuestra perspectiva se basa en la liberación, nuestra principal tarea de liderazgo será crear condiciones óptimas para liberar las facultades interiores. Si concentrarnos en la fijación de metas está fundado en el don de la voluntad independiente —perseverancia, autodisciplina y obstinación— es un buen indicio de que nuestro paradigma básico es el de control.

> *Roger*: Dije: "Muy bien, ¿cómo demostrará su amor?"
> "No lo sé. Creo que sólo esperaré la oportunidad."
> "¿Y de qué otro modo?"
> "Voy a invertir tiempo."
> "¿Y de qué otro modo?"
> Suspiró. "No lo sé. Para ser sincero, tengo miedo. Lo intenté antes y no funcionó. A veces parece que, cuanto más lo intento, más difícil es."
> Luego comenzamos a conversar sobre algunos de los principios que podría aplicar en la relación con su hijo. Abordamos el tema de la confiabilidad —si se desea crear una relación confiable, es preciso ser digno de confianza—. También concertar y cumplir compromisos, y ser leales con los ausentes. Tratamos la empatía —lo primero es comprender—. Y conferir respeto.
> Nos dábamos cuenta de que, sin importar con cuánta desesperación él deseaba ayudar a su hijo, sus esfuerzos nunca llegarían a ser efectivos mientras construyera la relación sobre la ilusión de que él podía controlarlo con buenas intenciones —y no según la realidad de que podía liberarlo con liderazgo y amor centrados en principios.

En los seminarios, la gente suele elegir un rol comercial, en lugar de un rol familiar. La mayoría cree que lo "que" siente es lo que deben hacer.

"Aumentar las ventas en un 5 por ciento mensual."

"Reducir los costos de operación en un 3 por ciento al finalizar el cuatrimestre."

"Elevar la moral en la oficina."

Pero al analizar el proceso de "por qué", las motivaciones que reconocen las personas en primer lugar suelen ser negativas, económicas, centradas de forma extrínseca o urgentes: "Si no lo hago, perderé mi empleo."

"Si no lo logro, perderé credibilidad y me sentiré muy mal."

"Existe un verdadero problema que debe solucionarse antes de que se agrande."

Al exigir respuestas más profundas, solemos escuchar una historia diferente:

"Si lo llevo a cabo, sentiré que en verdad hice mi trabajo y gané la paga."

"Disfruto sentir que hice algo y que brindé un servicio de calidad al cliente."

"En verdad me preocupo por intentar hacer de este mundo un mundo mejor."

Muchos negocios se centran tanto en las dimensiones económicas o físicas que nunca revelan las motivaciones más profundas. No reconocen ni se orientan hacia las necesidades sociales, mentales y espirituales. No dejan que las personas se conecten en forma natural con lo que sienten en el corazón: la necesidad de amar, aprender, vivir por algo superior al sí-mismo. Y, sin embargo, este vínculo constituye la fuente misma de energía, creatividad, lealtad, que buscan los empleadores.

Al llegar al "cómo", la gente que elige un rol comercial suele pensar que tan sólo debe "remar contra viento y marea".

> "Sólo debo entrar allí y hacerlo."
> "¿Lo intentó antes?"
> "Sí."
> "¿Salió bien?"
> "No."

Luego tratamos algunos principios del "verdadero norte" que producirían un cambio relevante. Examinamos los principios de interdependencia —empatía, sinceridad, concertación y cumplimiento de compromisos, creación de relaciones—. Contemplamos los principios de la visión compartida, los acuerdos ganar/ganar

196

y los sistemas de sincronización. Pronto se hace evidente que no basta saber lo que se debe hacer e, incluso, desear con fervor hacerlo. La acción debe basarse en los principios que mejoran la calidad de vida.

Llevar a cabo lo correcto por la razón correcta del modo correcto es la clave para mejorar la calidad de vida, y esto sólo proviene del poder de una conciencia educada que se sincroniza con la visión, la misión y el verdadero norte.

El autoconocimiento capacita para crear integridad

La confiabilidad sólo equivale al saldo de nuestra Cuenta de Integridad Personal. Dado que nuestra integridad es la base de nuestra autoconfianza y la confianza que inspiramos a los demás, una de las mayores manifestaciones del liderazgo personal efectivo es el ejercicio del cuidado y la sabiduría para crear un alto saldo positivo en esa cuenta.

En primer lugar, lo creamos a través del ejercicio de la voluntad independiente al concertar y mantener compromisos. Pero, sin autoconocimiento, no tenemos la necesaria sabiduría para administrar una cuenta de ese tipo. Podemos fijarnos metas muy altas y convertir los depósitos potenciales en enormes retiros, cuando fracasamos en alcanzarlas. Podemos establecer metas muy fáciles, al depositar centavos en lugar de pesos. Podemos dejar pasar cada día, cada semana o cada momento oportunidades para hacer depósitos porque estamos muy ocupados culpando a las circunstancias o a los demás de nuestro fracaso en alcanzar nuestras metas.

El autoconocimiento implica una profunda honestidad personal. Y ésta nace al formular preguntas difíciles y al responderlas:

¿En verdad deseo hacerlo?

¿Estoy dispuesto a pagar el precio?

¿Poseo la suficiente fuerza para lograrlo?

¿Acepto la responsabilidad de mi propio crecimiento?

¿Me quedo en la mediocridad cuando podría llegar a la excelencia?

¿Culpo y acuso a los demás por mi propia ineptitud en establecer y cumplir metas?

El autoconocimiento nos urge a comenzar desde donde nos encontramos —sin ilusiones ni excusas— y nos ayuda a fijar metas realistas. Por otro lado, no nos permite caer en la mediocridad. Nos ayuda a reconocer y respetar nuestras necesidades de evolucionar, extender los límites, crecer. Debido a que gran parte de nuestra frustración en la vida deriva de las expectativas no satisfechas, la facultad de fijar metas realistas y desafiantes contribuye en gran medida a capacitarnos para crear paz y tranquilidad en nuestra vida.

El autoconocimiento es oír la voz de la conciencia. Nos ayuda a reconocer que existen principios independientes de nosotros, a comprender la futilidad de intentar imponer nuestra propia ley. Nos ayuda a ser humildes y abiertos para crecer y cambiar, para advertir que no somos omniscientes ni omnipotentes cuando establecemos una meta. Para mejorar nuestros conocimientos en este momento, además de todas las cosas buenas que podríamos hacer, elegimos la mejor por la mejor razón y planeamos hacerla del mejor modo posible.

Pero la situación puede cambiar. Nosotros podemos cambiar. *Y no podemos actuar con integridad si no estamos dispuestos a aceptar ese cambio.*

El autoconocimiento nos capacita para preguntar: ¿Permito que lo bueno tome el lugar de lo mejor? Lo mejor puede ser la meta que fijamos. Lo mejor puede darse en la oportunidad inesperada, el nuevo conocimiento, las nuevas opciones creadas por una mayor comprensión. Cuando la urgencia, el estado de ánimo o la oposición son los principales productores del cambio, nos vemos desviados de lo mejor. Cuando lo misión, la conciencia y los principios originan el cambio, nos vemos orientados hacia lo mejor. Poseer el autoconocimiento para conocer la diferencia entre lo bueno y lo mejor, y actuar de acuerdo con la misión, la conciencia y los principios equivale a hacer el más significativo de los depósitos en nuestra Cuenta de Integridad Personal.

La integridad significa algo más que aferrarse a una meta, no importa cuál. Consiste en la integridad del sistema, un proceso integrado que crea una conexión abierta entre la misión y un momento dado.

Cómo fijar y alcanzar metas basadas en los principios

Sin principios, las metas nunca llegan a tener el poder para mejorar la calidad de vida. Usted puede *desear* realizar lo correcto e, incluso, desear hacerlo por razones correctas. Pero si no aplica los principios correctos, se golpeará la cabeza contra la pared. Una meta basada en principios abarca tres aspectos: *la tarea correcta por la razón correcta en la forma correcta de lograrla.*

La fijación de una meta basada en principios implica el total empleo sinérgico de los cuatro dones del hombre:

- A través de la conciencia nos conectamos con la pasión de la visión, la misión y el poder de los principios.
- A través de la imaginación creativa, visualizamos la posibilidad y las maneras sinérgicas y creativas para alcanzarla.
- A través del autoconocimiento fijamos metas con alcance realista y permanecemos abiertos al cambio producido por la conciencia.

- A través de la voluntad independiente elegimos nuestro objetivo y lo llevamos a cabo; poseemos la integridad para hacer lo que decimos.

El proceso de fijación de metas basado en principios es más efectivo cuando: 1) fijamos metas de "contexto"; 2) llevamos una lista de "quizás", y 3) establecemos metas semanales.

1. Fijar metas de "contexto"

La mayoría de la gente encuentra útil vincular las metas semanales al contexto suministrado por el enunciado de misión a través del uso de metas de largo y mediano plazo. Pero los términos "largo plazo" y "mediano plazo" colocan a estas metas en un marco de tiempo *chronos*.

Si bien el cálculo del tiempo es un tema importante, sugerimos que otros, como las relaciones con la gente y con otras metas y acontecimientos, se reconocen mejor a través de las metas de "contexto". El término "contexto" nos recuerda que el liderazgo personal no consiste tan sólo en una vista de largo alcance, sino en una comprensión de amplio alcance.

Si usted se organiza según sus roles, puede llevar una hoja de metas de contexto para cada rol en su organizador a fin de encontrarla con más facilidad. El formulario "qué/por qué/cómo" es una manera efectiva para captar estas metas. Por ejemplo, una meta de contexto en su rol de "afilar la sierra" puede seguir el siguiente diagrama:

Qué:
Mi meta es conservar un cuerpo saludable y disciplinado.

Por qué:
De manera que:

- pueda poseer la fuerza, la resistencia y el buen aspecto necesarios para cumplir con efectividad mi misión,
- pueda ser un ejemplo para mis hijos y los demás en el efectivo cuidado de la salud,
- pueda crear mi fuerza de carácter personal.

Cómo:
- *Buena alimentación.* Aumentaré el consumo de frutas frescas y legumbres, carbohidratos complejos, cereales enteros, aves y pescados. Reduciré el consumo de azúcares, grasas, sal y carnes rojas. Comeré menor cantidad con más frecuencia.
- *Mantenimiento físico.* Haré ejercicios aeróbicos durante treinta minutos cuatro veces a la semana. Me asociaré a un equipo de básquetbol y dormiré siete horas a la noche, acostándome y levantándome temprano.
- *Conexión mente / cuerpo.* Pensaré de forma positiva acerca de mi cuerpo y mi salud. Leeré y asistiré a seminarios y talleres para aprender más acerca de la salud.
- *Foco de atención.* Me centraré en los problemas de salud específicos.

Este formulario "qué/por qué/cómo" crea un vínculo abierto entre la misión, los principios y las metas. Cuando usted se prepara para fijar sus metas semanales, puede revisar estas metas de contexto para establecer inmediatamente esa conexión y seleccionar una pieza accionable del tamaño de un bocado que lo acercará a ellas.

Al contemplar una meta de este modo se reafirma la interconexión de nuestra vida. Aunque es factible considerar esta meta un objetivo "físico" y archivarla en el rol de "afilar la sierra", usted debe pensar en lo interrelacionado que está con cada una de las otras dimensiones y con el resto de los roles.

Por ejemplo, la mayoría de la gente informa que uno de los

mayores beneficios del ejercicio físico regular no pertenece a la dimensión física, sino espiritual —el incremento de integridad y fuerza de carácter—. La dimensión mental (aprender más sobre la salud, pensar sanamente y reducir el estrés) influye poderosamente en la efectividad de esta meta "física". Hacer ejercicios con amigos o familiares puede crear una experiencia social provechosa como también física. Una mejor salud nos capacita en las dimensiones física, mental, social y espiritual de todos nuestros roles.

El conocimiento de esta interconexión nos mantiene abiertos a la mentalidad de abundancia y nos capacita para crear una sinergia poderosa entre nuestras metas.

2. Llevar una lista de "quizás"

Un problema que surge al tratar las metas es que solemos leer un libro, asistir a un seminario o entablar una conversación con una persona y salir de la experiencia con una idea de algo que en verdad deseamos llevar a cabo. No estamos listos para fijar una meta, pero no queremos perder la idea.

La mayor parte del tiempo queda rondando en la abarrotada sala de espera de nuestro cerebro, entrando y saliendo de nuestra conciencia y distrayéndonos de la tarea que realizamos en el momento, lo cual nos provoca una vaga inquietud de algo todavía no realizado. O bien la escribimos en una lista genérica de "tareas pendientes" que acumula ítemes con más rapidez de lo que pueden realizarse, mezcla otros de alta prioridad con cosas que no importan mucho, y constantemente nos recuerda todo lo que no hicimos.

Mucho más efectiva resulta la lista de los "quizás", una lista que se lleva en cada rol de las actividades que se desean realizar. Siempre que usted tenga una idea, escríbala en la lista de los "quizás" en el rol apropiado para una futura consideración.

Escribirla allí no significa que sea una meta o un compromiso. Quizá la lleve a cabo: quizá no. Se trata simplemente de anotarla para tenerla en cuenta cuando organice el futuro. No está en peligro su integridad.

Anotar las ideas en una lista de "quizás" disuelve la ansiedad y la distracción, y facilita encontrarlas para considerarlas en el futuro. Durante la organización semanal, usted puede repasar esta lista, trasladar cualquier ítem que desee a una meta semanal, dejarlo en la lista para una reconsideración futura o descartarlo por no ser tan importante.

3. Establecer metas semanales

Cuando fijamos nuestras metas semanales, el formulario "qué/por qué/cómo" más bien refleja una forma de pensar respecto de nuestros roles y metas. Al fijar nuestras metas, contemplamos cada rol y luego nos detenemos entre el estímulo y la reacción para preguntar:

> ¿Cuál es o cuáles son las dos cosas más importantes que podría llevar a cabo en este rol esta semana y que tendrían el mayor efecto positivo?

La respuesta a esta pregunta puede consistir en un sentimiento o impresión que surge cuando revisamos nuestra misión y nuestros roles. Un hombre relató así su experiencia:

> Al revisar mis metas cada semana, suelo tener la impresión de que necesito hacer ciertas cosas, en especial en lo que atañe a mi rol de padre. Algo surgirá en mi mente con respecto a uno de mis hijos. Descubro que estoy más consciente de las necesidades individuales de mis hijos, más perceptivo y abierto a las oportunidades de realizar cambios importantes.

La respuesta puede provenir como resultado de la revisión de nuestras metas de contexto en cada rol, o de una percepción o idea que escribimos en nuestra lista de "quizás" en un rol determinado durante la semana. Al revisarlas creamos un vínculo abierto entre nuestra profunda vida interior y nuestra situación actual. Creamos el contexto que da sentido a nuestras metas.

Características de las metas efectivas semanales

Al fijar sus metas, debe recordar las cinco características de las metas efectivas semanales:

1. *Se rigen por la conciencia*. Una meta efectiva está en armonía con nuestros imperativos internos. No se guía por la urgencia o la reacción. No es un reflejo del espejo social. Es algo que sentimos en lo profundo de nuestro ser, que necesitamos hacer y que está en armonía con nuestra misión y con los principios del verdadero norte. Necesitamos ser sensibles a la voz de nuestra conciencia, especialmente al seleccionar las metas en nuestros roles más singulares, donde ejercemos la máxima influencia. Asimismo debemos mantener el equilibrio. Es importante recordar que no nos es necesario establecer una meta en cada rol todas las semanas. Existen cortos períodos de desequilibrio durante los cuales la sabiduría nos sugiere que realicemos la elección consciente de no fijar metas en algunos roles.

2. *A menudo pertenecen al Cuadrante II*. El proceso organizador del Cuadrante II crea de forma automática una conexión entre el "qué" y el "por qué". Como consecuencia, las metas que seleccionamos son por lo general importantes, pero no necesariamente urgentes. Podemos elegir algunas metas del Cuadrante I que son urgentes e importantes, pero las seleccionamos sobre todo porque son importantes.

3. Reflejan nuestras cuatro necesidades y capacidades básicas. La buenas metas pueden basarse en la acción dentro de la dimensión física, pero también en la comprensión y el hecho de ser (dimensión espiritual), la creación de relaciones (dimensión social) y el crecimiento y el aprendizaje (dimensión mental). Muchos de nosotros nos sentimos insatisfechos y desequilibrados porque las metas que perseguimos están esencialmente limitadas por el tiempo y son físicas. Ignorar la realidad de otras dimensiones vitales equivale a restringir con rigidez nuestra capacidad para mejorar de modo significativo la calidad de vida. También nos priva de la increíble sinergia que se puede generar entre las metas.

4. Se hallan en nuestro centro de atención. Cada uno de nosotros posee lo que denominamos un Círculo de Preocupación que abarca todo lo que le concierne: nuestra salud, una reunión con el jefe, los planes del hijo adolescente para el fin de semana, la exhibición de revistas pornográficas en un negocio del vecindario, las decisiones del presidente en materia de política exterior, la amenaza de la guerra nuclear.

También tenemos otro círculo, que por lo general queda dentro del Círculo de Preocupación, llamado el Círculo de Influencia. Éste define el área de las preocupaciones donde nos es posible realizar verdaderos cambios. No podremos influir en las decisiones del presidente en lo que atañe a la política exterior o en la amenaza de la guerra nuclear, pero sí podemos hacer algo por nuestra salud. También podemos intervenir en los planes de fin de semana de nuestro hijo o en la exhibición de ese tipo de revistas en la tienda del vecindario.

Pero el empleo más efectivo de nuestro tiempo y energía se relaciona, por lo general, con el tercer círculo: el Centro de Atención.

En este círculo se encuentran las cosas que nos preocupan, que caen bajo nuestra capacidad de influencia, que se sincroni-

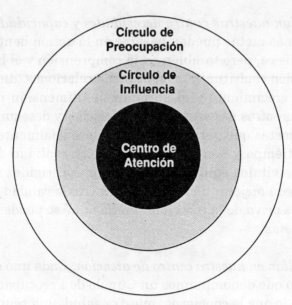

Círculo de
Preocupación

Círculo de
Influencia

Centro de
Atención

© 1994, Covey Leadership Center, Inc.

zan con nuestra misión y surgen oportunamente. Si gastamos tiempo y esfuerzos en cualquier otro círculo, la efectividad se reduce. Cuando actuamos en el Círculo de Preocupación, básicamente desperdiciamos esfuerzos en cosas que no podemos controlar ni influir. Cuando actuamos dentro de nuestro Círculo de Influencia, realizamos en parte lo correcto, pero lo hacemos tal vez a expensas de algo mejor. Cuando fijamos y alcanzamos metas que se hallan en nuestro Centro de Atención, maximizamos el uso de nuestro propio tiempo y esfuerzo.

Lo interesante es que, al hacerlo durante un cierto tiempo, nuestro Círculo de Influencia crece de forma automática. Descubrimos métodos positivos para influir más en la gente y en las circunstancias.

5. Consisten en determinaciones o concentraciones. Encontrará útil distinguir entre *determinaciones* (lo que se decide llevar a cabo, sea lo que fuere) y *concentraciones*, áreas de actividad alrededor de la cual usted centra sus esfuerzos. Al tomar una determinación, usted pone en peligro su integridad. Es cuando resulta vital continuar, mantener los compromisos, hacer lo prometido. La única razón válida para no aferrarse a una determinación sería que usted se convenciera por completo (a través de la conciencia y el profundo autoconocimiento) de que la "mejor" meta que fijó por algún motivo se volvió sólo "buena". Entonces, y sólo entonces, usted puede cambiar con integridad.

Al fijar una concentración, usted identifica un área donde desea concentrar tiempo y energía. Busca las oportunidades para llevarla a cabo. Avanza hacia ella. Pero no arriesga su integridad. Si no lo hace usted pierde el beneficio del tiempo y la energía que invirtió, pero sin realizar retiros de su Cuenta de Integridad Personal.

Recuerde: no debe poner en peligro su integridad cada vez que fije una meta semanal. En efecto, es importante administrar sus compromisos con gran cuidado, y con sensibilidad y sabiduría construir el saldo en su Cuenta de Integridad Personal. No obstante, su precaución no debe constituir un impedimento en su avance hacia un propósito.

Confianza y coraje

Fijar una meta y trabajar para lograrla representan actos de coraje. Cuando actuamos con coraje al establecer metas conectadas con principios y la conciencia, y al trabajar para alcanzarlas, tendemos hacia resultados positivos. Con el tiempo, creamos una espiral ascendente de confianza y coraje. Nuestros compromisos adquieren más fuerza que nuestros estados de ánimo. En ocasiones, nuestra integridad no es ni siquiera un tema. Construimos el coraje para establecer metas cada vez más desafiantes e incluso heroicas. Éste es el proceso de crecimiento, de llegar a ser todo lo que podemos llegar a ser.

207

Por otro lado, cuando ejercitamos nuestro coraje para fijar metas que no están profundamente conectadas con los principios y la conciencia, a menudo obtenemos resultados indeseables que nos llevan al desaliento y al cinismo. Se revierte el ciclo. A veces nos encontramos sin coraje para establecer tan siquiera metas irrelevantes.

El poder de fijar una meta basada en principios equivale al poder de los principios: la confianza de que las metas que fijamos mejoran la calidad de vida, de que nuestra escalera está apoyada en la pared correcta. Es el poder de la integridad, la capacidad para establecer y alcanzar metas significativas con regularidad, la facultad de hacer cambios con confianza cuando lo "mejor" se convierte en "bueno". Es el poder de los cuatro dones humanos que trabajan juntos para crear la pasión, la visión, el conocimiento, la creatividad y la fuerza de carácter que fomentan el crecimiento.

La obtención de este poder es crear la espiral ascendente que nos capacite para continuamente poner primero lo primero en nuestras vidas.

Ideas del Cuadrante II para fomentar el poder de las metas

- Emplear el formulario "qué/por qué/cómo" para fijar metas de contexto en cada uno de sus roles.
- Confeccionar una lista de "quizás" en cada rol de su organizador. Durante la semana, anotar las ideas que le surjan respecto a metas que quizá desee fijar en el rol apropiado. Tener en cuenta lo que usted siente al registrar estas ideas en las listas de "quizás". Al planificar su semana siguiente, recurrir a las listas en busca de ideas para fijar metas.
- Al establecer sus metas semanales, detenerse y conectarse con la conciencia. Actuar sobre lo que usted siente es lo más importante que debe hacer en lo que atañe a cada rol.
- Meditar sobre el modo de utilizar cada uno de sus dones al establecer y alcanzar las metas de la semana.
- Identificar cada meta de la semana como una "determinación" o una "concentración". Al finalizar la semana, analizar la manera como esta diferenciación influye en su actitud hacia la meta, el progreso logrado para alcanzarla y el saldo existente en su Cuenta de Integridad Personal.

8

La perspectiva de la semana

La prioridad es una función del contexto.

Los fotógrafos profesionales trabajan con una variedad de lentes. Emplean lentes de ángulo ultraamplio y gran angular para sacar fotos de gran tamaño. Emplean lentes telefotográficas para acercar el objeto. Emplean lentes normales para captar la vista que más se asemeja a lo que ve el ojo humano. Emplean una microlente para los primeros planos. Parte de su pericia consiste en saber cuándo se debe utilizar cada una de las lentes para obtener el resultado deseado.

A semejanza del fotógrafo, parte de nuestra pericia en el liderazgo personal reside en saber cómo enfocar de forma más efectiva. La mayoría de las herramientas y técnicas de administración del tiempo enfocan la planificación diaria y parece haber un buen motivo para así hacerlo. El día es la unidad completa natural de tiempo más reducida: el sol sale y se pone y cada veinticuatro horas nos enfrentamos con una nueva agenda de tareas. Podemos planificar el día, fijar metas diarias, organizar las citas y dar prioridad a ciertas actividades. Y cuando finaliza el día, podemos tomar lo que queda y planificar, organizar y priorizarlo todo otra vez en el día siguiente. Nada se pierde.

Pero el problema con el enfoque de la planificación diaria resulta lo mismo que intentar caminar por la calle mientras miramos a través de las lentes telefotográficas de una cámara.

Nos mantiene enfocados a lo más inmediato —lo más acuciante, próximo y urgente—. Así, en lo esencial, damos prioridad a las crisis. Mientras el objetivo de la mayoría de los enfoques de planificación diaria consiste en ayudarnos a poner primero lo primero, la realidad es que la planificación diaria nos mantiene centrados en realizar primero lo urgente. No basta la perspectiva para obtener el resultado.

Por supuesto, tampoco podemos centrarnos tan sólo en los grandes planos. Si no trasladamos la visión a la acción, perdemos contacto con la realidad, nos convertimos en soñadores idealistas y perdemos credibilidad con nosotros mismos y con los demás.

Todos nos enfrentamos con este evidente dilema.

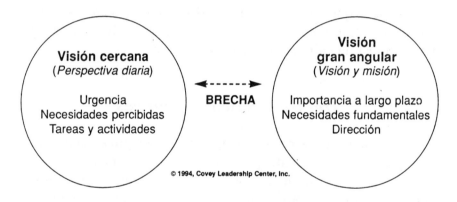

Entonces, ¿cómo lo resolvemos y mantenemos las cosas en foco y en perspectiva?

La perspectiva de la semana suministra una solución sinérgica de tercera alternativa que vincula el gran plano al día de forma equilibrada y realista.

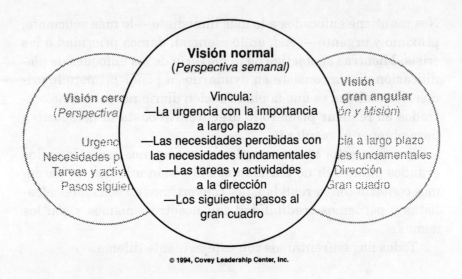

Visión normal
(Perspectiva semanal)

Vincula:
—La urgencia con la importancia
a largo plazo
—Las necesidades percibidas con
las necesidades fundamentales
—Las tareas y actividades
a la dirección
—Los siguientes pasos al
gran cuadro

Visión cerc
(Perspectiva

Urgenc
Necesidades p
Tareas y activ
Pasos siguie

Visión
gran angular
ón y Misión)

cia a largo plazo
es fundamentales
Dirección
ran cuadro

© 1994, Covey Leadership Center, Inc.

Debido a que crea estas conexiones vitales, la semana se convierte en la "lente normal" que provee la perspectiva más exacta para crear una calidad de vida equilibrada.

Tres perspectivas operativas

La semana representa un fragmento completo en el lapso de la vida. Está compuesta por días hábiles, noches y fines de semana. Está lo suficientemente cerca como para ser muy importante, pero lo suficientemente lejos como para suministrar contexto y perspectiva. Sirve como parámetro internacional: muchas actividades comerciales, educacionales, gubernamentales y otras facetas de la sociedad se desarrollan dentro de un marco semanal. Además, la semana nos ofrece otras perspectivas operativas útiles: 1) renovación equilibrada, 2) el todo-las partes-el todo, y 3) el contenido en el contexto.

1. Renovación equilibrada

La perspectiva de la semana nos urge a planificar la renovación (un período para recrearnos y reflexionar) semanal y diariamente.

Renovación semanal

La mayoría de las culturas sustentan la idea de la renovación semanal. Por ejemplo, el mundo judeo-cristiano respeta el Sabbath semanal, un día cada siete dedicado expresamente a la reflexión y el recogimiento. El mundo académico extiende este concepto para incluir el año sabático, uno cada siete años dedicado al desarrollo personal del docente. Los ejemplos más corrientes de renovación semanal son las actividades semanales que incluyen los deportes o los eventos sociales con familiares y amigos.

El organizador del Cuadrante II nos ayuda a que la renovación semanal forme parte de un estilo de vida equilibrado. En lugar de vivir día tras día presionados por lo urgente hasta que sentimos que es necesario detenernos y escapar al Cuadrante IV, podemos planificar de forma proactiva una genuina re-creación y renovación como un cambio necesario de ritmo entre los períodos creativos. La renovación no consiste en un escape insensato y sin propósito alguno. Incluye valiosas actividades del Cuadrante II tales como:

- Construcción, reparación o renovación de las relaciones con familiares y amigos.
- Reevaluación de valores profundos con las actividades religiosas.
- Recuperación de la energía mediante el descanso y la recreación.

- Desarrollo de facultades mediante intereses y pasatiempos especiales.
- Contribución mediante el servicio a la comunidad.

La experiencia nos enseña el inmenso valor de la renovación semanal. Cuando estamos presionados por lo urgente y trabajamos día tras día, aun durante los fines de semana, sin ningún cambio de actividad o ritmo, sentimos que perdemos nuestros límites, nuestra energía y nuestra perspectiva en todas las áreas de la vida. Tal como en la lectura de una oración sin fin que ocupa páginas y páginas, sin comas ni puntos, o en una pieza musical sin fraseo. Cuando finalmente escapamos al Cuadrante IV, el cambio de ritmo nos proporciona cierto alivio, pero, por lo general, nos sentimos vacíos e insatisfechos, no renovados ni re-creados.

El liderazgo personal equivale a cultivar la sabiduría para reconocer nuestra necesidad de renovación y para asegurar que cada semana provea actividades de índole genuinamente re-creacional.

La misma organización semanal del Cuadrante II es una actividad renovadora. A través de ella renovamos la conciencia de nuestras necesidades y capacidades y los principios del verdadero norte. Renovamos nuestra conexión con nuestros cuatro dones humanos y nuestro compromiso de seguir la senda de la contribución, al vivir con objetivos superiores al sí-mismo. Renovamos la pasión de la visión, el equilibrio de los roles, el poder de las metas en nuestra vida. Luego de probar el organizador semanal, un hombre escribió:

> Estaba acostumbrado a pasar las noches del domingo en una actividad del Cuadrante IV, mirar televisión. Pero descubrí que es el momento de la semana en que mi mente se halla más en calma. Asistí a misa. Dediqué tiempo a mi familia. Esto crea un excelente marco mental para rever mi misión, mis roles y mis metas. Así las noches del domingo planifico la nueva semana.

214

Algunos prefieren organizar la semana el viernes por la tarde antes de dejar la oficina. Otros, el domingo por la mañana o la primera hora del lunes. Lo importante es hacerlo cuando usted esté a solas para conectarse con su propia vida interior. Si no hay una renovación regular, la gente se ve empujada hacia otras direcciones. En lugar de actuar, constantemente actúan sobre ellos.

Renovación diaria

La perspectiva de la semana suministra el contexto para lograr el equilibrio de la renovación diaria. Por ejemplo, si usted debe dedicar una hora al día a la renovación, tal vez interprete que "equilibrio" significa que debe hacer ejercicios durante quince minutos, escuchar a su hija adolescente durante quince minutos, estudiar durante quince minutos y meditar durante otros quince minutos.

Pero considere las crecientes posibilidades que surgen cuando usted expande su perspectiva a la semana. Los expertos en el campo de la salud afirman que para lograr el "efecto de entrenamiento" es necesario invertir, por lo menos, treinta minutos tres veces por semana en ejercicios vigorosos, y descansar entre ejercicios. Dar énfasis a la renovación física durante esos tres días tendrá un efecto más positivo que dedicar sin falta quince minutos al día a ejercicios livianos. Los días que usted no realiza ejercicios vigorosos y de resistencia, puede descansar o dar un paseo —tal vez aumentar el valor de esta actividad al hacerlo con el cónyuge o escuchando música al mismo tiempo—. En esos días podrá dedicar más tiempo a la lectura profunda didáctica o inspiradora. Aunque la naturaleza y el tiempo de cada actividad varían cada semana, usted está afilando la sierra en una forma equilibrada e inmejorable.

2. El todo-las partes-el todo

Al rever el enunciado de nuestra misión, visualizamos la totalidad: el gran plano, el fin en mente, el significado de lo que se hace. Sin embargo, perderse en el todo equivale a convertirse en un soñador idealista. Entonces pasamos a las partes (nuestros roles y metas). Tomamos un "primer plano" de cada parte de nuestra vida. Pero perderse en las partes equivale a hacer la vida más mecánica, fragmentada o dividida en compartimientos.

Así, como partes del proceso, las volvemos a unir para formar el todo, juntando las fuerzas de ambas perspectivas mediante las lentes normales del organizador semanal.

Al unir las partes, podemos ver su interrelación. Observamos cómo cada parte de la vida (trabajo, familia, desarrollo personal, actividad para la comunidad) nos otorga el poder para contribuir y cumplir nuestra misión. Vemos cómo cada parte contribuye al resto, cómo el carácter y la competencia en cada rol nos benefician en todos los roles.

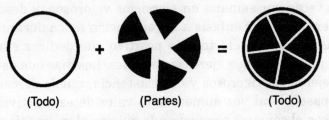

(Todo)   (Partes)   (Todo)

© 1994, Covey Leadership Center, Inc.

Esta perspectiva, "el todo-las partes-el todo", nos capacita para crear sinergia y para suprimir las barreras artificiales entre roles y metas.

216

Creación de sinergia entre las metas

La mentalidad basada en la idea del todo-las partes-el todo nos capacita para generar sinergia entre roles y metas. Reconocemos que es factible combinar algunas actividades y desarrollarlas realmente mejor que si las realizamos separadamente. También sabemos que no se deben combinar ciertas actividades, pues necesitan un enfoque exclusivo. Podemos adaptar el resto de las actividades con sabiduría, sabiendo de qué modo cada una influye en la otra.

Por ejemplo, al organizar la semana, podríamos combinar la meta parental de "construir mi relación con mi hijo" con la meta de afilar la sierra, de "hacer ejercicios físicos" al programar llevar al hijo a nadar. Podríamos combinar la meta de aprender un nuevo idioma con la meta de servicio a la comunidad al presentarnos como voluntarios para trabajar con grupos de minorías que necesiten asistencia social. Cuando comenzamos a desarrollar una verdadera mentalidad de abundancia, descubrimos formas para sintetizar aún más metas. Podríamos elaborar una exquisita comida, conocer al nuevo vecino y prepararnos para la reunión de la asociación de caridad el próximo mes al cocinar lo suficiente para tres comidas: una para la familia, otra para los nuevos vecinos y guardar en el congelador la tercera para no perder tiempo en la preparación de la cena, la noche de la reunión en la asociación. Las posibilidades son innumerables. Existe un número infinito de maneras de generar sinergia en nuestra vida que nunca las veríamos con una perspectiva fragmentada y lineal.

No obstante, el objetivo no radica en juntar en la agenda tantas actividades como sea posible o intentar hacer todo de una vez. No estamos tratando de imitar a Súperman o a la Mujer Maravilla. El propósito es aplicar nuestra imaginación creativa a la obtención de métodos sinérgicos basados en principios, para alcanzar las metas que producen aún mayores resultados de los que se obtendrían si se cumplieran separadamente.

Una buena prueba consiste en analizar sus sentimientos al realizar las conexiones. Si son compulsivas o artificiales, tal vez usted esté violando un principio —quizá intentando hacer demasiadas tareas a la vez—, y sería más conveniente enfocar las actividades por separado. Cuando éstas se reúnen de forma natural, usted percibirá una sensación de paz y aumento de capacidad, porque actúa en armonía con los principios. En lugar de entrar en conflicto y competencia, las partes de su vida funcionan juntas en belleza y armonía.

Existen varias maneras de plasmar esta sinergia en la planilla de trabajo semanal. Una consiste simplemente en dibujar líneas que unen metas y trasladar la actividad sinérgica al día adecuado de la semana.

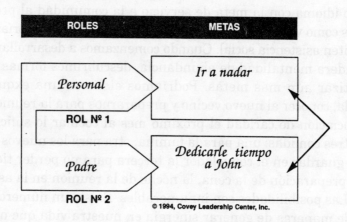

© 1994, Covey Leadership Center, Inc.

Otra forma es anotar las actividades sinérgicas en la columna denominada "Recordatorios" y poner un asterisco o alguna otra marca al lado de las tareas que representan sus metas.

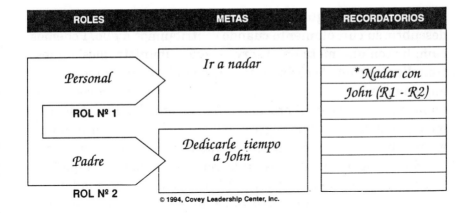

ROLES	METAS	RECORDATORIOS
Personal / ROL N° 1	*Ir a nadar*	* *Nadar con John (R1 - R2)*
Padre / ROL N° 2	*Dedicarle tiempo a John*	

© 1994, Covey Leadership Center, Inc.

Una vez que se genere la sinergia, podemos trasladar a la semana nuestras actividades elegidas como compromisos o prioridades del día.

Supresión de las barreras artificiales

A menudo tendemos a construir muros entre el tiempo que dedicamos al trabajo, la familia y nuestro tiempo personal. Actuamos como si lo que hacemos en un área no influyera en lo que hacemos en las demás. Sin embargo, todos sabemos que estas barreras son artificiales. Un mal día en la oficina puede crear una sensación de desamparo, una falta de contribución, que afectan nuestra vida personal y familiar. Los conflictos familiares y personales pueden afectar la calidad de nuestra tarea. Por otro lado, las relaciones familiares de calidad producen un efecto positivo en nuestro trabajo, y cuando sucede algo muy bueno en él, a menudo deseamos compartirlo con la familia y los amigos.

La vida conforma un todo indivisible. Al establecer conexiones entre los diversos aspectos de nuestra vida y nuestros propósitos generales, descubrimos que la renovación de un rol ocasiona también la renovación de otros. En el trabajo, podemos conectarnos con algunos de los propósitos de la organización y descubrir su cumplimiento cuando contribuimos a ello. Podemos cumplir con una meta en el servicio que suministramos a nuestros clientes o en el crecimiento y desarrollo de las personas que entrenamos o con las que trabajamos. Al invertir y conectarnos en modos que llevan al crecimiento y la contribución, descubrimos que la persona que regresa del trabajo a casa por la noche es más fuerte y mejor que la que fue a la oficina esa mañana.

En el hogar, invertimos en la renovación personal que nos fortifica en todos nuestros roles. El tiempo dedicado a la familia crea relaciones más profundas al realizar contribuciones para nuestros seres queridos. Podemos trabajar con nuestra propia familia para contribuir a nuestra comunidad y nuestros amigos. Al invertir en una vida personal, familiar y social plena, encontramos que la persona que va al trabajo por la mañana es más fuerte y mejor que la que partió la noche anterior.

La mentalidad del todo-las partes-el todo nos capacita para ver las relaciones y crear las conexiones que llevan al crecimiento, la contribución y el cumplimiento, y no a la fragmentación, el desaliento y la autoconcentración. Se convierte en una manera subconsciente de pensar que nos capacita para integrar nuestra vida y tejer los elementos en una bella trama. Es la "visualización" de la abundancia que conduce a la acción y a la forma de vivir de la abundancia.

3. El contenido en el contexto

La prioridad es una función del contexto o del "gran plano" donde algo sucede. Por ejemplo, si a usted se le comunicara en este mismo momento que un ser querido tiene un problema grave y necesita asistencia, es probable que deje este libro y vaya a ayudarlo. ¿Por qué? Porque el contexto para decidir el mejor modo de emplear su tiempo ha cambiado con esa nueva noticia.

La organización semanal inserta el *contenido* (nuestras actividades) en el *contexto* de lo que es importante en nuestra vida. Se trata de la renovación del gran plano que pone al individuo en contacto con propósitos y modelos de vida. Crea un poderoso marco de referencia que representa nuestro mejor pensamiento sobre qué es lo primero y cómo podemos darle prioridad durante los siguientes siete días de nuestra vida. Cuando la urgencia nos empuja, los estados de ánimo nos retraen o las oportunidades inesperadas nos llaman, contamos con algo sólido contra lo cual sopesar el valor del cambio. Podemos colocar el contenido en el contexto y elegir "lo mejor" en vez de "lo bueno".

Una persona escribió:

> Antes de poner en práctica la organización semanal, saltaba cada vez que sonaba el teléfono. Si alguien me informaba sobre una reunión del comité, iba. En la actualidad puedo decir: "Me encantaría ir, pero tengo un compromiso a esa hora con mi hija". Algunas veces debo cancelar una cita con un amigo por ciertas responsabilidades en el trabajo, pero programo la cita para otro horario si es importante. Nada aparece en la agenda que no sea importante.

La organización del Cuadrante II no equivale a priorizar lo que está en la agenda; es la programación de las prioridades. Tampoco consiste en llenar cada línea del horario con actividades programadas; es poner primero las "piedras grandes" y rellenar con la arena, el pedregullo y el agua necesarios.

El objetivo no es llenar el frasco hasta el borde, sino cerciorarse de que las piedras grandes estén allí y que no esté tan lleno que no quede lugar para acomodar el cambio dirigido por la conciencia.

A fin de ayudar a que el contenido se mantenga dentro del contexto, muchos hallan útil la creación de zonas y reservas de tiempo para la preparación.

Creación de zonas de tiempo

Las zonas de tiempo son grandes bloques de tiempo intercambiables que se reservan para actividades específicas importantes. Si usted valora sobremanera la actividad familiar, podría
desear destinar con regularidad las mañanas del sábado para
esas actividades al organizar la semana. Entonces, no concertará
una cita o un compromiso con la empresa esas mañanas de
sábado en las que, sin falta, hará una actividad familiar. Pero
al planificar otras tareas y metas, tenderá a reservar ese tiempo
para las actividades familiares.

Si usted toma parte activa en un proyecto de la comunidad
local o de una institución de caridad que se reúne dos jueves por
la noche por mes, podría guardar todas las noches de los jueves
para dedicarlas a ese servicio. Cuando no se realicen reuniones,
podría emplear ese tiempo para trabajar en la lista de miembros
de la asociación o para realizar lo necesario para cumplir ese rol.

En su trabajo, tal vez desee reservar una mañana a la
semana para entrevistas personales con los empleados. Cuando
alguien quisiera verlo, canalizaría sus citas hacia esa zona de
tiempo establecida. Podría guardar otro bloque de tiempo
durante la semana para proyectar el modo de conseguir nuevos
clientes, leer revistas comerciales o trabajar en la planificación
a largo plazo.

Las zonas de tiempo suministran un modelo de organización
semanal más efectiva. La idea no es llenar toda la semana con
zonas de tiempo, sino reservar algunos períodos específicos para
poner en foco las actividades de alta prioridad.

Existe un número de ventajas en utilizar zonas de tiempo.
Para comenzar, usted reserva tiempo para las altas prioridades,
con frecuencia en el Cuadrante II. Asimismo, otorga un sentido
de orden a su vida que los demás llegan a conocer y según el cual
reaccionan. Si saben que usted reservó las noches de los jueves
para trabajar en la asociación de caridad, en lugar de interrum-

	LUNES	MARTES	MIÉRCOLES	JUEVES	VIERNES	SÁBADO	DOMINGO
7							
8							
9		*Entrevistas con el personal*				*Tiempo para la familia*	
10							
11							
12							
13	*Conseguir nuevos clientes*						
14							
15							
16							
17				*Trabajo en asociación de caridad*			
18							
19							
20							
21							
OTRAS PRIORIDADES	OTRAS PRIORIDADES	OTRAS PRIORIDADES	OTRAS PRIORIDADES	OTRAS PRIORIDADES	OTRAS PRIORIDADES	OTRAS PRIORIDADES	OTRAS PRIORIDADES

© 1994, Covey Leadership Center, Inc.

223

pirlo durante la semana, saben que es probable encontrarlo en la institución donde se halla disponible y en pleno foco.

Puesto que las zonas de tiempo suelen ser intercambiables, usted gana flexibilidad en su agenda sin sacrificar el tiempo distribuido en la semana. Por ejemplo, si algunos amigos de repente le avisan que no podrán asistir al concierto del jueves por la noche y le regalan sus entradas, podría cambiar el tiempo dedicado a la familia de ese día, llevarla al concierto y hacer la tarea de la asociación el sábado a la mañana. Durante el transcurso de la semana, usted habrá logrado llevar a cabo lo más importante en ambos roles.

Las zonas de tiempo también sirven para aclarar las expectativas relacionadas con los demás. Si usted tiene un ayudante que le programa las citas, las zonas de tiempo los capacita a ambos. Si se señalan zonas de tiempo para lunes, miércoles y viernes entre las 10 y 16 para programar sus citas, su asistente sabe que usted no registrará nada en esos horarios sin revisarlos antes. Al mismo tiempo, usted sabe que su asistente no anotará compromisos en otros horarios sin controlarlos antes con usted.

Reserva de tiempo para la preparación

Gran parte de nuestra frustración y nuestra ansiedad deriva del sentimiento de no hallarnos preparados. Muchas actividades se vuelven urgentes como consecuencia de la falta de preparación adecuada. Mediante la organización semanal, creamos un marco que permite y alienta la preparación.

Por ejemplo, si usted supone que debe realizar una importante presentación en una reunión fijada para el viernes por la mañana, puede necesitar reservar algo de tiempo el miércoles para prepararla y el jueves para practicar. Si programa trabajar en su jardín la tarde del sábado, quizá necesite destinar el viernes para comprar semillas o herramientas.

Las experiencias exitosas que la mayoría de nosotros desea-

224

ríamos tener en la vida rara vez son accidentales. Casi siempre son un logro, la consecuencia de una cuidadosa planificación y una completa preparación. El momento de claridad cuando organizamos la semana nos ofrece la perspectiva de reservar el tiempo necesario a fin de posibilitar esa preparación. Es evidente que, cuando las cosas salen como se planearon, actuamos de forma mucho más efectiva si estamos preparados. Pero aunque las tareas se modifiquen, el tiempo empleado en prepararnos nos capacita para reconocer con mayor rapidez y efectividad el valor y el costo del cambio, y avanzar en la dirección correcta.

Una vez obtenida la perspectiva de la semana, usted encontrará difícil limitarse a la visión miope que ofrece el día. El contenido en el contexto lo capacitará para tomar decisiones más sabias y efectivas en sus momentos de elección.

La diferencia de la calidad de vida

Es simplista el intento de poner primero lo primero en nuestra vida según un único paradigma *chronos* dimensional. Equivale a afirmar que lo importante en nuestra vida y lo bien que actuamos son funciones de los relojes mecánicos y de los calendarios impresos. El tictac del reloj determina el ritmo de nuestra vida.

Pero la amplia perspectiva que se crea a lo largo del proceso de organización semanal origina nuevos y completos niveles en el modo de ver y de ser. El mejor modo de comprender la diferencia es experimentarla. Con frecuencia escuchamos comentarios como los siguientes:

Mi profesión consumía la mayor parte de mi tiempo, pero ya no. Siento como si me hubieran quitado un gran peso de encima y disfrutara otra vez de la vida. Realizo mayor cantidad de tareas en el trabajo y aún tengo mucho tiempo para mis otros roles. Mi vida está volviendo a adquirir un sentido de equilibrio.

225

Estoy descubriendo una significativa cantidad de tiempo de buena calidad. Antes, siempre decía: "El día no tiene la suficiente cantidad de horas y la semana, de días. Tengo demasiado que hacer". Algunas veces vuelvo a los viejos hábitos, pero tengo la tranquilidad de saber que piso sobre una base sólida y equilibrada y que puedo adaptarme con rapidez. Existen ajetreos y pilas de trabajo que no esperan, pero la recompensa es que tengo la posibilidad de reservar algo de tiempo para mí y saber, realmente saber, que es tan importante como la emergencia de un cliente del Cuadrante I o cualquiera otra cosa. Entonces me doy cuenta de que la cuestión no es programar cada pequeña tarea, sino trabajar primero lo primero.

El cambio más notable se dio en las relaciones con mis hijos. Los lunes eran siempre días agitados. Mi hija practicaba equitación y mi hijo iba a las prácticas de fútbol. Toda la familia intentaba cenar junta entre las actividades que tenía cada uno. Al organizar la semana, sugerí a mi esposa que pasásemos los lunes un momento especial con los niños, para lo cual cada uno llevaría a uno de ellos a comer antes o después de sus prácticas, y que nos centráramos más en los niños que en correr de un lado a otro. El último lunes, luego de trabajar en el plan durante dos semanas, mi hijo me tomó de la mano, al salir del restorán y dirigirnos a la práctica de fútbol. "El lunes es mi día favorito, Pa", dijo mientras caminábamos hacia el automóvil. "Incluso no me importa mucho cuál de ustedes está conmigo, sólo me agrada conversar."

Existen temas de calidad de vida que simplemente no pueden analizarse según el miope paradigma *chronos*. Incluso el sencillo agregado de una planilla de organización semanal al sistema de planificación diaria resulta significativo. Pero hay una diferencia aún más grande cuando añadimos el paradigma *kairos* o de la abundancia, cuando observamos que todas las partes de nuestra vida son importantes para nuestra misión, y que la sinergia entre las partes genera energía en el todo. La vida se convierte en un productivo ciclo de crecimiento y continuo aprendizaje, relaciones satisfactorias y contribución significativa.

226

La perspectiva de la semana fomenta el equilibrio y la perspectiva, y suministra el contexto para hacer, momento a momento, elecciones efectivas, teniendo en cuenta lo que decidimos poner primero en nuestra vida.

Metas del Cuadrante II para cultivar la perspectiva
de la semana

- Designar un tiempo específico cada semana para llevar a cabo la organización de su Cuadrante II. Encontrar un lugar adecuado para la introspección y la contemplación.
- Durante la semana, observar las situaciones que maneja de forma diferente, desde la perspectiva semanal. Anotarlas en su organizador. Al finalizar la semana, evaluar su experiencia.
- En caso de que todavía no lo haga, reservar un día de la semana para la renovación, la reflexión y la evaluación de compromisos, no tan sólo para la recreación. En ese día no hacer las tareas habituales que hace en los otros. Luego de un mes, evaluar el efecto en su vida.
- Si vive o trabaja con otras personas, celebrar una reunión semanal con ellas para la organización. Buscar vías de coordinar sus actividades para cumplir mejor los objetivos de todos.

9
La integridad
en el momento de la elección

> *La calidad de la vida depende de lo que ocurre*
> *en el espacio entre el estímulo y la respuesta.*

Suponga que transcurrido el fin de semana usted dedicó una media hora de calidad revisando el proceso del Cuadrante II y conectándose con su profunda vida interior. Revisó su misión y sus roles; identificó las metas importantes. Las trasladó a un plan de acción para la semana. Luego, al comenzar el día, revisó el plan del día, con rapidez se conectó con lo importante y realizó todo cambio dictado por la conciencia que creía necesario. Está convencido de que identificó "lo primero" y tiene un buen plan para darle prioridad durante las próximas veinticuatro horas de su vida.

Entonces, comienza a vivir el día que planificó. Sin embargo, de algún modo el día no salió "como estaba planeado".

- Usted acaba de finalizar una entrevista con uno de sus empleados cuando, de súbito, éste le confiesa que está pasando por graves problemas que influyen en su trabajo. Usted se preocupa por él pero debe estar en una reunión importante dentro de diez minutos, y no quiere hacer esperar a las cinco personas que coordinaron sus horarios para estar allí. ¿Qué haría?

- Usted recibe una llamada telefónica de la dirección de la escuela de su hija invitándolo a participar en el comité de actividades especiales con el fin de conseguir elementos para el parque de juegos de la escuela. Acaba de tomar la decisión de no aceptar más compromisos, porque cree que no está dedicando bastante tiempo a su renovación personal ni a su familia. Pero valora a su hija y lo que las autoridades intentan hacer por la escuela a la que ella asiste, y sabe que cuenta con la capacidad, los recursos y las conexiones que ayudarían a concretar el proyecto. ¿Qué contestaría?

- Usted estuvo trabajando en un proyecto durante varias horas y siente que su efectividad disminuye. Piensa que con un breve descanso para leer un poco o comer algo podría recuperarla. Pero usted tiene un plazo que llega a su fin y duda acerca de la pausa que se propone pues piensa que bien podría ser para escapar de los problemas. ¿Qué decidiría?

Tal vez estos ejemplos no describan la situación que usted enfrenta pero, sean cuales fueren sus circunstancias, sabe que cada día ofrece inesperados desafíos, nuevas oportunidades, razones o excusas para no llevar a cabo lo que planeó.

¿Cómo reacciona ante esas situaciones?
¿Qué elecciones realiza?
¿Qué siente respecto de lo que elige?
¿Qué siente al ponerlas en práctica?
¿Cómo se siente al finalizar el día? ¿Se siente frustrado o incómodo porque no puede hacerlo todo, y agotado por el esfuerzo en apurarse a intentarlo? ¿O se siente tranquilo, en calma y totalmente satisfecho de que, de hecho, puso primero lo primero?

Estos desafíos no son fantasías; los encontramos todos los días. Si bien el organizador del Cuadrante II es poderoso, ni él ni ningún otro proceso planificador nos capacitan para adivinar todo lo que ocurrirá o para controlarlo. Si nuestra idea sobre la administración efectiva del tiempo se basa en forzar la ejecución de una lista de compromisos programados y "tareas pendientes", sin importar nada más, terminamos con una frustración casi inevitable. La naturaleza de la mayoría de los días quebrantará esa expectativa, con lo cual se perderán algunas de las dimensiones más provechosas y más significativas de la vida. Y es muy probable que, en lo que atañe a una considerable parte del tiempo, no pongamos primero lo primero.

Toda semana, día o momento de la vida es territorio inexplorado. Nunca se vivió antes. Caemos en terreno desconocido y aunque el mapa de caminos que se trazó resulta útil, nuestra capacidad para movilizarnos en forma efectiva depende, en gran medida, de la calidad de nuestra brújula interior, la fuerza de los cuatro dones que nos posibilita detectar el verdadero norte y orientarnos hacia él en cualquier momento. Es por ello que el propósito del organizador del Cuadrante II radica en capacitarnos para vivir con integridad en el momento de elegir. Sean cuales fueren los desvíos que aparezcan, sean cuales fueren los nuevos caminos que se construyan luego del trazado del mapa, podemos depender de nuestra brújula interior para movernos en la dirección correcta.

El momento de la elección

El momento de la elección es el momento de la verdad. Es la prueba de nuestro carácter y nuestras facultades. A continuación consideraremos algunos de los factores que nos influyen en el momento de elegir:

- la urgencia (lo acuciante e inmediato),
- el espejo social (lo agradable y popular),

- nuestras expectativas,
- las expectativas de los demás,
- los valores profundos (lo que a la larga creemos importante),
- los valores operacionales (lo que a la corta deseamos),
- nuestro guión,
- nuestro autoconocimiento,
- nuestra conciencia,
- nuestras necesidades fundamentales,
- nuestros deseos.

Con todos estos factores que actúan sobre nosotros, es importante recordar que el momento de elegir es simplemente eso, el momento de elegir. Ya sea que reaccionemos de forma automática a una o más de estas influencias, que capacitemos a las circunstancias o a otras personas para controlarnos o que apliquemos nuestros dones humanos para tomar decisiones guiadas por la conciencia, es nuestra elección.

Viktor Frankl relata lo que descubrió en los campos de exterminio de la Alemania nazi:

> Los que vivimos en los campos de concentración recordamos a los hombres que paseaban entre las casetas para brindar alivio a los demás y ofrecer su último pedazo de pan. Habrán sido pocos, pero ofrecían la prueba suficiente de que a un hombre se le puede quitar todo, salvo una cosa: la última de las libertades humanas, la elección de la actitud ante una determinada serie de circunstancias, la elección del propio comportamiento.
>
> Y siempre se debía elegir algo. Cada día, cada hora, ofrecía la oportunidad de tomar una decisión, una decisión que determinaba si nos someteríamos o no a esas fuerzas que amenazaban robarnos nuestro ser, nuestra libertad interior; que determinaban si nos convertíamos o no en juguetes de las circunstancias... [1]

[1] Viktor E. Frankl, *Man's Search for Meaning* (Nueva York, Pocket Books, 1959), pág. 104.

Tal vez hallemos conveniente vivir con la ilusión de que las circunstancias o los demás son responsables de la calidad de nuestra vida, pero la realidad es que somos nosotros los responsables de nuestras elecciones. Aunque algunas de ellas parezcan pequeñas e insignificantes en cierto momento, como los diminutos hilos de agua que bajan de la montaña y se unen para crear un caudaloso río, estas decisiones se juntan para movilizarnos con creciente fuerza hacia nuestro destino final. Con el tiempo, nuestras elecciones se vuelven hábitos del corazón que, más que cualquier otro factor, afectan nuestro tiempo y calidad de vida.

La elección centrada en principios

La esencia de la vida centrada en principios consiste en el compromiso de escuchar y vivir según lo que dicta la conciencia. ¿Por qué? Porque de todos los factores que influyen en nosotros en el momento de elegir, éste es el factor que siempre apunta al verdadero norte. Es el que infaliblemente mejora la calidad de vida.

Para mostrar la diferencia de esta elección centrada en principios, nos gustaría pedirle que intente hacer un experimento y que se sumerja profundamente en él para llegar a comprender la esencia de este capítulo.

Piense por un momento en una de sus relaciones importantes para usted y que crea que en verdad necesita mejorar. Podría ser con el cónyuge, un padre, un hijo, un jefe, un empleado o un amigo. Mientras piensa en esta relación, intente penetrar en su vida interior y formúlese la siguiente pregunta:

¿Qué podría hacer para mejorar de modo considerable la calidad de esta relación?

Mientras medita sobre ello, ¿le viene a la mente alguna respuesta?

232

¿Tiene confianza en que al hacerlo mejoraría la calidad de la relación?

¿Cómo lo sabe?

Siempre que formulamos estas preguntas la gente casi de forma invariable piensa que podría hacer algo para lograr un cambio. Saben que mejoraría la calidad de la relación.

"¿Cómo lo sabe?"

"Bueno, simplemente lo sé."

Para la mayoría de la gente, no se trata de que lo hayan intentado antes en esta circunstancia o incluso en otras. No es necesariamente la extensión directa del pensamiento lineal. Es tan sólo un conocimiento interno y profundo de lo "correcto" que debe hacer y la confianza en que, al hacerlo, producirá resultados de calidad.

"¿Está su respuesta en armonía con los principios del verdadero norte?"

"Sí."

"¿Está dentro de su Círculo de Influencia?"

"Sí."

"Tal vez sea difícil, pero ¿es algo que pueda realizar?"

"Sí."

Este profundo conocimiento interior parece apuntar de forma inmediata a la acción más poderosa y basada en principios que se podría poner en práctica para mejorar la calidad de una situación en particular. Se trata de la misma clase de conocimiento que usted habrá experimentado al trabajar en el enunciado de misión o al organizar su semana.

Ahora bien, ¿qué ocurriría si, de forma constante, fuera capaz de acceder a ese profundo conocimiento interior? En el ardor de la lucha diaria, en lugar de basar sus decisiones en la urgencia, la presión social, las expectativas de los demás, la supresión del dolor, la conveniencia o la solución instantánea, ¿qué ocurriría si fuera capaz de tomar decisiones basadas en esa sabiduría interior? ¿Qué sucedería si fuera capaz de ejecutar esas decisiones de forma efectiva? ¿Sería relevante para su vida?

Stephen: Hace algunos años, hablé ante un grupo de estudiantes universitarios sobre el tema que se refiere a escuchar y vivir en armonía con la conciencia. En el proceso, hicimos un ejercicio que consistía en escuchar y en el cual los alentaba a conectarse con sus profundas vidas interiores y escuchar a su conciencia. "¿Qué puede hacer para ser mejor estudiante? ¿Qué puede hacer para ser mejor hijo o hija o un mejor compañero de cuarto? ¿Qué puede hacer para vivir su vida con mayor integridad?"

Más tarde, una joven se acercó y me dijo: "¿Cómo sé si lo que escucho es en verdad la voz de mi conciencia?". Esa pregunta la formularon muchas personas: "¿Cómo puedo saber si lo que escucho es la profunda voz interior de la conciencia o alguna otra —la conciencia social, el guión o mi propio deseo—?".

Respondí: "Al hacer el ejercicio para escuchar la voz, ¿sintió o percibió algo?".

"¡Oh, sí!", replicó la joven. "Sé que debo hacer muchas cosas para ser una persona mejor".

"Entonces sugiero que olvide la pregunta. Sólo aplique este método. Al hacerlo, se familiarizará con esa voz interior, lo que contestará esa pregunta."

Contemplé su expresión. "No le gustó esa respuesta, ¿no es cierto?"

"No", replicó.

"¿Por qué no?"

Suspiró. "Ya no tengo excusas."

Un año después, di otra conferencia en la misma universidad sobre otro tema. Al finalizar, la misma joven se acercó y se presentó otra vez, lo que me recordó la pregunta que había formulado el año anterior. Al recordar aquel momento le pregunté: "Entonces, ¿qué sucedió?".

"¡Hice lo que sugirió!", respondió. "Lo tomé en serio."

"¿Qué hizo?"

"Comencé realmente a estudiar la literatura sapiencial con seriedad. Me reconcilié con ciertas personas que había pensado que podía olvidar porque no me gustaban. Ayudo más en casa y soy más útil. Estudio y ya no pierdo el tiempo. Me di cuenta de que llevaba la gerencia como estudiante y como miembro de mi familia y mi iglesia. Intenté ser más agradable con mis hermanos y hermanas. No respondí mal a mis padres. Me volví una persona menos defensiva e irritable." Se detuvo un instante y luego dijo: "Ahora conozco con claridad la diferencia entre esa voz y las demás voces del interior y el exterior".

Varios años después, cuando hablé ante otro grupo (en otro estado), la encontré de nuevo. "¿Le interesa conocer la tercera parte?", me preguntó. Asentí. Comentó: "Me cuesta creer el cambio que se produjo en mi vida desde que comencé a reparar en que tengo mi propio guía interior. Experimento un sentido de la orientación en todo lo que hago, siempre que obre con la verdad. Todo parece funcionar al unísono para que suceda."

Ésta es la esencia de la vida basada en principios. Se trata de abrir un canal con ese profundo conocimiento interior y de actuar con integridad. Consiste en tener el carácter y la capacidad para escuchar y vivir según lo que dicta la conciencia.

Es evidente que no es una "solución instantánea". Como lo advirtió la joven, demanda tremendos esfuerzos y dedicación durante un tiempo. Cuanta más capacidad se tiene para hacerlo, más se percibe el mejoramiento en la calidad de vida que proviene de una vida centrada en principios.

Cómo implementar esa elección

El propósito esencial del proceso del Cuadrante II reside en aumentar el espacio entre el estímulo y la respuesta, y el poder para actuar en él con integridad. Lo logramos al crear un enunciado de misión personal. Lo logramos al organizar la semana. Nos detenemos para elegir de forma proactiva una respuesta integrada profundamente en los principios, las necesidades y las facultades.

Sobre una base diaria y constante incrementamos nuestra capacidad para actuar con integridad al aprender a realizar lo mismo: detenerse y hacer una pausa. En dicha pausa, la integridad deriva de la aplicación de nuestros dones humanos para preguntar con intención, escuchar sin excusas y actuar con coraje.

1. Preguntar con intención

Preguntar con intención es el acto esencial por el cual nos centramos en principios. Consiste en preguntar a nuestra conciencia, no por curiosidad, sino por el compromiso de actuar según la sabiduría del corazón.

Preguntar con intención reafirma la humildad de los principios, el conocimiento de que éstos existen y que están bajo control. Afirma nuestras dotes humanas: que poseemos autoconocimiento para darnos cuenta de que necesitamos preguntar, la conciencia para guiarnos al verdadero norte, la voluntad independiente para elegir y la imaginación creativa para llevarla a cabo de forma más efectiva. Implica coraje, confianza y la cualidad de enseñar. Es la manifestación de que nuestro deseo de hacer lo correcto es mayor que nuestro deseo de sólo hacer algo.

Para actuar con integridad en el momento de elegir se comienza por preguntar, tanto como se pregunta al crear un enunciado de misión personal o al fijar metas durante la organización semanal. Cuando nos enfrentamos con los desafíos diarios, necesitamos formular una pregunta clave que nos conduzca de inmediato al foco de escuchar y vivir con conciencia. Dado que se trata de una experiencia tan personal y profunda deducimos que las personas están más capacitadas, al utilizar palabras de su propio lenguaje que transmiten de la forma más efectiva. Algunas de las preguntas que se formulan y que tienen un significado para ellas son:

"¿Cuál es el mejor empleo de mi tiempo en este mismo momento?"

"¿Qué es lo más importante en este mismo momento?"
"¿Qué me demanda la vida?"
"¿Qué es lo correcto que debo realizar ahora?"

Aunque la pregunta se formule con palabras, es preciso que provenga del corazón. Además, existen otras preguntas para formular con efectividad en momentos de elección.

¿Se halla esto dentro de mi Círculo de Influencia?
¿Se halla esto en mi Centro de Enfoque?
¿Existe una solución de tercera alternativa?
¿Qué principios se aplican?
¿Cuál es la mejor forma de aplicarlos?

Tomemos una de las situaciones que se presentaron al comienzo del capítulo para mostrar cómo estas preguntas podrían servirnos para actuar basados en principios.

Suponga que un empleado se sincera y comienza a exponerle sus problemas justo unos minutos antes de que se inicie una importante reunión que usted tiene agendada. La reacción típica sería de frustración y ansiedad, la sensación de hallarse ante un dilema y tironeado en diferentes direcciones. Tal vez exista el temor de perder prestigio ante los superiores que asistan a la reunión, en caso de que usted no esté allí presente. La reacción instantánea es echar un vistazo al reloj y decir: "Lo siento mucho, pero tengo que ir a una reunión" y enviar al empleado al departamento de personal con una rápida despedida.

Pero, ¿cuál sería el costo de esa decisión en términos de lealtad y creatividad por parte de ese empleado? ¿En lo que atañe a otras personas a quienes el empleado relatara su experiencia? ¿En lo que se refiere a su propia Cuenta de Integridad Personal?

Suponga que usted aspira con profundidad y se detiene.

¿Qué es lo más importante en este mismo momento?

No está seguro. La gente es más importante que las agendas, pero el compromiso agendado involucra también a otras personas.

¿Se halla dentro de mi Circulo de Influencia?

Ambas situaciones se hallan dentro de su Círculo de Influencia, ambas lo vinculan con su misión y sus propósitos.

¿Qué principios se aplican?

Es posible que, mientras usted considera la situación, recuerde ciertos principios: ser honesto y abierto. Involucrar a los demás en el problema y hallar una solución juntos. Quizá le diga al empleado: "Aprecio su disposición para compartir sus problemas conmigo. Es tan importante que desearía en verdad tener tiempo para conversar sobre ello con usted y ayudarlo a encontrar soluciones. Estoy preocupado porque me comprometí a asistir a una reunión con otras personas justo ahora, que finalizará alrededor de las 15. ¿Qué le parece si nos encontramos a esa hora para ver lo que podemos hacer?".

O la experiencia puede ser diferente. El principio del valor individual viene a su mente. Quizá le pida al empleado que espere un momento mientras le dice a su secretaria que se acerque a la sala de reunión para explicar que llegará media hora más tarde porque surgió un asunto importante. Quizás haga que pida que anoten su participación para el final, o tal vez llame usted a un asociado para solicitarle que lo represente en la reunión.

O puede tener otra experiencia si, durante la pausa, se da cuenta de que los problemas de su empleado no corresponden a su área de responsabilidad. Tal vez desee enviarlo a la oficina del director del departamento de recursos humanos, para que traten sus necesidades de forma más directa.

La cuestión es que, en lugar de reaccionar según sus propias necesidades y lo que considera presiones de tiempo, usted se detiene a pensar en principios y a conectarse con la conciencia de manera que se capacita para poner primero lo primero en el momento de la elección.

Es importante, al formular las preguntas, advertir que la sabiduría es la unión (sinergia) del corazón y la mente. Muchas veces lo que la conciencia nos dicta hacer resulta familiar o "con sentido común". Es algo que leímos, pensamos o experimentamos, de modo que forma parte de nuestro marco racional. En estos casos, la conciencia identifica o destaca la aplicación apropiada del conocimiento.

Otras veces, la sabiduría del corazón trasciende la de la mente. Tal vez no contemos con el conocimiento directo o la experiencia en hacer lo que creemos que debemos hacer, pero que de alguna manera sabemos que es lo correcto. Sabemos que funcionará. Al aprender a escuchar y vivir según nuestra conciencia, muchas de sus enseñanzas se transfieren, a través de nuestra experiencia, a nuestro marco racional de conocimiento. Aprendemos a razonar los hechos, pero sin perdernos en la razón. La sabiduría consiste en aprender todo lo posible, pero con la humildad de admitir que no lo sabemos todo. Por ello es tan fundamental para la integridad en el momento en que preguntamos con intención.

2. Escuchar sin excusas

Cuando escuchamos los primeros susurros de la conciencia, procedemos de dos maneras: actuamos en armonía con ella o de inmediato comenzamos a racionalizar —a decirnos "mentiras racionales"— en lo que se refiere a la razón de tener que realizar otra elección.

Si optamos por la primera, nos sentimos tranquilos. Incrementamos la orientación hacia el verdadero norte. Crece nuestra capacidad para reconocer esa voz interior y nuestra efectividad personal.

Si elegimos la segunda opción, sentimos desarmonía y tensión. Comenzamos a justificar nuestra decisión, con frecuencia sobre la base de factores externos, como otras personas y circunstancias. Típicamente comenzamos a culpar y acusar a los demás. Éstos perciben nuestra incongruencia y reaccionan, por lo que se crea una sinergia negativa llamada connivencia, donde cada uno actúa de tal manera que provoca en los otros una conducta muy negativa, que se convierte en nuestra propia excusa.

Por ejemplo, suponga que llega usted a su casa cansado luego de un duro día de trabajo. Se dispone a relajarse y espera pasar una tranquila noche mirando una película que alquiló camino a casa. Pero durante la cena percibe que su hijo adolescente se debate en una especie de lucha interior. Usted siente algo dentro que le dice que el mejor empleo de su tiempo consiste en rehacer sus planes para disponer de tiempo de calidad juntos esa noche.

En realidad, no desea hacerlo. No lo admite de forma consciente. Usted realmente ama a su hijo. Desea lo mejor para él. Pero está agotado. Además, había anhelado ver esa película y descansar. Después de todo usted se lo merece. Estuvo trabajando todo el día para llevar comida a la mesa. Pasó diez horas viajando, manejando rivalidades y tácticas internas en la oficina, tratando temas difíciles e inconvenientes interpersonales graves, trabajando duramente en presupuestos e informes, enfrentando a clientes furiosos y a proveedores frustrados —todo para que su hijo tuviera lo mejor de la vida—. Y todo lo que desea es tener dos horas para usted mismo, sólo dos horas para mirar la película que hace meses que posterga pues ha estado muy ocupado.

Entonces recurre a una solución instantánea durante la cena.

"Eh, ¿cómo van las cosas?, ¿todo bien?"

El muchacho lo mira para confirmar si habla en serio. Pero no es así. *"Sí, estoy bien."*

"¿Así que fuiste a la escuela hoy? ¿Tienes tarea? ¿Alguna cita?"

"Sí, todo está bien."

"¿Estudias mucho para obtener buenas notas? Sabes lo importante que es una beca."

"Sí, lo sé." Se levanta de la mesa y toma el suéter del respaldo de la silla.

"¿Sales?"

"Sí."

"¿Adónde vas?"

"Por ahí."

"¿A qué hora regresas?"

"Más tarde."

"Mañana debes ir a la escuela. Regresa a las 22.30. ¿Está bien?"

"Bien."

Mientras su hijo va hacia la puerta, usted lo llama: *"Oye, sabes que si tienes un problema, estoy aquí para ayudarte."*

"Sí, lo sé", replica el muchacho.

"Así que, ¿quieres charlar?"

"No, me tengo que ir."

"¿Siempre tienes que ir a algún lado? Sólo obtengo monosílabos como respuestas. Es imposible comunicarme contigo."

"Sí", balbucea su hijo en voz baja. *"¡Es difícil llevarte bien contigo mismo!"*

"¡Pensaría que los adolescentes deberían abrir la boca para decir algo inteligente de vez en cuando!"

La puerta se cierra con un golpe detrás del muchacho y usted se dirige hacia su sillón mientras murmura algo acerca de los adolescentes, la falta de comunicación y lo difícil que resulta ser padre en estos días. ¡Usted intentó! Pero el chico es sólo un zombi hermético. Se opone a todo esfuerzo por establecer una comunicación.

Bueno, los adolescentes son raros de todos modos. ¿No es cierto? Así que, una vez que el concepto queda validado en su mente, usted se instala para ver la película y en pocos minutos la inquietud que aún tiene desaparece de forma temporaria por obra de la videocasetera.

Entretanto, su hijo está más angustiado. Se culpa y acusa por no poder comunicarse. Sus problemas son variados. Se siente peor que nunca y no tiene a nadie con quien hablar.

Con el tiempo, el costo de retiros como éste es enorme. Ladrillo por ladrillo, se construyen muros de justificación y racionalización alrededor de su corazón. Su hijo construye muros alrededor de su propio corazón para proteger sus tiernos sentimientos y sus profundas necesidades. La comunicación se vuelve superficial, rígida, y con rapidez lo lleva a culpar y acusar en el esfuerzo por validar la propia conducta. Usted vive en una compleja telaraña de intranquilidad y dolor formada por las consecuencias que derivan de no escuchar y actuar en armonía con los primeros susurros de la conciencia.

Nos agotamos mucho más debido a la tensión y los efectos de la disarmonía interior (al no hacer lo que sentimos) que al trabajo duro e incesante, y cuando buscamos escapar de la tensión llenando nuestra vida con actividades del Cuadrante II que intentamos convencernos de que son importantes, o al corrernos al Cuadrante IV, sólo incrementamos dicha tensión. En efecto, mucho de lo que llamamos frustraciones de la "administración del tiempo" (sensación de estar confundidos, presionados, aprisionados en dilemas) son, en esencia, problemas de disonancia interior.

Incluso en la tensión del momento, parece mucho más fácil vivir con las preguntas que con las respuestas. Mientras poseamos preguntas, mientras tengamos dudas, mientras luchemos, no somos responsables de hacer nada, ni rendimos cuenta de los resultados. Así pasamos días, semanas, meses y años flotando en las aguas de las mentiras racionales que inventamos para evitar las acciones simples que restablecerían nuestra armonía con las leyes que gobiernan la calidad de vida.

La clave para obrar con integridad consiste sencillamente en dejar de jugar ese juego. Aprender a escuchar las propias respuestas de igual forma que a la conciencia. En el instante en que escuchemos decir "Sí, *pero*", debemos cambiarlo por "sí, *y*". No racionalicemos. Sólo debemos hacerlo. Observe cada expresión de la conciencia como una invitación para crear una mayor sincronización con las Leyes fundamentales de la vida. Entonces escuche, responda... escuche, responda.

3. Actuar con valentía

Resulta fácil pensar en ser "valiente" con respecto a acontecimientos muy graves y extraordinarios como llevar un mensaje a través de líneas enemigas, vivir con una enfermedad terminal o entrar en una casa en llamas para salvar a un niño. Pero, algunos de los actos de valentía más sobresalientes se realizan en un instante entre el estímulo y la respuesta, en las decisiones diarias de nuestra vida.

Hace falta mucho valentía para actuar como una persona en transición, al dejar de transmitir tendencias intergeneracionales negativas como el abuso, y elegir actuar basado en principios de dignidad humana y respeto. Hace falta valentía para mostrarse sincero consigo mismo, para examinar sus motivos más profundos y liberarse de las excusas y racionalizaciones que le impiden ser leal a la mejor faceta de su personalidad. Hace falta valentía para llevar una vida centrada en principios, a sabiendas de que sus elecciones tal vez no sean populares o comprensibles para los demás. Hace falta valentía para admitir que usted es más importante que sus estados de ánimo y que sus pensamientos, y que es capaz de controlarlos.

Rebecca: Cierta vez tomé la decisión de asistir a un seminario de fin de semana largo. Tenía grandes expectativas acerca de lo que lograría, en especial en lo que se refería a algunas metas personales del Cuadrante II sobre las que planeaba trabajar entre las sesiones del seminario, y después de ellas.

Pero el primer día me enfrenté a un conflicto, cuando me pidieron coordinar algunas actividades para los participantes durante el seminario. Según el nivel más profundo de mi mentalidad, contribuir para que tengan éxito los demás en la conferencia mediante el cumplimiento de mi responsabilidad estaba en armonía con mis valores y principios. Cuanto más pensaba en ello, más me daba cuenta de que era algo que sentía que en verdad debía llevar a cabo. Sin embargo, también me sentía frustrada porque sabía que la experiencia diferiría sobremanera de lo que había planeado y previsto.

Acepté la responsabilidad. Pero me encontré a mí misma bajo gran presión y ansiedad, corriendo de una tarea a otra, en el intento de satisfacer las necesidades de todos y sintiéndome más que un poco frustrada porque no tenía tiempo para realizar lo que me había propuesto antes.

En medio de estos sentimientos negativos, recuerdo un momento en particular cuando me detuve y dije: "¡Esperen un minuto! No es necesario que viva con esta frustración. Elegí hacer lo que realmente sentía que era mi obligación, pero eso no significa que tenga que sufrir toda esta ansiedad y tensión. Puedo elegir otra cosa".

Aspiré profundamente y decidí elegir mi propia respuesta a la situación. Adopté la determinación de tan sólo liberarme de toda ansiedad, inquietud por la presión externa, preocupación por lo que no se llevaba a cabo. En mi mente constantemente resonaban las palabras "¡Elegí otra cosa! ¡Elegí otra cosa!".

Mientras permanecí de pie allí, sentí que toda la ansiedad y frustración negativas me abandonaban. En su lugar, sentía una tranquila determinación de enfrentar los inconvenientes con valentía, hacer lo posible respecto de lo que creía que era necesario y mentalmente liberarme del resto.

No se trataba de una decisión momentánea. Debí revisarla varias veces durante la semana al comenzar a percibir que regresaban las presiones y la ansiedad. ¡Era tan fácil sumergirse en ellas! Pero, cada vez me detenía y decía: "¡Elegí otra cosa!". Y cuanto más lo hacía, más poder experimentaba.

Durante un rato, casi consideré presuntuoso llamar a estas pequeñas acciones "de valentía". Sin embargo, cuanto más meditaba sobre ello, más me daba cuenta de que en verdad se necesita valentía para tan sólo hacer lo que se cree que es obligación en el momento de elegir, sin atarse a todas las razones, racionalizaciones, justificaciones y pensamientos que comienzan con la frase "si sólo...", que amenazan con dominar la paz de esa decisión.

Al mirar hacia atrás, sé que si hubiera rechazado esa asignación me habría encontrado en una situación incómoda y falsa durante toda la semana. La experiencia resultó mucho más satisfactoria, más poderosa, más renovadora de lo que nunca habría imaginado.

"Lo que persistimos en realizar se vuelve más fácil de hacer", dijo Emerson, "No es que cambie la naturaleza de la tarea, sino que aumenta la propia capacidad para llevarla a cabo". [2] Al aprender a preguntar con intención, escuchar sin excusas y actuar con valentía, creamos nuestra facultad para vivir una vida centrada en principios.

Con el transcurso del tiempo, escuchar y vivir según lo que dicta la conciencia se convierte en un hábito fundamental del corazón. En lugar de vivir con racionalizaciones, temores, culpas o frustración, vivimos con la tranquila seguridad interior de que ponemos primero lo primero, día tras día, momento a momento. La culpa genuina (no la social o la derivada del guión personal) se vuelve nuestro instructor, nuestro amigo. De igual forma que un aparato de sonido emite una señal cuando el avión se sale de su curso, nos conforta cuando nuestra vida se desvía de los principios del verdadero norte que mejoran la calidad de vida. También los errores son buenos maestros. La vida se convierte en una espiral ascendente de crecimiento cuando aprendemos cada vez más sobre el verdadero norte.

[2] A menudo citado y originalmente atribuido a Ralph Waldo Emerson.

Educar el corazón

La educación del corazón es el complemento indispensable de la educación de la mente. Según el educador norteamericano John Sloan Dickey:

> El objetivo de la educación consiste en considerar a la persona íntegra, con capacidad y conciencia. Porque generar el poder de la capacidad sin crear una dirección paralela para guiar la aplicación de ese poder equivale a una mala educación. Además, la capacidad se desintegrará finalmente y se desprenderá de la conciencia. [3]

La educación del corazón es el proceso que nutre la sabiduría interior. Es aprender cómo emplear los cuatro dones de forma sinérgica para actuar con integridad en el momento de la elección.

El proceso del Cuadrante II ayuda a fomentar esta sabiduría interior de varias maneras importantes:

- Una de las principales aplicaciones del espacio entre el estímulo y la respuesta es crear un enunciado de misión personal. Este enunciado se convierte en el ADN de toda decisión que tomemos.
- La organización semanal nos brinda la oportunidad de conectar el gran plano de la realidad del momento con una perspectiva que nos mantenga concentrados en la "importancia", en el momento de elegir.
- La evaluación de fin de semana nos ayuda a ver el tiempo como un ciclo de aprendizaje y crecimiento más que como

---

[3] John Sloan Dickey, educador norteamericano, citado en un informe sobre planificación y metas de una universidad privada.

medición *chronos* lineal. Nos capacita para aprender de la vida y mejorar la calidad de nuestras decisiones.

* Afilar la sierra mejora la calidad de nuestras decisiones al proveer la renovación en las cuatro dimensiones humanas, como ya lo expusimos antes.

La dimensión física

Una y otra vez los estudios muestran los poderosos efectos negativos de la fatiga y la enfermedad sobre la efectiva toma de decisiones. Vince Lombardi expresó: "El cansancio hace a todos cobardes". [4] Cuando estamos fatigados o enfermos, a menudo tendemos a ser más reactivos. Además, el abuso de sustancias químicas, como las drogas y el alcohol, disminuye severamente el espacio que existe entre el estímulo y la respuesta.

Afilar la sierra desde el punto de vista físico (hacer ejercicios, comer alimentos sanos, descansar lo suficiente, evitar las sustancias nocivas, someterse a exámenes médicos regulares) incrementa de forma significativa nuestra posibilidad de tomar decisiones acertadas en el momento de elegir. Asimismo, aumenta nuestras opciones, puesto que la buena salud se convierte en un recurso del cual se puede obtener mucho más. Nuestro cuerpo es una gerencia fundamental; es el instrumento con el cual trabajamos para cumplir todas las otras gerencias y responsabilidades.

La dimensión mental

La renovación de calidad mental nos da conocimiento y perspectiva complementarios en la toma de decisiones. Considere el

[4] Vince Lombardi, *Colorado Business Magazine*, vol. 20, pág. 8 (1), febrero de 1993.

valor de algo como la revisión que llevó a cabo Stephen de los dos siglos de literatura norteamericana sobre el éxito. [5] La literatura en la época de ese estudio y durante los cincuenta años anteriores consistió, esencialmente, en reflexiones sobre la Ética de la Personalidad: un enfoque basado en las soluciones instantáneas y en la imagen social superficial que retrataba el "éxito" como una cuestión de personalidad y técnica. Esa literatura generó un paradigma ilusorio del éxito que nunca podría capacitar a nadie para mejorar la calidad de vida.

Pero al trascender ese limitado paradigma, observamos que, antes de la literatura de la Ética de la Personalidad, se encuentran ciento cincuenta años de literatura relacionada con la Ética del Carácter, que afirmaba que los ingredientes más importantes para el éxito eran Cosas tales como la honestidad, la integridad, la humildad, la fidelidad, la justicia, la paciencia y la valentía. Esta literatura sobre la Ética del Carácter repetía la sabiduría milenaria de otras civilizaciones que también reconocieron estos principios del verdadero norte relacionados con el éxito. Resulta interesante destacar que uno de los temas más frecuentes en las obras sobre administración del tiempo es que "el tiempo es vida". Sin embargo, esta literatura está llena de técnicas y carece evidentemente de la idea del carácter.

Al estudiar las civilizaciones a lo largo del tiempo, observamos las consecuencias en la vida de las personas y en las sociedades fundamentadas en estos principios del verdadero norte... y de las que no lo están. Volvemos a la película sobre la naranja, donde el primer plano crea confusión y desorientación, pero, al retroceder, las lentes normales nos capacitan para ver las cosas "en perspectiva". Y esa perspectiva (conocer la existencia de influencias en nuestro medio ambiente que nos apartan del ver-

---

[5] Stephen R. Covey, *The 7 Habits of Highly Effective People* (Nueva York, Simon & Schuster, 1989), págs. 18-19. [Trad. cast.: *Los 7 hábitos de la gente altamente efectiva*, Buenos Aires, Paidós, 1990, págs. 19-20.]

dadero norte) marca una tremenda diferencia en cómo tomamos nuestras decisiones diarias acerca del empleo de nuestro tiempo.

- ¿Recurro a la solución instantánea para hacer más cosas en el mismo tiempo... o dedico mi tiempo a esta relación y a lograr a la larga más cosas importantes?
- ¿Intento satisfacer mi necesidad social con la satisfacción efímera de confesar las debilidades de mi jefe a otros empleados en el pasillo... o fomento relaciones de calidad al obrar con lealtad a los ausentes y conversar sobre las diferencias cara a cara?
- ¿Digo de forma automática "¡Sí!" cuando mi jefe me pide que trabaje durante el fin de semana... o busco soluciones basadas en una tercera alternativa que satisfagan las necesidades de ambos, la suya y la mía?
- ¿Avanzo con tenacidad y esfuerzo en el proyecto independiente que había planeado... o reconozco la oportunidad para mejorar la calidad de mi vida o la de otra persona, como también para solucionar un problema?

La renovación mental significativa nos capacita para trascender la sabiduría limitada de nuestro medio ambiente en la toma de decisiones y mantiene nuestra mente aguda, clara y bien entrenada, lista para usarla en todo momento.

La dimensión espiritual

La renovación en la dimensión espiritual cultiva el sentido de significado y propósito dominante que incide de forma poderosa en nuestras decisiones diarias. Uno de los elementos más esenciales de la literatura sapiencial es la idea de que la vida de un individuo forma parte de un todo mayor. Y ya sea que la gente observe este todo más grande en términos de vida después de la muerte, recurriendo a los ciclos vitales o integrando un legado intergeneracional, la orientación de este cuadro más amplio coloca los desafíos de la vida diaria en un marco contextual de significado.

Como psicólogo, David Meyers señala en su obra *The Pursuit of Happiness*, que las investigaciones demuestran de forma ininterrumpida que los que cuentan con esta orientación de gran plano en su vida, son personas más felices, más satisfechas y contributivas. Destaca que, en oposición a la creencia popular, algunas formas de fe religiosa o convicciones de significado de la vida son características de la gente feliz y que los que participan en actividades religiosas al punto de hacer aportes de dinero son en gran medida los mayores contribuyentes en otras actividades filantrópicas.

> La conciencia religiosa parece modelar una agenda más amplia que la previsión del propio mundillo privado. Fomenta la idea de que mis talentos y riquezas son dones no ganados que se reciben, de los cuales soy el gerente. [6]

Pero Meyers también afirma que muchas personas encuestadas en Estados Unidos que no se consideran necesariamente "religiosas" dedican un tiempo apreciable a la búsqueda y la contemplación del significado de la vida. Cuando la gente ve las consecuencias de vivir con la ilusión de un paradigma *chronos* materialista, orientado al consumo y autocentrado, comienza a analizar su vida con más detenimiento y a buscar vías para contribuir y cambiar los resultados.

Al renovar las actividades en la dimensión espiritual (meditar, orar, servir a los demás, estudiar literatura sapiencial y religiosa, memorizar y revisar el enunciado de misión personal), se amplía el contexto del gran plano y el enfoque de la contribución

[6] David G. Meyers, *The Pursuit of Happiness* (Nueva York, William Morrow, 1992), pág. 197.

del verdadero norte. Esta renovación desempeña un rol vital en la educación del corazón. Constituye la base para decidir qué es "lo primero". Nos provee la pasión y el poder para subordinar lo menos importante a lo más importante. Nos capacita para trascender las poderosas influencias de la urgencia, la conveniencia y la gratificación instantánea en el momento de elegir.

La dimensión social

Al ingresar a la Sección Tres, la Sinergia de Interdependencia, analizaremos con mayor detalle la dimensión social. Pero la conexión vital que necesitamos establecer ahora consiste en cómo influye nuestra relación con nosotros mismos en nuestras relaciones con los demás, y de qué modo es importante en nuestra educación del corazón.

Rebecca: Recuerdo un hecho ocurrido hace años que me puso al tanto de las consecuencias derivadas de infringir la conciencia. En aquel entonces, era una joven madre que deseaba convertirse en escritora. Estaba muy ocupada con los niños que iban al preescolar, con problemas de salud y otras preocupaciones. Un día entré en una librería y vi en un anaquel un libro de reciente publicación escrito por una mujer que había conocido y había considerado una buena amiga durante varios años.

Mis sentimientos pasaron con rapidez de la sorpresa al descreimiento. ¿Cómo diablos pudo escribir un libro? Tenía una vida pública muy ajetreada, un hogar e hijos que atender. ¿De dónde sacó tiempo para hacerlo?

Cuanto más miraba el libro, más cuenta me daba de que había comenzado a racionalizar y justificar. "Tal vez contrata a una niñera para que cuide de los niños. Debe nadar en dinero. Es probable que cene fuera todas las noches, de manera que no tenga que cocinar. Y posee tanta energía…, quizá nunca se enfermó en su vida. No existe la forma de que haya escrito el libro si hubiera tenido que enfrentar todos los problemas que yo tengo."

Mientras fluían mis pensamientos, comencé a reflexionar sobre cosas que nunca tenía tiempo de considerar. De repente, tuve la impresión de que todos los libros del estante saltaban y me gritaban: "¿Por qué no me leíste?". Poco después, me sentía desamparada, incompetente, frustrada y torturada. Casi experimentaba ira hacia mi "perfecta" amiga, los demás, y las circunstancias que consideraba responsables de mi situación.

Me dirigí al automóvil y permanecí sentada allí durante unos minutos sólo pensando. La experiencia fue impactante, pues mi reacción me pareció una falta de carácter. Por lo general, me alegro mucho del éxito y los logros de los demás.

En algún lugar en lo profundo de mi ser sabía que mi reacción había sido exagerada. Sabía que debía existir una razón importante para que me sintiera así. Entonces decidí aclararlo todo. Intenté liberarme de todas las reacciones negativas, acusadoras e irritantes y penetrar en mi propio corazón.

Tuve uno de esos maravillosos y dolorosos destellos de luz que súbitamente nos hacen comprender todo. No estaba en realidad enojada con mi amiga. Simplemente ella poseía algunas cosas en la vida que yo no tenía… algunas cosas que sabía que yo necesitaba. Contemplaba sus logros como un espejo de mis propias desventajas. Y, al mirarme en ese espejo, me golpeó el reflejo.

Sabía que ella era una buena madre. La maternidad era un desafío para mí y consideré su tremenda paciencia y actitud positiva como un fracaso respecto de lo que sentía que era mi propia incompetencia. Se las arregló para hacer cosas creativas y relevantes fuera de casa. También yo sabía que tengo talento para escribir, pero simplemente no había sido lo suficientemente eficiente con mis otras responsabilidades como para encontrar el tiempo para desarrollarla.

Suponía que mi amiga vivía en una posición holgada, en parte porque me sentía limitada por mi inhabilidad en administrar el dinero. Algunas decisiones erróneas tomadas antes de casarnos nos habían llevado a tener deudas. Sentía que las ataduras me impedían hacer muchas cosas que deseaba realizar en la vida.

Mi amiga era sana, pero ése no era el problema. El problema residía en que yo sabía que debía hacer ejercicios de forma regular… y no los hacía.

Si hubiera hecho lo que sabía que debía haber hecho, nunca habría tenido esos pensamientos en primer lugar. El éxito de mi amiga me habría causado alegría.

Sabía que no podía chasquear los dedos y cambiar de súbito todos esos aspectos de mi vida. Pero al menos sabía que la raíz del problema era poner primero lo primero. Y eso era algo que podía hacer.

"La gente parece no ver", dijo Emerson, "que sus opiniones sobre el mundo son también una confesión de su carácter".[7] Una de las mejores maneras de educar el corazón es observar nuestra interacción con los demás, puesto que estas relaciones son en esencia el reflejo de nuestra relación con nosotros mismos.

Cuando no escuchamos o no vivimos según lo que dicta nuestra conciencia, tendemos a culpar y acusar a los demás en un intento por justificar nuestra disonancia interior. Si no contamos con un sentido de misión y los principios con los cuales medirnos, nos guiamos por otras personas en lugar de utilizar nuestro potencial. Nos conducimos según el pensamiento comparativo y la mentalidad pierde/gana. Nos volvemos autocentrados y autobiográficos. Imponemos nuestros motivos a las acciones de los demás. Pensamos acerca de las virtudes y debilidades de los demás en función de cómo nos afectan. Capacitamos a sus debilidades para que nos controlen.

Cuando tenemos una familia, un grupo de trabajo, una organización, una sociedad, que culpan, acusan y confiesan los pecados de los demás, poseemos un indicio bastante claro de que la gente no vive en armonía con sus propios imperativos interiores. Casi siempre caen en la fantasía del rescate. El problema está "allí afuera" y alguien de allí afuera vendrá y lo solucionará.

En el libro de los Proverbios se expresa: "Cuida tu corazón, con toda diligencia; pues de él derivan los temas de la vida".[8] A medida que ingresamos en el material de la realidad interdependiente, lo más importante que podemos llevar es el vívido cono-

[7] Ralph Waldo Emerson, "Worship", en *The Complete Writings of Ralph Waldo Emerson* (Nueva York, William H. Wise), pág. 588.
[8] Proverbios 4:23, *La Sagrada Biblia*.

cimiento del efecto de nuestra integridad en nuestras interacciones con los demás.

Las consecuencias de vivir según lo que dicta la conciencia

Quienes escuchan y viven según lo que les dicta su conciencia no tienen la satisfacción efímera derivada de la adicción a la urgencia, de complacer a los demás o de obtener la seguridad de estar increíblemente ocupados cada minuto del día. No obstante, experimentan un profundo cumplimiento de sus metas —aun en medio de desafíos y dificultades— y se van a la cama por la noche con la confianza de que han hecho lo más importante que podían hacer ese día. Perciben un profundo nivel de paz interior y calidad de vida. No pierden el tiempo en racionalizar, debatirse en conflictos, culpar y acusar a los demás o a las condiciones extrínsecas por su situación. Poseen un sentido casi sagrado de la gerencia de sus roles —en sentido de la responsabilidad, de ser "capaces de reaccionar" para contribuir al mejoramiento de la calidad de vida de los demás de forma significativa—. Son fuertes en los momentos difíciles. Poseen un saldo positivo en la Cuenta de Integridad Personal.

Lo sorprendente es que, con todas las consecuencias negativas que acarrea infringir la conciencia, algunas veces elegimos hacerlo.

Stephen: Hace poco, mientras subía a un taxi en una de las principales ciudades de Canadá, el portero le dijo al conductor: "El doctor Covey desea ir al aeropuerto". Entonces el chofer pensó que yo era un médico y comenzó a contarme sus problemas de salud. Intenté explicarle que no era la clase de doctor que creía, pero su inglés era limitado y no me entendía. Así que sólo escuché.

Cuanto más avanzaba su relato, más me convencía de que las

254

molestias que describía eran básicamente una función de su falta de integridad. Llevaba una vida doble de mentiras y trampas. Su mayor preocupación era que lo atrapara la policía. Ello incidía en su salud. Yo estaba sentado en el asiento trasero sin cinturón de seguridad y él me hablaba de que veía doble, mientras conducía por la carretera.

Incluso al llegar al aeropuerto me dijo (traduzco su mal inglés): "Buscaré otro pasajero. Y no cumpliré las ordenanzas y esperaré dos horas. Sé cómo obtener esos pasajeros". Luego se puso serio. "Pero si me atrapa la policía, me meteré en problemas. Perderé mi licencia. ¿Qué piensa de eso, doctor?"

Le dije: "¿No cree que la principal fuente de todas esas tensiones y presiones es que no es sincero con su conciencia? En su interior sabe lo que tiene que hacer".

"¡Pero así no podré ganar lo suficiente para vivir!"

"¿Dónde está su fe? Tenga fe en los principios de integridad. Tendrá la conciencia tranquila y ganará en sabiduría."

Algo lo tocó en su interior. Se volvió receptivo y dispuesto a aprender. "¿Piensa eso?"

"Por supuesto. Pero debe concertar un compromiso con su corazón. Véase viviendo según las fundamentales Leyes de la Vida que son básicas en todas las civilizaciones. No haga trampas. No mienta. No robe. Trate a la gente con respeto."

"¿En verdad piensa que eso serviría?"

"Sí, así es."

Al final, no quiso aceptar propina. Me abrazó: "Haré lo que dijo. ¡Ya me siento mejor!"

La gente lo sabe. En lo más profundo de su vida interior saben que deben hacerlo. Y saben que mejorará la calidad de su vida. El desafío es desarrollar el carácter y las facultades para escucharlo y vivir acorde: actuar con integridad en el momento de elegir.

*Metas del Cuadrante II para cultivar la integridad
en el momento de elegir*

- Al fijar sus metas de la semana, detenerse realmente y conectarse con la conciencia. Observar su implicación en el proceso. Pensar en cómo se siente al conectarse cuando no existen presiones. Trabajar para trasladar esa experiencia a los momentos de cada día en que toma las decisiones.
- Elaborar una pregunta específica para formularse en el momento de elegir. Revisarla al comenzar el día y varias veces a lo largo del día para tenerla siempre presente. Trabajar para crear el hábito de detenerse a formular la pregunta en el espacio entre el estímulo y la respuesta.
- Al comenzar cada día, reflexionar sobre la Cuenta de Integridad Personal. Anotar los depósitos y los retiros mientras interactúa con la conciencia durante el día.
- Meditar sobre el proceso de tres partes:

*Preguntar con una intención
Escuchar sin excusas
Actuar con coraje*

Fijar la meta de revisar el proceso cada vez que deba tomar una decisión.
- Conocer su propio modo típico de reaccionar en los momentos de elegir. Registrar los momentos del día en que se detiene para conectarse con la conciencia, como también los resultados.
- En, por lo menos, unos momentos cada día, para tomar decisiones, detenerse a analizar los factores que lo influyen, como urgencias, prioridades de los demás, cansancio, expectativas (propias y de los demás) y el guión. Escribirlos y, al margen, indicar su importancia. Advertir si cree que su respuesta a estos factores cambia al tomarse tiempo para ponerse al tanto de ellos o meditar.
- Evaluar su experiencia. Una de las formas más efectivas para generar integridad en el momento de elegir es aprender de su interacción con la conciencia. Es un proceso, una evolución, algo que se puede poner en práctica. En el siguiente capítulo expondremos ideas específicas sobre cómo puede usted evaluar los acontecimientos de la vida como parte del proceso organizador del Cuadrante II.

256

10

Aprender de la vida

Mientras vivas, sigue aprendiendo a vivir.[1]
SÉNECA

Roger: Durante el asesoramiento a una gran compañía hace algunos años tuve oportunidad de trabajar y hacerme amigo de un psicólogo que se había criado en Nueva York. Dado que con frecuencia exponíamos ante el mismo grupo el mismo día, solía escuchar su relato sobre el trabajo que él y sus compañeros realizaban con ratas de laboratorio. Pusieron un ratón en uno de los extremos de un laberinto y un trozo de comida en el otro, y luego observaron cómo el animal corría a los tropezones hasta encontrar, por fin, el alimento. La segunda vez que lo introdujeron, tropezó menos y llegó a la comida con más rapidez. Poco después lograba atrapar el bocado, luego de cruzar el laberinto en unos pocos segundos.

Más tarde, retiraron el alimento. Durante un momento, cada vez que lo ponían en el laberinto, el ratón se dirigía en línea recta hacia el otro extremo del laberinto. Pero no pasó mucho tiempo hasta que se dio cuenta de que el alimento no estaba allí y, entonces, dejó de ir.

"Ésta es la diferencia entre las ratas y las personas", dijo mi amigo. "¡Las ratas se detienen!"

[1] Séneca, citado en Burton E. Stevenson, *The Home Book of Quotations, Classical and Modern*, 10ª ed. (Nueva York, Dodd, Mead, 1967), pág. 1131 (de *Epistulae ad Lucilium*, Epis. LXXVI, sección III).

Aunque hacía sus comentarios en broma, lo que señalaba el psicólogo era muy real. A menudo caemos en la rutina y la monotonía, atrapados en modelos y hábitos que no son útiles. Seguimos haciendo las mismas cosas en la vida, semana tras semana —luchamos contra los mismos monstruos, peleamos con las mismas debilidades, repetimos los mismos errores—. En realidad, no aprendemos de la vida. No nos detenemos a preguntar: ¿qué puedo aprender de esta semana para evitar en lo esencial que la siguiente sea un calco de ella?

Evaluación: cerrar el círculo

El valor de cualquier semana no se limita a lo que realizamos en ella; también incluye lo que aprendemos de ella y lo que se convierte en su consecuencia. Por esta razón, ninguna experiencia semanal sería completa sin algún tipo de evaluación que nos permita procesarla.

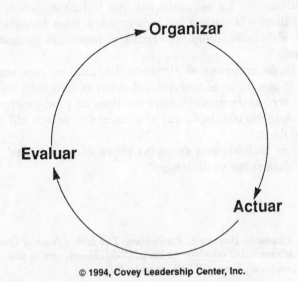

© 1994, Covey Leadership Center, Inc.

La evaluación es la etapa final —y la primera— en un ciclo de vida y aprendizaje que genera una espiral ascendente de crecimiento. Nos hace regresar al comienzo del proceso, pero con mayor capacidad. A medida que aprendemos de la vida, estamos mejor preparados para rever nuestra misión y nuestros roles, establecer metas, crear un marco para una nueva semana y actuar con mayor integridad en el momento de elegir. Mientras organizamos, actuamos, evaluamos... organizamos, actuamos, evaluamos... y organizamos, actuamos y evaluamos, otra y otra vez, nuestras semanas se convierten en ciclos repetitivos de aprendizaje y crecimiento.

"Sé observador para tener un corazón puro", aconsejó un escritor desconocido, "pues algo nace para ti como consecuencia de cada acción."

"Lo que me agrada de la experiencia", escribió C. S. Lewis, "es que es tan honesta... Puedes engañarte a ti mismo, pero la experiencia no trata de engañarte. El universo confirma su verdad siempre que lo pones correctamente a prueba." [2]

Este ciclo de vida y aprendizaje se halla en el espíritu del *kaizen* —palabra japonesa que se refiere al espíritu del continuo mejoramiento—. Contrasta de forma directa con la mentalidad occidental de "Si no está roto, ¡no necesita que lo repares!". Se rige según el consejo de Séneca: "Mientras vivas, sigue aprendiendo cómo vivir". Se trata de la aplicación en un nivel personal de La Quinta Disciplina de Peter Senge sobre las organizaciones efectivas que se dedican al aprendizaje:

> El verdadero aprendizaje llega a la esencia de lo que significa ser humano. Mediante el aprendizaje nos re-creamos. Mediante el aprendizaje nos volvemos capaces de realizar lo que nunca antes pudimos hacer. Mediante el aprendizaje incrementamos

---

[2] C. S. Lewis, *Surprised by joy* (Nueva York, Harcourt Brace Jovanovich, 1955), pág. 177.

nuestra capacidad para crear, para formar parte del proceso generativo de la vida. Todo ser humano siente un profundo anhelo de este aprendizaje. [3]

El reconocimiento de la importancia del proceso de evaluación se refleja en lo que suele llamarse Ciclo de Crecimiento o Ciclo de Evaluación, cuyas variantes se emplean en el Movimiento de Calidad Total y otros procesos centrados en el mejoramiento y el crecimiento. Mediante la evaluación semanal en un nivel personal, ampliamos el autoconocimiento, educamos nuestra conciencia y creamos hábitos efectivos del corazón.

Método para evaluar su semana

La evaluación se realiza en un diario personal o en el reverso de la hoja de trabajo semanal, al finalizar una semana y prepararse para la siguiente. Usted encontrará útil la elaboración de un cuestionario para adjuntar a su organizador y revisar cada semana antes de comenzar el proceso organizador del Cuadrante II para la siguiente. Es probable que usted no desee utilizar más de cinco o seis preguntas y prefiera seleccionar algunas de la lista siguiente:

- ¿Qué metas alcancé?
- ¿Qué me capacitó para lograrlas?
- ¿Qué desafíos enfrenté?
- ¿Cómo los superé?
- ¿Fue el logro de estas metas el mejor empleo de mi tiempo?
- ¿Me impidió mi concentración en estas metas ver las inesperadas oportunidades para el mejor uso de mi tiempo?

[3] Peter Senge, *The Fifth Discipline* (Nueva York, Doubleday, 1990), pág. 14.

- ¿Hizo el alcance de estas metas algún aporte a mi Cuenta de Integridad Personal?
- ¿Qué metas no logré?
- ¿Qué evitó que las alcanzara?
- Como consecuencia de mi elección, ¿empleé mi tiempo mejor de lo que había planeado?
- ¿Hicieron dichas elecciones depósitos o retiros de mi Cuenta de Integridad Personal?
- ¿Qué metas no alcanzadas debo pasar a la semana próxima?
- ¿Dediqué tiempo a la renovación, a la reflexión y a nuevos compromisos?
- ¿Dediqué tiempo a afilar la sierra sobre una base diaria?
- ¿Cómo influyó en las demás áreas el tiempo empleado en la renovación?
- ¿Cuáles fueron mis maneras de crear sinergia entre los roles y las metas?
- ¿Cómo fui capaz de aplicar en los demás roles el carácter y las aptitudes adquiridos en un rol?
- ¿Qué principios apliqué o no durante la semana? ¿Cuál fue el resultado?
- ¿Cuánto tiempo empleé en el Cuadrante II? ¿En el Cuadrante I? ¿En el Cuadrante III? ¿En el Cuadrante IV?
- ¿Qué aprendí de la semana en conjunto?

Es importante que usted utilice su brújula al leer sus preguntas: ser honesto y autoconsciente, conectarse con la conciencia, recurrir a la voluntad independiente y la imaginación creativa para considerar las posibilidades y comprometerse a lograr un cambio positivo.

La semana como parte de un todo mayor

También ayuda observar cómo cada semana se conecta con las demás. Quizás usted desee realizar una evaluación mensual o cuatrimestral, e incluir preguntas como las siguientes:

- ¿Qué modelos de éxito o fracaso tengo en cuenta para fijar y alcanzar metas?
- ¿Fijo metas realistas pero desafiantes?
- ¿Qué sigue interponiéndose en el logro de mis metas?
- ¿Qué modelos o procesos puedo mejorar?
- ¿Creo expectativas que no son realistas? ¿Cómo puedo modificarlas?

Rebecca: Hace algunos años sentí la intensa necesidad de tener algo de tiempo para mi renovación personal. Roger se organizó para quedarse en casa con los niños durante unos días y yo fui sola a una hostería donde pasé horas leyendo mis diarios personales. Fue una experiencia muy esclarecedora. Reviví muchos momentos de mi vida con una más amplia perspectiva que me confería un mayor poder de comprensión. Sin embargo, lo más útil fue contemplar los modelos repetidos en mi vida que era imposible que notara día a día. Al observar mi vida en forma general descubrí la dirección personal que necesitaba y regresé a casa renovada y mucho más conectada con lo que era en verdad importante en mi vida.

Descubrí que esa evaluación personal y ese tiempo de renovación hechos de forma regular constituyen una parte vital de aprender de la vida. Es hora de rever mi enunciado de misión, reflexionar sobre las relaciones importantes de mi vida y fijar metas de contexto en cada uno de mis roles. Roger y yo creemos que, al hacerlo en pareja, se obtiene el mismo sentido de renovación en nuestro matrimonio. Cuando dedicamos tiempo a estar juntos de forma regular para revisar nuestro enunciado de misión compartido y fijar metas como cónyuges y compañeros, la calidad de nuestras vidas, nuestra relación y nuestra familia realmente mejora.

El constante proceso de organizar, actuar y evaluar facilita ver con más nitidez las consecuencias de nuestras elecciones y acciones. Se trata de poner los cuatro dones en acción. Nos capacita para aprender de la vida y para vivir lo que aprendemos.

El poder del proceso

Al recapacitar sobre estos seis últimos capítulos, ¿comienza a descubrir por qué afirmamos que el verdadero poder del proceso sólo se evidenciaría cuando usted se involucrara totalmente en el análisis de sus fundamentos? Si usted es como muchas personas, su experiencia inicial con el proceso organizador del Cuadrante II con seguridad pertenecerá esencialmente a la tercera generación. Sin embargo, si revisa el proceso con mayor discernimiento, advertirá que la experiencia pasa a ser de la cuarta generación. Usted podrá examinar todas las etapas del proceso cada semana con mayor profundidad de significado y resultados más poderosos.

Considere cómo una profunda comprensión y las siguientes seis etapas pueden capacitarlo para poner primero lo primero en su vida:

- *Conectarse con la misión* lo capacita para acceder al "¡sí!" que arde en su interior, creado por el conocimiento de las cosas primordiales en su vida, el "¡sí!" que genera pasión y energía y que posibilita decir "no" —con confianza y tranquilidad— a lo menos importante.
- *Revisar los roles* le permite volver a conectarse con las vías que conducen a la realización de lo primero de forma equilibrada y sinérgica.
- *Identificar las metas* lo capacita para centrarse con efectividad en lo más importante que puede realizar en cada rol cada semana, para cumplir con su misión. Lo faculta

para fijar metas basadas en principios que producirán resultados de calidad de vida.

- *Organizar la semana* lo capacita para colocar primero las "piedras grandes" —sus metas importantes del Cuadrante II— y a programar después las demás actividades.
- *Ejercitar la integridad en el momento* lo faculta para detenerse en el espacio entre el estímulo y la respuesta, y actuar con integridad respecto de lo primero en cualquier momento de elegir en la vida.
- *Evaluar* le otorga el poder para convertir sus semanas en una espiral ascendente de aprendizaje y vida.

El cambio no radica en efectuar más tareas en menos tiempo, sino en realizar lo primero de forma efectiva, equilibrada y sinérgica. Es un enfoque holístico, integrado y sincronizado del modo de vivir, amar, aprender y dejar un legado.

Pero, alcanzado este punto, falta exponer otra experiencia aún más enriquecedora que se relaciona con la sinergia de la interdependencia —con la realidad completa de nuestra capacidad de conectarnos con los demás—. Al ingresar a la siguiente sección, analizaremos el tiempo y la calidad de vida donde la vivimos con mayor frecuencia e intensidad.

Sección Tres
La sinergia
de la interdependencia

Mientras penetramos en la realidad interdependiente, nos gustaría solicitarle que se detenga y medite sobre la forma poderosa en que las relaciones con los demás inciden en el tiempo y la calidad de su vida.

- ¿Cuánto tiempo dedica a las innecesarias crisis del cuadrante I debido a la mala comunicación, los malentendidos o la falta de claridad acerca de los roles y las metas en el esfuerzo interdependiente?
- ¿Cuánto tiempo pasa en el Cuadrante III en el intento de satisfacer las reales o supuestas actividades programadas por los demás, que suelen carecer de importancia?
- ¿Cuánto tiempo en su familia u organización se pierde en la mala comunicación, el malentendido, la polémica, la crítica, la culpa, la acusación o la confesión de los pecados de los demás?
- ¿Cuánto del potencial que podría incidir de forma apreciable en el tiempo y la calidad de vida (el talento, la creatividad y el entusiasmo de los demás con quienes vive y trabaja) permanece sin descubrir?

Para la mayoría de la gente gran parte del tiempo de vigilia se emplea para comunicarse o interactuar con los demás (o a enfrentar las consecuencias de la mala comunicación o interacción). La interdependencia efectiva es fundamental en el tema de la administración del tiempo. Sin embargo, la literatura tradicional la ignora o la trata de una forma *transaccional*. Este enfoque transaccional deriva del paradigma basado en las "cosas" que administran, controlan y son mecánicas. Se considera a la gente esencialmente como unidades biónicas a las que podemos delegar que hagan más, o bien como interrupciones que se deben manejar de forma eficiente para volver enseguida a lo programado en nuestra agenda.

Pero la interdependencia de la cuarta generación no es *transaccional*; es *transformacional*. Literalmente modifica a quienes forman parte de ella. Toma en cuenta la total realidad de la singularidad y la capacidad de cada individuo, como también el abundante y milagroso potencial que origina terceras alternativas sinérgicas mucho mejores que lo que los individuos podrían conseguir por sí solos. La interdependencia de la cuarta generación consiste en la riqueza de las relaciones, la aventura del descubrimiento, la espontaneidad, la profunda satisfacción de dar prioridad a la gente antes que a las agendas, y la alegría de crear juntos lo que no existía antes. Es el máximo "movimiento de la palanca": el incremento exponencial de la creatividad, la habilidad y la producción que provienen de combinar la energía y los talentos de muchos, de forma sinérgica.

En esta sección, analizaremos en detalle la naturaleza interdependiente de la vida y veremos cómo nuestro carácter y aptitudes afectan a nuestra capacidad para trabajar con personas en cada dimensión. Trataremos de la forma como se puede generar sinergia con los demás mediante las actividades del Cuadrante II, tales como la creación de una visión compartida y la capacitación para los acuerdos gerenciales. Mostraremos cómo crear una brújula corriente que lo capacite para formar equipos complementarios que aumenten su fuerza y hagan sus debilidades irrelevantes. Por último, trataremos la capacitación (la suprema herramienta de preparación/prevención del Cuadrante II). Usted verá cómo al crear capacitación desde dentro hacia afuera, puede aumentar su capacidad e influencia sobre quienes lo rodean (familia, amigos, asociados) hacia el mayor rendimiento y el mejoramiento de su calidad de vida.

Si su estilo de vida es esencialmente independiente, o por alguna razón usted prefiere no acceder a este nivel de complejidad, siéntase cómodo para saltar directamente a la Sección Cuatro. Pero le aconsejamos que explore esta área vital que virtualmente la administración del tiempo tradicional la pasa por alto. Usted se sorprenderá al descubrir de qué poderosa manera los problemas y el potencial de interdependencia afectan al tiempo y la calidad de su vida.

11

La realidad interdependiente

> *La interdependencia es y debe ser el ideal del hombre así como lo es la autosuficiencia. El hombre es un ser social.*
>
> GANDHI [1]

En tanto ingresamos en la realidad interdependiente, nos gustaría solicitarle que piense en lo que decidió que son "las cosas primeras" en su vida. ¿Cuántas de esas cosas implican relaciones con los demás?

Según nuestra experiencia, casi sin excepción, todo lo que la gente identifica como verdaderamente importante tiene que ver con los demás. Incluso quienes ponen en la lista "salud" o "seguridad económica", por lo general lo hacen porque desean contar con recursos para disfrutar de la vida con sus familiares y amigos. Nuestra mayor alegría (y nuestra pena más grande) deriva de nuestras relaciones con los demás.

En efecto, la calidad de vida es, por naturaleza, interdependiente.

Nuestros roles son interdependientes: somos esposos, esposas, padres, amigos, jefes, empleados, compañeros, asociados, miembros de la comunidad, ciudadanos. La calidad en casi todos los roles implica una relación con, al menos, otra persona.

Nuestros logros son interdependientes. Aunque miremos atrás en la historia y solamos decir que una determinada per-

---

[1] *The Essential Gandhi*, comp. por Louis Fischer (Nueva York, Vintage, 1962), pág. 193.

sona "inventó" o "descubrió" algo en especial, la realidad es que la mayoría de los logros más importantes no se obtuvieron en el vacío. El individuo que recibe el crédito normalmente se sube a los hombros de muchos otros que lo precedieron y que aclararon el camino, dejaron guías y descubrieron cosas que no funcionaban para que, al final, alguien pudiera encontrar lo que sí funciona.

Incluso la satisfacción de nuestras necesidades y capacidades básicas es interdependiente.

Vivir es tener salud física y seguridad económica. ¿Qué sería de nosotros sin médicos, hospitales, penicilina, seguro social? Obtenemos nuestro cheque porque, de alguna manera, lo que hacemos influye en la vida de los demás. Gastamos ese cheque en cosas que representan el trabajo de los demás.

Amar es, por definición, interdependiente. "El amor no es amor hasta que no se da." Involucra relaciones con los demás y pertenencia. Está basado en uno de los principales temas de toda la literatura sapiencial: la reciprocidad, o Regla Dorada.

Aprender es crecer; sentir que evolucionamos. ¿Con qué frecuencia aprendemos al leer libros escritos por otras personas, asistir a seminarios ofrecidos por otros o concurrir a clases dictadas por otros? ¿Cuántas veces tuvimos *insights* mientras interactuábamos en situaciones de grupo con otras personas? ¿Cuántas de nuestras "propias" ideas nacen de las ideas de los otros?

Dejar un legado es también, por definición, interdependiente. Es contribuir a la sociedad, en formas significativas para la vida de los demás. El mundo donde vivimos es el legado de los que vivieron antes que nosotros. Las elecciones que hicimos en él crean el legado que dejaremos a los que vendrán.

El hecho es que somos mejores si estamos juntos que solos. La humildad deriva de advertir que "ningún hombre es una isla", que ningún individuo posee todos los talentos, todas las ideas, todas las facultades para hacer funcionar el todo. Para la calidad de vida es vital la capacidad de trabajar juntos, aprender de los otros y ayudar a crecer a los demás.

El paradigma independiente

A pesar de la obvia realidad interdependiente de la calidad de vida, tendemos a considerar el "éxito" en términos de logro independiente. Y la literatura sobre la administración del tiempo en lo esencial refleja este paradigma del logro independiente. De un modo u otro, la mayoría de las obras afirman que "el tiempo es vida", pero las habilidades y técnicas se relacionan con la administración de "cosas". Se considera a la gente primordialmente como recursos a través de los cuales aumentar la propia eficiencia mediante la delegación, o bien como interrupciones que se deben manejar de modo eficiente para poder seguir con nuestra programación agendada.

Hay un lugar para la independencia. En el espacio entre el estímulo y la respuesta, la independencia tiene la fuerza de carácter para trascender el guión, el espejo social y otras influencias que nos impedirían dar a la vida una respuesta centrada en principios. Pero también existe un propósito para esta independencia. No es un fin en sí mismo. La verdadera independencia nos precede y prepara para la interdependencia efectiva. Es la confiabilidad personal que posibilita la confianza.

También la independencia tiene un rol cuando tratamos con

"cosas" y es aquí donde descubrimos el enorme valor de las obras sobre la administración del tiempo. Tienen muchas ideas y técnicas excelentes y eficaces para administrar "cosas".

Pero las personas no son cosas. Cuando tratamos con personas, lo hacemos con seres humanos que viven y respiran y que poseen su propio espacio entre el estímulo y la respuesta. También cuentan con dones humanos y una increíble capacidad para actuar dentro de ese espacio. Un buen porcentaje de nuestro tiempo lo empleamos para interactuar en esta realidad interdependiente.

Además de la integridad personal, nuestros problemas más grandes (y nuestro mayor potencial para influir en los temas sobre el tiempo y la calidad de vida) se hallan en el área de la interdependencia.

El costo del paradigma independiente

Cuando intentamos satisfacer necesidades y adquirir aptitudes mediante el paradigma *chronos* lineal, únicamente basado en el logro independiente, la vida a veces se asemeja al hecho de disponer de una hora para saborear un banquete. En ese tiempo debemos maximizar nuestra satisfacción, elegir cuanto nos sea posible. Nos apresuramos en la fila para servirnos la mayor variedad de comidas. Nos volvemos glotones de experiencias y sensaciones.

Nos apresuramos a vivir. Mantener un estilo de vida sano necesita demasiado tiempo y esfuerzo, de manera que comemos lo que deseamos, hacemos lo que anhelamos, quemamos la vela por ambos extremos, y dependemos de los médicos para que reparen nuestras piezas rotas. Conseguimos seguridad económica al maximizar lo practicable, sin importarnos los medios o significados involucrados.

Nos apresuramos a amar. Establecemos relaciones efímeras

272

y solemos dejar cuerpos y vidas rotos a lo largo del camino. Deseamos los beneficios del matrimonio, pero no nos comprometemos emocionalmente a llevar una vida de interdependencia rica, de servicio altruista, de sensibilidad, de continuo mejoramiento del carácter para que crezca. Traemos hijos al mundo, pero no nos comprometemos a dedicar el tremendo tiempo y esfuerzo que toma enseñar y entrenar, amar y escuchar. Seleccionamos unos pocos frutos de las relaciones íntimas, pero no hay tiempo para llegar a los demás y amar sobre bases más amplias.

Nos apresuramos a aprender. No hay tiempo para las conversaciones profundas, para interactuar con los demás de forma significativa. El aprendizaje es superficial. Estamos inmersos en habilidades, métodos y técnicas sin comprender los principios que nos capacitan para actuar en una serie variada de situaciones.

Nos apresuramos a dejar un legado simbólico. Regalamos unos billetes por allí, otros pocos por allá, lo que nos da la sensación "instantánea" de haber contribuido por uno o dos minutos, que pronto desaparece. No hay real compromiso, ni sentido dominante del propósito y la contribución en nuestra vida.

Como lo señalan muchos científicos y comentadores sociales, este paradigma independiente de paso apresurado crea un equilibrio masivo en nuestra sociedad. A fin de obtener más huevos de oro, matamos a la gallina que los pone. Estamos tan ocupados en consumir, que no nos importa nuestra capacidad para producir, y lo podemos comprobar al mirar en derredor: la deuda nacional, los problemas en la asistencia de salud, la economía mundial, la falta de disposición de Wall Street para invertir en el desarrollo a largo plazo.

Hans Selye, el padre de las investigaciones sobre el estrés moderno, compara el enfoque del logro independiente con "el desarrollo de un cáncer, cuyo aspecto más característico es su autonomía. Se alimenta de las otras partes del cuerpo que lo hospeda hasta que lo destruye, y así comete suicidio biológico, dado que la célula del cáncer no puede vivir sino dentro del cuerpo en el cual comenzó su precipitado y egocéntrico desarrollo". [2] En cierta medida, como sociedad, subimos por la escalera que está apoyada en la pared equivocada. Vivimos con la ilusión de independencia, pero el paradigma no es crear los resultados de calidad de vida que deseamos.

Para modificar esos resultados, necesitamos cambiar el paradigma.

El paradigma interdependiente

Como nos enseña el verdadero norte, la realidad es que somos parte de una vasta ecología viva sumamente interrelacionada. La calidad de vida es interdependiente. Es una vista totalmente integrada de 360 grados, como lo ilustra el diagrama de la página siguiente.

En el centro se halla la dimensión personal. Cada uno de nosotros es un individuo. Poseemos dones humanos singulares, cierto nivel de carácter y facultades para emplearlos a fin de satisfacer nuestras necesidades y capacidades fundamentales. Como individuos, establecemos relaciones con otros individuos. Ésta es la dimensión interpersonal. En nuestras relaciones trabajamos con otros para llevar a cabo tareas, representadas en la dimensión gerencial. Sincronizamos sistemas y coordinamos trabajos con fines colectivos, que corresponden a la dimensión organizacional. Todas estas dimensiones se encuentran en el contexto de la sociedad en la que vivimos, y la afectan.

Veamos algunas de las implicancias de esta realidad interdependiente.

---

[2] Hans Selye, *Stress without Distress* (Nueva York, Harper & Row, 1974), pág. 58.

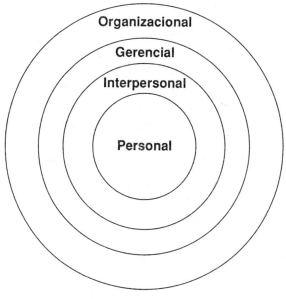

© 1994, Covey Leadership Center, Inc.

1. Toda conducta pública es, en última instancia, conducta privada

Los problemas que observamos en familias, organizaciones y sociedades son el resultado de las elecciones de los individuos en sus espacios entre el estímulo y la respuesta. Cuando esas elecciones derivan de la reactividad, el guión o la respuesta a la urgencia, influyen en el tiempo y la calidad de vida de la familia, las organizaciones y la sociedad en su totalidad.

Por ejemplo, examinemos un matrimonio. Si los cónyuges no pagaron el precio en sus profundas vidas interiores, aunque todo parezca maravilloso al comienzo, cuando surjan los inconvenientes (la disciplina de los hijos, las finanzas, los parientes) no contarán con el carácter y las aptitudes para interactuar de forma positiva y sinérgica. Regresan a sus guiones (que pueden ser muy diferentes) y, si no están centrados en principios, esta diferencia puede conducirlos a la imposición y la polarización, y, más tarde, incluso a la amargura y el aislamiento.

Por otra parte, si los cónyuges están centrados en principios, tienden a valorar las diferencias y a trabajar juntos para comprender sus guiones y los principios del verdadero norte. Buscan soluciones sinérgicas de tercera alternativa para solucionar sus desafíos. Consideran las debilidades del otro como oportunidades para brindar ayuda. Les preocupa menos *quién* tiene la razón que lo *que es* correcto. Consideran a la familia como la unidad fundamental de la sociedad y se dan cuenta de que uno de los modos más importantes de contribuir a ella es crear un hogar sólido y criar niños que luego se conviertan en miembros responsables de la comunidad. También se apoyan y ayudan mutuamente para contribuir a la sociedad en conjunto.

Lo mismo ocurre en las organizaciones. Una de las razones que dificultan las iniciativas de calidad total y los programas de capacitación es que mucha gente que intenta producirlos en organizaciones no pagaron el precio de elaborarlos en su propia vida interior. Con frecuencia su guión los orienta a la independencia y la competencia a través del amor brindado de forma condicional, cuando eran niños, de la curva de distribución normal de los académicos, del paradigma gana/pierde de los atletas, o de un sistema forzado de jerarquías en el ámbito laboral. Tal vez sean muy sinceros en sus esfuerzos, pero no son capaces de actuar fuera de sus profundos paradigmas.

El difunto W. Edwards Deming, considerado por muchos el vocero del Movimiento de la Calidad Total, dijo que la mayoría de los problemas en las organizaciones se relacionan con los sistemas y no con la gente. [3] Pero la gente crea sistemas. Si las per-

---

[3] W. Edwards Deming, *Out of the Crisis* (Cambridge, Massachusetts Institute of Technology, 1982), págs. 66-67.

sonas se guían por los paradigmas *chronos* únicamente basados en la independencia, la mentalidad de la escasez y la competencia, y si no se orientan hacia el verdadero norte, los resultados obtenidos en las organizaciones y la sociedad lo reflejarán. La calidad total y la capacitación prosperan en las dimensiones de la "cualidad del mes" en lugar de promover un cambio profundo y sostenido en la calidad. Además, la gente se muestra cínica respecto del esfuerzo.

La calidad total comienza con la calidad personal total. La capacitación organizacional comienza con la capacitación individual. Por ende, es de vital importancia el trabajo en nuestra vida interior e integridad.

Stephen: Hace poco, en un gran grupo, un hombre me dijo: "Stephen, ¿cómo conseguir el liderazgo basado en los principios en el Congreso?".

Respondí: "¿Cómo trata usted a su esposa?".

"¿Qué tiene eso que ver?", preguntó.

Le contesté: "Después de todo, la conducta pública equivale a grandes rasgos a la moral privada."

Se sonrojó y no volvió a pronunciar palabra. Creyendo que lo había ofendido, me acerqué después a disculparme. "Lo siento, no quise ofenderlo. No era mi intención. Pero en verdad creo en el enfoque de adentro hacia afuera."

"No es que me haya ofendido", dijo. "¡Pero lo que dijo dio en el blanco! Durante toda mi vida tendí a culpar a los demás de afuera por la existencia de injusticias. Y sé que adjudiqué mis frustraciones a mis seres queridos. Cuando usted puso el dedo en la llaga, me dolió. Pero necesitaba escucharlo."

Entonces, no existe la denominada "conducta organizacional", sino todas las conductas de las personas que forman la organización.

2. La vida es un todo indivisible

Como mencionamos antes, Gandhi observó una vez que "no es posible que una persona haga algo correcto en un área de la vida mientras intenta hacer algo erróneo en otra. La vida es un todo indivisible." Un asociado relató la siguiente historia:

Durante un tiempo trabajé para una gran firma aeroespacial. Formaba parte del equipo de comercialización clave cuya responsabilidad era preparar materiales de presentación para "resúmenes ejecutivos" que sirvieran para vender programas y productos de defensa de precios multimillonarios.

Un día contrataron y presentaron a un nuevo miembro del equipo. Se deducía de la excelente forma en que lo recibieron que se lo consideraba una adquisición de gran valor. Era muy brillante y tenía diez años de experiencia en esa industria.

Lo nombraron jefe de grupo para la nueva propuesta comercial más importante de la firma. Me ordenaron trabajar con él y ocupar la oficina abierta al lado de la suya.

A medida que progresaba el trabajo sobre el proyecto, pronto lo conocí muy bien. Dada nuestra proximidad, podía escuchar todas sus llamadas telefónicas y conversaciones. Revelaban una vida privada muy sórdida y desorganizada. Enterado de que me había dado cuenta de ello, me daría una breve explicación sobre esas llamadas y me diría: "Pero esto no afectará mi trabajo". Y lo repetía día tras día.

Cuando el intenso esfuerzo en la propuesta alcanzó su clímax, las horas y las presiones laborales se duplicaron. Entonces, bajo tal presión, la vida privada de este jefe de grupo tuvo su efecto negativo. Al dormir poco y sin tranquilidad, se convirtió en una persona con quien era imposible trabajar (mal genio, irrazonable, discutidor, desequilibrado). Su comportamiento nos afectaba a todos. A pesar de sus considerables conocimientos, se convirtió en un obstáculo para el proyecto y lo despidieron, sólo seis meses después de haberlo contratado con tan grandes expectativas.

Tal vez creamos que engañamos a los demás. Incluso podemos engañarnos a nosotros mismos. Pero si engañamos y somos deshonestos en un rol, ello afectará a los demás roles en nuestra vida.

3. La confianza nace de la confiabilidad

La confianza es el elemento adherente en la vida. Es el ingrediente esencial en la comunicación efectiva. Es el principio básico que sostiene la unión en todas las relaciones (matrimonio, familia y organizaciones de todo tipo). Y la confianza nace de la confiabilidad.

Stephen: Una vez mi hijito me escuchó hablar mal de alguien. De inmediato se acercó y me dijo: "¿Me amas, papi?". Era tan auténtico, tan tierno, tan vulnerable. Pudo descubrir en mí la posibilidad de no amar a alguien, y enseguida lo aplicó a nuestra relación. Ponía en duda mi confiabilidad. Deseaba saber si era seguro confiar en mi amor.

Tuve otra experiencia totalmente opuesta en otra ocasión, cuando me solicitaron que enseñara como profesor visitante durante un año en una universidad de Hawai. Cuando llegamos, descubrimos que la vivienda no era lo que habíamos esperado. Así que me quejé al presidente de la universidad del director de viviendas. Me mostré crítico y molesto. Le describí las características del contrato y las expectativas y le dije que las cosas no estaban saliendo bien.

Me escuchó con respeto y luego comentó: "Stephen, siento tanto enterarme de esto, pero el director de viviendas es una persona tan buena y competente... Lo llamaremos y lo solucionaremos juntos".

No era lo que esperaba escuchar. No quería involucrarme. Sólo quería quejarme, lamentarme, y que lo solucionaran. Nunca olvidaré los pocos minutos que le llevó al director de viviendas llegar a la oficina del presidente y lo que pasaba por mi mente y mi corazón. "¿En qué me metí? Tal vez soy también responsable del problema. Apuesto a que mis conversaciones no fueron lo bastante claras." Cuando el hombre llegó, mi ánimo se había calmado. Me mostré más humilde. Asimismo, me sentía un poco castigado e incómodo por mi arrogancia.

Al ingresar el director, dije: "¡Hola! ¿Cómo está? Encantado de conocerlo". Me daba buena cuenta de mi hipocresía, pero, ¡oh! ¡qué respeto sentía por ese presidente que apoyaba a su gente, que hablaba bien de ellos y deseaba involucrarlos en el proceso de resolver los temas negativos!

Ese presidente se basaba en principios. Yo sabía que si alguien se quejara alguna vez de mí ante él (sobre cualquier capacidad), me trataría con el mismo respeto. El hombre era leal con los ausentes.

Nunca más me referí a la reputación de alguien con ese desatino ante él. Sabía la clase de persona que era.

No es posible falsear o crear la confianza por efecto instantáneo. Es una función fundamental del carácter, de la confiabilidad personal.

Sin la base de confiabilidad esencial, la confianza es, a lo más, incierta. No existen reservas. No existe confianza en el motivo básico. La comunicación se anula, al llenarse de posturas e imposiciones. Por otro lado, la confiabilidad crea flexibilidad y reserva emocional en las relaciones. Incluso usted se verá ocasionalmente ante conflictos, pero eso no arruinará sus relaciones. Usted cuenta con reservas para hacer retiros. Los demás confían en su intención básica. Saben cómo es usted por dentro.

La interdependencia redefine la "importancia"

El cambio de un paradigma independiente a otro interdependiente crea una nueva forma de ver las cosas que influye de modo poderoso en las decisiones que tomamos respecto del mejor empleo de nuestro tiempo, y también los resultados que obtenemos. Literalmente, redefine la "importancia". Recuerde la Matriz de Administración del Tiempo.

Al mirar a través de las lentes de la realidad interdependiente, considere las siguientes preguntas:

	Urgente	No urgente
Importante	**I** • Crisis • Problemas acuciantes • Proyectos reuniones y preparaciones con fechas de vencimiento,	**II** • Preparación • Prevención • Clarificación de valores • Planificación • Creación de relaciones • Verdadera recreación • Catalizar el poder interior
No importante	**III** • Interrupciones, algunas llamadas telefónicas • Correspondencia e informes • Algunas reuniones • Muchos asuntos acuciantes e inmediatos • Muchas actividades populares	**IV** • Trivialidades, ajetreo • Correspondencia publicitaria • Algunas llamadas telefónicas • Acciones que representan pérdida del tiempo • Actividades "de escape"

© 1994, Covey Leadership Center, Inc.

- ¿Es más importante llevar a cabo el trabajo de forma eficiente... o dedicar tiempo a capacitar a un empleado o un niño para hacerlo, ahora y en el futuro? ¿Qué elección influirá más en la calidad de su tiempo, el tiempo de los demás, el tiempo de la organización?

- ¿Es más importante dedicar tiempo a supervisar y controlar a los demás, o a hacer que liberen el tremendo potencial creativo de manera que se gobiernen a sí mismos?

- ¿Es más importante organizar su tiempo para resolver de forma eficiente los problemas creados por expectativas conflictivas... o emplear el tiempo para trabajar con los demás y aclarar las expectativas de frente?

- ¿Es más importante dedicar el tiempo a solucionar problemas creados por la falta de comunicación, o entablar relaciones que posibiliten una comunicación efectiva?

La cuarta generación es un paradigma basado en la "gente". En lugar de centrarse en la administración mecánica y eficiente de las "cosas", lo hace en la interacción sinérgica efectiva con la gente. La diferencia entre centrarse en la gente y centrarse en las cosas es una de las más profundas y significativas entre la tercera y la cuarta generaciones. La tercera generación se centra en la administración y el control. Cosifica a las personas. Por último, la gente se hace eficiente incluso consigo misma en la organización, planificación, priorización, disciplina y control.

Sin embargo, el paradigma de la cuarta generación da prioridad a la gente antes que a las cosas. Pone en primer lugar al liderazgo, y a la administración, en el segundo. Primero es la efectividad; segundo es la eficiencia. Primero es el propósito, luego la estructura. Primero es la visión, luego el método.

Paradigma de la "gente"	Paradigma de las "cosas"
Liderazgo	Administración
Efectividad	Eficiencia
Espontaneidad/"serendipidad"	Estructura
Discernimiento	Medición
Causas	Efectos/síntomas
Liberación/capacitación	Control
Programador	Programa
Transformación	Transacción
Inversión	Gastos
Servicio al cliente	Eficiencia administrativa
Principios	Técnicas
Sinergia	Avenencia
Abundancia	Escasez

Centrarse en la gente trae consigo una forma totalmente diferente de ver las cosas y un enfoque distinto de la vida, como lo muestra el cuadro anterior.

Es evidente que el paradigma de las "cosas" resulta apropiado *cuando administramos cosas*. Pero es inadecuado (e inefectivo) cuando tratamos de aplicarlo con las personas. Es como querer jugar tenis con un palo de golf: la herramienta no corresponde a la realidad.

El paradigma de la gente es primordial para el éxito en la familia, las organizaciones y los grupos de toda clase. El industrial japonés Konosuke Matsushita señala que muchos de los fracasos e inconvenientes en los negocios en Occidente derivan de este paradigma esencial:

> En las firmas occidentales, son los jefes de las compañías los que piensan, mientras que los obreros manejan las máquinas. Ustedes están absolutamente convencidos de que ése es el modo de administrar un negocio: pasando las ideas desde la cabeza de los jefes hasta las manos de los obreros.
>
> Para nosotros, la base de la administración es el arte de movilizar y reunir los recursos intelectuales de todos los empleados al servicio de la compañía. Medimos la amplitud de los inconvenientes tecnológicos y económicos: sabemos que la inteligencia de un grupo de tecnócratas, a pesar de ser brillante, no basta para asegurar el verdadero éxito.
>
> Sólo al combinar el poder intelectual de todos los empleados es posible que la firma enfrente los problemas y restricciones del mundo diario. [4]

Cuando "vemos" en función de la realidad interdependiente, con rapidez reconocemos la importancia del tiempo pasado en las actividades del Cuadrante II, como la creación de relaciones y de una visión compartida, y esclarecer expectativas. Además, obser-

[4] Konosuke Matsushita, consejero ejecutivo de la Matsushita Electric Industrial Co., Ltd.

vamos que gran parte de lo que hacemos en la administración tradicional del tiempo es cortar las hojas con eficiencia en lugar de tratar la raíz interdependiente con efectividad.

La verdadera interdependencia es transformacional

La interdependencia en la administración tradicional del tiempo es esencialmente *transaccional*. Esta clase de interdependencia transaccional tiene lugar en la delegación diaria y, por lo general, implica los principios de buenas relaciones humanas. Se puede desarrollar en formas que resulten eficientes, uniformes y satisfactorias para ambas partes. Pero es un nivel bajo de interacción. Las partes involucradas no se transforman. No varían ni cambian. Nada en verdad sinérgico sucede. No se crea nada nuevo.

Pero la cuarta generación es de índole diferente. Se mueve de la *transacción* a la *transformación*, donde la verdadera sinergia de interdependencia se origina en la real naturaleza de la interacción misma. Se cambia a las personas. Se las transforma. Sufren un real cambio. No saben cuándo comienzan la transacción ni qué clase de dinámica se libera dentro del proceso de comunicación. Algunas veces se crea algo nuevo y ninguna de las dos partes lo controla; no habrían podido anticiparlo o predecirlo. La gente interactúa más en un estado de libertad que de control. Este tipo de interdependencia transformacional conforma todo un mundo nuevo, y es la misma esencia y centro de la cuarta generación. En la interacción transformacional, el enfoque de tercera generación basado en el control, la eficiencia, el logro independiente y *chronos* queda eclipsado por este concepto de sinergia de cuarta generación que se orienta a un grupo equilibrado de leyes o principios naturales que actúan y, en última instancia, controlan.

284

Toda la idea de sinergia es emocionante e incitante, pero también infunde temor. Cuando entramos en la comunicación sinérgica, usted no sabe en realidad cómo terminará, y si se adaptó y educó en gran medida sobre la base de la independencia y la filosofía del control y la eficiencia de tercera generación, tal vez se sienta muy vulnerable e inexperto, como también dubitativo y temeroso.

Stephen: Recuerdo la primera vez que descendí por una soga en un programa de supervivencia. Era instructor asistente que no transmitía tanto las habilidades para sobrevivir como la interacción humana. Sin embargo, debí ejecutar lo que los estudiantes realizaban para aprender esas técnicas de supervivencia. Nunca olvidaré cuando, de pie en la cima de un peñasco, me llegó el turno de caer literalmente al precipicio. Había observado a los otros instructores hacerlo antes. Desde un punto de vista intelectual estaba convencido de que existían todos los elementos de seguridad y que, incluso si me desmayaba, la soga de seguridad me sujetaría. No obstante, me sentía ansioso, temeroso y vulnerable. No quería decir nada porque sabía que suscitaría una reacción en los estudiantes. Pero nunca olvidaré la sensación que experimentaron mi corazón y mi mente cuando prácticamente caí en el espacio.

Esas sensaciones se ajustan a lo que significa la idea sobre sinergia existente en la interdependencia. Usted es en verdad vulnerable. Se deja llevar. Pone su fe en un proceso y en principios. No sabe cuáles serán las consecuencias. Se halla en real peligro.

El control es una ilusión. Los que se encuentran bajo control internalizaron básicamente suficientes principios o leyes naturales de vida como para creer que son ellos los que hacen que las cosas sucedan. Pero, en realidad, es la obediencia a dichas leyes y principios naturales la generadora de esos hechos. Esto funciona en un nivel bastante bajo de contribución y en redes de organizaciones e interdependencias transaccionales.

Pero cuando usted desea ampliar su contribución e ingresar en la interdependencia transformacional que es sinérgica y crea-

285

tiva, y se convierte en una fuerza por derecho propio, entonces abandona el seguro refugio del control superior y se vuelve vulnerable. Y necesita ejercitar la fe en estos principios en un nivel más elevado. Y no está seguro de lo que le pueda suceder. La vida se vuelve una verdadera aventura. Usted no sabe lo que le deparará el destino a cada momento. No tiene seguridad de cómo reaccionarán los demás. Está en peligro. Es por ello que se necesita tanto coraje. Usted debe alejarse de su cómodo ámbito, lejos de sus pasadas experiencias o sus actuales consejeros. Tal vez existan unos pocos modelos que puedan servirle de inspiración, que lo hayan llevado a cabo antes y le brinden aliento. Pero usted aún debe dar el primer paso. Todavía debe dejarse llevar y "caer al vacío".

Los cuatro dones en interdependencia

La razón de que podamos hacerlo —y crear ese todo sinérgico que es mucho más amplio que la suma de sus partes— se debe a nuestros dones humanos singulares. En la realidad interdependiente, manejamos el espacio entre el estímulo y la respuesta en los demás tanto como en nosotros mismos. Al hacerlo, descubrimos que podemos emplear nuestros dones humanos singulares para interactuar con los demás con integridad —de forma integrada—.

• El *autoconocimiento* nos capacita para poseer *otros conocimientos*. Al saber cómo escuchar nuestro corazón, podemos escuchar los corazones de los demás. Podemos salir de nuestra autobiografía e intentar comprender. Podemos dejar de ver a la gente como un reflejo de nosotros, de sopesar todo lo que realizan según ello afecte nuestro tiempo y nuestro mundo. Podemos dejar de considerarlos meros recursos para llevar a cabo lo que deseamos hacer.

Podemos, más allá de la etapa narcisista, valorar la diferencia y estar dispuestos a recibir influencias. Dado que nuestra esencia es invariable, podemos estar dispuestos a cambiar. Podemos sentir humildad y respeto por los demás, y también contemplar sus debilidades como oportunidades para ayudar, amar y producir cambios relevantes.

- Puesto que comprendemos la *conciencia*, podemos saber lo que significa formar parte del *consciente colectivo*. Valoramos trabajar juntos para descubrir el verdadero norte, y tener la humildad de advertir que nuestra comprensión puede estar limitada por nuestro guión, y que tal vez los demás posean conocimientos y experiencias que no tengamos. Encontramos gran satisfacción en crear una visión y valores compartidos que nos capacitan para lograr juntos primero lo primero.

- A través de nuestra *voluntad independiente*, podemos obtener la *voluntad interdependiente*. Podemos aceptar trabajar juntos en formas de ganar/ganar para realizar propósitos dignos. Podemos crear estructuras y sistemas que apoyen el esfuerzo interdependiente. Como seres verdaderamente independientes, podemos unirnos para lograr propósitos en común que beneficien a la familia, el grupo, la organización y la sociedad en su totalidad.

- Podemos contribuir con nuestra *imaginación creativa* en el increíble proceso de la *sinergia creativa*. Podemos ayudar a liberar el tremendo potencial creativo de los demás y permanecer receptivos y dispuestos a sorprendernos por los resultados sinérgicos obtenidos. Podemos inventar soluciones de tercera alternativa mucho más creativas, más apropiadas, más maleables, más gratificantes que cualquier solución que nunca hayamos elaborado solos. Nuestro aporte forma parte de un calidoscopio que produce resultados nuevos espectaculares mientras interactuamos con los demás en el proceso de resolución de problemas.

Estas dotes interdependientes nos capacitan para entablar relaciones ricas, para ser amigos, retribuir con honestidad, comunicarnos con autenticidad. En lugar de la dependencia, la codependencia o la contradependencia, podemos poner en práctica la interdependencia efectiva sinérgica. Podemos trabajar juntos con efectividad para alcanzar metas comunes. Podemos componer poderosos equipos basados en la fuerza de cada uno y desvalorizar las debilidades. Podemos hacer primero lo primero en forma poderosa y efectiva.

Éste es el máximo punto de apoyo. Nos capacita para juntar tiempo, energía y creatividad humanas que se suelen malgastar en las crisis del Cuadrante I y las actividades irrelevantes del Cuadrante III, y combinarlos para crear nuevas dimensiones de efectividad. En el siguiente capítulo, analizaremos actividades del Cuadrante II de gran influencia a través de las cuales podemos aplicar nuestros dones combinados de forma verdaderamente transformacional.

12

Primero lo primero, juntos

La diferencia es el comienzo de la sinergia.

Suponga que a uno de nosotros lo desafían a pelear a brazo partido. El objetivo es ganar tanto como pueda. El límite de tiempo son 60 segundos y hay un observador que acordó conceder al ganador una moneda de diez centavos cada vez que uno derribe al otro. Estamos en nuestros lugares listos para comenzar la pelea.

Ahora suponga que lo hacemos caer de inmediato. Pero, en lugar de mantenerlo a usted en el suelo, enseguida dejamos de sujetarlo y le permitimos que nos derribe. Con rapidez respondemos y nuevamente al suelo. Como no está acostumbrado, usted se resiste, desea *ganar*. Sus músculos están tensos, su entrecejo fruncido debido a la concentración. Pero, en medio de la lucha, de súbito, usted se da cuenta de que cada uno de nosotros poseemos ya una moneda. Si usted deja que ganemos y hacemos lo mismo y usted lo repite... ambos terminaremos con una ganancia mucho mayor. Así trabajamos juntos hacia adelante y atrás, adelante y atrás con rapidez, y en 60 segundos cada uno llega a hacer tres dólares en lugar de que uno solo obtenga diez centavos.

Ésta es la esencia del sistema ganar/ganar: en casi todas las circunstancias, la cooperación es mucho más productiva que la competencia. La lección no consiste en perder por turno (estar en la cima una vez para luego caer), sino en aplicar la capacidad de ambos para trabajar juntos con el fin de lograr mucho más de lo que obtendría uno solo.

Cuando practicamos este pequeño ejercicio en grupos, con frecuencia se escuchan comentarios como los siguientes:

"Al principio pensaba que era una mera competencia. Pero luego deduje que ambos dábamos y tomábamos, y éramos ganadores."

"Existe cierto valor simbólico en dominar y permanecer en la posición superior. En su momento, era lo que más me importaba hasta que reflexioné. ¡Esperen un minuto! Ahora ambos perdemos."

"Mi ego estaba involucrado en ello. Todo el mundo estaba mirando. Creía que tenía que ganar, que debía derribar a mi oponente."

"Por último me di cuenta de que estaba luchando contra mí mismo."

La mayoría de la gente enfrenta las circunstancias con la mentalidad perder/ganar. "Ganar" implica que otro pierda. Las competencias atléticas, las curvas de distribución académica y los sistemas de rangos obligatorios nos ajustaron a un guión basado en la mentalidad de escasez. Contemplamos la vida a través de lentes de ganar/perder y, si no desarrollamos el autoconocimiento, pasamos la vida compitiendo por "monedas" en lugar de cooperar con los demás para ganar "dólares".

Por consiguiente, ¿quién gana en su matrimonio, usted o su esposa? ¿Quién gana cuando sus hijos lo enfrentan para probar su identidad? ¿Quién gana en su ámbito laboral cuando los empleados compiten entre sí para obtener la gratificación, el viaje a Hawai o el premio? ¿Cuál es el costo de esta mentalidad gana/pierde en lo que atañe al tiempo y la calidad de vida?

290

Contrario a la mayor parte de nuestro guión, "ganar" *no* significa que otro deba perder; significa alcanzar nuestros objetivos. Por ende, es posible cumplir muchos más fines cuando cooperamos en lugar de competir.

En la realidad interdependiente, la única opción viable a largo plazo es ganar/ganar. Es la esencia de la mentalidad de la abundancia. Hay mucho para ambas partes; mucho en nuestra capacidad combinada para crear aún más para nosotros y para los demás. En algunos aspectos, se trata realmente de lo que algunos llaman "ganar/ganar/ganar". Al trabajar juntos, aprender de cada uno, ayudarse mutuamente a crecer, todos nos beneficiamos, incluso la sociedad en su totalidad.

El proceso ganar/ganar

En *Los 7 hábitos de la gente eficaz* se expuso un sencillo proceso de tres etapas basado en los principios para crear ganar/ganar: [1]

- *Pensar según ganar/ganar* (basado en los principios de observación/acción/obtención, el beneficio mutuo y la cooperación).
- *Intentar primero comprender, luego ser comprendido* (basado en los principios del respeto, la humildad y la autenticidad).
- *Sinergizarse* (basado en los principios de valorar la diferencia y la búsqueda de terceras alternativas).

Analicemos este proceso de tres etapas con más detenimiento en cuanto a su concepto, su aplicación y el efecto que produce en el tiempo y la calidad de nuestra vida.

[1] Stephen R. Covey, *The 7 Habits of Highly Effective People* (Nueva York, Simon & Schuster, 1989).

Pensar en ganar/ganar

Como el Cuadrante II, ganar/ganar equivale principalmente a una manera de pensar. Consiste en un paradigma basado en lo que con probabilidad sea el tema mencionado con más frecuencia en toda la literatura sapiencial: el principio del beneficio mutuo o reciprocidad, a menudo denominado la "Regla Dorada".

Al aprender a pensar según "ganar/ganar" buscamos el beneficio mutuo en todas las interacciones. Comenzamos a pensar en función de la gente, de la sociedad como un todo. Ello incide sobremanera en lo que consideramos "importante", en cómo empleamos el tiempo, en nuestra respuesta en el momento de elegir y en los resultados que obtenemos en nuestra vida.

Buscar primero entender, luego ser entendido

Para muchos de nosotros la comunicación es ante todo buscar ser entendido, transmitir nuestras ideas y opiniones a los demás en forma efectiva. Cuando escuchamos, por lo general lo hacemos con la intención de responder.

Cuando estamos convencidos de que tenemos razón, en realidad no deseamos escuchar las opiniones de los demás. Deseamos su sometimiento, su obediencia a nuestras opiniones. Deseamos mimetizarlos con nuestra imagen. "¡Si quiero tu opinión, te la daré!"

Pero la humildad de los principios anula esta clase de arrogancia. Nos preocupamos menos por *quién* tiene razón y nos interesa más saber *qué* es lo correcto. Valoramos a las personas. Reconocemos que también su conciencia es un depósito de principios correctos. Nos damos cuenta de que su imaginación creativa es una rica fuente de ideas. Apreciamos el hecho de que a través del autoconocimiento y la voluntad independiente obtuvieron información y experiencia que nosotros no poseemos. Entonces, cuando ellos ven las cosas de otra forma, nosotros intentamos, *en primer lugar*, entender. Antes de hablar, escuchamos. Dejamos de lado nuestra autobiografía e invertimos en la comprensión genuina de su punto de vista.

Observamos nuestras divergencias como si se encontraran en los lados opuestos de una lente gigantesca. De un lado, es cóncava y del otro, convexa.

© 1994, Covey Leadership Center, Inc.

Ambas perspectivas tienen su valor, pero el único modo de comprender la perspectiva del otro consiste en situarse donde éste está para ver como él.

Gandhi expresó: "Las tres cuartas partes de las miserias y los malentendidos del mundo desaparecerán si nos colocamos en los zapatos de nuestros adversarios y entendemos sus puntos de vista". [2] Al entender en verdad el otro punto de vista, a menudo descubrimos que el nuestro cambió debido a una mayor comprensión.

[2] *The Essential Gandhi*, comp. por Louis Fischer (Nueva York, Vintage, 1962), pág. 255.

© 1994, Covey Leadership Center, Inc.

Martin Buber afirmó: "Sólo los hombres que son capaces de decirse *tú* uno al otro (en actitud de profundo respeto) pueden en verdad decir *nosotros* con el otro". [3] Escuchar con atención demuestra respeto. Crea confianza. Al escuchar, no sólo ganamos comprensión, sino que generamos el ámbito para ser comprendidos. Y cuando ambas partes comprenden las dos perspectivas,

© 1994, Covey Leadership Center, Inc.

[3] Martin Buber, *I and Thou* (Nueva York, Charles Scribner's Sons, 1937), pág. 3.

en lugar de permanecer en lados opuestos de la mesa mirándose uno a otro, nos encontramos en el mismo lado dedicados a buscar soluciones juntos.

Sinergizar

La sinergia es el producto de la mentalidad ganar/ganar y la búsqueda, en primer lugar, de comprender. Es el poder combinado de la imaginación creativa sinérgica, la casi mágica ecuación matemática donde 1 + 1 = 3 o más. *No equivale a una avenencia. No es 1 + 1 = 1 1/2.* Se trata de la creación de terceras alternativas que son genuinamente mejores que las soluciones individuales.

Consideremos ahora formas específicas en las que podamos aplicar este proceso de ganar/ganar en familias, grupos y organizaciones para mejorar la calidad de vida. Como lo hicimos en la sección personal de esta obra, analizaremos ahora la visión, los roles y las metas. Pero esta vez, lo haremos sobre una base interdependiente: analizaremos la visión *compartida* y los roles y metas *sinérgicos*. Asimismo, examinaremos la cultura capacitadora que crean.

La importancia de la visión compartida

Una experiencia que usted encontrará interesante consiste en preguntar a la gente con quien trabaja si sabe lo que es el "verdadero norte" para la compañía, y cuál es el propósito esencial de su existencia. Solicite a los miembros de su familia. "Dime en una oración cuál es el propósito de nuestra familia." Pregunte a su cónyuge. "¿Cuál es el propósito de nuestro matrimonio?, ¿cuál es la razón esencial de su existencia?". Además, en su trabajo, tome un anotador y pregunte a las diez primeras personas que encuentre. "¿Me permite? Estoy haciendo una pequeña encuesta. Una pregunta: ¿cuál es el propósito de nuestra organización?" Pregunte a su grupo: "¿Cuál es el propósito de este grupo de trabajo?", "¿cuál es el propósito de esta comisión de síndicos?", "¿cuál es el propósito de este directorio?", "¿cuál es el propósito de este comité de ejecutivos?".

Llevamos a cabo esta experiencia en gabinetes de ejecutivos de muchas compañías, incluso algunas de las cien que aparecen en la revista *Fortune* (grandes firmas, organizaciones de avanzada). Y en muchas ocasiones los ejecutivos se muestran totalmente sorprendidos, desazonados, confusos. No pueden concebir las diferentes descripciones que se ofrecen sobre el propósito y la visión. Incluso ocurre esto cuando hay un enunciado de misión colgado de la pared, un enunciado que provino de las oficinas de los ejecutivos. No existe sentido de la visión compartida. No existe pasión. No existe ningún "¡sí!" profundo que arda en la organización.

¿Y cuál es el costo?

Roger: Hace varios años me pidieron que ingresara al Departamento de Investigación y Desarrollo de una enorme firma internacional para colaborar en la creación de una cultura del Cuadrante II. Se suponía que llevaría a cabo algunos estudios y luego trabajaría con la directora de división para crear una serie de talleres de entrenamiento de hábitos para cumplir dicho objetivo.

En el proceso, visité las oficinas de varios gerentes y empleados. Mientras me acompañaban de una oficina a otra, me intrigaba cada vez más observar que se repetía la misma escena. En cada oficina un hombre o una mujer que mostraba cansancio y con una mano sobre el teléfono y la otra sobre la computadora, ante un escritorio lleno de pilas de papeles, me miraba y decía: "¡Un minuto! ¡Enseguida estoy con usted!".

Luego de terminar el trabajo o la conversación telefónica con rapidez, la persona suspiraba, miraba el reloj y apartaba algunos papeles para hacer suficiente lugar y luego confesar que estaba muy ocupada, pues tenía mucho más que hacer de lo que era posible llevar a cabo. Entre las oficinas, la gente se apresuraba por los pasillos. Existía una especie de energía y pánico efusivo en todo el ambiente.

Por fin, regresé a la oficina de la directora de la división y le dije: "Esta gente no desea el ámbito del Cuadrante II; sugiero que no lo hablemos".

Ella preguntó: "¿Qué quiere decir?".

Le expliqué: "Esta gente ama la urgencia. Intentan convencer a los demás y a sí mismos de que tienen más que hacer que ningún otro. Allí es donde obtienen su seguridad. La urgencia domina la cultura. Sospecho que el verdadero problema reside en que nadie sabe en realidad cuáles son las prioridades".

Ella suspiró. "Es cierto. Existe una gran lucha de poder entre los vicepresidentes en lo que atañe a lo que se supone que Investigaciones y Desarrollo debe hacer. Cada uno sostiene su método. Con sinceridad, no nos comprendemos. No existe un código claro. No sabemos cuánto tiempo durará esto, pero uno de estos días las cosas se desmoronarán."

Esas personas intentaban mantener alguna especie de seguridad e identidad en la organización mediante la extrema ocupación. El paradigma fundamental era: "Cuando baje el telón y rueden las cabezas, seré el último en caer porque soy el más ocupado, el más trabajador aquí, y todo el mundo lo sabe".

Poco después de esa experiencia, hubo un gran cambio en la organización y perdieron sus puestos de trabajo algunas personas. Antes de reorganizarse, pudimos haber enseñado el método tradicional de la administración del tiempo hasta quedar exhaustos, sin generar la cultura del Cuadrante II que deseaban. El problema de base era la falta de visión compartida.

Hace poco relatamos esta historia en uno de nuestros programas al que asistían personas pertenecientes a un número de grandes firmas. Más tarde, varias de ellas se acercaron y dijeron: "¡Se habrá referido a mi compañía!". "¿Hablaba sobre mi firma? ¡Así es como somos exactamente!" Lo interesante fue que no se trataba de ninguna de ellas, pero resulta una experiencia típica.

Este problema se agravó en nuestra cultura, puesto que muchas compañías "realizan reestructuraciones". La gente se ajetrea, increíblemente ocupada, con el deseo de transmitir la sensación de que es indispensable. Los negocios en el trabajo se convierten en la principal fuente de justificación y seguridad, independientemente del hecho de que lo que hacen pertenece en lo esencial al Cuadrante III.

¡Pensemos en el costo en función del tiempo y el esfuerzo desperdiciados en las compañías debido a que la gente no posee un claro concepto de la importancia compartida! Una de las grandes firmas con las que trabajamos llevó a cabo un estudio hace pocos años y compiló información de compañías que habían ganado el Premio Deming para la calidad, en Japón. Analizaron el porcentaje del tiempo empleado en el Cuadrante II. De acuerdo con esa

	Urgente	No urgente
Importante	**I** **20-25 %** 25-30 %	**II** **65-80 %** 15 %
No importante	**III** **15 %** 50-60 %	**IV** **Menos del 1%** 2-3 %

[Los caracteres en negrita representan las compañías con alto rendimiento. Los caracteres normales representan las compañías típicas.]

© 1994, Covey Leadership Center, Inc.

información y nuestros registros de tiempo de otras organizaciones, descubrimos que las que son por lo general productivas, como la firma ganadora del Premio Deming, poseen características que difieren de forma significativa de las de las típicas. En el gráfico de página anterior se muestra el modelo típico en caracteres normales, y el modelo de las organizaciones de alto rendimiento en trazos gruesos.

Resulta fácil observar que las cifras muestran una gran polarización (no existen términos medios), y que las grandes diferencias se encuentran en los Cuadrantes II y III. Las firmas con alto rendimiento dedican mucho más tiempo a la ejecución de tareas importantes, pero no urgentes, y mucho menos tiempo a la realización de lo urgente, pero no importante. La razón primordial de estas diferencias, en la mayoría de los casos, está en el grado de claridad acerca de lo que es importante.

Al mostrar estas cifras durante años en nuestros seminarios, descubrimos que la mayoría de los participantes creen que las cifras que se refieren a las firmas de bajo rendimiento representan también a sus compañías y, por lo general, por la misma razón. ¡Esto significa que en un gran número de organizaciones (grandes y pequeñas), las personas piensan que entre el 50 y el 60 por ciento del tiempo dedicado a la administración no contribuye a los objetivos de la organización!

El grado en que la urgencia incentiva a la firma equivale al grado en que no lo hace la importancia. No quiere decir que no exista urgencia alguna. El Cuadrante I es muy real, y gran parte del tiempo se emplea en hacer cosas que son tan urgentes como importantes. ¡Pero se pierde mucho tiempo en el Cuadrante III porque no se cuenta con un claro concepto de lo importante!

La pasión de la visión compartida

La pasión creada por la visión compartida genera capacitación sinérgica. Libera y combina la energía, el talento y las habilidades de todos los involucrados. La creación de una visión compartida produce su propio orden; el intento de controlar produce el efecto opuesto: el desorden disfuncional o el caos.

Todos hemos oído lo ocurrido a grupos, equipos de atletismo, compañías y otras organizaciones que aplicaron sus esfuerzos para obtener grandes propósitos. Actúan más allá de sus recursos.

Lo mismo sucede en la familia.

Stephen: Desearía tener palabras para describir el consciente y subconsciente efecto unificador, energetizante, armonizador y guía que tuvo el enunciado de misión en nuestra familia. Lo elaboramos varios años atrás. Casi todos los domingos durante ocho meses nos reuníamos una media hora por la tarde o la noche para tratar estas profundas preguntas. "¿Qué nos ocupa? ¿Qué es en verdad importante? ¿Qué clase de hogar deseamos? ¿Qué los enorgullece al traer a sus amigos aquí?"

Por fin, redactamos el siguiente enunciado:

"La misión de nuestra familia consiste en crear un provechoso lugar de fe, orden, verdad, amor, felicidad y descanso, como también ofrecer la oportunidad para cada persona de volverse independiente de forma responsable, y efectiva de forma interdependiente con el fin de servir a propósitos dignos en la sociedad."

"Mi madre solía participar en la elaboración del enunciado, como también los niños. Ahora ellos tienen sus propios hijos, así que contamos con un enunciado de misión intergeneracional que ayudó a crear continuidad entre las generaciones. Está colgado de la pared y constantemente nos examinamos de acuerdo con la idea que transmite. Todavía encontramos áreas mal orientadas o erróneas, pero seguimos trabajando en ellas. Nos mantiene centrados en lo que potencialmente somos."

La visión compartida se convierte en la norma, el criterio para la toma de decisiones en el grupo. Une a la gente. Les confiere una especie de unidad y propósito que provee fuerza para enfrentar los desafíos.

Un hombre contó su experiencia:

Poco después de anotar mi enunciado de misión, reflexionaba sobre mi rol de padre y visualizaba el modo como deseaba que me recordaran mis hijos. Entonces, cuando planeamos las vacaciones de ese verano, decidí aplicar ese principio de visión a la familia. Elaboramos una especie de enunciado de misión familiar para ese acontecimiento. Lo denominamos "el Equipo Smith". Describía la perspectiva que deseábamos adoptar al irnos de viaje.

Cada uno asumió roles específicos que servirían para contribuir a componer el Equipo Smith. Mi hija de seis años eligió el rol de porrista de la familia. Su meta era intervenir para disolver cualquier conflicto en especial, mientras viajábamos juntos en el automóvil. Compuso varios vítores y, siempre que surgía un problema, comenzaba a recitarlos: "¡Smiths! ¡Smiths! ¡Conduciendo por la carretera! ¡Cuando nos unimos nadie nos gana en la carrera!". Con ganas o no, debíamos recitar esas palabras con ella, lo cual era muy útil para anular todo sentimiento negativo que pudiéramos sentir.

Asimismo, todos usábamos camisas idénticas. Una vez, llegamos a una estación de servicio donde el proveedor, al principio, no nos prestó atención. Mas cuando nos miró a todos allí de pie con camisas idénticas, dijo en broma: "¡Pero ustedes parecen un equipo!". Se puede decir que eso consolidó nuestra idea. Nos miramos y nos sentimos muy bien. Subimos al automóvil y partimos, con las ventanillas bajas, la radio a todo volumen y un helado que se derretía en el asiento trasero. ¡Éramos una familia!

Unos tres meses después de volver de vacaciones diagnosticaron leucemia a mi hijo de tres años, lo cual puso a la familia frente a una serie de desafíos. Lo interesante era que siempre que lo llevábamos al hospital para las sesiones de quimioterapia, preguntaba si podía usar su camisa. Tal vez se trataba de una forma de volver a conectarse con el equipo, de sentir el apoyo y recordar los momentos que pasamos juntos durante esas vacaciones en familia.

Luego del sexto tratamiento, contrajo una grave infección, por lo que permaneció en terapia intensiva durante dos semanas. Estuvimos a punto de perderlo, pero resistió. Usaba esa camisa casi sin sacársela durante esos días. Estaba manchada de vómito, sangre y lágrimas.

Cuando por fin salió del difícil trance y lo fuimos a buscar para llevarlo a casa todos usábamos la camisa de la familia en su honor. Todos deseábamos conectarnos con esa misión familiar que habíamos creado en las vacaciones.

Esa visión del Equipo Smith nos ayudó a pasar por uno de los peores desafíos que la familia había enfrentado.

Una visión compartida poderosa incide sobremanera en la calidad de vida (en la familia, en la compañía, en cualquier circunstancia donde se vive con otras personas). Nos convertimos en partes contribuidoras de un todo más grande. Podemos vivir, amar, aprender y dejar poderosos legados juntos.

Creación de enunciados capacitadores de misión compartida

Entonces, ¿cómo creamos un enunciado capacitador de visión compartida?

Pensar en ganar / ganar. Buscar primero entender. Sinergizar

Las organizaciones, las familias o los grupos de toda clase pueden aplicar este proceso basado en ganar/ganar con el fin de crear una visión compartida. Cuando observamos que personas de todo el mundo así lo hacen, vemos que la realidad del verdadero norte se validaba cada vez que se presentaban cuatro condiciones.

1. Hay suficiente gente
2. que está muy informada
3. y que interactúa de forma libre y sinérgica
4. en un medio donde existe gran confianza.

302

Este tipo de interacción penetra en el consciente colectivo. Lo vimos en Rusia, Singapur, Inglaterra, Australia, Sudáfrica, Sudamérica, Canadá, Estados Unidos, donde sea que obremos según un enunciado de misión. Cuando la gente se une y pone en práctica el proceso, adquiere un conocimiento común sobre las leyes básicas de la vida. Recurren a su sinergia creativa para visualizar las formas en que sus talentos y energías combinadas logran cambios relevantes.

Los enunciados de misión organizacionales más capacitadores se hallan en armonía con lo que denominamos la *misión universal*: "Mejorar el bienestar económico y la calidad de vida de todos los apostadores". Este enunciado trata sobre las cuatro necesidades. Reconoce que la gente no tiene sólo estómago o corazón o mente o espíritu, sino que los cuatro forman un todo sinérgico. "Todos los apostadores" incluye a *toda persona* que apuesta al éxito del esfuerzo. En una organización no son tan sólo los encargados de la administración y del trabajo; también están los clientes, los proveedores, las familias de los empleados, la sociedad, el medio ambiente, las futuras generaciones. Una familia abarca la familia extensa (todos los parientes), la familia pasada, la familia futura y la familia humana como un todo.

Los enunciados de misión capacitadores se centran en la contribución, en los propósitos que valen la pena y que generan un "¡sí!" colectivo que arde en el interior. Provienen del corazón y las mentes de todos los involucrados, no como un decreto firmado por un ejecutivo desde el "Monte Olimpo".

Si usted planea elaborar un enunciado de misión organizacional o desea revisar el que ya creó, puede que le sirva la siguiente lista de características:

Un enunciado de misión organizacional capacitador:

- se centra en la contribución, en propósitos que valen la pena y que generan un "¡sí!" colectivo profundo que arde en el interior;

303

- proviene de las entrañas de la organización y no del Monte Olimpo;
- se basa en principios atemporales;
- contiene la visión y los valores basados en principios;
- está dirigido a las necesidades de todos los apostadores;
- se orienta hacia las cuatro necesidades y habilidades.

Si bien se toma tiempo por adelantado del Cuadrante II para elaborar un enunciado de visión compartida, los ahorros de tiempo y esfuerzo son impresionantes en el transcurso del proceso. El resultado final va más allá de una mera visión compartida. El proceso nos cambia. Cambia nuestras relaciones con las personas que forman parte de él. Transforma la calidad de nuestra vida de forma fundamental.

La importancia de los roles y metas sinérgicos

Mientras intentamos llevar a cabo la visión compartida de forma efectiva, comenzamos a ver el valor de los roles y las metas sinérgicos.

En nuestra vida personal, cuando consideramos nuestros roles como partes fraccionadas de vida, entran en conflicto y competencia entre ellos. Pero, cuando los consideramos partes de un todo sumamente interrelacionado, las partes funcionan juntas para generar una forma de vida basada en la abundancia.

Lo mismo ocurre en la realidad interdependiente con respecto a los roles de las personas. Cuando observamos el modo como cada rol contribuye al todo, en lugar de pensar en función de la escasez y la competencia, podemos recurrir al proceso ganar/ganar para generar abundancia y sinergia. La clave reside en la creación de acuerdos de encargos sinérgicos.*

* Para más ejemplos sobre acuerdos de encargos, por favor llamar al (801) 229-1333 o enviar fax al (801) 229-1233.

Cuando las personas trabajan juntas para llevar a cabo una tarea, tarde o temprano deben tratar con cinco elementos:

- los resultados deseados —¿Qué es lo que intentan hacer? ¿Qué resultados buscan?—, tanto cuantitativos como cualitativos —¿Y para cuándo?—;
- las reglas —¿Con qué parámetros intentamos lograr el objetivo? ¿Cuáles son los valores, conductas, pautas, principios éticos, límites y niveles de iniciativa que debemos conocer para buscar los resultados deseados?—;
- los recursos —¿Con qué debemos trabajar? ¿De qué asistencia presupuestaria, sistemática y humana disponemos y cuál es la forma de acceder a ella?—;
- la rendición de cuentas —¿Cómo medimos lo que hacemos? ¿Qué criterios indicarán el logro de los resultados deseados? ¿Serán mensurables, observables o comprensibles, o bien una combinación de las tres características? ¿A quién le rendimos cuentas? ¿Cuándo tiene lugar la rendición de cuentas?—;
- las consecuencias —¿Por qué lo intentamos? ¿Cuáles son las consecuencias naturales y lógicas de alcanzar o no los resultados deseados?—.

Desde la perspectiva de la administración del tiempo, ¿cuánto tiempo se dedica a reparar, redefinir o resolver problemas en nuestras interacciones con los demás porque no se tiene en claro el concepto de estos cinco temas?

Las personas no poseen una idea clara de los resultados deseados:

"Pensé que querías que lo hiciera."
"No, eso no era lo que se suponía que debías hacer."
"Bueno, según creo, pensé que esto era prioridad."
"No, lo otro era prioritario."

Las personas no poseen la idea clara de las guías:

"Pensé que yo tenía la iniciativa."
"Nunca le dimos la iniciativa."
"No sabía que la compañía tenía una serie de normas."
"Bueno, así es."

Ellos no poseen una idea clara de los recursos disponibles. Evalúan su trabajo según ciertos criterios, y sus jefes lo hacen de acuerdo con otros.

Obtienen resultados negativos que ni siquiera relacionaron con la realización de la tarea, o bien no conocen cómo las recompensas se vinculan a la ejecución.

Cuando preguntamos a la gente en los seminarios cuánto tiempo invierte en sus compañías para tratar los efectos de las expectativas confusas respecto de dichos temas, contestan a menudo que un mínimo del 60 por ciento. Tenemos entre manos lo que se relaciona con la esencia de la efectividad. Hablamos acerca del tiempo y la energía considerables que se emplean en la organización del Cuadrante III o en forma negativa; tiempo y energía que podrían emplearse para hacer lo primero.

Como mencionamos en el capítulo 6, cada rol consiste en una gerencia. La clave para el esfuerzo interdependiente efectivo es lo que llamamos "acuerdos gerenciales basados en ganar/ganar". Estos contratos representan la unión culminante de las personas y las posibilidades. Es cuando se funden las misiones personales y organizacionales, y el fuego interior se expande por toda la compañía.

La creación de acuerdos gerenciales basados en ganar/ganar

El acuerdo gerencial diverge marcadamente de la delegación tradicional, que suele degenerar en la "descarga" de tareas en los demás. El acuerdo gerencial produce una asociación sinérgica para llevar a cabo todas las prioridades juntas. La delegación se convierte en una delegación gerencial. En lugar de sentirse "vaciada", la gente se involucra. Se siente motivada. Ambas partes realizan tareas de importancia compartida.

¿Cómo se elaboran estos acuerdos?

Pensar en ganar/ganar. Buscar primero entender. Sinergizar

Al sentarse a conversar con su jefe, un superior, un compañero de trabajo o un hijo, usted debe revisar el proceso y coincidir con ellos en cada uno de los cinco elementos del acuerdo gerencial basado en ganar/ganar.

1. Especificar los resultados deseados

Los resultados deseados conforman la "visión compartida" del acuerdo gerencial. Éste es el enunciado de lo que es "importante" y el factor clave en poner primero lo primero en cada relación interdependiente. Es el test de la mentalidad de la abundancia, el proceso de acometer de forma constante las soluciones de tercera alternativa y la sinergia.

Muchos de los mismos elementos que crean enunciados de misión organizacional capacitadores ayudan a elaborar enunciados de resultados deseados efectivos, como:

- centrarse en la contribución,
- satisfacer las cuatro necesidades,
- comprender lo que constituye "ganar" para *todos* los apostadores.

También es importante especificar lo que se realizará para mejorar la capacidad de producir resultados deseados en el futuro (fomentar la CP, o capacidad de producción). También es vital cerciorarse de que los resultados deseados son *resultados* y no *métodos*. Siempre que supervisamos los métodos, somos responsables de los resultados.

El enunciado de resultados deseados es esencial donde se sincronizan la familia, los grupos y los organizacionales; donde las metas y las estrategias de cada gerencia se sincronizan con la misión general y con los esfuerzos de otras personas o equipos en la organización. Esto crea un proceso de "co-misiones", la co-fusión de las misiones individuales y organizacionales.

2. Fijar pautas

Además de las políticas y procedimientos que influyen en la puesta en práctica del acuerdo, es importante identificar otras pautas como:

- los principios del verdadero norte que se emplearán para producir resultados;
- los principios organizacionales (principios operativos, no necesariamente leyes naturales) que subyacen a las normas;
- los "¡cuidado!" y los caminos conocidos que llevan al fracaso;
- los niveles de iniciativa.

Una precisa comprensión de las pautas evita muchos de los principales problemas. Por ejemplo, consideremos los niveles de iniciativa. El camarero que puede tener la iniciativa de no cobrar la comida servida a un cliente insatisfecho en un restorán, tal vez en otro sea despedido por la misma acción. Un nivel de iniciativa acordado elimina el problema.

Los siguientes seis niveles de iniciativa se extrajeron y adaptaron de la obra de William Oncken: [4]

1. Esperar hasta que se indique.
2. Preguntar.
3. Recomendar.
4. Actuar e informar de inmediato.
5. Actuar e informar periódicamente.
6. Actuar por propia cuenta.

Un acuerdo podría contener diferentes niveles de iniciativa para diferentes funciones. Una secretaria tal vez se encuentre en el nivel tres al recibir la correspondencia o al responder a los problemas del personal, y en el nivel cinco, al recibir a los visitantes y las llamadas.

Es posible que los niveles de iniciativa cambien al aumentar la capacidad y la confianza. Un niño de tres años que espera hasta que se le dice para limpiar su habitación progresará con optimismo hacia el nivel cinco cuando cumpla diez o doce años.

Lo importante es que el nivel de iniciativa coincida con la capacidad del individuo.

3. Identificar los recursos disponibles

Esta área se relaciona con los recursos económicos, humanos, técnicos y organizacionales (como los sistemas de entrenamiento o información) disponibles para cumplir el acuerdo. Es importante identificar no sólo los recursos disponibles, sino también cómo acceder a ellos, cómo trabajar con quienes los apliquen, y cuáles son los límites.

---

[4] William Oncken, *Managing Management Time* (Englewood Cliffs, NJ, Prentice Hall, 1984), pág. 106.

Uno de los recursos más descuidados —y también único en los acuerdos gerenciales de ganar/ganar— son los mismos participantes, en especial los que poseen roles de liderazgo, gerenciales o de supervisión. Dada la naturaleza de los acuerdos gerenciales, el líder puede convertirse en líder de servicio del individuo. [5] Analizaremos esta idea con mayor detalle en el capítulo 13.

4. Definir la rendición de cuentas

La rendición de cuentas se refiere a la manera de exponer lo que estamos haciendo. Crea integridad respecto del acuerdo. En este caso se descifrarán los detalles de la comunicación y se medirán los resultados.

La rendición de cuentas incluye tanto los criterios sobre la P (producción) como la CP (capacidad de producción) vinculados a cada uno de los resultados deseados. Los criterios pueden medirse, observarse o discernirse. Sin duda, la parte más complicada de la elaboración de acuerdos basados en ganar/ganar es la creación de una concreta y amplia serie de resultados deseados (de P y CP) y criterios claros sobre cada uno de ellos para aplicarlos en el proceso de rendición de cuentas.

En este proceso el individuo se autoevalúa según los resultados deseados especificados en el acuerdo. Es de ayuda para evaluar el proceso esta retroalimentación de 360 grados, que el individuo puede solicitar a los apostadores. Esta retroalimentación se brindaría directamente al individuo. En el capítulo 13 también la estudiaremos en detalle.

---

[5] La obra a la que se recurre para este tema es Robert K. Greenleaf, *Servant Leadership: A Journey into the Nature of Legitimate Power and Greatness* (Nueva York, Paulist Press, 1977).

5. Determinar las consecuencias

Existen dos clases de consecuencias: naturales y lógicas. Las consecuencias naturales se relacionan con lo que ocurre de manera natural si alcanzamos o no los resultados deseados. ¿No compartimos el mercado? ¿Incide en el resultado? ¿Cómo afecta a las otras personas? ¿Qué sucede cuando no se llevan a cabo los quehaceres domésticos? ¿Y en caso contrario? Resulta importante identificar las consecuencias negativas y positivas.

Las consecuencias lógicas pueden incluir compensación, oportunidades para el progreso, otras oportunidades para capacitarse y desarrollarse, gerencias ampliadas o disminuidas, o bien, disciplina.

Se deben abordar los dos tipos de consecuencia, pues cada una ocupa un lugar. Algunas veces los padres deben elegir anteponer a sabiendas las consecuencias lógicas a las naturales para un hijo. Si éste insiste en correr hacia la calle, por ejemplo, es probable que un progenitor lo deje experimentar la consecuencia lógica de carecer de permiso para salir, en lugar de la consecuencia natural que podría resultar.

Tratamos cada uno de los cinco temas del acuerdo gerencial basado en ganar/ganar —respecto del tiempo de liderazgo— del Cuadrante II de calidad, de forma frontal, o del tiempo de administración de crisis del Cuadrante I, de forma progresiva. Nuestra elección influye de forma apreciable en la cantidad de tiempo que dedicamos a estos temas y la calidad resultante de todo nuestro tiempo.

Como dijo una mujer:

> Adoro el método ganar/ganar. Terminé un matrimonio donde nunca supe qué se esperaba de mí, por lo que sentía que fallaba porque siempre intentaba satisfacer expectativas que no comprendía. Es maravilloso ser capaz de conversar con alguien y decir:

"Esto es lo que esperas de mí: esto es lo que espero de ti. Llegemos a un término medio y logrémoslo".

La frustración es esencialmente una función de la expectativa. La explicación de las expectativas interdependientes contribuye en gran medida a mejorar la calidad de vida.

¿Qué ocurre cuando no hay acuerdo?

Existe la probabilidad de que a menudo vea las cosas de forma diferente al comenzar la elaboración de acuerdos gerenciales. ¡Eso es fantástico! ¡La diferencia genera sinergia! Al revisar el proceso, usted habla sobre ello. Expone los temas antes de que susciten problemas. Busca soluciones creativas de tercera alternativa. Evita tratar estos temas y vive con las consecuencias negativas de los temas sin resolver y los sentimientos sin expresar. En lugar de ello, usted aplica los cuatro dones humanos para abordar y resolver la diferencia de forma sinérgica.

Pensar en ganar/ganar

En verdad usted desea que la otra persona gane. También desea ganar. Se compromete a interactuar hasta que surja una solución que agrade a ambos.

Buscar primero entender

Al buscar la mutua comprensión, tal vez le sea útil formular las siguientes preguntas:

- *¿Cuál es el problema desde el otro punto de vista?* Escuche

312

realmente con intención de entender, no de responder. Apártese de su autobiografía. Trabaje en ello hasta que pueda expresar el punto de vista de la otra persona mejor que ella misma. Luego aliéntela a que haga lo mismo.

- *¿Cuáles son los temas clave (no puntos de vista) implicados?* Una vez expuestos los puntos de vista y que las dos partes se sientan totalmente entendidas, deben abordar juntas los problemas e identificar los temas que se necesitan resolver.
- *¿Qué resultados constituirían una solución totalmente aceptable?* Averigüe lo que constituiría "ganar" para la otra persona. Identifique lo que constituiría "ganar" para usted. Exponga ambos criterios como bases para la interacción sinérgica.

Sinergizar

Es preciso que usted se oriente hacia el descubrimiento de soluciones creativas de tercera alternativa. Sugiera ideas. Utilice su mentalidad MacGyver. Abra su mente. Prepárese para la sorpresa. Trate de confeccionar una lista de opciones posibles que satisfarían los criterios que especificó.

Veamos dos ejemplos sobre cómo puede funcionar este proceso:

EJEMPLO Nº 1

Suponga que usted es representante de ventas de su compañía. Es un mercado difícil y hay numerosos competidores en su área. La mayoría de sus clientes exigen entregas puntuales, y su habilidad para cumplir con los pedidos en las fechas establecidas es esencial para llevar adelante el negocio.

No obstante, de un tiempo a esta parte la fábrica expende las mercaderías a último momento. Usted entregó atrasados un par

313

de pedidos a algunos clientes importantes. Entiende la situación de los clientes y sabe que comprarán a otro vendedor si su compañía ya no es confiable. Usted no desea perder esas cuentas, así que se dirige al gerente de la fábrica para averiguar lo que ocurre.

Cuando llega allí, descubre que este gerente está sumergido en el Cuadrante I, presionado por las exigencias que usted y los otros integrantes del departamento de comercialización imponen a la planta. Incluso comenta que es un milagro que usted haya hecho entregas después de todo.

Pensar en ganar/ganar

Usted desea ganar. Quiere que gane ese gerente. Desea que ganen sus clientes. No piensa en "o... o" (disyunción), sino en "y" (conjunción). Busca soluciones de tercera alternativa que satisfagan las necesidades de todos. Busca soluciones para los problemas crónicos en lugar de síntomas.

Buscar primero entender

1. *¿Cuál es el problema desde el otro punto de vista?* Al escuchar a este gerente, usted advierte que durante los últimos seis meses la demanda creció en un 30 por ciento y no se aprobó ampliar el presupuesto para incorporar más medios de producción. Los turnos normales se ampliaron con horas extras y se descuidó el mantenimiento, lo que aumentó los costos de mano de obra y el tiempo de inactividad por reparaciones. Las relaciones del gerente con la dirección empeoraron de forma considerable; se siente presionado de todos lados y cree que las fechas de entrega que usted señala no corresponden a la realidad. Usted también percibe que este gerente desea hacer un buen trabajo. No tiene la intención de estorbar. Desea hacer las entregas a tiempo tanto como usted. Simplemente se siente acorralado contra la pared sin salida posible. Luego de analizar la situación en su totalidad, usted comparte la situación de su cliente y sus propias preocupa-

314

ciones. Expuestos todos los puntos de vista, está listo para esforzarse en identificar los temas y encontrar soluciones.

2. *¿Cuáles son los problemas clave?* Al comunicarse abiertamente, usted admite que este problema es un síntoma de una serie mucho más amplia de inconvenientes. Los temas clave podrían abarcar:

- medios de producción;
- presupuesto;
- relaciones con la dirección;
- relaciones con los clientes.

3. *¿Qué definiría una solución aceptable para ambas partes?* Usted desea obtener soluciones de corto y largo plazo. Se da cuenta de que el gerente no puede simplemente dejar de lado las otras órdenes y cumplir primero con las suyas. Eso sólo crea problemas para todos. Asimismo, puesto que usted desea minimizar los costos y el tiempo de inactividad debido a las reparaciones, considera que las horas extras no constituyen una verdadera ganancia. Suceda lo que suceda, debe basarse en la coherencia y la confiabilidad, como también es necesario sentar las bases para el mejoramiento a largo plazo.

Sinergizar

Mientras busca soluciones de tercera alternativa, usted tal vez se enfrente con varias posibilidades:

- Usted podría ampliar el período de comienzo del proceso, agrupando los pedidos del producto de los clientes.
- Algunos de sus clientes quizá se contentarían pronto con remesas parciales de sus pedidos según las fechas de entrega estipuladas, y el cumplimiento del resto pocos días después.

- Usted podría trabajar con el departamento de comercialización para ayudar a que los demás representantes de venta comprendan estos temas. Tal vez con el objetivo de hacer negocio, los vendedores hacen promesas exageradas a sus clientes, lo que acarrea una demanda artificialmente inflada para la fábrica.
- Quizás el gerente de planta podría tratar el tema con el gerente de comercialización.
- Un representante del departamento de comercialización y el gerente de planta podrían analizar las tendencias y redactar un análisis conjunto para la dirección acerca del valor de incorporar más medios de producción a la fábrica.
- Tal vez al trabajar juntos, usted podría mejorar la eficiencia en el sistema de procesamiento de pedidos, para emplear más tiempo en la producción en lugar del papeleo.

Es posible aplicar estos y otros pasos en la búsqueda de soluciones. El objetivo es que aborden el problema juntos, en lugar de estorbarse uno a otro. Al pensar en ganar/ganar, buscar comprender y crear sinergia, usted emplea su tiempo y energía en generar soluciones en lugar de crear conflictos. El resultado final podría formar parte de un acuerdo gerencial global.

EJEMPLO Nº 2

Suponga que su hija de dieciséis años desea tener su propio automóvil. Ansía ir y venir sin depender de la disponibilidad de los vehículos de la familia. Ella ahorró algo de dinero, pero no lo suficiente, para comprar uno. Además, alega que muchos de sus amigos poseen sus propios automóviles y, como ella se siente responsable, se le debe tener confianza.

En primer lugar, usted tiende a negarse. Sabe que ella, en general, es responsable, pero en menos de un año ya le pusieron una multa. El hecho de que la muchacha dependa de los vehículos de la familia ofrece a usted la posibilidad de controlar (hasta cierto punto) los lugares adonde va y las personas que frecuenta. Usted cree que a esa edad no debería tener la libertad de hacer e ir adonde le plazca. Además, satisfacer el deseo de su hija significa gastar dinero no sólo en comprar el automóvil, sino en el seguro, la gasolina y el mantenimiento general.

Se trata de otra situación que no se soluciona con una simple respuesta. Pero, ¿con qué frecuencia se convierte en una herida abierta en las relaciones entre padres e hijos? ¿En qué medida resultaría fácil para su hija rebelarse porque cree que usted no la entiende o desconfía de ella, o para usted mantenerse firme y afirmar su autoridad paterna dado que piensa que sabe lo que es mejor? ¿Cuánto tiempo y energía podrían derrocharse en conflictos negativos? ¿Cómo llegar a una resolución satisfactoria? Recuerde: *pensar en ganar/ganar, tratar primero de entender, sinergizar.*

Al esforzarse juntos en comprender los puntos de vista, identificar los temas y crear soluciones sinérgicas de tercera alternativa, usted podría considerar la elaboración de un acuerdo gerencial basado en ganar/ganar acerca de otro automóvil para la familia. Su hija lo utilizaría siempre que respetara ciertos criterios. Usted podría especificar requisitos de mantenimiento, y hacer que ella pague el seguro y la gasolina. Podría llegar a un acuerdo por el cual ella le informaría adónde va y con quién. Como parte de ese acuerdo, usted también estipularía que su hija ayudara a transportar a algunos de sus hermanos pequeños, así usted y su esposa contarían con más tiempo disponible.

El punto no reside en que ésta sea la solución ideal o que resulte fácil hallar soluciones de tercera alternativa. El asunto es que, cuando el problema se presente frente a usted, en lugar de entre ustedes, usted evita los ciclos negativos en las relaciones críticas, que tomarían meses o años resolver, lo que afecta poderosamente el tiempo y la calidad de vida de todos los involucrados.

¿Qué ocurre si no se llega a un acuerdo?

Si bien gran parte de los acuerdos gerenciales basados en ganar/ganar no se relacionan con temas detonantes y divisivos como en los siguientes casos, nos gustaría compartirlos con usted para darle una idea de lo poderoso que puede llegar a ser el proceso. Se puede aplicar a la mayoría de los temas divisivos imaginables.

Stephen: En cierta ocasión entrenaba a doscientos estudiantes de administración de empresas en una universidad del este. Estaban también presentes muchos invitados y docentes. Tocamos el tema más difícil, más delicado, más vulnerable posible: el aborto. Pasaron al frente de la clase una persona a favor de la vida y otra a favor de la elección, ambas muy compenetrados en sus posiciones. Debían interactuar uno con otro enfrente de los doscientos estudiantes. Yo estaba allí para insistir en que pusieran en práctica los hábitos de la interdependencia efectiva: pensar en ganar/ganar, tratar primero de entender y sinergizar.

"¿Están los dos dispuestos a exponer su opinión hasta que surja una solución basada en ganar/ganar?"

"¡No sé cómo sería! No creo que ellos..."

"Esperen un minuto. No perderán. Los dos ganarán."

"¿Cómo es eso posible? Uno gana y otro pierde."

"¿Están dispuestos a hacer el intento? Recuerden que no deben capitular. No se rindan. ¡No transijan!"

"Bueno."

"Muy bien. Busquen en primer lugar comprender. No pueden exponer su opinión hasta que no vuelvan a exponer el criterio del otro a su satisfacción."

Al comenzar el diálogo se interrumpían uno al otro.

"Sí, pero no se da cuenta de que..."

Exclamé: "¡Esperen un minuto! No sé si ustedes se sienten comprendidos. ¿Se sienten comprendidos?"

"Para nada."

"Muy bien. No pueden exponer su posición."

Era increíble el estado de ansiedad en que se encontraban

318

ambos. No podían escuchar: Al tomar posiciones opuestas, de inmediato se juzgaban uno al otro.

Por último, luego de unos cuarenta y cinco minutos, comenzaron a escuchar realmente. Al observar el desarrollo de este proceso, era sorprendente el efecto causado en ambos (personal y emocional) y en todo el auditorio.

Resultaba algo muy poderoso el hecho de que escucharan con receptividad y empatía las necesidades, los temores y los sentimientos de la gente respecto del tema. Los dos tenían lágrimas en los ojos. Lo mismo la mitad del auditorio. Estaban por completo avergonzados del modo como se habían criticado y etiquetado mutuamente, y condenado a todos lo que pensaban de forma diferente. Las ideas sinérgicas que surgieron acerca de lo que se podría hacer los desbordaron del todo. Aportaron un número de alternativas, incluso nuevos criterios sobre prevención, adopción y educación. Después de dos horas, cada uno dijo del otro: "¡No teníamos idea de lo que significaba escuchar! Ahora comprendemos por qué ellos sienten así".

Este espíritu de verdadera empatía es básico para la sinergia efectiva. Trasciende la energía negativa de la toma de posiciones. Crea receptividad y comprensión y une a la gente en la tarea de resolver un problema. El punto *clave* se convierte en la calidad de las relaciones entre la gente involucrada y su capacidad para comunicarse y sinergizarse mutuamente mientras buscan soluciones de tercera alternativa.

Observamos que este espíritu de empatía transforma las situaciones una y otra vez. Sucedió cuando el presidente de un sistema hospitalario y el director médico abordaron un tema delicado acerca de contratar médicos de guardia durante dos horas frente a un auditorio de alrededor de ciento cincuenta personas miembros del directorio, administradores, médicos y otras relacionadas con esa institución.

Sucedió con una empresa que había reaccionado de forma exagerada a un medio regulador que suprimía la iniciativa, la creatividad y la inventiva de los ingenieros en diseño al punto que deseaban abandonar la empresa. Los directivos de más alto rango todavía se sometían con temor y vacilaban ante los controles que los censuraban sin concesiones. Pero cuando los superiores que representaban los dos puntos de vista diferentes revisaron este proceso, aportaron un enfoque totalmente nuevo que preservaba la creatividad y la inventiva de los ingenieros de diseño y también satisfacía los criterios del departamento de control.

Sucedió en una gran compañía donde se mantenía una larga lucha entre uno de los principales departamentos y los directivos de más alto nivel acerca de cómo se podía devaluar el activo. El departamento creía que desmoralizaría totalmente a la empresa. Los directivos defendían su puesta en práctica. Pero al emprender la revisión del proceso, el espíritu de empatía los transformó. Las dos partes comenzaron a mirar en la misma dirección con un sentido de visión compartida y responsabilidad en lugar de oponerse uno a otro. Comenzaron a actuar con respeto al comunicarse sus opiniones, y de forma creativa, al exponer sus sugerencias. Después de media hora exacta se resolvió un tema muy arraigado que había dividido a la firma hasta el punto de que nunca se discutía. La gente se sorprendió sobremanera del poder de esta interdependencia.

Cuando la gente realmente piensa en ganar/ganar, cuando busca comprender al otro con profundidad, y centra su energía en la resolución sinérgica de problemas en lugar de oponerse mutuamente, se obtienen resultados inmensos. Vemos el poder de este proceso en la situación más complicada y tensa imaginable.

> *Stephen*: En cierta oportunidad debía presentarme en una de las compañías más importantes, llamé por teléfono y me comunicaron: "Regrese a casa. Acaban de cancelar la reunión".
> "¿Por qué? ¿Qué ocurrió?"
> "El sindicato declaró la huelga."
> "¿Por qué?"
> "Porque no trataban a algunas personas según lo acordado."

"¿Lo reconoció la administración?"

"Así es."

"Entonces es el momento. Las circunstancias son propicias. No cancele la reunión. No se retire. Sólo polarizarán y adoptarán una postura mientras reúnen gente para atacar."

Con anterioridad habíamos enseñado el proceso basado en ganar/ganar a toda la organización, lo que había incidido sobremanera en la vida de todos desde el punto de vista personal y familiar. Algunas personas, incluso, habían preparado una película con pruebas del poder de este proceso. No obstante, los directivos, en un cierto sentido, creían que estaban por encima de eso y que no lo necesitaban.

Propusimos al estrato gerencial: "Discúlpense. Es poca cosa. Vuelvan a celebrar la reunión. Ahora es el momento".

Se disculparon. Era la primera vez que ocurría algo así, pero se trataba de un principio correcto. Invitaron al presidente del sindicato. "Muy bien", dijo, "regresaremos. Pero llegaremos tarde con una declaración, de manera que no piensen que traicionamos nuestra causa."

Cuando me presenté en la reunión, dije al presidente de la compañía y al presidente del sindicato: "Voy a solicitarles que hagan algo que requerirá mucho coraje. ¿Están dispuestos a intentarlo?". Luego de cierta vacilación, aceptaron.

Les pedí que los dos se situaran frente al auditorio. Afirmé: "Sólo deseo que escuchen lo que dicen estas personas".

"Conocen las metas ambiciosas y casi heroicas que se establecieron para ustedes y que es evidente que aceptaron." Me volví al auditorio. "¿Cuántos de los presentes creen con sinceridad que alcanzarían esas metas con el actual estado de su empresa?" Era un gran auditorio con setecientas u ochocientas personas, desde supervisores de primer nivel hasta ejecutivos de primer rango. No vi alzada ni una mano.

"Ahora, ¿cuántos de ustedes piensan que si ponemos literalmente en práctica el proceso del que hablamos (pensar en ganar/ganar, tratar primero de entender, sinergizar) podríamos alcanzar esas heroicas metas que parecen imposibles?" Casi todos levantaron la mano.

Me volví a los dos presidentes y les dije: "Observen el mensaje de esta organización. Deseo pedirles a los dos que se comprometan frente a todos a aprender y enseñar en forma grupal este proceso a sus subalternos y que ellos a su vez con sus pares lo transmitan a sus subordinados hasta que todo el mundo esté enterado y se resuelva el tema. Ahora, si no están dispuestos a vivir según ese compromiso, no lo hagan. Digan: 'Deseo pensar sobre ello. Esperemos'. No desearán crear expectativas sobre lo que no son capaces de lograr".

Se miraron uno a otro por un largo tiempo. La tensión en la sala era increíble. Por último, extendieron los brazos, estrecharon sus manos y se abrazaron. El lugar estalló en aplausos.

En la actualidad componen una de las compañías líderes de Estados Unidos, no sólo debido a esa experiencia —la situación varió a veces—, sino por la disposición que tenían en aplicar este proceso que resultaba relevante en el mejoramiento de vida de todos los apostadores.

¿Existe alguna técnica sobre la administración del tiempo que ahorre este tipo de tiempo? No hablamos del control y la delegación "en recaderos" o, incluso, la buena delegación. Hablamos de salir de las relaciones transaccionales para entrar en las transformacionales: en la verdadera capacitación. Hablamos de penetrar en el poder de las dotes humanas singulares de todo ser humano implicado en un proceso sinérgico por el cual podamos abordar incluso los temas indiscutibles y resolver los delicados de modo que beneficie a todos.

Ganar/ganar no se basa en la hostilidad, sino en la sinergia. No es transaccional, sino transformacional. Y todos los que participan en él o son testigos lo advierten.

La diferencia de poner primero lo primero, juntos

¿Qué ocurriría si todos viviéramos y trabajáramos dentro de culturas con visión compartida y acuerdos responsables, donde ganar/ganar fuera un modo de interactuar? ¿Qué aporte relevante brindaría?

Considere la *supervisión*. En una cultura donde impera la falta de confianza, la supervisión se relaciona con palabras como *controlar, vigilar, inspeccionar y supervisar*. En una cultura donde existe gran confianza, la gente se controla a sí misma conforme al acuerdo. Los criterios son claros, las consecuencias son precisas. Existe la comprensión general de lo que se espera. Un gerente, un jefe o un padre se convierten en la fuente de ayuda (en facilitadores, colaboradores, alentadores, consejeros, entrenadores), alguien que limpia los derrames de petróleo y luego se marcha.

¿Qué es la *evaluación*? En una cultura donde hay poca confianza, usted está forzado a competir, a evaluar el rendimiento externo y a enjuiciar. En una cultura donde existe gran confianza, el juicio está incluido en el acuerdo de rendimiento antes del hecho, en lugar de luego del hecho. La gente se juzga a sí misma. Su evaluación no es la mera función de medir, sino de discernimiento. "Las cifras parecen buenas, pero me preocupa esta área en especial..." Las personas conocen mucho más los temas que influyen en su rendimiento y éxito.

¿Qué es el *radio de control*? En una cultura donde no existe la confianza, el radio de control es reducido. Se requiere tiempo y energía para vigilar y controlar. Usted puede controlar un cierto número de personas. En una cultura donde reina la confianza usted no necesita vigilar y supervisar. No intenta controlar, sino liberarse. En lugar de uno a ocho o diez, se obtiene uno a cincuenta, uno a cien, uno a doscientos.

¿Qué es la *motivación*? En la cultura que carece de confianza, usted se halla dentro de "la gran teoría estúpida de la motivación": la zanahoria frente a usted, el palo detrás. En la cultura donde existe un alto nivel de confianza, la gente se siente motivada por dentro. Los impele el fuego interior. Los guía una especie de pasión acerca del cumplimiento de una visión compartida que también es una co-misión, una sinergia entre su propia misión y la misión de la familia o la compañía.

¿Qué son *la estructura y los sistemas*? En la cultura donde escasea la confianza desbordan la burocracia, el exceso de normas y reglamentos y los sistemas restrictivos y cerrados. Por temor a algunos "cánones flojos", la gente establece procedimientos que todos deben adoptar. El nivel de iniciativa es bajo (básicamente "se hace lo que se ordena"). Las estructuras son piramidales y jerárquicas. Los sistemas de información son de corto plazo. Los resultados cuatrimestrales suelen conducir la mentalidad en la cultura. En una cultura donde domina la confianza, las estructuras y los sistemas se sincronizan para capacitar, para liberar la energía y la creatividad de las personas hacia propósitos acordados dentro de las pautas de valores compartidos. No hay tanta burocracia ni tantas reglas ni reglamentos, pero sí más compromiso.

Ahora bien, ¿en qué forma incide esta diferencia en nuestro tiempo?

¿Cuánto tiempo se emplea en controlar, vigilar, observar, inspeccionar y "husmear"?

¿Cuánto tiempo se gasta en sistemas de evaluación basados en la competencia, en el juego de la evaluación y en los programas de "motivación"?

¿Cuánto tiempo se gasta en abordar sistemas, normas y reglamentos burocráticos?

¿Cuánto tiempo se gasta en clasificar los innumerables problemas de comunicación que derivan de la escasez de confianza?

¿Y sobre el costo de tiempo y oportunidad cuando la gente está tan ocupada en la microadministración y la atención inmediata de las crisis, que no dedica tiempo a las capacidades de planificación, prevención y capacitación de suma importancia dentro del Cuadrante II, que aportan cambios relevantes?

Empleamos un tiempo increíblemente excesivo en tratar los síntomas de la baja confianza y en *aprender que hacerlo con rapidez no brindará resultados de calidad.*

"Primero, lo primero" es una función de capacitación. Es la

forma suprema de mover la palanca desde la posición que marca la proporción "uno a uno" a la que indica la proporción de "una unidad de esfuerzo a mil unidades de resultado".

Ninguna técnica de la administración del tiempo enfoca siquiera los resultados. Y es por ello que la capacitación se halla en la esencia misma del Cuadrante II.

13

La capacitación desde adentro hacia afuera

Siempre que pensamos que el problema está
"allí afuera", ese pensamiento es el problema.

Sería maravilloso si todos viviéramos y trabajáramos en culturas donde imperara la confianza y la capacitación. Es evidente que esto no sucede. Las empresas donde trabajamos a menudo están dominadas por normas, reglamentos y burocracia. Tenemos direcciones fusionadas y sistemas basados en la competencia. Los niveles de iniciativa son bajos. Las personas en lo esencial obtienen satisfacción *fuera* del puesto de trabajo. Pasan mucho tiempo laboral en el Cuadrante III (en politiquear, criticar, culpar, acusar y confesarse los pecados *unos a otros*). Luego se detienen en los pasillos a confortarse unos a otros:

"¿Puedes creer lo que hizo este gerente?"
"¡En verdad! ¡Déjame que te cuente lo que me ocurrió!"
"No me extraña que nunca se lleve a cabo nada aquí."
"Bueno, ¿qué esperabas?"

Entonces, ¿qué podemos hacer?
Siempre que pensemos que el problema está "allí afuera", ese pensamiento es el problema. Nos descapacitamos. En otras palabras, regalamos nuestro espacio, el espacio que nos permite elegir una respuesta constructiva. Otorgamos poder a las circunstancias y a las debilidades de los demás para que nos

326

controlen. Colocamos nuestra energía en el círculo de preocupaciones, en las cosas sobre las que no poseemos control alguno.

El liderazgo basado en principios equivale a la capacitación personal que genera capacitación en la organización. Es concentrar nuestra energía en nuestro propio Círculo de Influencia. No de culpar o acusar. Es actuar con integridad para crear el ámbito en el cual nosotros y los demás podemos desarrollar carácter, aptitudes y sinergia.

Podemos no ser *el* líder, pero somos *un* líder. Al ejercer el liderazgo centrado en principios nuestro Círculo de Influencia crece.

Stephen: Hace varios años un hombre con un puesto de nivel bajo en el área de administración de una compañía deseaba asistir a uno de nuestros seminarios. El programa estaba destinado a directivos, pero, dado que ansiaba tanto concurrir, casi había rogado que le permitieran hacerlo. Por último, como consecuencia de su persistencia, aceptaron.

Este hombre fue tan proactivo que apenas tomó la pelota comenzó la carrera. Al principio se centró en el crecimiento personal y profesional mientras ampliaba sus habilidades. Obtuvo un ascenso tras otro, y en dos años era el número tres de la empresa.

Más tarde decidió dedicar tiempo a la comunidad y ayudar a resolver grandes temas sociales. Era tan dinámico que se convirtió en un secretario ejecutivo en una firma de servicios. Incluso le solicitaron que se incorporara con tiempo completo, pero no deseaba dejar su compañía.

Estoy seguro de que es posible abandonar a ese hombre desnudo y sin un centavo en cualquier lugar y, en un breve período, llegaría a la cima de una empresa debido a su proactividad, sensibilidad y conocimientos. Nunca olvidaré la luz que tenía en los ojos cuando comenzó a comprender el poder que se obtenía al obrar dentro del Círculo de Influencia.

En este capítulo nos gustaría analizar tres tareas específicas que se pueden ejecutar dentro de cualquier Círculo de Influencia para actuar en el Cuadrante II con el fin de capacitarnos y ayudar a transformar nuestro medio.

1. Fomentar las condiciones de capacitación,
2. deleitarse en el almuerzo de los campeones,
3. convertirse en un líder de servicio.

1. Fomentar las condiciones de capacitación

No es posible instalar la capacitación: debe desarrollarse. Se trata de fomentar las condiciones que la generan, pues su existencia posibilita que la cultura se vuelva capacitadora.

En realidad no "capacitamos" a los demás, sino que, al fomentar estas condiciones, creamos el medio donde se pueden capacitar a sí mismos mediante la aplicación de sus cuatro dones. Se trata de una inversión del Cuadrante II de gran relevancia que aporta enormes beneficios.

En uno u otro grado, cada una de estas condiciones se halla dentro de nuestro Círculo de Influencia. Considerémoslas a continuación para ver dónde y cómo podemos centrar nuestros esfuerzos para aportar un cambio capacitador.

Condición 1: Confiabilidad

La esencia de la capacitación es la confiabilidad, una función del carácter y la capacidad. El carácter es lo que somos; la capacidad, lo que hacemos. Ambos son necesarios para crear confiabilidad.

Stephen: Un hombre que conozco bien renguea un poco debido a un defecto en su rodilla izquierda. Visitó a un médico que era una persona muy agradable, pero incompetente. No poseía la aptitud para actuar en una actividad de tres dimensiones, puesto que se basaba en el control de dos. Limpió un poco el cartílago, pero

328

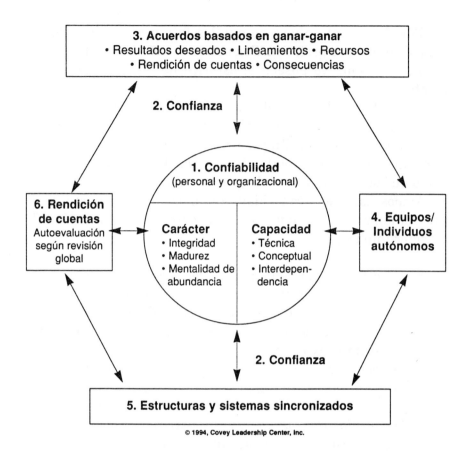

© 1994, Covey Leadership Center, Inc.

no diagnosticó la extenuación del ligamento cruciforme anterior. Como consecuencia, ese hombre nunca entró en terapia. Nunca pagó el verdadero precio. Más tarde, cuando sus hijos se lastimaron las rodillas en las clases de atletismo, no los envió a ese médico. No confiaba en él.

Al escuchar la historia, un directivo expresó: "Ahora comprendo por primera vez la razón por la cual no confío en algunas personas. Pienso: 'Eres una buena persona. Eres sincero. Entonces, ¿por qué no confío en ti?'".

"Me doy cuenta ahora de que les faltan aptitudes. No se actualizaron en su profesión. Son obsoletos. Se dejaron llevar por la organización. No poseen el espíritu de mejorar continuamente."

Sin embargo, la capacidad sin el carácter tampoco inspira confianza. Nadie desea consultar a un médico que posee aptitudes pero es deshonesto. Tal vez usted sólo necesite terapia, pero como una operación le aporta dinero al médico, lo convence para que usted se someta a una cirugía que ni siquiera precisa.

Ambos, carácter y capacidad, son indispensables para inspirar confianza, y se hallan dentro del Círculo de Influencia. El carácter implica:

- *Integridad* —el talento para hacer lo que se dice, una integralidad total en su vida pública, privada e interior en lo que respecta a un conjunto equilibrado de principios—.
- *Madurez* —el equilibrio entre coraje y consideración que le permite expresar lo que necesita expresar, ofrecer retroalimentación honesta y abordar los temas de una forma directa pero comprensiva y respetuosa de los sentimientos, pensamientos y opiniones de los demás—.
- *Mentalidad de abundancia* —el paradigma de que la vida siempre está en expansión, que existe un número infinito de terceras alternativas (en contraste con el paradigma de que la vida es un juego de suma cero, que la torta tiene un determinado tamaño, y que si otro toma un trozo, tengo menos para mí)—.

La competencia implica:

- *Capacidad técnica* —el conocimiento y la habilidad para alcanzar los resultados acordados; la habilidad para analizar los problemas y buscar nuevas alternativas—.
- *Capacidad conceptual* —la habilidad para visualizar el

330

gran cuadro, para examinar los síntomas y modificar las perspectivas—.

- *Capacidad interdependiente* —el talento para interactuar de forma efectiva con los demás, más la aptitud de escuchar, comunicarse, llegar a terceras alternativas, generar acuerdos ganar/ganar y esforzarse por obtener soluciones sinérgicas; la capacidad para ver y actuar de forma efectiva y contributiva en organizaciones y sistemas completos—.

El carácter y la capacidad son áreas de enfoque de mucha relevancia que posibilitan las otras condiciones.

Una división en una gran empresa internacional fue capaz de ver cómo esta conexión incidía en el intento infructuoso de implementar un programa de calidad total. Declararon esencialmente:

> Nuestro problema es la escasez. Tenemos escasez en la forma en que incorporamos a la gente en nuestras jerarquías, escasez en la forma en que les otorgamos ascensos, escasez en la forma en que los compensamos, escasez en la forma en que inculcamos el compañerismo, escasez en la forma en que distribuimos los premios por colaboración. ¡No es sorprendente que tengamos una cultura tan malograda! No es sorprendente que haya tanta envidia. Existe una unidad fingida, simulada y artificial. En lo profundo hay fuerzas que destrozan esta cultura: agendas ocultas por todos lados, problemas de relaciones, conflictos entre los departamentos. Debemos tener estructuras y sistemas severos, normas y reglamentos que pongan suficiente orden en la compañía como para permitir que sobreviva al cambiante medio. Existen hechos que prueban que ya no lo logramos. Nos damos cuenta de que no lo lograremos con un paradigma de solución instantánea basado en la compartimentalización y no en la comprensión ecológica de lo que crea esta cultura sinérgica.

Podemos ver esta situación una y otra vez. Las personas que se aferran a guiones basados en la competencia generan sistemas que incentivan la competencia en lugar de la cooperación. La gente con un paradigma fundamental basado en la urgencia genera sistemas que derivan de él. Aun cuando un tercero ingrese e intente instalar sistemas y estructuras basados en la importancia y en ganar/ganar, si el paradigma básico persiste, la gente recurrirá a sus paradigmas en los momentos de presión.

La realidad es que el carácter y la capacidad guían toda la organización. Fomentar el carácter y la capacidad es lo más relevante que podemos hacer para crear capacitación.

Una forma poderosa de fomentar el carácter y la capacidad consiste en formularnos las siguientes preguntas mientras estamos a punto de establecer nuestras metas semanales:

- ¿Qué conocimientos o habilidades son necesarios para realizar mejor mi trabajo e interactuar con mayor efectividad con los demás?
- ¿Aplico el coraje para progresar y abordar los temas?
- ¿Me muestro comprensivo y sensible ante las necesidades de los demás?
- ¿Busco sin cesar soluciones de tercera alternativa?
- ¿Escucho a mi conciencia y actúo conforme a mi misión y el verdadero norte?

Estos interrogantes invitan a la conciencia a determinar áreas donde centrar el esfuerzo. Según las respuestas, podemos fijar metas para mejorar basadas en "afilar la sierra" o en los roles.

Además de la confiabilidad individual, el carácter y la capacidad de cada miembro son condiciones necesarias para capacitar la organización.

- ¿Puedo confiar en que la compañía sustentará sus compromisos?
- ¿Puedo confiar en que el equipo rinda cuando sea necesario?

- ¿Pueden los miembros de la familia apoyarse mutuamente y lo hacen?

Recuerde que no existe conducta organizacional; sólo comportamientos individuales en la organización. Una organización es digna de confianza únicamente cuando los individuos que la forman son dignos de confianza.

Condición 2: Confianza

La confianza es lo que mantiene todo unido. Crea el medio propicio para que florezcan todos los demás elementos (acuerdos responsables de ganar/ganar, individuos y equipos autónomos, estructuras y sistemas sincronizados y rendición de cuentas). Entonces, cuando se cumplen todas estas otras condiciones —cuando la gente crea acuerdos— responsables de ganar/ganar, cuando los individuos y los equipos se vuelven autónomos, cuando las estructuras y los sistemas se sincronizan y la rendición de cuentas se halla en constante progreso— la confianza aumenta aún más. El proceso es recursivo.

La confianza es la consecuencia natural de la confiabilidad. Por ende, lo más relevante que podemos hacer para crear confianza es ser confiables.

Condición 3: Acuerdos responsables ganar/ganar

Podemos no hallarnos en una posición formal de liderazgo en nuestro grupo u organización, pero ello no significa que no podamos iniciar acuerdos responsables referentes a nuestra área de responsabilidad. Podemos hacerlo en nuestra familia, en nuestro trabajo en equipo o en nuestro grupo de servicio a la comunidad.

- ¿Cuáles son los resultados que deseamos alcanzar?
- ¿Qué lineamientos debemos seguir?
- ¿Con qué recursos contamos?
- ¿A quién rendimos cuentas de ese esfuerzo?
- ¿Cuáles son las consecuencias?

Sea cual fuere su Círculo de Influencia o su cultura, usted puede esforzarse en generar expectativas compartidas y comprensión. Los interrogantes que formulamos durante la organización de la semana para ayudarlo a fijar metas para fomentar los acuerdos responsables incluyen:

- ¿Poseo acuerdos responsables significativos en cada rol?
- ¿Hay acuerdos que necesiten reforzarse, modificarse, elevarse de nivel?
- ¿Actúo con integridad para llevar a cabo los acuerdos que establecí?

Siempre que ayudamos a crear una visión y una estrategia compartidas (con un jefe, un compañero, un subalterno, un cónyuge, un hijo o un asociado) nos capacitamos a nosotros mismos y a los demás.

Condición 4: Equipos e individuos autónomos

¿Quién supervisa en una cultura donde abunda la confianza? El acuerdo.

La autonomía basada en el acuerdo se halla dentro de nuestro Círculo de Influencia. Podemos aceptar la responsabilidad de gobernarnos como personas o como parte de grupos o equipos en armonía con el verdadero norte y según los acuerdos que estipulamos. Podemos realizar lo que acordamos (incluyendo planear, actuar y reevaluar) sin que otro lo dirija, controle, inspeccione y vigile. Y podemos construir esa capacidad en los demás, no mediante métodos de supervisión, sino exigiendo a las personas que respondan por los resultados y colaborar con ellas en alcanzar esos objetivos.

Algunas preguntas que podríamos formular durante la organización del Cuadrante II son:

- ¿Espero por lo general hasta que me dicen que debo realizar lo que ya sabía que tenía que hacer?
- ¿Permito a los demás que apliquen con libertad los métodos que más les convienen, sin importar mi preferencia personal en tanto alcancen los resultados acordados?
- ¿Brindo a los demás espacio mientras trabajan, o los vigilo y controlo constantemente?

Condición 5: Estructuras y sistemas sincronizados

Cuando las estructuras y los sistemas se sincronizan, facilitan la capacitación; en el caso contrario, la dificultan. Si usted intenta aplicar la importancia como paradigma guía y su sistema de planificación se estableció sobre una base diaria de tareas, su sistema no se halla sincronizado. Si usted intenta inculcar responsabilidad a sus hijos y sin cesar les delega detalladas tareas de "recadero" —qué hacer, cómo y cuándo hacerlo— su sistema no está sincronizado. Si usted trata de alentar la cooperación en su compañía, pero recompensa la competencia, su sistema no está sincronizado. En todos estos casos, usted obra en contra de los objetivos que desea lograr. Cuando la estructura y los sistemas se hallan sincronizados, generan integridad o integralidad. Facilitan, en lugar de dificultar, lo que se intenta alcanzar.

Algunas estructuras se encuentran en nuestro Círculo de Influencia; otras, no. Si nos hallamos en una posición de liderazgo formal, podemos ser responsables de sistemas como compensación, información o entrenamiento que influirán en el tiempo y la calidad de vida de mucha gente. Invertir tiempo en el Cuadrante II para crear sistemas basados en los principios y la abundancia, desarrolla una poderosa sincronización en la cultura.

Pero si no nos hallamos en situación de crear estructuras y sistemas para la empresa, podemos tener la posibilidad de influir en su creación o re-creación. Podemos tomar tiempo del Cuadrante II para crear sistemas y estructuras sincronizados en nuestra vida personal (nuestra compañía, nuestros sistemas de información personal y nuestro programa de desarrollo personal). Podemos crearlos en nuestra familia y fomentar un medio donde los acuerdos responsables se conviertan en la forma de interactuar. Podemos ayudar a crearlos en nuestro equipo de trabajo o en grupos de servicio a la comunidad o de interés especial. En todo ámbito donde interactuamos con terceros, podemos abordar los temas y ayudar a crear estructuras y sistemas basados en el verdadero norte.

Esto reitera otra diferencia importante entre la administración y el liderazgo. Mientras la administración actúa *en* el sistema, el liderazgo actúa *sobre* el sistema. Al organizar nuestra semana, podemos fomentar la sincronización de la estructura y los sistemas al inquirir:

- ¿Existen sistemas o estructuras que obstaculizan la obtención de los resultados deseados?
- ¿Existen sistemas o estructuras que podrían crearse para facilitar el logro de los resultados esperados?
- ¿Cuál es el mejor método, dentro de mi Círculo de Influencia, para crear o modificar esos sistemas?
- ¿Cómo puedo trabajar de forma sinérgica con los demás para lograr cambios?
- ¿Qué sistemas y estructuras personales poseo que podría mejorar?

Condición 6: Rendición de cuentas

Cuando nos encontramos en un medio donde reina una creciente confianza, donde se desarrollan acuerdos responsables de ganar/ganar y las estructuras y los sistemas están sincronizados, ¿cómo se lleva a cabo la rendición de cuentas? En gran medida, a través de la autorrendición según los criterios del acuerdo.

Las tareas específicas que podemos realizar para fomentar la rendición de cuentas incluyen:

- establecer criterios específicos en el acuerdo,
- ejercitar el discernimiento,
- solicitar y recibir retroalimentación.

Al establecer criterios en el acuerdo, creamos pautas según las cuales podemos medir nuestro rendimiento.

Al desarrollar discernimiento dependemos menos de los factores externos —como ascensos, premios, reconocimiento formal o social—, dada la sensación de que realizamos un buen trabajo. Aceptamos la responsabilidad de nuestra excelencia. No culpamos a otro por un rendimiento mediocre; no nos enorgullecemos por elogios no merecidos. Las críticas o las alabanzas de los demás pasan a un plano secundario a nuestra conexión con la conciencia.

Pero poseemos humildad para buscar retroalimentación de los demás como una parte vital de nuestro proceso de evaluación, planificación y· toma de decisiones. Analizamos la retroalimentación en detalle al abordar el deleite en el "almuerzo de los campeones".

La identificación y la comprensión de estas seis condiciones de capacitación nos permiten centrar nuestros esfuerzos en las actividades de mayor relevancia del Cuadrante II. Cuando no reconocemos o no sabemos cómo resolver los problemas crónicos en familia, grupos o empresas, empleamos demasiado tiempo enfrentando las crisis de los Cuadrantes I y III. Incluso las tareas del Cuadrante II alcanzan nivel de síntoma: cortamos las hojas en lugar de cuidar las raíces.

Al comprender estas condiciones podemos centrar nuestros esfuerzos en temas fundamentales y profundos. Ello nos ayuda a aprender la forma en la que debemos actuar dentro de nuestro Círculo de Influencia —sea cual fuere— para lograr cambios importantes.

2. Deleitarse en el almuerzo de los campeones

La creación del carácter y las aptitudes es un proceso, y una de las tareas de mayor trascendencia que podemos poner en práctica en él es buscar retroalimentación de 360 grados. Necesitamos humildad para pedirla y recibirla. A veces es preciso aspirar muy profundamente para pasar por esta experiencia. Pero al comprenderla y actuar con sabiduría se influye poderosamente en el tiempo y la calidad de vida. Debido a su valor, algunos llaman a esa información "el desayuno de los campeones". Pero no es el desayuno, sino el almuerzo. La visión es el desayuno. La autocorrección es la cena. Sin visión, no tenemos contexto para la retroalimentación. Respondemos simplemente a lo que un tercero valora o desea. Vivimos fuera del espejo social. Caemos en la trampa de intentar convertirnos en muchas cosas para los demás, de satisfacer las expectativas de todos, y terminamos por no cumplir las de ninguno, incluso las propias.

Sin embargo, con un claro sentido de visión y la misión, podemos usar la retroalimentación para lograr una mayor integridad. Poseemos la humildad de reconocer que tenemos defectos y que otras perspectivas nos ayudarán a mejorar la calidad de la propia. También contamos con la sabiduría de advertir que la

338

retroalimentación nos dice mucho sobre las personas de las que la recibimos, tanto como de nosotros mismos. Las respuestas de los demás reflejan no sólo lo que piensan de nosotros, sino también lo bien que se sienten de que hagamos las cosas que son importantes para ellos. Debido a que las personas nos interesan y a que parte de nuestro liderazgo consiste en generar importancia compartida, esta dimensión de retroalimentación también es vitalmente importante. Pero la retroalimentación no nos gobierna; somos gobernados por los principios y los propósitos que establecimos en nuestros acuerdos de misión.

Podemos obtener retroalimentación como empleados (de jefes, subalternos, asociados o compañeros). Podemos conseguirla como padres (de hijos, cónyuge, otros padres, nuestros propios padres). Podemos obtenerla en nuestro rol desempeñado en la comunidad, en la familia o en donde ayude la perspectiva adicional.

Rebecca: Recuerdo la primera vez que Roger pidió retroalimentación a nuestros niños. ¡Casi caigo desmayada! Pensé: "¡Fantástico! Ahora lo oiremos todo: las prácticas de piano, la espinaca, la hora de dormir, los quehaceres domésticos...". Casi me dolía la cabeza al recordar todas las cosas que con seguridad saldrían.

Roger pidió a cada uno de los niños que escribieran tres palabras en un pedazo de papel: continuar, detenerse y comenzar. Luego dijo: "¿Qué acciones que realizo les gustaría que siguiera haciendo? ¿Qué les gustaría que dejara de hacer? ¿Qué les gustaría que comenzara a hacer que no hago ahora?". Debí admitir que admiraba su coraje.

Pero lo que más admiré fue la profundidad de las respuestas de los niños. De alguna manera percibieron que era el momento para otro tipo de reacción. Sus respuestas eran reflexivas, útiles y sustentadoras. Reflejaban conocimiento y apreciación. Sus sugerencias nos hicieron conocer a ambos cosas que eran importantes para ellos, como también los cambios que podríamos hacer para mejorar la situación. Tiempo después, reuní coraje para llevarlo a cabo por mí misma y otra vez me sorprendí ante la madurez de sus respuestas.

A través de los años, llegamos a valorar mucho la información de nuestros hijos, en especial cuando algunos de los mayores dejaron el hogar y tuvieron una perspectiva más amplia de dicha experiencia. No se trataba tan sólo de ser útil, sino de brindar a los niños un sentido de participación e inversión al crear la clase de familia que deseábamos tener.

Tan pronto como recibimos retroalimentación, es conveniente analizarla con cuidado y luego dirigirnos a los que nos la proveyeron y les digamos: "Gracias, aprecio esta retroalimentación. Déjenme compartirla con ustedes. Esto es lo que me están diciendo". Luego es preciso devolvérsela e involucrarlos en la creación de un plan de acción basado en ella. Al hacerlo, usted se convierte en un agente catalizador. Impone el modelo de cambio y, cuando los demás lo notan, se vuelven receptivos a esa transformación y a la propia.

Existe una variedad de métodos sencillos y efectivos para obtener retroalimentación. El método "continuar/detenerse/comenzar" es sólo un ejemplo. Hay métodos formales e informales. La retroalimentación puede ser anónima o frontal. Sus herramientas, que se basan en criterios objetivos, como nuestro *Seven Habits Profile* [Perfil de los Siete Hábitos] por lo general resultan más poderosas porque los criterios se vinculan al consciente colectivo —en principios con que se identifican las personas—, en lugar de reflejar los valores del individuo que la provee.

Es muy importante que la gente no juzgue el carácter del otro. La retroalimentación se debe ofrecer según criterios de rendimiento y efectividad, y no de carácter. Cuando los resultados deseados se relacionan con los criterios de rendimiento, la gente se compenetra y actúa sobre su carácter, si ello sirve para alcanzar esos objetivos.

Un ejecutivo de alto rango pidió que las personas suministraran retroalimentación basada en dos preguntas, que se diseñaron conforme a la idea de que empleamos nuestro tiempo en tres roles diferentes:

- *como productor* (al ejecutar acciones necesarias para producir los resultados deseados),
- *como administrador* (al establecerse y trabajar con los demás en sistemas),
- *como líder* (al proveer la visión y la dirección, y formar un equipo complementario basado en el respeto mutuo).

Pidió que le indicaran con el tamaño de las letras P, A y L dónde creían que él empleaba la mayor parte de su tiempo. Luego solicitó que representaran la forma en que creían que *debía* emplear su tiempo. Al obtener la información descubrió que su perfil era PAL, mientras que el perfil deseado equivalía en forma abrumadora a PAL. Sus empleados deseaban que dedicara más tiempo a la conducción de la empresa. Creían que era necesario que hiciera previsiones, observara las tendencias y fijara la dirección de su compañía en una industria que cambiaba con rapidez. Pensaban que ellos podían ocuparse de la administración y la producción mientras que el mejor modo de que él empleara sus energías era en el liderazgo.

Basado en esta retroalimentación, este ejecutivo hizo grandes cambios en sus actividades. Centró su atención en el ámbito de los negocios. Los que les suministraban retroalimentación, alentaban y apoyaban su cambio. Poco después, se notaron los beneficios de este procedimiento. Era capaz de identificar y responder a determinadas tendencias que catapultaron a la compañía de forma impresionante y crearon un significativo aumento en su participación en el mercado.

El asunto aquí no radica en que el liderazgo es más importante que la producción o la gerencia. Las tres áreas son vitales para el éxito de la empresa. La cuestión es que se había descuidado el liderazgo. Al buscar retroalimentación y actuar según ella, este ejecutivo advirtió dicha necesidad y fue capaz de hacer progresar la firma de forma poderosa.

La mayoría de los ejecutivos descuidan el liderazgo del Cuadrante II y se centran en la administración. Pero este enfoque en realidad engendra la necesidad de una *mayor* administración para tratar los problemas que derivan del descuido del liderazgo. Esto indica otra ventaja del proceso del Cuadrante II. La organización semanal alienta el liderazgo con visión y perspectiva. Por otro lado, la planificación diaria incrementa la necesidad de administración, porque se emplea mucho tiempo en priorizar las crisis.

Una buena realimentación brindada con anticipación a un proyecto resulta trascendental con el tiempo. Un asociado comentó:

La primera semana me dieron una nueva función. Tuve la gran visión de lo que deseaba hacer y pensé: "Soy el rey", por decirlo así. Sentía que tenía el control.

Luego un empleado joven de la compañía que sólo había estado con nosotros dos años se acercó y me dijo: "En verdad creo que tu plan no sirve". No lo dijo con esas palabras, pero ése era el mensaje. "Esto nunca funcionará. Estoy convencido de que no debemos hacerlo."

Quería decirle: "¡Es la cosa más estúpida que escuché!", pero sólo apreté los dientes y declaré: "Valoro las diferencias. ¿Por qué no entras y charlamos sobre el asunto?".

En quince minutos, marcó todos los defectos principales de mi plan y creó un nuevo paradigma para mí. Fue una poderosa experiencia de aprendizaje. Comencé el proceso de pedir opiniones, conversar, escuchar a todos los apostadores que encontraba. Les preguntaba: "¿Cuál es su paradigma de esta división?". Todavía tengo pilas de notas que tomé de vez en cuando para descubrir los defectos.

Muchas empresas no obtienen una realimentación de 360 grados. Se centran en las cifras, los resultados. Se trata de datos rígidos de corto plazo. Es un sistema de información incompleto porque no tiene en cuenta a la gente. Ni siquiera lo exige. Podrá registrar sus actividades y costos, pero nada dice sobre sus corazones y sus mentes, sobre su poder y sus habilidades. Crea una mentalidad orientada a las consecuencias que conduce a la firma de tal manera que se descuidan muchos de los factores clave que no es posible medir, como el desarrollo de los empleados, el mejoramiento de la calidad, el trabajo en los sistemas, la inversión a largo plazo, el espíritu de equipo, la confianza en la cultura y el servicio.

Cuanto más trabajamos con empresas, más nos convencemos de que esa retroalimentación de 360 grados de los apostadores (clientes, proveedores, empleados, asociados, vendedores, inversores, la comunidad, el mismo individuo) incide de forma poderosa en la calidad. A menudo llamamos a este proceso global de revisión "Sistemas de Información Integrada" o SII.

> *Stephen*: Tuve la oportunidad de conducir un programa de entrenamiento para los generales comandantes de la Fuerza Aérea en un país con una historia de problemas y conflictos. Mientras hablaba sobre la importancia del SII, advertí que los generales movían la cabeza en señal de asentimiento. Me dirigí hacia el general a cargo: "¿Quiere decir que están aplicando Sistemas de Información Integrada?".
>
> Respondió: "Ésa es la forma como entrenamos a esta gente. Son pilotos expertos, sin capacitación como gerentes. Cada uno recibe un informe anual sobre las ideas de todos con quienes trabaja, y la fuerza de dichas ideas. Lo aplican como base de su desarrollo personal y profesional, y nadie obtuvo un ascenso a menos que contara con notas altas, incluso por parte de sus subordinados".
>
> Comenté: "No saben lo difícil que resulta introducir este concepto en muchas compañías de mi país. ¿Qué impide que se convierta en un concurso de popularidad?".
>
> Replicó: "Stephen, la supervivencia de ese país depende de estas personas y ellas lo saben. Algunas veces, los menos populares obtienen las notas más altas porque rinden".

Se requiere humildad para buscar realimentación. Se requiere sabiduría para comprenderla, analizarla y actuar acorde con ella. Pero en verdad es el almuerzo de los campeones.

3. Convertirse en líder de servicio

Cuando desempeñamos un rol de liderazgo formal, si no ejercemos la microgerencia, si no vigilamos, controlamos y manejamos las crisis, ¿en qué empleamos el tiempo?

Creamos una visión compartida. Fortalecemos, entrenamos y aconsejamos para ayudar a desarrollar las capacidades individuales y de equipo. Entablamos relaciones de confianza. Planificamos a gran escala, examinamos horizontes, analizamos las necesidades de los apostadores, estudiamos las tendencias del mercado, trabajamos sobre los asistentes, creamos sincronización. En otras palabras, empleamos el tiempo en actividades importantes y no urgentes del Cuadrante II, que aportan un cambio significativo. No sólo administramos nuestro tiempo para hacer lo inmediato; literalmente llevamos a cabo diferentes tareas. Nos convertimos en "líderes de servicio".

La idea del "liderazgo de servicio" existió durante largo tiempo, pero nunca se había consolidado, dado que no existían las condiciones de capacitación. Se volvió una mera frase agradable, otra forma de ejercer una clase autoritaria y benevolente de control. A veces genera cinismo.

No obstante, cuando existen las condiciones de capacitación, el liderazgo de servicio produce poderosos resultados:

> *Stephen*: Recuerdo mi primer trabajo con un verdadero líder capacitador. Hasta ese momento en mi vida, mi relación con el liderazgo se basaba en un enfoque de "control bondadoso" (una especie de autocracia benevolente). Luego tuve un jefe que no veía el mundo según ese paradigma en absoluto. Lo contemplaba conforme al paradigma de la capacitación, y mi primera experiencia con él me desarmó por completo.
>
> Habían puesto a mi cargo una gran operación y muchos gerentes dependían de mí. Una vez este hombre me llamó por teléfono para que lo visitara. Al recordar aquella época, reparo en que existían en la empresa todos los elementos del método de ganar/ganar

344

—los resultados deseados, las pautas a seguir, los recursos, la rendición de cuentas y las consecuencias—, aunque no estaban por escrito ni clasificados con esos términos.

Este hombre me dijo: "Stephen, veo que mi rol es ser una fuente de ayuda para usted, así que me gustaría que pensara en mí de esa forma y me dijera qué puedo hacer para ayudarlo". Pensé para mis adentros: "Bueno, éste es uno de los enfoques más agradables y considerables que escuché nunca, pero básicamente él intenta entablar una relación de manera que pueda involucrarse, cerciorarse de que todo marcha bien y corregir lo que está mal". Juzgamos a los demás según lo que somos y ése era mi modo de pensar. Así que, cuando escuché sus palabras, proyecté mi propia motivación en su conducta, ignorando el paradigma según el cual mi jefe obraba.

Me aseguró: "Lo digo en serio, Stephen. Me gustaría visitar su oficina, pero tal vez no sea el momento adecuado. Tendrá muchas cosas que hacer y no sería éste el mejor momento para ayudarlo. Usted decide".

Luego agregó: "Quizá sería provechoso que le contara algo sobre mí y mis experiencias para darle una idea de cómo podría servirle de ayuda". Bueno, tenía alrededor de veinticinco años más de experiencia que yo. Poseía una rica base de recursos y era muy sabio. Pero, como yo tenía muchas cosas que hacer en ese momento, le dije: "Tal vez sería mejor en otra ocasión". Entonces interrumpimos la reunión.

Cuando le solicité que me visitara unas semanas más tarde, tenía la misma actitud. Lo esperé en el aeropuerto y le pregunté qué deseaba examinar. Replicó: "Estoy aquí para colaborar. Haremos lo que crea más conveniente". Por ende, lo llevé a una reunión y afirmé: "Me ayudaría que apoyara este tema que intento explicar". Así lo hizo. Luego le solicité otro favor que también cumplió. Cada vez se volvía hacia mí e inquiría: "¿Hay algo más?".

Bueno, comencé a sentir: "Soy el responsable. Está aquí para ayudarme", y comencé a mostrarme muy sincero con él. Luego de dejar una reunión donde había tratado algunos temas de forma tradicional que siempre había aplicado, le preguntaba: "¿Qué piensa del modo en que manejé eso? ¿Es coherente con su experiencia?".

Replicaba: "Bueno, Stephen, podría considerar lo que ponen en práctica en otra división. O bien podría considerar esta otra opción". No me indicaba un determinado procedimiento. Básicamente afirmaba mi responsabilidad y mi poder para tomar decisiones, aunque daba ejemplos de lo que podría tener en cuenta.

Así que lo que ocurrió fue que mi conciencia, no este hombre, se convirtió en la fuerza dominante. Él tenía otras áreas de responsabilidad. Me dejaba y se dedicaba a otras ocupaciones, pero mi conciencia nunca lo hacía. Estaba siempre conmigo.

¡Por supuesto que me sentía responsable! Entonces comencé a recurrir a él en busca de sabiduría y experiencia que me brindaba en abundancia, aunque nunca me dijo lo que debía hacer. Siempre comentaba: "Podría considerar esta opción" o "¿Pensó en esta otra posibilidad?".

Bueno, esto dio a mi conciencia una relevancia que nunca había percibido.

Poco después trabajé con otro supervisor que también era una persona estupenda, pero muy controlada. Por fin me acostumbré a la comodidad de hacer lo que me ordenaba. No tenía oportunidad de crear ni aprender. Me sentía sin capacidad alguna. En consecuencia, encontraba la mayor parte de mis satisfacciones fuera del puesto de trabajo, no en él. Todos los que lo rodeaban practicaban el mismo sistema, pues se ajustaron a ese estilo.

Estas experiencias me ayudaron a oponer la capacitación al control.

Cuando entrevistamos a un número de ganadores del Premio Nacional por Calidad Malcolm Baldrige, les preguntamos: "¿Cuál fue el inconveniente más complicado?". "¡Abandonar el control!", fue la respuesta más unánime. Resulta difícil. Va contra nuestro guión. La mayoría de nosotros no tuvimos consejeros capacitados ni capacitadores que nos enseñaran cómo hacerlo. El anterior presidente George Bush afirmó en la ceremonia de entrega de los Premios Malcolm Baldrige: "Estas firmas ganadoras... reparan en que su fuerza se basa en la inteligencia, el juicio y el carácter de sus empleados". [1]

---

[1] Comentarios del presidente George Bush en la presentación de los Premios Nacionales a la Calidad Malcolm Baldrige, en 1990.

La tarea del líder de servicio consiste en ayudar a la formación de esa inteligencia, ese juicio y ese carácter. Tal vez implique la ruptura con formas tradicionales de ver y hacer. Por ejemplo, es posible que el lector:

- Lleve a su hijo a la reunión de padres y maestros y lo deje conducir la entrevista. Permítale describir su trabajo, hablar sobre sus deseos y esperanzas y, en caso de que lo desee, responder a la retroalimentación del maestro. Usted y el maestro son los líderes de servicio. Usted dirá: "Tu responsabilidad es tu educación. ¿Qué podemos hacer para ayudarte?".

- Usted se ve obligado por la burocracia a realizar una revisión del rendimiento y entregar el formulario al empleado *antes* del período a que se refiere. Debe cerciorarse de que se traten los elementos del formulario porque forman parte de los resultados deseados, los lineamientos, los recursos, la rendición de cuentas y las consecuencias del acuerdo de rendimiento. Luego debe constituirse en fuente de ayuda para el empleado. Mientras "corre junto" a la persona, formúlele las siguientes preguntas:

  ¿Cómo marcha todo?
  ¿Qué está aprendiendo?
  ¿Cuáles son sus metas?
  ¿Qué puedo hacer para ayudarlo?

Cuando llegue el momento de confeccionar el formulario de revisión de rendimiento, usted debe hacer que el empleado lo entregue para analizarlo juntos. Asimismo, debe abordar su propio rendimiento. ¿Suministró los recursos y apoyo apropiados?

- Cuando alguien se acerca para tratar con usted un problema, debe preguntarle: "¿Qué recomienda usted?". No debe apresurarse a solucionar los problemas que las personas pueden y tienen la obligación de resolver por sí solas. Aliéntelas para que apliquen su propia creatividad en encontrar nuevas y mejores formas de hacer cosas. Debe exigirles que respondan por las consecuencias, no por los métodos.

Rebecca: Hace un tiempo, me solicitaron que trabajara con un grupo de jóvenes en la creación y la producción de una obra musical. Entonces estaba aprendiendo el concepto de líder de servicio y decidí que, más que crear una obra, deseaba ayudar a esos jóvenes a crecer y desarrollar sus talentos y sus aptitudes de liderazgo.

Junto con los que me pidieron colaborar en esa producción, establecí ciertos principios de guía que consideraba los mejores para lograr ese propósito:

- Inculcar responsabilidad y enseñar a los jóvenes el modo de aplicarla.
- No tolerar la incompetencia. Ayudarlos a capacitarse.
- Enseñarles los principios correctos y dejar que se gobiernen a sí mismos.

Los líderes (Becky y Brent, de diecisiete años) tenían talento y estaban entusiasmados con el proyecto, pero no poseían ninguna experiencia en esa tarea. Al conocerlos, opiné: "Me encanta trabajar con ustedes en esto. Sé que será una producción maravillosa. Me gustaría que nos encontremos a menudo y estoy dispuesta a hacer lo posible para que tengan éxito. Mi deber es servirles de ayuda. ¿Qué les gustaría que hiciera?".

Al principio, se sorprendieron. No tenían la mínima idea de cómo proceder y creyeron que yo se lo indicaría. Pero no lo hice. Al explicarles mi rol de líder de servicio, redactamos un contrato psicológico y les aseguré que estaba lista para proporcionarles información, ayuda y apoyo en cualquier momento. Una vez que comprendieron el significado de sus propios roles, comenzaron a pensar: "Bueno, necesitamos un guión para la obra".

"¡Fantástico!", exclamé. "¿Dónde lo conseguirán?"

La primera idea que aportaron consistía en poner un anuncio

348

para solicitar a otros jóvenes que presentaran guiones. Con sinceridad no sabíamos si ese enfoque daría resultado. Sólo contábamos con seis meses antes del estreno. Deseaba que aprendieran, pero también que tuvieran éxito. Si bien expresé mi preocupación, también transmití mi fe en su liderazgo y aclaré que la decisión dependía de ellos. Decidieron poner una fecha tope para las presentaciones; mientras, se ocuparían en elaborar otras opciones en caso de no encontrar un guión adecuado.

Nadie aportó nada. Entonces, en la reunión siguiente inquirí: "Muy bien, ¿qué se aprende de esto? ¿Cuál es su próximo plan de acción?". Plantearon diversas posibilidades y resolvieron escribir ellos mismos el guión de la obra. Becky escribiría el guión y Brent compondría la música, aunque nunca lo habían hecho antes. Se sentían abrumados y un poco atemorizados. Sin embargo, les expresaba mi confianza en sus aptitudes para lograrlo. Se pusieron a trabajar.

En pocas semanas, fueron capaces de producir lo que consideré un gran guión y un número de hermosas y originales canciones. El director, el coreógrafo, el escenógrafo y el asistente eran todos jóvenes de doce a diecisiete años. Me encontraba con Becky y Brent antes de cada reunión con los otros líderes juveniles para ayudarlos en la planificación y la preparación; y después, para ayudarlos a evaluar e implementar lo que habían aprendido. Sugerí que un modo de cooperar era proveyéndoles un consejero adulto para cada uno de los líderes juveniles que lo aconsejara, entrenara y ayudara, pero no para que le hiciera el trabajo. Como a Becky y Brent les gustó la idea, solicité la cooperación de especialistas adultos en cada área y me reuní con ellos para explicarles el enfoque que deseábamos aplicar a fin de ayudar a crecer a los muchachos.

Me entusiasmé al ver cómo progresaba el asunto. Cuando los tres nos reuníamos, con frecuencia les preguntaba: "¿Cómo marcha todo?". Contaban sus experiencias y se referían a sus frustraciones y sus preocupaciones. Cuando pedían consejos, algunas veces les sugería: "¿Consideraron esta posibilidad?" o "Tal vez convenga enfocarlo de esa manera". No obstante, con mayor frecuencia expresaba: "Existe un inconveniente, ¿qué recomiendan hacer?". En ciertas ocasiones, con gentileza planteaba problemas que no habían tenido en cuenta. Me sorprendía sobremanera ante las ideas creativas que aportaban cuando en verdad reparaban que eran responsables de la tarea y que nadie la haría por ellos. Muchos estaban dispuestos a trabajar bajo su dirección y ayudarlos a hacer realidad su sueño.

No siempre fue fácil aferrarse a los lineamientos. En uno de los ensayos, uno de los líderes adultos —que era muy capacitado desde el punto de vista técnico y estaba acostumbrado a un estilo de liderazgo más controlador— comenzó a acaparar el puesto del líder juvenil a quien se suponía que debía aconsejar. Mi impulso inmediato fue acercarme y aclarar: "¿Qué está haciendo? ¡Sabe que intentamos ayudar a estos muchachos a aprender cómo llevar esto a cabo por sí solos!", pero decidí que coincidiría más con lo que intentábamos lograr si esperaba y observaba cómo los líderes juveniles reaccionarían. Por fin me plantearon el problema, por lo que expresé: "Ése es un inconveniente. ¿Qué harán?". Lo conversaron y decidieron que el líder juvenil que tenía esa gerencia encararía al consejero adulto para aclararle la situación. Manejó el asunto con coraje y consideración, y se solucionó el problema.

Al final se incluyeron noventa jóvenes en la producción. Los líderes juveniles y todos los participantes trabajaron, se esforzaron y aprendieron mucho más que si los adultos hubieran organizado el espectáculo. Asimismo, la calidad de la producción fue sobresaliente. El auditorio se conmovió hasta las lágrimas. Luego de la representación local, se pidió a los jóvenes que dieran dos más para cientos de espectadores en un salón de convenciones de una gran ciudad vecina. Recibieron grandes ovaciones las dos noches.

Descubrí que actuar como líder de servicio era mucho más complicado —por lo menos la primera vez— que obrar como líder controlador. Sin embargo, ¡las recompensas eran mucho más grandes! La producción me entusiasmó, aunque mucho más excitante me pareció el pensamiento de que, dondequiera que estos jóvenes fueran en el futuro, llevarían consigo la creciente capacidad para alcanzar logros trascendentes en lo que emprendieran.

"El cumplimiento de tareas a través de la gente" es un paradigma que difiere del que se basa en "el desarrollo de la gente a través del cumplimiento de tareas". Con el primero, usted alcanza los objetivos; con el otro, los lleva a cabo con creatividad,

350

sinergia y efectividad mucho mayores, y en el proceso desarrolla la capacidad para realizar también actividades en el futuro.

Todo parece fantástico, pero...

La mayoría de las personas son capaces de visualizar la forma poderosa como el liderazgo basado en principios influye en la creación de un medio capacitador. No obstante, existen inconvenientes. Cuando se pone el motor en marcha, algunas veces caemos en situaciones donde nos ponemos a prueba, y debemos recurrir a nuestras dotes y aptitudes de manera nueva y poderosa. Para concluir este capítulo, nos gustaría abordar algunos de los problemas más frecuentes en la creación de capacitación desde dentro hacia afuera.

¿Qué ocurre si mi jefe no conoce "ganar/ganar"?

Incluso si su jefe nunca oyó hablar de ganar/ganar, por lo menos sabe lo que es "ganar", entonces empiece por allí. Ni siquiera es necesario usar el término "acuerdo gerencial". Tan sólo dígale: "Revisé mis roles y deseo cerciorarme de que cuento con un claro acuerdo de lo que se supone que es mi trabajo. Aquí está la lista según las prioridades, ¿le molestaría leerla e informarme si piensa de forma diferente?". Intente comprender. Convérselo. Llegue a un acuerdo sobre los resultados deseados.

En otro momento, usted puede regresar y decirle: "Aquí están las normas y lineamientos clave que conozco. ¿Hay algo que no sé y que debería saber?". De la misma manera, podría revisar cada uno de los cinco elementos de ganar/ganar.

Esto puede tomarle semanas, y aun meses. Pero luego puede actuar basado en ello. Y si le exige algo que no se halla dentro del acuerdo, usted puede dirigirse al jefe y decirle: "Aquí están las prioridades que entendí que deseaba que siguiera. ¿Qué desearía que modificara?". Tal vez la respuesta sea un verdadero cambio de dirección. O puede tratarse de otro "quehacer" que estaba a punto de adjudicársele (y ahora, en cambio, se lo consignarán a otra persona que trabaja basada en las urgencias). El acuerdo brinda a ambos —usted y su jefe— las pautas para evaluar.

¿Qué ocurre si mi jefe no desea que me capacite?

Una mujer relató su experiencia:

> Trabajo en una cultura que es un verdadero club de "viejos buenos muchachos". Los administradores de mayor jerarquía son todos hombres de sesenta años que se dedicaron al negocio durante décadas y su actitud se traduce cuando me dicen: "Ve y tráeme una taza de café, muchacha". Resulta muy difícil que me tomen en serio y que me asciendan. Procedieron de este modo durante treinta años y no desean cambiar. Cuando alguna secretaria con ojos brillantes les plantea: "En realidad me gustaría hacer esta tarea basada en ganar/ganar", no tienen tiempo para dedicarle.

Realmente existen situaciones donde la cultura está tan arraigada y las personas la siguieron durante tanto tiempo que resulta complicado cambiarla, en especial si su Círculo de Influencia es reducido. Si las circunstancias no le dan una oportunidad de ganar, su mejor opción podría ser buscar otra mejor.

No obstante, existen muchísimos casos en los que las personas, en tales situaciones, fueron capaces de lograr grandes cambios.

> *Roger*: Hace algunos años, tuve a cargo el desarrollo de un programa de entrenamiento de una gran compañía. Cuando llegué,

heredé una secretaria que había trabajado allí durante un tiempo. Mi actitud no era por cierto la de ordenarle "Tráeme una taza de café, muchacha", pero en medio de mis problemas, eché una ojeada, revisé en mi lista —"secretaria competente, controlar"— y me apresuré a dedicarme a otras tareas.

La secretaria cumplió muy bien todos sus deberes. Pero, de forma gradual, comenzó a incorporar más tareas. Luego de algunos dictados, un día trajo las cartas, las abrió, las ordenó y sugirió: "Si desea que se respondan algunas de estas cartas de forma similar a la de ayer, con gusto haré los borradores para ahorrarle tiempo. Podría revisarlas y corregirlas". Tenía mucho que hacer, entonces dije: "¿Por qué no?". Los borradores que redactó estaban bien escritos e intencionados —mejor de lo que los habría hecho yo—. En poco tiempo ella redactaba el 95 % de las cartas y yo las aprobaba.

Dado que me impresionaba su buena redacción, le pregunté si le interesaría participar en la elaboración de un manual de entrenamiento. Aceptó. Le confié una sección en especial y le pedí que anotara unas pocas ideas. Confeccionó un borrador excelente del material propuesto.

Llegó a ser entrenadora y gerente asistente del departamento. Por fin descubrí que poseía un título en comunicaciones y que había aceptado el puesto de secretaria porque era el único puesto vacante. Gracias a ella se debe en gran parte el éxito del programa de entrenamiento.

Esta mujer aumentó mi visión de lo efectiva que puede ser una persona al cumplir un rol. Desde esa experiencia cambió para siempre mi forma de considerar a las secretarias y su potencial, y de interactuar con cada una de ellas. Algunos de mis asociados más importantes comenzaron como secretarios. Incrementaron su capacidad y progresaron o bien continuaron siendo excelentes secretarios porque eso era lo que ansiaban ser.

En casi todos los casos, si usted desarrolla sus aptitudes y capacidades y trabaja dentro de su Círculo de Influencia, puede cambiar con el transcurso del tiempo los paradigmas de los demás relacionados con usted y con su trabajo. Si no posee una clara visión del trabajo que anhela realizar y la disposición de pagar el precio para lograr el cambio, resulta fácil que se descapacite y que caiga en la acusación y la culpa. La clave es mantenerse capacitado para darse cuenta de que puede intentar cambiar o el paradigma o bien las circunstancias.

¿Qué ocurre si la gente que lidero no desea capacitarse?

Algunas personas sufrieron experiencias tan conflictivas con la "gerencia según el objetivo", en las cuales debido a que actuaron con libertad se quemaron con fuego, que todavía les duelen las heridas. Su actitud reside en declarar: "Sólo díganme lo que tengo que hacer. Dejen que haga la mayor cantidad de dinero posible aquí en el menor tiempo posible para luego irme". Otros piensan que lo que ocurre en el trabajo no afecta la calidad de vida. Obtienen satisfacción fuera del trabajo. Han llegado a una especie de equilibrio y no desean que los molesten.

Ganar/ganar lleva a la gente adonde están, no donde usted desea que estén. De manera que es posible encontrarlos donde están. Usted puede concertar un acuerdo gerencial basado en un nivel de iniciativa en el que se sientan cómodos. Pero debe actuar con sinceridad. Mantenga su agenda sobre el escritorio.

"Creo que usted prefiere seguir tan sólo satisfaciendo las expectativas como lo hizo hasta ahora. Usted piensa que si lo hace bien, es suficiente. Mientras nos pongamos de acuerdo con respecto al rendimiento y los niveles de rendición de cuentas que satisfagan a ambos, si eso lo hace ganar por ahora, está bien.

"Pero quiero que sepa que en verdad lo valoro y deseo recibir su contribución. Al surgir las oportunidades, lo mantendré informado. Estoy convencido de que, con el transcurso del tiempo, en caso de encontrar áreas de mayor interés para usted y trabajar para obtener niveles superiores de iniciativa, redundará en beneficio de ambos."

Con el fin de generar capacitación usted puede:

- involucrarlos en la creación de un enunciado de misión para el grupo o empresa;
- preguntar, cuando planteen problemas: "¿Qué recomienda usted?";
- actuar con paciencia y permitir que el ejemplo de otros integrantes del grupo con acuerdos de iniciativa de alto nivel hablen por sí mismos.

¿Qué ocurre si el sistema en donde trabajo es ganar/perder?

Suponga que es el gerente de un pequeño departamento, y que realmente cree en el enfoque de la gerencia de equipo. Ha trabajado con su equipo para crear un enunciado de misión, que funcionó bien. Todos los miembros del equipo lo aceptan. Les agrada. Están entusiasmados con él. Los capacita. Poseen el concepto de la gerencia.

Pero usted se halla en una empresa donde lo obligan a calificar a sus cuatro subalternos. Se trata de un sistema que no está sincronizado: usted contrata ganadores y luego emplea su tiempo en discriminarlos. ¿Cómo proceder?

Involúcrelos en el problema, soluciónelo junto con ellos.

Puede reunirlos, explicarles cómo funciona el sistema y preguntarles si tienen ideas creativas sobre el modo de trabajar juntos para satisfacer sus necesidades. "Éste es nuestro problema. ¿Qué sugieren?".

Si confía en que el nivel es alto, usted puede crear soluciones genuinas de tercera alternativa.

Según su Círculo de Influencia y la confianza que posee en los demás, sus esfuerzos para cambiar el sistema pueden extenderse a toda la organización. Si es paciente y persistente, y obra

355

en armonía con principios correctos, el cambio positivo que aporte beneficiará a todos.

¿Qué ocurre si existe una realidad de escasez?

En una gran empresa petrolera alguien preguntó: "¿Qué sucede en los malos tiempos? ¿Qué sucede cuando existe una gran reestructuración?".

Otra persona se puso de pie y dijo: "Le diré lo que sucede. No sólo reestructuramos, sino que cerramos toda una planta". Agregó que los directivos implicaron a todos en el problema desde el comienzo. Intentaban comprender y buscaban vías de sinergia y ganar/ganar. Juntos analizaron los datos financieros y económicos, y la situación de su industria y de su compañía. Todo el mundo era capaz de ver la realidad económica que amenazaba la existencia de la planta. Era obsoleta. El mercado se agotaba. Todos comprendieron que no se la podía salvar. Entonces, juntos centraron la atención en las tareas de vaciamiento.

El día que se cerró la fábrica, los medios de comunicación se presentaron esperando ver líneas de piquetes, protestas, ira y hostilidad. En lugar de ello, se sorprendieron al hallar una enorme fiesta de despedida. Esa enorme confianza en la empresa se debía a la sinceridad de los directivos al implicar a los empleados en el problema e intentar buscar soluciones juntos.

¿Qué ocurre cuando la situación cambia?

¿Qué sucede cuando usted cambia de jefe, cuando el departamento donde trabaja se reorganiza, cuando descubre que los resultados deseados ya no son deseables?

¿Y sobre las modificaciones fuera de la empresa? ¿Cómo

explica usted el medio cambiante? ¿Qué sucede cuando cambia el proveedor o cae el mercado de valores o las tendencias de mercado se transforman totalmente? ¿Cómo compensa todas estas circunstancias dentro del marco del acuerdo?

Al crear un acuerdo gerencial se supone que la situación *cambiará*. No se trata de un contrato legal. La gente no le huye por temor, porque está basado en la confianza. No se concierta para atar a la gente, sino para liberarla. Es una mejor forma de comunicarse y aclarar las expectativas. Está diseñado para cambiarse según cambian las situaciones. Cualquiera de las partes puede abordarlo en cualquier momento. Es un documento vivo.

¿Qué ocurre si temo que se balancee el bote?

Un participante de uno de nuestros programas —un gerente de una de las principales empresas— relató:

> En cierta ocasión me hallaba en una reunión donde se trataban reglas importantes que podrían incidir sobremanera de forma negativa en el medio. Mientras estaba allí sentado, me di cuenta de que, si bien esos temas eran mi fuerte, permanecía en silencio. "¿Por qué?", me pregunté. "¿Por qué temo abrir la boca? Cuando esta firma me contrató hace años, no tenía miedo. Expresaba mis sentimientos y preocupaciones. Tenía confianza. Sentía que podía actuar con integridad. ¿Qué cambió?".
>
> Al pensar en ello, reparé en que, desde aquella época, había adquirido sustanciales beneficios jubilatorios. Había comprado una nueva casa. Pagaba un nuevo bote. En esencia, no deseaba hacer nada que hiciera peligrar mi seguridad económica. Advertí que "los gemelos de oro" me mantenían maniatado.
>
> En ese momento tomé dos decisiones: poner mis asuntos financieros en orden y guardar reservas, como también mejorar mi posición en el mercado de forma constante. No quería encontrarme otra vez en una situación en la que mi dependencia del puesto comprometiera mi integridad.

Este gerente informó que más tarde entró en una reunión de personal donde entregó a cada persona un periódico y les dijo que miraran los anuncios de empleo. "Échenles un vistazo", expresó. "Vean si alguno de los puestos ofrecidos son mejores que los que tienen ahora." Así lo hicieron y muchos de ellos encontraron trabajos muy buenos. "Muy bien", dijo. "Compruébenlo. Vean si califican para esos puestos. Regresen y relaten lo sucedido."

Cuando regresaron al día siguiente, la mayoría se había sorprendido al descubrir que no calificaban. Esos puestos exigían nuevas aptitudes, nuevos conocimientos e información que no poseían. Este gerente comentó su experiencia personal y los alentó a que construyeran su seguridad sobre la propia capacidad en lugar del puesto.

Si usted teme actuar con autenticidad, hablar con coraje y desafiar lo supuesto, se perjudica a sí mismo y a su compañía. Examine sus temores y libérese de ellos para llegar a ser el mejor y brindar lo mejor.

¿Qué ocurre si las personas con quienes trabajo no son dignas de confianza?

¿Y si el lector duda seriamente de la gente con quien trabaja? ¿Y si no está seguro de sus actitudes o, incluso, su carácter? ¿Cómo establecer un acuerdo gerencial que se base en la confianza?

He aquí algunos principios clave:

1. *En primer lugar mire dentro de su corazón*: El éxito siempre nace de dentro hacia afuera. Empiece por sí mismo. ¿Cómo conceptúa a esa persona? ¿En verdad desea que esa persona tenga éxito? ¿Cree que tiene la capacidad de crecer y evolucionar?

Según nuestra experiencia, la mayoría de las personas no es incompetente por propia intención. Tampoco tienen el propósito de ser ruines, tramposas o manipuladoras. Ni actúan juntas... aún. Con frecuencia los juicios negativos sobre el carácter derivan de malentendidos. Suponga buenas intenciones. Su profunda fe en alguien creará el tono de todas las interacciones que mantenga. El carácter y la capacidad están siempre sobre un continuo. Asegúrese de que sus paradigmas se orienten hacia principios.

2. *Fomentar la autorrendición de cuentas y el autogobierno:* Es importante que usted advierta que no es, al fin y al cabo, responsable del desarrollo de los demás. En verdad no es posible cambiarlos. Deben cambiarse a sí mismos. Pero podemos ayudarlos, actuar como un recurso, formentar, alentar y apoyar. Podemos obrar como líderes de servicio.

Aplique el acuerdo gerencial como un vehículo para el crecimiento. Es lo suficientemente flexible como para tratar una amplia gama de caracteres y capacidades. Usted debe adaptar el acuerdo a la situación.

Sea realista y exacto en lo que respecta a los resultados deseados. Converse sobre ellos. No hace un favor a nadie al crear de forma artificial un insustancial conjunto de expectativas. Debe asegurarse de que representa los intereses de todos los implicados: la compañía, la familia o el grupo laboral, así como el individuo. En algunos casos, los empleados incluso abandonan sus puestos de trabajo para acceder a otros más adecuados a sus aptitudes.

Analice los lineamientos. ¿Se deben especificar más pautas? Tal vez le gustaría tener una mayor comunicación. Discuta el nivel de iniciativa. Quizá desee llegar al nivel dos en lo que atañe a ese tema. Al mejorar el rendimiento, se lo puede ajustar de forma ascendente.

Vea sus recursos. ¿Cuáles son especialmente útiles? Confiera a todos la posibilidad de tener éxito. El acuerdo podría incluir el apoyo para asistir a clases nocturnas o a un curso de entrenamiento de una firma, o bien, metas para un programa de lectura personal. En una familia, podría incluir ciertas habilidades para que los miembros de la familia las ejerciten, al identificar a los padres como un recurso en su desarrollo.

Hable de forma específica acerca de la rendición de cuentas y las consecuencias. Utilice la rendición de cuentas de corto plazo. Ayude a la gente a desarrollar su capacidad para evaluar su rendimiento según los criterios. Insisto, no gana nada al actuar con blandura —o con dureza— de forma artificial. Aborde la realidad. Ayude a los demás a observar los resultados de su conducta.

Algunas veces es mejor ofrecer una retroalimentación directa. Usted no debe actuar como juez y jurado, sino como fuente de ayuda. Debe centrarse en esa retroalimentación acerca de los elementos del acuerdo gerencial. Deje que gobiernen los acuerdos. Al observar juntos el acuerdo en un medio no amenazador, las defensas bajan y los principios enseñan. Aliente a los demás a acceder a sus brújulas interiores. Formule preguntas tales como: "¿Qué piensas sobre tu rendimiento en lo que se refiere a este acuerdo?", "¿Cómo crees que tus compañeros se sienten en lo que atañe a tu implicancia?" Cree autoconocimiento; ayúdelos a ver las lógicas consecuencias de su nivel normal de rendimiento. Con la clara comunicación y la confiabilidad de su parte, la gente se volverá receptiva a la enseñanza y el crecimiento. La propia conciencia es instructora.

Tal vez usted desee sugerir que una persona también reúne retroalimentación de otros. Tal vez esta persona no conozca el modo como su comportamiento afecta a los demás. Esta retroalimentación debe brindarse de forma digna, directamente al individuo y no a usted. Si una persona está muy sujeta a las opiniones de los demás, tendrá graves "puntos débiles"— debilidades que son demasiado sensibles para que la conciencia las reconozca—. Si las personas son demasiado vulnerables y sensibles, usted puede involucrarlas en el desarrollo profesional que aborde esas debilidades de las que son conscientes. De forma gradual, ganarán seguridad y se volverán receptivas a la retroalimentación.

A grandes rasgos, una vez que la gente relativamente segura obtiene una retroalimentación de 360 grados sobre sus puntos débiles, éstos desaparecen, pues tiende a puntualizar tendencias egoístas. La hace más humilde. Influye aunque las personas no lo admitan o lo aprecien.

Es muy importante en esos momentos brindar más apoyo y atención de manera que sepan que usted se preocupa por ellos. Deben saber que usted no halla un deleite secreto en decirles lo que realmente necesitan escuchar.

Si la persona en la que usted no confía es su jefe, también es valioso actuar de manera abierta. Brinde información honesta basada en los criterios del acuerdo. Tal vez tome mucho tiempo generar la confianza que desea. Si siente que no puede expresar sus preocupaciones o cree que la persona no está dispuesta a cambiar, puede buscar otros puestos de trabajo. Trabajar en un medio donde impera la desconfianza perjudica a usted y a su compañía.

El hecho de que la gente no sea perfecta no significa que se deban ahorrar esfuerzos en crear un medio donde abunde la confianza. No debe tomar el camino fácil al asumir un estilo de interacción dominante y rígido. Al establecer controles excesivos para protegerse contra los problemas de unas pocas personas, se influye en el rendimiento de toda la firma.

Un líder comprensivo de una empresa observó en un informe anual:

Confiar en que las personas son creativas y constructivas cuando se les confiere más libertad no implica la creencia exce-

361

sivamente optimista en la perfección de la naturaleza humana, sino más bien la idea de que los errores y pecados inevitables de la condición humana se superan mucho más cuando los individuos trabajan juntos en un medio donde reina la confianza, la libertad y el respeto mutuo que en un medio donde los individuos trabajan bajo innumerables normas, reglamentos y restricciones que otro grupo de gente imperfecta les impone. [2]

¿Qué ocurre cuando alguien comete un error?

En una cultura donde existe un alto grado de confianza los errores honestos se consideran lo que son: una oportunidad para aprender. Si al comienzo usted no obtiene éxito, *debe averiguar las causas*. Debe comunicarse, abrirse al diálogo, descubrir lo que se puede ganar de la experiencia. Y luego avanzar. La compañía no gana si la gente teme arriesgar, si teme quemarse con fuego. Las personas no se autogobiernan realmente a menos que tengan la libertad de fracasar.

Un gerente expresó:

> Las tareas están siempre donde deben tomarse decisiones independientes. Quiero que estas personas sean seres humanos totalmente funcionales y capacitados, que usen su mejor criterio para crear su puesto de trabajo durante su carrera. Sé que ésa es la forma de dirigirse a sus corazones y no a sus manos. El acuerdo que concertamos se basa en que, si hacen un error, es mi culpa. Pero si reinciden, es la de ellos. Están cubiertos. Pueden tomar decisiones capacitadoras.

Si se repite siempre el mismo error, ello indica que el acuerdo no concuerda con la realidad. Tal vez exista la necesidad de una comunicación y rendición de cuentas más frecuentes. Quizá la situación haya cambiado. Es posible que las expectativas no sean

2 Informe anual (1979) de la Kollmorgen Corporation.

362

tan claras como usted suponía. Tal vez se necesiten nuevos conocimientos o nuevas aptitudes.

Existen tantas causas de error que rara vez se gana algo al dividirse cuando alguien comete uno. Ese hecho envía una clara señal a toda la cultura del grupo o empresa —una señal que tal vez elimine la creatividad y la iniciativa que se necesitan para ser capaz—. En lugar de criticar, se ha de ajustarse al acuerdo. Se lo debe revisar con cuidado y discutirlo juntos. Sea honesto y receptivo. Brinde una clara información y haga los cambios necesarios para luego continuar.

El milagro del árbol de bambú chino

El árbol de bambú chino se planta luego de que se prepara la tierra y, durante los primeros cuatro años, crece de forma subterránea. Lo único visible sobre el suelo es un pequeño bulbo y un brotecito que nace de él.

Después, al quinto año, el árbol de bambú crece hasta dos metros.

Los líderes centrados en principios comprenden la metáfora del árbol de bambú. Comprenden el valor de las tareas del Cuadrante II. Saben lo que significa pagar el precio al preparar la tierra, plantar las semillas, fertilizar, cultivar, regar y quitar las malezas, incluso cuando no ven resultados inmediatos, dado que tienen confianza en que, al final, cosecharán los frutos.

¡Y qué frutos maravillosos!

La cultura de la empresa es la ventaja competitiva que no puede falsearse. Se puede copiar la tecnología. Se puede conseguir la información. Se puede adquirir el capital. Pero la capacidad de la organización en colaborar de forma efectiva, en trabajar en el Cuadrante II, en poner primero lo primero no se puede comprar, transferir, ni instalar. Una cultura capacitadora donde domina la confianza *siempre* se orienta al crecimiento de sus integrantes.

Lo mismo ocurre en la familia o en cualquier otro grupo de personas. Es necesario fomentar la cultura de calidad de forma gradual. Sólo al actuar en armonía con los principios correctos, ejercitar la paciencia, la humildad y el coraje, y trabajar dentro del Círculo de Influencia, es posible transformarse e incidir de forma positiva en su organización. Usted sólo puede crear capacitación de dentro hacia afuera.

Sección Cuatro

El poder y la paz de la vida centrada en principios

¿Cuáles son los resultados de un estilo de vida de Cuadrante II? Cuando damos el primer lugar a lo primero —cuando consideramos las cosas en función de principios, cuando intercalamos una pausa entre el estímulo y la respuesta, cuando actuamos basándonos en la importancia—, ¿qué cambios experimenta nuestra vida?

En esta sección mostraremos cómo el paradigma del Cuadrante II influye en situaciones comunes: en la oficina, en el hogar y en los equipos. Mostraremos cómo la cuarta generación cambia literalmente lo que hacemos y nuestros motivos para obrar; cómo el reloj y la brújula se combinan con nuevos mapas para crear una vida de satisfacción, felicidad y formidables resultados. Identificamos las piedras angulares de una vida centrada en principios y también los principales obstáculos que debemos sortear para lograrla. Hablaremos del valor y la confianza en los momentos críticos de la existencia.

Una vida centrada en principios no es un fin en sí misma. Es el fin *y* el medio a la vez. Es la calidad de nuestro viaje a lo largo del camino de la vida. Es el poder y la paz que experimentamos cada día al realizar lo que más importa.

En una vida centrada en principios, camino y meta son una misma cosa.

365

De la administración del tiempo al liderazgo personal

La administración actúa dentro del sistema; el liderazgo actúa sobre el sistema.

Al comienzo de este libro dijimos que la cuarta generación es de distinta clase que las anteriores. Más que administración del tiempo, es liderazgo personal. No es un proceso nuevo en un paradigma antiguo; es un proceso nuevo en un paradigma nuevo.

Me agradaría examinar ahora los efectos del liderazgo personal en algunas situaciones difíciles de la vida cotidiana, tanto en la oficina como en el hogar y en los grupos de trabajo. Al desarrollar los ejemplos, me doy cuenta de que probablemente no reflejan con exactitud las situaciones que debe afrontar el lector. Pero lo que éste debe hacer es apartar la hojarasca y discernir el principio que se aplica, el enfoque novedoso, y aplicar ese principio a su propia situación. Reflexionar sobre el impacto de la cuarta generación en el tiempo y la calidad de la vida.

Lunes por la mañana en la oficina

Imagine una típica mañana de un día lunes. Usted es un ejecutivo de cuentas en la división de marketing de su empresa. Forma parte de un equipo cuyos miembros manejan, cada uno, de treinta a cuarenta cuentas. Tiene su propia oficina y comparte una secretaria con otros dos ejecutivos de cuentas.

Anoche formuló su plan para la semana y acaba de sentarse para considerar el trabajo que le espera. Hace una lista de tareas y calcula el tiempo que le insumirá cada una de ellas. Las tareas marcadas con un asterisco son actividades del Cuadrante II que desea completar el mismo lunes:

- Prepararse para la reunión de mañana con el representante de la cuenta McKinley, quien vendrá a la ciudad para discutir precios y negociar la compra de una cantidad sustancial de mercaderías (3 horas).*
- Elaborar una propuesta y transmitirla vía fax a Jameson Industries hacia el fin de la jornada (2 horas).
- Telefonear a diez de las personas incluidas en la lista de desarrollo de cuentas (de 15 minutos a una hora).
- Almorzar con Bill para analizar las estrategias aplicables en el caso de la cuenta de Woffinden (hora y media).*
- Leer los memorandos y la correspondencia (1 hora).
- Recuperar los mensajes enviados desde otras secciones de la empresa y almacenados en la computadora... 17 mensajes (15 minutos).
- Recuperar los mensajes telefónicos grabados (10 minutos).
- Completar el reordenamiento del archivo (1 hora).

Pero, al margen de lo previsto, han surgido otros asuntos que usted debe atender:

- Hay dos mensajes sobre su escritorio: "El pedido de Anderson no fue entregado; es la segunda vez en el mes que pasa esto con uno de nuestros clientes más importantes", y "La reunión del Consejo para la Calidad programada para el miércoles se adelantó para hoy a las 15" (2 horas).
- Le informan que la secretaria ha sido asignada a otro de los ejecutivos de cuentas para que lo secunde en un pro-

yecto importante, de modo que usted no podrá contar con sus servicios por el día.

- Su jefe se le aparece mientras usted examina esta lista y le pregunta si podría preparar rápidamente una estimación para los próximos tres meses —producto por producto— respecto de sus cuentas más importantes. La necesita para informar al gerente departamental a las 14 (1 hora).

¿Cómo encararía usted esta jornada? Para aprovechar al máximo el ejemplo, quizá desee tomar una hoja de papel y bosquejar un plan. ¿Cuál de esas tareas cumpliría primero? ¿Qué haría a continuación? ¿Qué actitud tomaría respecto de las cuestiones que estorban sus planes? ¿Cuánto tiempo permanecería en la oficina? ¿Cómo se sentiría al final de la jornada?

Un modo posible de abordaje sería que usted se formulara estas preguntas:

- ¿Cuál de estas actividades es la más importante?
- ¿Qué puedo postergar sin correr riesgos?
- ¿Qué puedo delegar?
- ¿De qué puedo zafarme?
- ¿Qué puedo hacer más rápidamente?
- ¿Cómo puedo organizar mi agenda de un modo que me permita atender a lo verdaderamente decisivo?

Si sigue este método, tal vez consiga posponer algunas cosas, por ejemplo el almuerzo con Bill, el reordenamiento del archivo y las llamadas telefónicas para el desarrollo de cuentas, así como delegar la tarea de averiguar lo que ocurrió con el envío para Anderson y reorganizar su agenda a fin de realizar lo que considera más importante, quizá la propuesta a Jameson, la preparación de la entrevista con McKinley, los memorandos, el correo electrónico, los mensajes telefónicos y la estimación respecto de las cuentas. Tal vez logre incluso asistir a la reunión del Consejo para la Calidad.

Usted puede programar el día de un modo diferente, pero supongamos que adopta el enfoque que hemos descrito. ¿Cuáles serían sus sentimientos respecto de la jornada? ¿Pensaría que se las arregló para priorizar lo importante en una situación difícil?

Ahora piense en esto: ¿cómo sería su próximo lunes? ¿Y el siguiente? ¿Y todos los demás lunes de su vida? ¿Tendría que enfrentar básicamente los mismos problemas? Aunque variasen los detalles, ¿la índole de los problemas sería en esencia la misma?

Tal es el fruto de la tercera generación. A menos que se produjera algún cambio, usted seguiría delegando, postergando y eludiendo tareas durante el resto de su vida. ¿Es esto realmente dar el primer lugar a las cosas importantes?

¿En qué se diferencia el enfoque de la cuarta generación?

En lugar de ver la jornada como una sucesión de actividades y entrevistas, la consideramos en función de la gente y las relaciones. En los procesos que se desarrollan vemos nuevas posibilidades de contribuir a la misión de la organización. No es sólo una cuestión de cuándo se han de hacer las cosas, sino de si se deben hacer o no. Tenemos que interrogarnos acerca del *porqué* y el *cómo*, no sólo acerca del *cuándo*. Tenemos que consultar nuestra brújula, además de nuestro reloj. Al tomar decisiones, usted querrá hacer una pausa y conectarse con su conciencia moral. Usted querrá:

- Preguntar con empeño
- Escuchar sin pretextos
- Actuar con valor.

Cuando deba decidir cuáles son las actividades más importantes querrá reflexionar sobre las condiciones de fortalecimiento y considerar dónde podría concentrar su esfuerzo a fin de lograr los resultados más positivos a largo plazo. Tal vez desee comenzar cuestionando la verdadera naturaleza de cada actividad:

- ¿Cómo se originó esta actividad?
- ¿Por qué me dedico a ella en este momento?
- ¿En qué razones se sustenta?
- ¿Cuál es el objetivo final?
- ¿Contribuye esta actividad a los fines de la organización?
- ¿Estoy haciendo el mejor uso posible de mis aptitudes y de nuestros recursos combinados?

Las respuestas que se den a preguntas como éstas determinarán la acción a emprender. En casi todos los casos usted querrá mejorar el sistema subyacente. Las tareas no serán para usted cosas que hay que hacer sino indicadores de un proceso más amplio que desea mejorar.

Veamos ahora varios rubros de la lista para mostrar cómo funciona nuestro enfoque. Mientras lo hacemos, indicaré algunas soluciones posibles del Cuadrante II. El lector tal vez prefiera soluciones diferentes. En buena hora. Lo importante es captar el proceso básico.

1. La propuesta a Jameson

Reflexionemos sobre esta actividad. ¿Por qué se realiza en el último minuto? ¿Cuándo se enteró usted del asunto? ¿Cuál es su sistema para formular propuestas? ¿Cuál es su paradigma básico en lo que se refiere a las propuestas? Los otros ejecutivos de cuentas, ¿disponen de un sistema mejor? Supongamos que debe presentarla hoy porque ésa es la fecha que fijó usted mismo. Tenía grandes deseos de conseguir el negocio, de hacerles saber lo interesado que estaba. De modo que hizo una promesa temeraria: "¡La recibirán el lunes por la tarde!".

Pero, ¿es eso realmente lo que ellos necesitan? ¿No medió en este caso una expectativa poco realista? ¿Una expectativa innecesaria? ¿Cuándo estudiarán ellos la propuesta? ¿Tienen preferencia por una forma de presentación determinada?

Tal vez deseen recibirla hoy. En tal caso, no hay más remedio que formularla. Sin embargo, podría resultar más ventajoso comunicarse con ellos hoy para conocer bien sus expectativas y elaborarla mañana a partir de una comprensión más acabada de lo que realmente necesitan. Sea como fuere, ¿de qué manera tendríamos que manejarnos en el futuro con esta cuestión de las propuestas? ¿Hay algo que podamos hacer hoy y que nos facilite las cosas en el futuro? ¿Podemos crear sinergia efectiva con otras personas de nuestro equipo en relación con las propuestas? ¿Podemos elaborar algunos formularios estándar que nos resulten útiles?

Mientras reflexionamos sobre estos temas, tal vez advirtamos que los ejecutivos de cuentas dedican muy poco tiempo a comunicarse entre sí. En parte se debe a la actitud de competencia que existe entre ellos. Su retribución consiste en comisiones, lo cual contribuye a enfrentarlos unos con otros. Suelen guardar reserva respecto de sus mejores ideas y métodos. Y, sin embargo, las personas que pueden beneficiarse con el negocio son precisamente aquellas con las cuales competimos. ¿Por qué ocurren estas cosas? ¿Qué podemos hacer para impedirlo? ¿Hay compensación en nuestro Círculo de Influencia? ¿Cómo provocar un cambio?

Usted podría enviar un memorándum a sus colegas y convocarlos a una reunión para discutir el tema de las propuestas. Podría sugerir que se adoptara un modelo estándar de propuesta. Más tarde quizás hallara una oportunidad de repartir las comisiones en el caso de los proyectos conjuntos. La tarea de elaborar las propuestas podría delegarse en una secretaria de departamento, en función de encargada, y todo lo que usted tendría que hacer sería proporcionar la información específica.

Al emprender esta clase de acciones, lo que usted está haciendo es transformar el sistema. En lugar de limitarse a cumplir su trabajo, posibilita una economía de tiempo en el futuro que será ventajosa tanto para usted como para los demás. Crea relaciones de confianza y satisface de forma más efectiva las necesidades de los clientes.

2. El problema del envío

¿Por qué se ha presentado dos veces este problema? ¿No es el resultado de una causa circunstancial? ¿Ha ocurrido lo mismo con otros clientes? ¿A quiénes debe darse intervención?

Supongamos que usted habla hoy con la gente de expedición, no para buscar culpables sino con la intención de comprender y ayudar. ¿Cómo se les comunicó el pedido? ¿Hay algún modo de mejorar el sistema? Si el problema se presenta con regularidad, quizá pueda usted colaborar con la sección expedición en la búsqueda de una solución. ¿Hay algún grupo con el cual se pueda analizar el problema? ¿Puede conseguir usted que se lo incluya en la orden del día del Consejo para la Calidad? Tal vez pueda preparar, juntamente con el personal de expedición, un documento destinado al Consejo detallando lo que debería hacerse. Invite a la gente a participar, busque con ellos la solución. Mientras resuelve el problema anudará relaciones que lo ayudarán a resolver otros problemas en el futuro.

3. La secretaria compartida

¿Por qué no le avisaron con anticipación que hoy no podría contar con los servicios de su secretaria? A ésta, ¿se le ha otorgado poder? ¿Estaría dispuesta a intensificar su trabajo para colaborar? Sobre la base del aporte de su secretaria, quizá podría usted convenir hoy una reunión con sus dos colegas, a celebrarse en el curso de la semana, a fin de iniciar el proceso de lograr un acuerdo sobre la administración de recursos compartidos. Haga preguntas. Escuche. Atienda a los resultados deseados. ¿Qué podría convenirse que resultara una ventaja para todos?

Sería útil que la secretaria se ocupara en seleccionar la correspondencia, los memorandos, el correo electrónico y los mensajes telefónicos dirigidos a sus tres jefes. Las cartas, mensajes, etc., que requiriesen atención inmediata serían puestos sobre los escritorios, y el resto, encarpetado para su revisión posterior. Si la secretaria no es aún capaz de decidir cuáles de estos elementos tienen prioridad, trabaje con ella. Comuníquele sus criterios. Ayúdela a aumentar su capacidad. Fomente la autodirección y el sentido de la responsabilidad. Confiera capacidad.

4. La estimación de ingresos

Es probable que usted decida preparar hoy la estimación de ingresos para su jefe, pero no estaría de más que se hiciera algunas preguntas:

- ¿Por qué necesita mi jefe estos datos precisamente hoy?
- ¿Cuál es la información que no le estoy suministrando regularmente y que determina ahora esta necesidad urgente?
- ¿Hay algún sistema que yo pueda adoptar a fin de que la información esté disponible de inmediato?
- ¿Hay alguna posibilidad de que otros ejecutivos de cuentas tengan que suministrar esa misma información?
- ¿Podemos organizar algo entre todos y compartir la información cada vez que sea necesario?

374

Hoy podría hacer que lo incluyan en la orden del día de la próxima reunión de los ejecutivos de contabilidad. Podría bosquejar una propuesta acerca de cómo puede actuarse sobre este sistema de modo que todos salgan beneficiados.

5. El Consejo para la Calidad

¿Por qué se ha modificado la fecha en que debía reunirse el Consejo para la Calidad? Las reuniones del Consejo son extrañas. Usted nunca sabe qué asuntos se van a tratar. Los que asisten a ellas nunca están debidamente preparados; tampoco usted. Esto ha sido así durante mucho tiempo. Usted sospecha que si le habla al jefe de expedición de la posibilidad de hacer una presentación ante el Consejo, él le dirá que es el grupo con el que menos le interesa relacionarse. Recurrir al Consejo se considera una pérdida de tiempo. Su credibilidad es escasa. Por consiguiente, ¿qué puede hacer usted para que las cosas cambien?

Quizá lo apropiado es que se ponga en contacto con el presidente del Consejo. Explíquele que hoy estará ocupado redactando un informe y una propuesta importantes y no podrá asistir a la reunión, pero desearía que la presentación de ese informe se incluyera en la orden del día de la próxima reunión. La presentación insumirá unos diez minutos y versará sobre la aplicación de los principios de calidad a las reuniones del Consejo. También puede decirle que se propone analizar, junto con el personal de expedición, el modo de mejorar la calidad en esa sección, y que en unos días más lo volverá a llamar para ver cuándo se podría incluir ese tema entre los asuntos a tratar.

Sólo nos hemos referido a unos pocos de los asuntos incluidos en la lista, pero piénsese en la diferencia. En lugar de limitarse a manejar problemas, usted se ocupa en soluciones. Capacita a la gente y anuda relaciones sinérgicas. Fomenta una mentalidad de Cuadrante II en sí mismo y en los demás. Al examinar una lista de actividades discierne oportunidades de mejoramiento. Donde otros ven hechos aislados, usted ve sistemas.

Aun así, por supuesto, usted tendrá un día agitado, con muchas cosas que hacer. Y no sería realista suponer que todo va a cambiar por completo en 24 horas. Pero usted está haciendo algunas cosas positivas. Convierte en oportunidades del Cuadrante II algunos asuntos de los Cuadrantes I y III. Trabaja sobre las causas profundas. Se asegura de que el próximo lunes no será idéntico a éste. Prepara el escenario para importantes mejoras en el futuro. Sus esfuerzos se aplican ahora en la dirección correcta.

Domingo por la mañana con la familia

Cuando adoptamos un paradigma de liderazgo en lugar de un paradigma de administración, empezamos a ver oportunidades en lugares en los que nunca habíamos pensado anteriormente.

La experiencia de uno de nuestros colaboradores constituye un excelente ejemplo. Él y su mujer dedicaban algunos minutos cada semana a reunirse con los niños para coordinar salidas, lecciones y muchas otras actividades familiares. Lo hicieron regularmente durante un tiempo, hasta que un día decidieron que había allí una oportunidad para el liderazgo y no sólo para la administración.

Cambiaron el contenido de esas reuniones, de modo que actualmente, en lugar de abordar directamente el programa de actividades, comienzan con un repaso del enunciado de la misión de la familia. Hablan de lo que significa ser una familia. Analizan lo que cada miembro puede hacer para el bien de todos. Evalúan sus progresos. Pasan revista a sus principios y valores. Examinan cada uno de sus roles en relación con la familia: hijo, hermano, estudiante, amigo. Llegado el momento de planificar las actividades, dedican unos minutos a ayudar a sus hijos a fijarse una meta basada en principios a fin de mejorar en cada uno de sus roles, por ejemplo realizar juntos las tareas del hogar o preguntarse recíprocamente cómo han pasado el día. Se trata de metas sencillas y adaptadas a la capacidad de cada uno: a los mayores se les exige un poco más, y un poco menos a los más chicos. Todos aprenden viendo actuar a los demás y hablan sobre ello.

Cada semana fijan el programa de actividades en la heladera, donde todos pueden verlo. El programa especifica los momentos en que se trabajará en ciertas metas, se realizarán tareas en común, los miembros de la familia se acompañarán mutuamente, se asistirá a representaciones teatrales en la escuela, mamá y papá saldrán los dos solos. En suma, se empieza por lo fundamental. Ha tomado algún tiempo, pero los miembros de la familia comienzan a aprender sobre relaciones y sobre cómo cambiar las cosas entre todos. Este hombre de quien les hablo me comentó: "Hace poco mi hija de siete años me dijo que le parecía sensato ayudar a su hermana a realizar las tareas domésticas a su cargo porque después su hermana la ayudaría a ella. Me dijo que ya no le desagradaba realizar tareas domésticas".

Cualquiera que sea el método que se emplee para lograrlo (distintas familias emplearán distintos métodos), conseguir que cada miembro comprenda lo que se debe hacer y contribuya a decidir cómo se hará entre todos, es algo que incrementa nuestro poder. La planificación deja de ser un fastidio y se convierte en interacción y participación positivas. Nuestro colaborador nos ofrece este comentario:

> El valor de este proceso se me apareció muy claramente cuando, como parte de un juego familiar, le pedimos a nuestra hija de cuatro años que nombrara algo que estuviera fijado a la pared de su dormitorio. De todo lo que allí había —incluidos un grabado de *La Bella y la Bestia*, un póster de Aladino y varios dibujos

hechos por ella— eligió su ejemplar del enunciado de la misión de la familia. Su respuesta me conmovió. Advertí más claramente que nunca la influencia positiva que podemos tener sobre nuestros hijos, y también la importancia de comprender y reconocer todo lo que hay ya de bueno en ellos.

A veces no percibimos nuestro rol en la familia como un rol de liderazgo. Y sin embargo, ¡qué oportunidad nos proporciona de influir en ella! Uno de los mayores legados que podemos dejar a nuestros hijos es un sentimiento de finalidad y de responsabilidad respecto de la adhesión a los principios correctos.

Una mañana cualquiera con su equipo o grupo de trabajo

¿Y qué decir del funcionamiento de un equipo? ¿De un departamento? ¿De toda una organización? ¿Cómo reflexionar sobre las tareas que realizamos y las dificultades con que tropezamos día tras día, de un modo tal que cambie positivamente nuestra manera de planificar y organizar?

La mayoría de los equipos se embarcan en alguna forma de planificación. Consideran los requisitos presupuestarios o las cifras de ventas y determinan qué deben hacer para cumplir con sus obligaciones en materia de producción. Estudian las metas. Hablan de las presiones y las políticas que deben enfrentar. Luego se ocupan de aspectos más concretos, hacen asignaciones específicas, fijan fechas, crean sistemas de seguimiento y avanzan.

Imagine que usted forma parte de uno de esos equipos. ¿Cómo haría para transformar el proceso de planificación en una actividad de liderazgo?

¿Por qué no comenzar la sesión de planeamiento recordando la misión y la visión del grupo? ¿Por qué no evaluar la actuación cumplida durante el último ciclo en relación con la misión, y sacar las debidas conclusiones? Usted podría formularse preguntas como éstas:

- ¿Qué nos aproximó al cumplimiento de nuestra misión?
- ¿Qué nos alejó del cumplimiento de nuestra misión?
- ¿Qué procesos obstaculizaron el cumplimiento de nuestra misión?
- ¿Observamos los principios correctos?
- ¿Cómo podrían incrementarse la armonía y la coordinación dentro del grupo?

Qué tal si pasa revista a los diversos roles y funciones y los evalúa en relación con la misión, formulándose preguntas como las siguientes:

- ¿Estamos actualizados?
- ¿Hay procesos que podrían mejorarse?
- ¿Quiénes intervienen?
- ¿Quiénes desearían intervenir?
- ¿Quiénes es necesario que intervengan?
- ¿Cuáles son los principios aplicables?
- ¿Cómo podemos ayudar a que las personas pongan en juego sus aptitudes?
- ¿Podemos crear una sinergia efectiva entre las tareas y/o las metas?
- ¿Hay algo que el equipo deba empezar a hacer?
- ¿Hay algo que el equipo deba dejar de hacer?
- ¿Otorgan poder los acuerdos sobre designación de encargados?
- ¿Tenemos expectativas comunes?

La cantidad de preguntas que usted podría formularse es realmente infinita. El hecho de que formalmente no sea el líder del equipo o la organización no tiene importancia. Trabaje dentro de su Círculo de Influencia. Haga preguntas. Escuche. Cree una pausa para el equipo o grupo. Ayude a la gente a reflexionar. ¿Cómo podemos llevar la naturaleza de nuestra efectividad a un nuevo nivel? ¿Cómo podemos avanzar espectacularmente? Todas estas preguntas no se relacionan con la administración sino con el liderazgo. Son preguntas del Cuadrante II. Representan lo que tiene de diferente la cuarta generación.

Un día hace la diferencia

Ejercitando nuestra autoconciencia podemos comprobar cuán arraigados están nuestros paradigmas. Cambiarlos no es fácil. A menudo miramos la lista de los asuntos pendientes, las tareas que nos esperan, y retrocedemos a la independencia.

> Siento que estoy en lucha contra el tiempo. Constantemente me pregunto: ¿qué puedo hacer para sobrevivir, para actuar más rápidamente? Tengo que arreglar cosas. Tengo que reemplazar cosas. Sé que es un enfoque mecánico, pero siento la necesidad de apresurarme: de llegar a mi casa más temprano de vez en cuando, de tener menos problemas. El tictac del reloj en la pared aumenta la presión cada vez más. Tengo que tener esto hecho a tal hora, aquello a tal otra hora, tal cosa antes que tal otra, y ¿qué pasará si...? Tengo que ejercer un control mayor. Tengo que aquietar las cosas. Tengo que impedir que asuntos inesperados surjan y desbaraten mi día.

Estos paradigmas constituyen un lastre. Nos arrastran por una espiral descendente. Cuanto más nos esforzamos, más nos hundimos.

En un día del Cuadrante II, lo primero que cambia son nuestros pensamientos: nuestro modo de percibir el día. Las tareas nos proporcionan una oportunidad de crecer, de mejorar. Podemos aumentar nuestra competencia —aprender, ampliar nuestras habilidades, nuestra capacidad de actuar— o perfeccionar nuestro carácter —ser más sinceros, más comprensivos, ver las cosas desde otro punto de vista, detenernos con frecuencia y escuchar la voz de la conciencia—. Podemos dedicarnos a cambiar los sistemas y volverlos más efectivos. La creatividad que se manifiesta cuando nos detenemos para hacer una pausa y escuchar es asombrosa.

> Retrocedo. Echo una mirada al cuadro completo. Veo dificultades, pero también las veo como oportunidades para establecer relaciones y producir sinergia. ¡Cómo cambian las cosas, vistas de ese modo! Mi deseo es orientarme, hacer una pausa para consultar mi brújula y mis mapas. Me pregunto, ¿cómo encajan las cosas? Advierto la fortaleza que surge cuando las partes de mi vida encajan unas con otras. Me sorprende lo que puedo aprender cuando me detengo y contemplo los procesos de mi vida, lo que ocurre cuando estoy en armonía con los principios. Veo un modelo, veo belleza, veo orden. Cuanto más adhiero a los principios, más oportunidades veo. Estoy logrando algo. Percibo el crecimiento, la contribución. Estoy produciendo un cambio. Lentamente pero con seguridad, mi visión y mi misión se perfilan. Siento que mi confiabilidad aumenta. Mi fortaleza de carácter y mi competencia aumentan. Mi confianza en los demás, también. ¡Es emocionante!

A veces es arduo. Cometemos errores. Recaemos en viejos hábitos de adicción a la urgencia, en viejos paradigmas de hacer más cosas en menos tiempo, incluso si lo que estamos haciendo corresponde al Cuadrante II.

Pero cuanto más nos ejercitamos en el liderazgo personal y nos desplazamos hacia el Cuadrante II, más sentimos el crecimiento, la vida. Las cosas mejoran. Es una espiral ascendente. Cada parte de la vida comienza a sumarse a las demás. Hay más de todo lo bueno.

15

La paz de los resultados

> No conocemos el futuro y no es mucho lo que
> podemos planear a su respecto. Pero si mantene-
> mos nuestros espíritus y nuestros cuerpos puros y
> elevados, si abrigamos pensamientos e ideales y
> soñamos sueños de excelso propósito, podremos
> determinar y saber qué clase de hombres seremos
> en cualquier momento y lugar en que suene la
> hora que llama a la noble acción... Ningún hom-
> bre se vuelve de pronto diferente de su hábito y de
> los pensamientos que abriga.
>
> JOSHUA L. CHAMBERLAIN,
> *Comandante General, 20º de Maine, Fuerzas de*
> *la Unión, batalla de Gettysburg* [1]

Roger: Mientras conduzco el automóvil a través del cañón para llegar a Sundance, desde donde transmitimos muchos de nuestros programas, a menudo advierto un cambio que se produce en mí. El ajetreo de la oficina, con todas sus exigencias y preocupaciones, se desvanece cuando comienzo a sentirme parte de la majestad de las montañas, la corriente del río y la combinación de formas y colores.

Advierto que escucho más. Hay un silencio en medio del cual puedo oír con más claridad. Mi sosiego aumenta cuando permito hablar a mi voz interior.

Esos momentos están entre los que más aprecio, porque en ellos entro en contacto con algo que a menudo es hecho a un lado pero que es más valioso que muchas de las cosas de las que me ocupo diariamente. Me sorprendo a mí mismo revisando, reelaborando y renovando compromisos.

---

[1] Alice R. Trulock: *In the Hands of Providence: Joshua L. Chamberlain and the American Civil War*, Chapel Hill, University of North Carolina Press, 1992, pág. 62.

Muchos de nosotros experimentamos un sentimiento de paz cuando estamos en contacto con la naturaleza. Experimentamos una sensación de intemporalidad. Nos volvemos conscientes de la realidad y la vigencia absoluta de la ley natural. Cobramos conciencia de nuestra relativa insignificancia frente a ella. No podemos cambiarla ni controlarla. Pero este pensamiento es de algún modo tranquilizador. Nos sentimos satisfechos de ser parte de algo que inspira tanta reverencia y cuya realidad no se puede discutir.

La naturaleza produce una sensación de equilibrio y armonía. Las estaciones llegan y se van con regularidad. Hay ciclos de vida, un dar y recibir en un todo pleno de belleza y armonía. También los cataclismos —las tormentas, temblores de tierra, inundaciones— son parte de una armonía más vasta, un ciclo natural de crecimiento y cambio. La naturaleza está en perpetuo devenir. Su belleza se despliega permanentemente de acuerdo con sus leyes.

La naturaleza nos enseña muchas cosas sobre la paz. Nos recuerda que hay leyes y que esas leyes nos gobiernan. Este recordatorio de que hay orden en el universo nos reconforta. Tratar de cambiar las consecuencias que acarrea la violación de la ley natural en la dimensión humana es tan ilusorio como tratar de alterar el orden de las estaciones o de anular los efectos de la gravedad. No podemos ser una ley para nosotros mismos sin sufrir las consecuencias. Sólo alcanzamos la paz y una buena calidad de vida cuando descubrimos y respetamos las leyes fundamentales de la vida.

¿Qué es la paz?

La paz de la que hablamos es, evidentemente, algo más que la ausencia de guerra. No equivale a retirarse al desierto para eludir las complejidades y los problemas de la vida cotidiana. La paz de la que hablamos es una función de nuestra vida interior profunda. Es un vivir jubiloso. Se la encuentra en medio de la vida, no retirándose de ella.

El enfoque del logro independiente por lo general parece afirmar que lo que proporciona paz y felicidad son cosas como:

- tener dinero en el banco
- ejercer el control
- gozar de reconocimiento y fama
- tener una casa nueva, un auto lujoso u otras posesiones materiales
- tener un *status* social elevado

Lo esencial es volverse más rápido y más hábil para conseguir más de esta clase de cosas. Pero, ¿con qué resultado? ¿Se obtiene la paz? Lo que se logra, ¿tiene bases duraderas?

Deténgase a pensar en su propia vida. ¿Qué es la paz para usted? ¿De dónde procede? ¿Está satisfecho con la cantidad y la calidad de paz que hay en su vida?

Los principios y procesos que hemos descrito en este libro dan origen a diversos paradigmas —basados en principios, propósitos y perspectivas del norte verdadero— que contribuyen a brindar felicidad y paz. Al examinar estos paradigmas y principios de la cuarta generación, comprobamos que, por un lado, conservan y aumentan las ventajas de las tres primeras generaciones de la administración del tiempo, y por el otro, eliminan las desventajas. El cuadro de las páginas 386 y 387 ofrece en forma sucinta los detalles de esta evolución.

Al identificar las ventajas y desventajas de esas generaciones reconocemos que muchas personas comprendidas en ellas usan sus métodos de un modo que refleja los paradigmas de la cuarta generación. En realidad, estamos convencidos de que ciertas personas de cada una de las generaciones han estado utilizando permanentemente los principios de la cuarta generación porque esos principios están grabados en sus corazones. Sabemos que mucha gente está en la primera generación porque se ha comprometido a vivir de acuerdo con los dictados de su conciencia y a servir donde se necesite. Sabemos que cuando la gente de la tercera generación identifica sus valores y se deja guiar por ellos, en muchos casos se basa en los principios y las leyes de la vida que gobiernan la paz y la felicidad. Pero también sabemos que los sistemas y los procesos que se ajustan a esos paradigmas y deseos del corazón nos permiten incorporarlos más plenamente en la trama de nuestro diario vivir.

Esencialmente, la paz es función del hecho de poner primero lo primero. Fundamentales para "lo primero" son las cuatro necesidades y capacidades: vivir, amar, aprender y dejar un legado. Poner primero lo primero es función del uso de nuestros cuatro dones —la autoconciencia, la conciencia moral, la voluntad independiente y la imaginación creativa— para satisfacer nuestras necesidades basándonos en principios.

Cuando incorporamos a nuestra vida los paradigmas y procesos de cuarta generación, hallamos una paz diferente:

- paz en nuestra capacidad para vivir, amar, aprender y dejar un legado con equilibrio y alegría,
- paz en el desarrollo de nuestras dotes humanas que nos otorgan carácter y competencia en el momento de elegir,
- paz cuando nuestros roles cooperan en lugar de competir, cuando se vuelven parte de un todo sinérgico y viviente,
- la paz trascendente de aprender a escuchar la voz de la conciencia y a regirse por ella.

Hay principios. Tenemos una conciencia moral. Estas dos cosas son importantísimas. Influyen en nuestros pensamientos y en nuestra visión del mundo. Gracias a ellas advertimos cuán vital es detenernos un momento en el espacio que separa el estímulo de la respuesta para escuchar la voz de nuestra con-

	Sumario	Herramientas
Primera generación	Recordatorios	Simples notas, listas de tareas
Segunda generación	Planificación y preparación	Programas de actividades, registros de citas
Tercera generación	Planificación, fijación de prioridades, controles	Sistemas de planificación que unifican valores con metas, programas diarios

	Ventajas conservadas	Desventajas eliminadas
Cuarta generación *Las cuatro necesidades y capacidades: vivir, amar, aprender, dejar un legado*	• Satisfacción de algunas necesidades a través de las metas y la fijación de prioridades (3ª generación)	• "Lo primero": aquello que usted tiene justo enfrente (1ª generación) • Más de lo que usted *desea*, no necesariamente de lo que *necesita* o contribuye a la autorrealización (2ª y 3ª generaciones)
Principios del "norte verdadero" *Cuatro dotes: autoconciencia, conciencia moral, imaginación creativa, voluntad independiente*	• Asume responsabilidad por los resultados (3ª generación)	• Las habilidades por sí solas no producen efectividad ni liderazgo: se necesita además el carácter (2ª y 3ª generaciones) • Pueden hacerle creer que quien ejerce el control no son las leyes o los principios naturales sino *usted*: orgullo de "dictar la propia ley" (3ª generación) • Aclaración de valores no necesariamente congruente con los principios que gobiernan inmutables (3ª generación) • La urgencia y los valores determinan qué es "lo primero" (3ª generación)
La pasión de la visión	• Reuniones más efectivas y preparación de las presentaciones (2ª generación) • Conecta con valores (3ª generación)	• No se utiliza el poder de la visión (1ª, 2ª y 3ª generaciones)
Equilibrio de roles	• Menos estrés (1ª generación)	• Se pasa por alto o se olvida el compromiso con los demás; las relaciones se deterioran (1ª generación) • Puede producir culpa, programación excesiva y desequilibrio entre roles (3ª generación)

	Ventajas conservadas	**Desventajas eliminadas**
El poder de las metas	• Es mucho más lo que se cumple a través de las metas y la planificación (2ª generación) • Utiliza el poder de las metas a corto, mediano y largo plazo (3ª generación) • Convierte los valores en metas y acciones (3ª generación)	• Las cosas se cuelan por las hendijas (1ª generación) • Lo que se hace es relativamente poco (1ª generación)
La perspectiva de la semana	• No hay exceso de programación ni de estructuración (1ª generación) • Seguimiento de asuntos pendientes (1ª generación) • Seguimiento de compromisos y citas (2ª generación) • Aumenta la productividad personal mediante la planificación y la fijación de prioridades (3ª generación) • Aumenta la eficiencia (3ª generación) • Confiere estructura/orden a la vida (3ª generación) • Potencia la habilidad para administrar el tiempo y administrarse a sí mismo (3ª generación)	• No hay una verdadera estructura (1ª generación) • Avanza de crisis en crisis como consecuencia de la falta de planes y de estructura (1ª generación) • La planificación diaria raras veces va más allá de dar prioridad a lo urgente, lo apremiante y la administración de las crisis (3ª generación)
Integridad en el momento de elegir	• Capacidad para adaptarse cuando surge algo más importante: flexibilidad del tipo "dejarse llevar por la corriente" (1ª generación)	• "Lo primero": lo que figura en el programa (2ª generación) • Lleva a dar más importancia al programa que a la gente (2ª y 3ª generaciones) • Menos flexibilidad/espontaneidad (3ª generación)
La sinergia de la interdependencia	• Más sensibilidad a la gente (1ª generación)	• Pensamiento y acción independientes: considera a la gente como instrumento o impedimento en cuanto al logro de las metas (2ª y 3ª generaciones) • Puede pensar en la gente como en "cosas" (3ª generación)

ciencia y ejercer los atributos del corazón para hacer las "mejores" elecciones. Advertimos que hay fines más altos que nosotros mismos, fines hacia los que podemos orientar nuestras energías y esfuerzos con pasión y confiando en que mejoraremos la calidad de vida como resultado. Vemos el mundo como un lugar en el que hay infinidad de soluciones basadas en una tercera alternativa. Vemos la importancia de crear sistemas congruentes con esos principios a fin de que, al organizar y planear nuestras vidas, reforcemos los hábitos del corazón que engendran la paz.

Poner primero lo primero fortalece la paz

Los principios y procesos que hemos descrito en este libro nos ayudan a lograr la paz en las cuatro dimensiones de la vida: paz de la conciencia, paz de la mente, paz en nuestras relaciones... e incluso la paz del cuerpo. Una visión otorga propósito y significado. Los roles se convierten en caminos sinérgicos de contribución. Las metas pasan a ser logros integrados, regidos por la conciencia. La semana sirve de puente entre la misión y el momento presente, en un ciclo de crecimiento. Afilar la sierra produce una renovación diaria y semanal. Cada decisión es un espacio en el que podemos ejercer nuestras dotes humanas para actuar con integridad.

La visión compartida y la delegación aceptada de funciones nos permiten relacionar a las personas con oportunidades y no con problemas. Advertimos que las personas no son cosas. Tampoco son simples agentes. Son seres humanos que viven y alientan, que tienen su propio espacio entre estímulo y respuesta, sus dotes singulares, y la capacidad de actuar sinérgicamente con nosotros para crear cosas importantes de un modo que sobrepasa en mucho lo que podríamos conseguir con nuestro solo esfuerzo.

Estos principios y procesos cambian las expectativas que muchos de nosotros tenemos en cuanto al tiempo y a la calidad de nuestra vida. Esto es fundamental para la paz, porque la frustración es en esencia una función de expectativas insatisfechas: esperamos que algo sea de determinado modo o produzca determinados resultados, y no es así en la realidad. En consecuencia, nos sentimos frustrados.

La esencia del problema es que muchas de nuestras expectativas se apoyan, no en el norte verdadero, sino en planes que hemos forjado, en la ética de la personalidad o en el espejo social. Son paradigmas defectuosos. No se basan en las leyes fundamentales de la vida.

Muchos de nosotros confiamos —consciente o inconscientemente— en que podremos hacer durante el día todo lo que habíamos planeado. De modo que, cuando surge una dificultad, nos sentimos frustrados. Vemos a las personas como interrupciones. El cambio es nuestro enemigo. Nuestra paz y nuestra felicidad dependen de que al cabo del día hayamos podido realizar todo lo que estaba anotado en la lista.

Pero, ¿qué sucede cuando la expectativa es otra, cuando vemos cada día como una apasionante aventura para la cual contamos con un mapa de caminos y —también— con una brújula que nos da la posibilidad de recorrer territorios inexplorados? ¿Cuando vemos los problemas como oportunidades de ayudar a los demás? ¿Cuando esperamos encontrarnos en situaciones que pongan en tela de juicio nuestras prioridades, confiados en que nuestra brújula nos ayudará a seguir avanzando hacia "lo mejor"? ¿Qué sucede cuando lo que nos proporciona paz y felicidad es el hecho de irnos a la cama por la noche sabiendo que hicimos las elecciones adecuadas para dar prioridad a lo importante? ¿Cambia esa expectativa nuestro modo de interactuar con las realidades del día?

Veamos ahora otra expectativa. Consciente o inconscientemente, muchos de nosotros esperamos vivir una vida libre de problemas. En consecuencia, cualquier problema nos produce frustración. No concuerda con nuestra expectativa.

Pero esa expectativa no se basa en la realidad. La oposición es parte de la vida. Así como desarrollamos los músculos superando una oposición (levantando pesas, por ejemplo), desarrollamos el carácter superando problemas y adversidades. Como observó M. Scott Peck en *The Road Less Traveled*:

> La vida es difícil. Ésta es una gran verdad, una de las más grandes. Es una gran verdad porque tan pronto como la captamos, la trascendemos. Tan pronto como sabemos que la vida es difícil, la vida deja de ser difícil. Porque tan pronto como lo aceptamos, el hecho de que la vida es difícil deja de tener importancia.[2]

Si nuestra expectativa es que encontraremos problemas, los problemas no nos harán sentir frustrados.

Daré otro ejemplo. Muchos de nosotros esperamos que los demás compartan nuestros puntos de vista, que hagan lo que creemos que debe hacerse. Cuando los demás disienten, cuando formulan preguntas o expresan preocupaciones, cuando no apoyan entusiastamente nuestras decisiones o proponen alternativas, nos sentimos frustrados.

¿Qué ocurre, en cambio, cuando esperamos que la gente vea las cosas de un modo diferente, cuando valoramos esa diferencia, cuando vislumbramos el uso sinérgico de dotes humanas para hallar soluciones basadas en una tercera alternativa?

Las expectativas insatisfechas producen frustración, pero controlar nuestras expectativas es sin duda factible. No estoy hablando de rebajar nuestras expectativas, sino de basarlas en las realidades del norte verdadero. Uno de los modos más productivos de eliminar gran parte de la frustración que experimen-

[2] M. Scott Peck: *The Road Less Traveled* (Nueva York: Simon & Schuster, 1978), pág. 15.

tamos en la vida consiste en analizar nuestras expectativas. Cuando nos sentimos frustrados, podemos remitirnos a la fuente del problema.

- ¿Cuál era la expectativa que yo tenía y que no se cumplió?
- Esa expectativa, ¿estaba basada en el norte verdadero?
- ¿Cómo haré para cambiarla?
- ¿Qué enseñanzas puedo extraer que afecten mis expectativas en el futuro?

Cuando nuestras expectativas no se basan en las realidades del norte verdadero, vamos camino de la frustración y el desasosiego.

Dos piedras angulares: la contribución y la conciencia moral

De todos los principios y procesos que hemos mencionado, los verdaderamente esenciales para la paz son la *contribución* (dejar un legado) y la *conciencia moral*. Aunque las cuatro necesidades son todas vitalmente importantes, la contribución es lo que confiere significado y dinamiza al resto. Aunque las cuatro dotes son todas vitalmente importantes, la conciencia moral es lo que confiere significado y lo dinamiza. Juntas la contribución y la conciencia moral nos ayudan a saber adónde queremos ir y cuál es el camino que nos conducirá allí.

La contribución

Hace poco el Covey Leadership Center (Centro de Liderazgo Covey) y nuestra emisora local pusieron a disposición del Sistema Público de Teledifusión una dramatización que realizamos y videograbamos en Inglaterra. El protagonista de esta notable historia era un inglés que había superado una niñez poco promisoria transcurrida en la calle para convertirse en un escritor razonablemente exitoso, con un buen hogar y una familia cariñosa. En el momento al que se refiere el relato, sin embargo, había llegado a un punto en que sufría el llamado "bloqueo del escritor". Durante algún tiempo no se había sentido inspirado al escribir. Al parecer, su creatividad se había extinguido. Sus deudas iban en aumento. Su editor lo apremiaba. Se sentía cada vez más deprimido y temía que sus hijos se convirtieran en chicos de la calle como tantos otros que veía a su alrededor... y como él mismo lo había sido en su niñez.

Era presa del desaliento. No podía dormir. Comenzó a deambular de noche por las calles de Londres. Vio la pobreza, la situación inhumana en que se encontraban los niños que trabajaban de noche en las fábricas, la terrible lucha de los padres que trataban de ganar un precario sustento para sus familias. Poco a poco la cruda realidad de lo que estaba viendo comenzó a impactarlo: los efectos del egoísmo y la codicia y de la conducta de quienes estaban dispuestos a aprovecharse de los demás. Una idea conmovió su corazón y germinó en su mente. ¡Había algo que él podía hacer para que las cosas cambiaran!

Volvió a escribir, esta vez con una energía y un entusiasmo como nunca había tenido. La idea de contribuir lo apasionó, lo consumió. Ya no sentía dudas ni desaliento. Sus propios problemas económicos no lo preocupaban. Quería que su relato se publicara y que se vendiera al precio más bajo posible para que muchas personas lo leyeran. Su vida había cambiado por completo.

A consecuencia de ello, también el mundo cambió. La obra maestra de Charles Dickens, su *Cuento de Navidad*, ha alegrado la vida de millones de personas de todo el mundo. Durante ciento cincuenta años su visión ha dejado un maravilloso legado de esperanza, calidez y bondad.

La mayor parte de los objetivos en el paradigma del logro independiente en sí mismos son vanos. Sin el contexto de un propósito significativo son ilusorios. La satisfacción que producen es tenue y efímera.

Sólo si nos preocupamos más por contribuir que por consumir podremos crear el contexto que hace posible la paz en todos los aspectos de la vida. Sólo si dejamos un legado encontraremos sentido en la vida, el amor y el aprendizaje.

La conciencia moral

Gran parte de la tercera generación incluye una combinación de autoconciencia, voluntad independiente e imaginación creativa. Pero sin conciencia moral no hay paz.

Stephen: En una época en que trabajaba en una universidad tuve el privilegio de alojar en mi casa a un eminente psicólogo, ex presidente de una asociación nacional de psicología. A este hombre se lo consideraba el creador de la "terapia de la integridad", un método de psicoterapia basado en la idea de que la paz espiritual, la verdadera felicidad y el equilibrio se logran viviendo en armonía con los dictados de la conciencia. Él pensaba que la conciencia moral deriva del sentido universal del bien y del mal, presente en todas las culturas, religiones y sociedades que han perdurado en el tiempo.

Una tarde, en el intervalo entre dos conferencias, lo llevé en mi auto a las montañas para que pudiese admirar los maravillosos paisajes. Aproveché la ocasión para preguntarle cómo había llegado a creer en la terapia de la integridad.

"Fue algo muy personal", me contestó. "Yo era maníaco-depresivo y la mayor parte de mi vida transcurría en una alternancia de estados de exaltación y depresión. Mientras asesoraba a la gente empezaba a sentirme estresado y vulnerable, a deslizarme en la depresión, casi hasta el punto de querer quitarme la vida. Dadas mi formación y mi actividad profesional, era consciente de lo que estaba ocurriendo, sabía que yo representaba un peligro.

Cuando llegaba a este punto me internaba en una institución asistencial para prevenir mi suicidio. Al cabo de un mes o dos, estaba en condiciones de retomar mi trabajo. Pero después de un año, aproximadamente, volvía a deprimirme, a hospitalizarme, y poco a poco me recuperaba y proseguía mis investigaciones y la redacción de escritos.

"En cierta época", prosiguió diciendo, "cuando era presidente de la asociación, me sentía tan enfermo, tan deprimido, que me resultaba imposible acudir a las sesiones y asumir las obligaciones de mi cargo. Entonces me pregunté: '¿Podré cambiar el rumbo de mi vida y mi profesión?'. En lo más hondo sabía que había estado viviendo una mentira durante muchos años. Había una parte oscura de mi vida que no me atrevía a reconocer."

Mientras recorríamos la montaña y él me hacía estas confidencias, me invadían sentimientos de serenidad y humildad. También me intimidaba un tanto lo que él pudiera llegar a decir. "Decidí hacer un cambio radical", prosiguió. "Dejé a mi amante. Le confesé todo a mi esposa. Y por primera vez en muchos años tuve una sensación de paz, una paz distinta de la que experimentaba cuando, tras recuperarme de una de mis depresiones, retomaba el trabajo productivo. Era una paz interior, del espíritu, una especie de sinceridad conmigo mismo, de unidad de mi ser, de integridad.

"Fue entonces cuando empecé a explorar la teoría de que tal vez lo que causaba muchos de los problemas que veía era el hecho de ignorar, negar, violar la conciencia natural, provocando la pérdida de la integridad personal. Por consiguiente, comencé a elaborar esta idea. La investigué. Conseguí que otros terapeutas colaboraran trabajando con sus pacientes a partir de ese paradigma. Los datos obtenidos me convencieron de que la teoría era correcta. Y eso fue lo que me condujo a la terapia de la integridad."

La franqueza de este hombre y la firmeza de sus convicciones me impresionaron profundamente, al igual que a los centenares de alumnos que lo escucharon un día más tarde en la universidad.

La experiencia personal y la investigación de este psicólogo demuestran el papel esencial que cumple la conciencia moral en el logro de la paz. Y se trata, como él lo afirma en su relato, de

394

"una paz distinta". Es evidente que desarrolló en alto grado algunas de sus dotes. El hecho de que haya comprendido claramente la situación en que se encontraba y se haya internado por propia decisión indica una autoconciencia y una voluntad independiente realmente notables. El reconocimiento que obtuvo su obra en el ámbito profesional atestigua el gran desarrollo de su imaginación creativa. Pero sólo cuando escuchó la voz de su conciencia pudo alcanzar la paz que buscaba.

Los resultados de décadas de experiencia en psicoterapia, actitud mental positiva y desarrollo de la creatividad confirman la inutilidad de tratar de alcanzar la paz y una buena calidad de vida a largo plazo prescindiendo de un elemento fundamental como es la conciencia moral. [3] La conciencia moral es lo que nos relaciona con el norte verdadero, con los principios que hacen posible la paz y la buena calidad de vida.

Dos piedras en el camino: el desánimo y el orgullo

Entre los obstáculos más graves que se oponen al logro de la paz debemos mencionar en primer término el desánimo y el orgullo.

El desánimo

El desánimo es literalmente des-ánimo, es decir, falta de ánimo o valor. Es la antítesis de todo aquello de que hemos hablado. Sobreviene cuando basamos nuestra vida en ilusiones y no en principios, cuando debemos enfrentar las consecuencias

---

[3] Un libro interesante sobre este tema es el de James Hillman y Michael Ventura, *We've Had a Hundred Years of Psychotherapy and the World's Getting Worse* (Nueva York: HarperCollins, 1992).

de haber apoyado la escalera en la pared errónea. Nos asalta cuando estamos cansados, enfermos o endeudados, cuando hemos roto una relación, cuando no avanzamos, cuando no encontramos sentido a la vida. Nos acosa cuando no tenemos una visión, cuando nuestra vida carece de equilibrio, cuando no logramos alcanzar nuestros objetivos. Lo sufrimos cuando caemos en una perspectiva limitada del día dominada por la urgencia, cuando no somos capaces de actuar con integridad en el momento de elegir. Se presenta cuando nuestras ideas son competitivas y escasas, cuando las interacciones del tipo yo gano-tú pierdes llenan nuestra vida y nuestro entorno de maledicencia, politiquería y pensamiento comparativo.

El desánimo es lo que sentimos al estar perdidos en el bosque sin una brújula ni un mapa preciso, al comprobar que muchos de los mapas que nos ofrece la gente nos alejan aún más del punto al que queremos ir.

El valor, en cambio, nos viene de saber que hay principios, de satisfacer nuestras necesidades y capacidades de un modo equilibrado, de tener clara nuestra visión, roles equilibrados, la capacidad de fijarnos y alcanzar metas significativas, la perspectiva que nos permita trascender la urgencia del momento, el carácter y la competencia necesarios para actuar con integridad en el momento de elegir, la mentalidad de abundancia que se requiere para funcionar de modo efectivo y sinérgico en la realidad interdependiente. El valor procede del corazón, y estar en contacto con el corazón engendra esperanza.

Dondequiera que estemos, la mejor manera de desarrollar la valentía consiste en fijarnos una meta y alcanzarla, en hacer una promesa y cumplirla. Por insignificantes que sean la meta o la promesa, proceder así nos llevará a confiar en que seremos capaces de actuar con integridad en el momento de elegir. Podría tratarse simplemente de levantarnos por la mañana —de "despabilarnos"— o de sacrificar el sabor al valor nutritivo, así sea por un día. Pero cuando comenzamos a formular promesas —dirigidas a nosotros mismos o a los demás— y a mantenerlas, damos el primer paso en una senda que lleva a la confianza, la maduración y la paz.

El orgullo

Un obstáculo aún mayor —y el peligro más grave que debemos enfrentar en nuestro esfuerzo por llegar a ser personas centradas en principios— es el orgullo. Aunque a menudo usamos el término para indicar el placer o la satisfacción que nos produce algo o alguien —nos *enorgullece* la belleza de nuestros parques o el buen comportamiento de nuestros hijos—, la palabra "orgullo" también designa uno de los paradigmas más destructivos que existen.

Una persona orgullosa es esencialmente competitiva, busca siempre colocarse por encima de los demás. Como lo expresó C. S. Lewis:

> Lo que le causa placer a la persona orgullosa no es tener algo, sino tener más que los que la rodean... Lo que hace que nos sintamos orgullosos es la comparación, el placer de estar por encima de los demás. [4]

Veamos el efecto que produce el orgullo en nuestra manera de satisfacer nuestras necesidades y capacidades fundamentales:

- En lo que se refiere a la *vida*, a la persona orgullosa lo que le importa no es tanto que sus ingresos sean suficientes para sus necesidades como que sean mayores que los de alguna otra persona. Está siempre comparando su apariencia —su pelo, su ropa, su físico— con la de los demás.

[4] C. S. Lewis: *Mere Christianity* (Nueva York: Macmillan, 1952), págs. 109-10.

- En lo que se refiere al *amor*, la persona orgullosa basa su autoestima en el número y prestigio de los amigos que cree tener, o en la cantidad de elogios que recibe de los demás.
- En lo que se refiere al *aprendizaje*, lo que valora no es tanto lo que la gente sabe como las calificaciones que obtiene o el *status* que ha alcanzado.
- En lo que se refiere a *dejar un legado*, lo que tiene sentido para ella no es dar sino dar más que otros y cobrar notoriedad por ello.

El orgullo es un formidable parásito emocional. No hay en él alegría, satisfacción ni paz porque existe siempre la posibilidad de que alguna otra persona sea más atractiva o tenga más dinero o más amigos, una casa más grande o un auto más nuevo.

El orgullo es pernicioso porque bastardea significados y fines. Embota, ignora e incluso anula por completo la conciencia moral. Como observó C. S. Lewis, "El orgullo es un cáncer espiritual: devora la posibilidad misma del amor, de la satisfacción e incluso del sentido común". [5] Finalmente desemboca en el odio, la envidia y la guerra.

La gente orgullosa se siente segura cuando ha logrado trepar por la escalera más alto que los demás, aunque la escalera no esté apoyada contra el muro correcto. Se siente valiosa cuando ve que los demás están más abajo. El premio, lo que importa realmente, es llevar la delantera... aunque esto signifique llevar la delantera en algo erróneo o reprochable.

Así como hay un orgullo de los que ocupan posiciones elevadas y miran hacia abajo, también está el orgullo de los que ocupan posiciones inferiores y miran hacia arriba. Como lo expresó el líder religioso y ex secretario de Agricultura de Estados Unidos Ezra Taft Benson:

---

[5] C. S. Lewis, ob. cit.

Por lo general se piensa que el orgullo es el pecado de los que ocupan la cima, como por ejemplo los ricos y los instruidos, que miran con aire de superioridad hacia abajo. Pero hay entre nosotros una dolencia mucho más extendida: el orgullo de quienes ocupan los niveles inferiores y miran con resentimiento hacia arriba. Se manifiesta de muchos modos; por ejemplo, a través de la crítica mezquina, el chismorreo, la maledicencia, la actitud quejosa, el hecho de vivir por encima de los propios medios, la envidia, la codicia, la renuencia a expresar agradecimiento y elogios que podrían alentar a otra persona, la incapacidad de perdonar y los celos.[6]

El orgullo es la esencia de la mentalidad de escasez. Es devastador para la paz. Crea una falsa integridad de sinergia con cosas extrínsecas. ¡Y piénsese en el costo! ¿Cuánto tiempo y energía dilapida la persona que vive pendiente de saber quién es el que más tiene, el que más hace, el que mejor luce, el que vive en el barrio más cotizado, tiene la oficina más amplia, gana más dinero, despacha más trabajo, es más valioso? Cuando el grito de la competencia prevalece sobre el murmullo de la conciencia, ¿cuál es el efecto en lo que se refiere a poner primero lo primero en nuestra vida?

El antídoto para el veneno del orgullo es la humildad: la humildad que nos permite darnos cuenta de que no somos una isla, de que la calidad de nuestra vida está indisolublemente unida a la calidad de la vida de los demás, de que lo que tiene sentido no es consumir y competir sino contribuir. No nos regimos por nuestra propia ley, y cuanto más valoremos los principios y a la gente, más profunda será nuestra paz.

[6] Ezra Taft Benson, "Beware of Pride", *The Ensign* (mayo de 1989), Salt Lake City: The Church of Jesus Christ of Latter-Day Saints, pág. 5.

Características de las personas centradas en principios

Volverse una persona centrada en principios es un proceso que nunca termina, una búsqueda de toda la vida. Pero cuanto más ajustan las personas su vida al norte verdadero, más desarrollan ciertas características que comparten quienes están centrados en principios.

Son más flexibles y espontáneas. No están encadenadas a planes ni programas. Los programas son importantes, pero no de suprema importancia. Para las personas centradas en principios, la vida es una aventura. Son como valerosos exploradores que incursionan en un territorio desconocido: no están seguras acerca de lo que va a suceder, pero confían en que será estimulante y las ayudará a madurar, y en que descubrirán nuevas comarcas y harán nuevas contribuciones. Su seguridad se basa en su brújula: sus singulares dotes humanas que las capacitan para marchar llenas de confianza en terreno desconocido.

Sus relaciones con los demás son más fecundas y gratificantes. Anteponen las personas a los programas de actividades. Aclaran las expectativas. No se dedican a comparar, competir ni criticar. Los demás las ven como personas sinceras, directas y no manipuladoras, que asumen compromisos y los cumplen, que ponen en práctica lo que recomiendan. Las personas centradas en principios no reaccionan en forma exagerada ante las conductas negativas, las críticas o las debilidades humanas. Perdonan con facilidad. No guardan rencor. No prejuzgan ni se valen de estereotipos. No rotulan ni clasifican. Se alegran cuando los demás triunfan y contribuyen a que ello suceda. Creen en el potencial oculto de los demás. Ayudan a crear un clima apropiado para el crecimiento y las oportunidades.

Son más sinérgicas. En lugar de imponer sus puntos de vista, trabajan *con* los demás para alcanzar una visión compartida, con lo cual se benefician grandemente. Aprecian las diferencias. Creen en la sinergia de las soluciones basadas en una tercera alternativa. Cuando trabajan en equipo, ponen en juego las aptitudes en que sobresalen y recurren, para compensar sus puntos débiles, a las aptitudes de los demás. Cuando negocian y se comunican con otros desde posiciones aparentemente antagónicas, son capaces de establecer una distinción entre las personas y el problema. Pueden centrarse en los intereses y preocupaciones del interlocutor en vez de discutir sobre sus respectivas posiciones.

Aprenden continuamente. Como saben que hay un norte verdadero, están siempre tratando de descubrirlo y entenderlo, y procuran ajustar sus vidas a él. Se vuelven más humildes y más receptivas a las enseñanzas. Leen mucho, se deleitan con la sabiduría de los siglos y escuchan a los demás. Aprenden permanentemente de la experiencia.

Se vuelven más propensas a contribuir. Dedican más tiempo y energía a contribuir que a consumir, a dar que a recibir. Tienen vocación de servicio. Tratan de mejorar la calidad de vida de todos en lugar de ocuparse tan sólo de sí mismas.

Obtienen resultados extraordinarios. Al equilibrar su "producción" con el aumento de su aptitud para producir, con el tiempo desarrollan la capacidad de producir más. No encienden la vela por ambos extremos. Están siempre adquiriendo nuevas habilidades. Aumentan su capacidad de trabajar junto a otros y facilitan la producción interdependiente de alta calidad. En todo lo que hacen aplican principios que conducen a resultados de calidad.

Desarrollan un saludable sistema inmunitario psicológico.
Son capaces de manejar problemas. No padecen de sida psicológico. Pueden ser afectadas por una enfermedad, un contratiempo económico o una desilusión, pero cuentan con recursos para recuperarse. Fomentan sistemas inmunitarios saludables en su matrimonio y su familia, de modo que pueden discutir asuntos cruciales y manejar problemas como los relacionados con la economía, los suegros o la disciplina de los hijos guiándose por principios y no por guiones. Se esfuerzan por crear sistemas inmunitarios saludables en los equipos, grupos u organizaciones en que trabajan.

Fijan sus propios límites. No trabajan hasta quedar exhaustos, ni gastan hasta agotar su crédito, ni siguen ocupándose de proyectos hasta que se les vence el plazo. Dependen cada vez menos de factores extrínsecos para saber cuándo deben cesar. Aprenden a aplicar principios y a usar la sabiduría para fijar sus propios límites y llevar así al máximo su efectividad. Concentran sus esfuerzos en los períodos de mayor energía y creatividad. Reservan tiempo para la re-creación. Gastan con sensatez y ahorran e invierten para atender a sus necesidades futuras.

Llevan una vida más equilibrada. No se convierten en adictos al trabajo o a los placeres, ni en fanáticos religiosos o políticos; no siguen dietas aceleradas ni cometen excesos gastronómicos ni ayunan hasta la muerte. Se mantienen activos física, social, mental y espiritualmente. Llevan vidas más plenas y sinérgicas.

Se sienten más confiadas y seguras. Adquieren una confianza cada vez mayor en que el hecho de vivir en armonía con el norte verdadero elevará su calidad de vida y entretanto se vuelven más pacientes y serenas. Su sentimiento de seguridad no depende de su trabajo, las asociaciones, el reconocimiento, las posesiones, el *status* o algún otro factor extrínseco. Se origina en su interior, en el hecho de centrar su vida en principios, de seguir los dictados de su conciencia.

Son más capaces de hacer coincidir lo que pregonan con lo que realizan. No incurren conscientemente en duplicidad, engaños ni hipocresías. Desarrollan su capacidad de asumir compromisos ante sí mismas o ante los demás y de cumplirlos. Acumulan un elevado saldo positivo en su cuenta de integridad personal.

Se concentran en su Círculo de Influencia. No desperdician su tiempo ni su energía en su círculo de preocupaciones. Se concentran en las cosas respecto de las cuales pueden hacer algo y se esfuerzan por mejorar casi todas las situaciones en que se encuentran.

Cultivan una rica vida interior. Extraen fuerzas de una renovación espiritual practicada con regularidad. Se complacen en leer obras que transmiten sapiencia, piensan, meditan o recurren a otros medios para enriquecer el contexto, el significado y el propósito de su vida.

Irradian energía positiva. Se vuelven más alegres, afables, optimistas y positivas. Ven posibilidades. Neutralizan o esquivan poderosas fuerzas de energía negativa; reavivan fuerzas más débiles que las rodean.

Disfrutan más de la vida. No se condenan a sí mismas cada vez que cometen algún error tonto o se tiran una plancha. Se perdonan a sí mismas y perdonan a los demás. No están obsesionadas por el pasado ni se entregan a ensoñaciones sobre el futuro. Viven con sensatez y alegría el presente, planifican cuidadosamente el futuro y se adaptan con flexibilidad a las circunstancias cambiantes. Desarrollan un excelente sentido del humor; a menudo se ríen de sí mismas, pero nunca hacen burla de los demás.

Cuanto más desarrollan las personas estas características, más serena y feliz es su vida. Comienzan a tener una influencia importante sobre la calidad de vida, tanto en su provecho como en el de quienes las rodean.

Guiarse por principios no es fácil, pero es algo que incide en la calidad de vida. Lo importante es perseverar en el intento, trabajar sin descanso para llegar a estar en armonía con el norte verdadero.

Descartar

El filme *La misión* narra la historia de un hombre que se dedicaba a capturar indios para venderlos como esclavos. Un día, al regresar a la aldea, mata a su hermano en un arrebato de celos. Abrumado por lo que ha hecho, pasa los días sumido en la apatía y la desesperanza, hasta que finalmente un sacerdote lo convence de que hay algo que puede hacer para redimirse.

De acuerdo con las instrucciones del sacerdote, marcha a través de la jungla con un grupo de misioneros, llevando a la espalda un pesado fardo que contiene su coraza y sus armas: ésa será su penitencia. La marcha es increíblemente penosa. Lucha con su carga mientras sube por la ladera de la montaña, atraviesa estrechos barrancos y remonta cascadas. Un miembro del grupo, preocupado por el bienestar del penitente, le pregunta al sacerdote si no es ya tiempo de que aquél se deshaga de su carga. "Cuando haya llegado el momento, él lo sabrá", contesta el sacerdote.

En una ocasión el penitente, después de realizar un esfuerzo hercúleo, se arrastra en la cima de un cerro, lleno de rasguños, completamente extenuado. Al levantar la vista ve frente a él a un indio. Hay un momento de silencio; luego, el indio alza su cuchillo... y corta las cuerdas. Nuestro hombre experimenta un intenso sentimiento de liberación, de haber dejado atrás todo lo que lo maniataba. A partir de entonces se consagra a ayudar a los indios a mejorar su calidad de vida.

Como dijimos antes, todo avance implica una ruptura, implica descartar algo, dejarlo atrás. Cuando nos esforzamos por dar prioridad a las cosas más importantes, tal vez sea el momento adecuado para descartar lo que nos frena y nos impide contribuir en la medida en que podríamos hacerlo.

Descartar los paradigmas que gozan de popularidad y resultan agradables pero están basados en la ilusión. Creer que somos capaces de fijar metas, realizar cualquier cosa que deseemos y mejorar la calidad de vida puede resultar agradable en el corto plazo. Pero lo cierto es que son los principios del norte verdadero los que determinan la calidad de vida. Cuando perseguimos valores que no están en armonía con el norte verdadero, terminamos tratando de controlar las consecuencias y de imponernos a otras personas. No da resultado. Quien comete un error debe pagar por él. Hay principios; hay consecuencias. Sólo si descartamos los paradigmas ilusorios podremos actuar en armonía con las leyes que dan origen a la paz y la calidad de vida.

Descartar todo lo que no sea "las cosas más importantes". A una conferencia que di en Singapur asistieron ejecutivos de Europa, Asia y el Oeste de Estados Unidos. Cuando me referí al Círculo de Influencia y el Círculo de Preocupación, los ejecutivos norteamericanos expresaron que el Círculo de Influencia los ayudaría a concentrarse en lo que necesitaban hacer. Los ejecutivos asiáticos dijeron: "Es muy interesante. Cuando reflexionamos sobre esos círculos, nuestra respuesta inmediata fue: '¡Espléndido! ¡El Círculo de Preocupación nos ayudará a saber qué es lo que debemos descartar!' ". Sólo podremos ocuparnos de lo fundamental si descartamos el resto y dedicamos nuestro tiempo y nuestros esfuerzos a lo que verdaderamente importa.

Descartar la racionalización. Cuando asumimos la carga de justificarnos y racionalizar, no podemos escuchar la voz de nuestra conciencia. Una de las experiencias más liberadoras de la vida es la de comprometerse a seguir los dictados de la conciencia. Quienes lo intentan, aunque sólo sea por una semana, quedan literalmente estupefactos ante el sentimiento de liberación que experimentan y al comprender la cantidad de tiempo y de energía que les demandaba justificar sus actos reñidos con la conciencia.

Descartar el sentimiento de culpa innecesario. El sentimiento de culpa que se origina en la conciencia es un gran maestro. Nos ayuda a saber cuándo no estamos en armonía con el norte verdadero. Pero gran parte de la culpabilidad que nos acosa a muchos de nosotros procede de la conciencia social. No deja enseñanzas; sólo impide avanzar. Para liberarnos, debemos analizar nuestra culpabilidad. Si ésta procede del espejo social, podemos descartarla. Si procede de nuestra conciencia, podemos hacerle frente, sinergizar nuestras vidas, hacer lo necesario para reparar y seguir adelante. Lo que nuestra conciencia nos imponga, sea lo que fuere, nunca será tan penoso y extenuante como convivir con la culpa. La vida es aprendizaje, tanto a partir de nuestros errores como de nuestros aciertos. "En la vida", dijo alguien, "el único error verdadero es aquel del que nada aprendemos."

Descartar las fuentes extrínsecas de seguridad. Si nuestro sentimiento de seguridad procede del hecho de mantenernos siempre ocupados, de nuestra profesión, de que nuestro talento sea reconocido, de nuestras relaciones o de cualquiera otra cosa que no sea nuestra integridad básica en relación con la conciencia moral y los principios, esto significa que hemos renunciado a dar prioridad en nuestra vida a lo que es verdaderamente fundamental. Todas esas cosas serán más importantes para nosotros que hacer lo que en lo más hondo sentimos que deberíamos hacer. Sólo si descartamos esas cosas y extraemos nuestra seguridad de nuestra profunda vida interior estaremos en condiciones de hacer lo que realmente importa.

Momentos decisivos

Todas nuestras decisiones son importantes. Algunas pueden parecer intrascedentes en el momento de adoptarlas, pero lo cierto es que se van sumando hasta convertirse en hábitos del corazón que nos impulsan con fuerza creciente hacia un determinado destino.

Algunas de nuestras elecciones, en las que a menudo ni siquiera reparamos, marcan momentos decisivos de nuestra vida, momentos en los que dar prioridad a lo más importante resulta crucial. Se trata a veces de decisiones difíciles, que nos obligan a adoptar una posición impopular o incluso considerada ilógica por algunos. Pero cuando escuchamos la voz de nuestra conciencia y subordinamos lo "bueno" a lo "mejor", comprobamos más adelante un increíble impacto en la calidad de vida.

Al llegar al fin de este libro, cada uno de nosotros desearía compartir una experiencia que constituyó un momento verdaderamente decisivo en nuestras vidas y contribuyó a convencernos del poder que otorga el hecho de dar prioridad a las cosas más importantes.

Rebecca: Hace varios años llegó un momento en que mis hijos iban a la escuela y yo pensé que ya era tiempo de reanudar mis estudios. Tiempo atrás había ido a la universidad con una beca de cuatro años de duración, pero cuando había transcurrido sólo una parte de ese lapso decidí que, aunque estudiar era "bueno", lo "mejor" para mí era casarme y formar una familia. Nunca me arrepentí de esa decisión: obtuve de ella más felicidad, alegría, problemas y enseñanzas de lo que hubiera imaginado. Pero el caso es que no había podido graduarme, y pensé que quizás había llegado el momento de hacerlo.

Nunca imaginé los sentimientos que provocaría en mí el hecho de concurrir a la universidad para averiguar cuáles eran mis posibilidades. ¡Me sentí exultante! Disfruté el sabor de la aventura, experimenté el entusiasmo de aprender cosas nuevas, incluso el olor de los libros me pareció agradable. Estaba en mi elemento. Embargada por el júbilo fui hasta el edificio de la administración, donde revisé mis créditos y comprobé que podía lograr mi objetivo de modo razonable. Al retirarme del edificio estaba firmemente dispuesta a contratar a alguna persona para que tomara a su cargo todas mis responsabilidades domésticas y familiares, y me permitiera sumergirme de lleno en el ámbito académico.

Volví a casa con la cabeza en las nubes. La perspectiva era emocionante. A lo largo de los años había tomado algunas clases y había estudiado bastante por mi cuenta. Pero el pensamiento de que podría dedicar todo mi tiempo y energía a lo que en el pasado había sido para mí una fuente tan importante de placer y seguridad era casi abrumador.

Digo "casi" porque estaba muy cerca de ahogar una vocecita interior que me decía: "Rebecca, tu familia te necesita".

Eso era algo que yo no quería oír. Invoqué decenas de razones por las cuales debía volver a la universidad. Pero la vocecita me producía una sensación de malestar que ni mi entusiasmo ni mis razones podían disipar. Cuando por último dejé de luchar y la escuché realmente, me di cuenta de que en ese momento de mi vida tenía cosas que hacer que eran mucho más importantes que reanudar mis estudios.

Fue una de las decisiones más difíciles que haya tomado jamás. Fue como si hubiera estado a punto de saborearlo y súbitamente se hubiese desvanecido. Pero en mi interior sabía que mi decisión era acertada. Sabía que necesitaba reorientar mis esfuerzos y comprometerme una vez más a contribuir de una forma en que sólo yo podía hacerlo en esa etapa de la vida de mis hijos. Ellos iban a enfrentar una enorme presión al hacer sus elecciones, y la capacidad de estar presente, de modelar la relación de modo que tuviera una fuerte influencia positiva en esos momentos, sería muy importante para la calidad de sus vidas.

Redoblé mis esfuerzos para crear un hogar protector para mi familia. Logré asistir a una clase vespertina durante un semestre y aprendí muchas cosas sobre fisiología, microbiología y humanidades. Fue divertido y enriquecedor. Pero ni de lejos reemplazó las maravillosas experiencias que compartí con mis hijos, ni a los otros dos niños que se sumaron a la familia en los años siguientes. Los miro a todos ellos y pienso: "¿Qué habría ocurrido si yo hubiese elegido otro camino?".

Esa voz interior me ha impulsado a tomar decisiones que contradicen la fundamentación racional y las presiones sociales. Me impulsó a dar prioridad a mi familia en un momento en que la tentación de obrar de otro modo era muy fuerte. Algún tiempo más tarde me impulsó a aceptar una sorprendente oportunidad de trabajar con Stephen en el libro *Los siete hábitos* y a contribuir de modo que nunca había imaginado. Ha sido la fuente de todas las decisiones correctas que he adoptado en mi vida. Me veo obligada a reconocer que hay una sabiduría mucho más grande que la mía, y que vivir en armonía con ella es la clave de la contribución y la alegría.

Roger: Hace varios años, mientras nuestro negocio pasaba por los dolores del crecimiento, Rebecca y yo decidimos introducir en nuestra relación un desequilibrio deliberado durante uno o dos años. Convinimos en que yo pasaría más tiempo viajando durante ese período de crecimiento y dificultades. Sabíamos que a causa de ello estaría alejado de la familia durante un tiempo excesivo para nuestras normas, pero pensamos que ello significaría una importante contribución al negocio y nos ayudaría a alcanzar las metas a largo plazo que nos habíamos fijado.

El desequilibrio rindió los resultados esperados, pero cuando el plazo acabó se hizo muy difícil volver a la normalidad. Quedaban muchas cosas buenas por hacer en beneficio de otras personas y del negocio, y se me apremiaba a hacerlas. Pasaron las semanas, pasaron los meses, y el desequilibrio parecía haberse convertido en un modo de vida.

Un momento decisivo fue aquel en que hice una pausa y me pregunté a mí mismo: "¿Estoy permitiendo que lo bueno sustituya a lo mejor?". Fue el minuto de la verdad, y mientras sopesaba la situación y escuchaba la voz de mi corazón, comencé a pensar que precisaba tomar una posición y limitar el número de noches que pasaría fuera de casa cada mes.

Esa decisión fue puesta a prueba severamente durante las semanas que siguieron. Pero poco a poco otras personas de la empresa comenzaron a reconocer que era una verdadera convicción y un compromiso, y muchas de ellas trataron de ayudarme a cumplirla y de idear soluciones basadas en una tercera alternativa para maximizar mi contribución a la visión que compartíamos.

Estoy totalmente convencido de que mi capacidad para contribuir a nuestra misión se incrementó desde que fijé ese límite y se buscaron soluciones alternativas. Fue, en realidad, una de las principales decisiones que nos dieron la posibilidad de colaborar en este libro.

Experiencias personales como la que he descrito, y muchas otras que observé de cerca mientras trataba de llevar una vida en armonía con el principio de dar prioridad a las cosas más importantes, me convencieron de que hay momentos decisivos, ocasiones en que debemos tomar posición y asumir un firme compromiso para lograr que se produzca un cambio. Hay una paz que conquistamos cuando nos comprometemos a hacer lo que sabemos que es lo mejor, aunque sea difícil y suscite oposición. En cambio, cuando no tomamos posición, caemos en el desequilibrio y la desarmonía y, por abdicación, nos convencemos de que es más fácil convivir con el desequilibrio que pagar el precio del equilibrio.

Stephen: Hace varios años decidí dejar mi trabajo en la universidad y fundar una organización para poder hacer una contribución más amplia. Serví en la universidad durante más de veinte años y estaba en una posición muy cómoda. Desempeñé diversos roles, incluyendo altos cargos administrativos. Participé en la creación de un nuevo departamento, consagrado al estudio de la conducta organizacional, y llevaba una vida satisfactoria y agradable. Mis obligaciones eran flexibles, gozaba de gran libertad y de una excelente remuneración, redondeada además por los ingresos que me proporcionaba mi actividad de asesor y conferencista.

Además, me encantaba mi trabajo. Tenía algunas clases de graduados poco numerosas y también clases de no graduados a las que asistían más de quinientos estudiantes. Pensaba que estaba ejerciendo una influencia favorable en la vida de buena parte de los alumnos durante el período de cuatro o cinco años que pasaban allí.

Pero me sentía impulsado a desarrollar nuevos métodos para formar ejecutivos que requerían una dedicación de tiempo completo. Cavilé bastante sobre el problema de lo bueno y lo mejor. Finalmente decidí llevar a la práctica mi proyecto y hacer conocer los siete hábitos y el liderazgo centrado en principios a tantos sectores de la sociedad como fuera posible. Confiaba en obtener resultados económicos que me permitieran proveer adecuadamente a las necesidades de mi familia, pero así y todo subsistían muchas incógnitas y mucha nostalgia por lo que dejaba atrás. Transcurridos uno o dos años, el nivel de contribución, el sentimiento de satisfacción y el entusiasmo que inevitablemente provoca enfrentar un desafío eran tan reales que lo único que lamentaba era no haber dado antes ese paso. No debemos dejarnos seducir por lo bueno —pensé una vez más—; debemos buscar lo mejor. Debemos realizar lo que constituya una contribución singular de nuestra parte. Por contradictorio que parezca, debemos obrar de modo que abandonar la zona de comodidad resulte cómodo, e incómodo permanecer en ella.

Cada etapa de la evolución de un negocio en crecimiento implica el mismo desafío: podemos quedarnos con lo bueno conocido o ir en busca de lo mejor aún por conocer. Y cada etapa, también, nos hace sufrir. Recuerdo que una vez, estando en un taxi que me llevaba a un hotel, me cubrió un sudor frío al caer en la cuenta de que había perdido una enorme cantidad de dinero y arriesgado, al contraer nuevas deudas, todo mi patrimonio, incluyendo mi casa, mi cabaña y todas mis redes de seguridad financieras. También había puesto en peligro el bienestar de las personas a mi cargo, y existía la posibilidad de que todo se perdiera, incluido el negocio.

También recuerdo haber pensado entonces que esas pérdidas eran en realidad inversiones destinadas a capacitar personas y a desarrollar mercados y productos, y que la parte más absurda de esas pérdidas eran inversiones en aprendizaje y en descubrimientos que podrían ser útiles en el futuro. Esos pensamientos eran intelectuales, pero la realidad emocional consistía en que yo era vulnerable y estaba en peligro. Mi familia estaba en peligro. Mi futuro estaba en peligro. Por primera vez me sentía realmente vulnerable y desprotegido, y acosado por toda clase de peligros.

En cada uno de los críticos momentos históricos en que se producían cambios profundos en la estructura y la estrategia del negocio, experimentábamos el temor de abandonar la comodidad que representaba hacer las cosas como las habíamos hecho en el pasado. Siempre nos parecía que era mucho lo que arriesgábamos. Lo que teníamos que hacer era, simplemente, confiar más en los principios de la interdependencia sinérgica —la fuente principal del crecimiento, el entusiasmo y la contribución— y en el carácter y la competencia básicos de las demás personas que participaban en el intercambio sinérgico.

En cada ocasión yo tenía que dejar la zona de comodidad. Tenía que caer del acantilado y, aunque pensara que había cuerdas y redes de seguridad, la vulnerabilidad emocional reaparecía. Pero los temores eran siempre infundados y, sin duda alguna, valía la pena correr el riesgo. La excitación, el entusiasmo espontáneo, los nuevos y genuinos descubrimientos y aprendizajes, el sentimiento de contribución, de significado, de valor agregado, de trabajo significativo, de vidas satisfactorias, de influir en organizaciones, culturas y sociedades, configuran un mundo que nunca antes había conocido tan a fondo.

La fase crítica llegó cuando decidimos difundir el material tanto en el mundo público como en el privado: cuando decidimos influir en la educación, los hospitales, las iglesias, las fundaciones, las organizaciones sin fines de lucro, las profesiones en general, las pequeñas empresas, las empresas medianas y grandes, las 500 compañías Fortune, las 100 compañías Fortune, el gobierno federal, los gobiernos estaduales, los gobiernos locales, las comunidades locales, los sistemas de salud, las organizaciones que practican las medicinas alternativas, y luego actuar en el ámbito internacional, en un esfuerzo por difundir el liderazgo centrado en principios en el mundo entero.

Todo esto ha ocurrido en unos pocos años. Actualmente contamos con un equipo de personas capacitadas y comprometidas, poseedoras de habilidades complementarias, que comparten una visión común y adhieren al enunciado de nuestra misión:

Servir a la comunidad mundial capacitando a individuos y organizaciones para que aumenten significativamente su capacidad de obrar, a fin de alcanzar objetivos a través de la comprensión y la práctica del liderazgo centrado en principios.

En el cumplimiento de esta misión nos esforzamos continuamente por practicar lo que predicamos.

Declaramos explícitamente que nos esforzamos continuamente por practicar lo que predicamos porque hemos aprendido que no se puede alcanzar un fin loable con medios que no lo sean, y que el verdadero poder de una contribución perdurable procede de la integridad, el ejemplo, el asesoramiento, el otorgamiento de poder y el alineamiento.

El desafío más importante, por lo menos para mí, es anteponer mi familia a mi profesión, mi trabajo, mi negocio, mis amigos, mis posesiones. Creo sinceramente que cumplir con todas las demás obligaciones y responsabilidades y descuidar a la familia sería lo mismo que dedicarse a ordenar las sillas en la cubierta del Titanic. O, como bien se ha dicho, "no hay ninguna institución que pueda reemplazarla". La familia es la institución fundamental que determina el futuro emocional, intelectual, espiritual, moral, social y económico de los individuos y de toda la sociedad.

A través de todo este proceso, he llegado a advertir la necesidad de aconsejarse con muchas personas y de establecer consejos de administración y asesorías independientes cuyos miembros posean competencia profesional y carácter firme. He comprobado la importancia de establecer, en los negocios y organizaciones, sistemas de contrapesos, cuya función no es el enfrentamiento sino la actuación sinérgica. He advertido la utilidad de los órganos colectivos de gobierno y de contar siempre con asesores. He visto la importancia de recurrir a la sabiduría de mi mujer y de percibir su intuición —y de estar verdaderamente abierto a ella— aunque se oriente en sentido opuesto a mis deseos y mis planes. Todo esto me ha dejado una enseñanza indeleble: que la humildad es la madre de todas las virtudes, y que todas las demás cosas buenas están a nuestro alcance si aceptamos ser agentes y no legisladores, si aceptamos ser un instrumento a través del cual puedan actuar los principios correctos.

He aprendido a traspasar la administración del negocio a otras personas buenas y competentes y a intervenir sinérgicamente con ellas en las cuestiones estratégicas. He aprendido a valorar la

importancia de no derivar fuerzas de la posición, el poder, la autoridad o la condición de propietario, aunque de vez en cuando me
sienta tentado de hacerlo y quizá lo haga.

Con todo, sé lo que es correcto. Sé cuáles son los principios. Y
sé que debo inclinarme ante ellos y permitir que me dirijan.
Cuando lo hago, por lo general las cosas salen bien. Y si no salen
bien, de todos modos me siento en paz.

Todos juntos afirmamos que las elecciones que hace la gente
en el espacio que separa el estímulo de la respuesta son elecciones vitales. Y estamos absolutamente convencidos de que el
mejor modo de lograr calidad de vida es escuchar a nuestra conciencia y seguir sus dictados. Cada uno de nosotros se ha apar-
tado algunas veces de esta norma y ha podido apreciar los resultados. Y juntos sostenemos que nada puede ejercer una
influencia mayor en nuestro tiempo y en la calidad de cada
momento de nuestra vida que el hecho de aprender a escuchar
la voz de nuestra conciencia y dejar que sea nuestra guía.

En nuestra vida puede haber varios momentos decisivos,
pero el verdaderamente crucial es aquel en que asumimos este
compromiso: "Obraré de acuerdo con mi conciencia. Desde ahora
en adelante no permitiré que ninguna voz —el espejo social, los
guiones, incluso mis propias racionalizaciones— suene más
fuerte en mis oídos que la voz de mi conciencia. Y, sean cuales
fueren las consecuencias, me dejaré guiar por ella".

Al asumir este compromiso adoptamos un estilo de vida en
el cual comenzamos a amar las consecuencias en lugar de temer-
las. El tiempo no es ya nuestro enemigo sino nuestro amigo.
Porque nos guiamos por los principios del norte verdadero, el
tiempo hará madurar el delicioso fruto que, pacientes y confiados, hemos cultivado en nuestra vida.

Los dos mayores dones que nos han sido otorgados son el
tiempo y la libertad de elegir: el poder de dirigir nuestros esfuerzos en el empleo de ese tiempo. Lo esencial es no gastar el tiempo
sino invertirlo: en la gente, en otorgar o adquirir poder, en pro-

yectos y causas significativos. Como ocurre con cualquier otro capital, el tiempo que gastamos desaparece. Consumimos nuestra herencia. Si lo invertimos, en cambio, aumentamos nuestra herencia, lo que redundará en beneficio de las generaciones futuras.

Nosotros debemos ser el cambio que queremos ver en el mundo

Nos damos cuenta de que nuestras sugerencias no configuran un mensaje de fácil aceptación. Tal vez no sea popular en un mundo adicto al consumismo, el corto plazo y las soluciones improvisadas. Pero suponemos respecto de usted, lector, algunas cosas que nos alientan a difundirlo.

Puesto que decidió leer este libro, pensamos que probablemente tenga mucho en común con la gente con la que trabajamos en nuestra organización y en los seminarios que realizamos en todo el mundo. Usted está increíblemente ocupado. Aspira a actuar con responsabilidad, a producir y a hacer cosas buenas. Pero como, al igual que muchos de nosotros, está muy ocupado, tal vez no esté contribuyendo en la forma en que querría o podría hacerlo.

Sentimos una profunda confianza, fruto de nuestra experiencia, en personas como usted y en nuestra capacidad para resolver juntos muchos de los problemas que nos aquejan a todos. Estamos firmemente convencidos de que desarrollando la capacidad de escuchar la voz de la conciencia y de planificar y organizar efectivamente el modo de comenzar por las cosas importantes, todos podemos hacer contribuciones individuales y conjuntas que hoy escapan a nuestras posibilidades.

Le pedimos que se conecte profundamente con su conciencia por un instante y que se haga esta pregunta decisiva:

415

¿Hay algo que yo creo que podría hacer para producir un cambio?

Reflexione sobre ello. Puede requerir el abandono de paradigmas ilusorios, racionalizaciones, deseos, de la adicción a la urgencia... o incluso de su zona de comodidad. Pero en el fondo de sí mismo, con toda franqueza, ¿cree que hay algo que usted podría hacer, alguna contribución que aportar, algún legado que dejar que pudiera afectar de manera positiva a su familia, su grupo de trabajo, su organización, su comunidad, su sociedad?

Si lo hay, lo exhortamos a obrar. Como dijo Gandhi, "Nosotros debemos ser el cambio que queremos ver en el mundo". [7] Cualquiera que sea el punto en que se encuentre en lo que hace a convertirse en una persona centrada en principios, lo exhortamos a que comience a emplear los atributos de su corazón. Haga una promesa y manténgala. Fíjese una meta y alcáncela. Su premio será la paz interior. Como dijo Emerson:

Nadie puede aportarle la paz, excepto usted mismo. Nada puede aportarle la paz, excepto el triunfo de los principios. [8]

[7] Atribuido a Gandhi.
[8] Ralph Waldo Emerson, "Self Reliance", en *Essays: First and Second Series*, en *The Complete Works*, vol. I (Boston: Houghton Mifflin, 1921), pág. 90.

Epílogo

Al concluir este libro, el sentimiento que embarga nuestras mentes y nuestros corazones es de reverencia.

Sentimos reverencia por la gente. Mientras una gran cantidad de personas compartían con nosotros parte de su vida interior bajo la forma de enunciados de misión, metas y experiencias personales en la práctica de los principios, tuvimos la íntima sensación de estar hollando suelo sagrado. Nuestras mentes se sintieron atraídas hacia culturas en las que las personas se saludan uniendo las palmas e inclinando ligeramente el cuerpo en reconocimiento de la reverencia que inspira la nobleza del alma humana, la chispa de divinidad que hay en todos nosotros.

Sentimos reverencia por los principios. Nuestra experiencia en lo que se refiere a vivir en armonía con ellos —y a violarlos— ha hecho surgir en todos nosotros un profundo y perdurable respeto por su realidad y la convicción de que la calidad de vida depende de la medida en que "el norte verdadero" sirva de guía a nuestras vidas.

Sentimos reverencia por la administración de la vida y del tiempo, por los instantes, los días, las semanas, los años y las estaciones que nos han sido concedidos para vivir, amar, aprender y dejar un legado. Sentimos reverencia y gratitud por la libertad de que disponemos para hacer elecciones relativas a la manera de utilizar nuestro tiempo.

Por sobre todo reverenciamos a Dios, que es para nosotros la fuente tanto de los principios como de la conciencia. Estamos convencidos de que es la chispa de divinidad que hay en cada ser humano lo que nos impulsa a llevar una vida de servicio y contribución, centrada en principios. Pero también reconocemos —y reverenciamos— la variedad de creencias, notoria en nuestra organización y en todo el mundo, de las personas que obran de acuerdo con su conciencia y se esfuerzan por contribuir.

Como lo expresó Bryant S. Hinckley, uno de los primeros colonizadores del Oeste norteamericano:

La voluntad de servir es la virtud que distinguió a los grandes de todos los tiempos, la virtud por la cual serán recordados. Impone una marca de nobleza en sus discípulos. Es la línea divisoria que separa dos grandes grupos de personas: las que ayudan y las que estorban, las que aligeran la carga ajena y las que la agravan, las que contribuyen y las que sólo consumen. ¡Cuánto mejor es dar que recibir! El servicio en todas sus formas es gentil y hermoso. Dar ánimo, comunicar simpatía, mostrar interés, disipar temores, fomentar la confianza en sí mismo y despertar esperanzas en el corazón de los demás, en suma: amarlos y mostrar que se los ama, es prestar el más valioso de los servicios. [1]

Tanto si nuestro Círculo de Influencia es grande como si es pequeño, es mucho lo que podemos hacer para prestar servicio, para lograr que las cosas cambien. Abrigamos la esperanza de que cada uno de nosotros se conecte más profundamente con su conciencia, y de que, con su fuego interior, dé luz y calidez al mundo.

[1] Bryant S. Hinckley, *Not by Bread Alone* (Salt Lake City: Bookcraft, 1955), pág. 25.

Apéndice A
Taller sobre enunciados de misión

Uno de los modos más efectivos de encarar la tarea de redactar un enunciado de misión personal consiste en aprovechar los momentos en que uno se encuentra completamente solo, alejado de teléfonos, amigos, vecinos e incluso de la familia. La naturaleza, si bien no es indispensable, proporciona un marco ideal porque nos sustrae de un mundo artificial, mecánico y compartimentado, y nos pone en contacto con la armonía y el equilibrio naturales. Crea las condiciones para que podamos aclarar la mente y abrirnos a nuestros sentimientos más íntimos.

Le recomendamos que intente una o más de las experiencias que se detallan más abajo y que le permitirán ampliar su perspectiva. Se trata de siete ejercicios de efectividad comprobada que ayudan a prepararse para redactar una declaración de misión personal. Los enfoques son muy variados. Algunos ejercicios demandan sólo unos minutos, en tanto que otros insumen horas o aun días. Probablemente descubrirá que algunos le resultan más útiles que otros. O incluso es posible que descubra alguna otra cosa más útil para usted que los ejercicios propuestos.

Lo importante es que usted penetre realmente en su vida interior profunda. Entre en contacto con lo que es más importante para usted.

Ejercicio 1: Intente la experiencia de visualización descrita en el capítulo 5: imagine cómo será su octogésimo cumpleaños o su quincuagésimo aniversario de bodas (véanse págs. 147-9).

Ejercicio 2: Utilice sus singulares dotes humanas para explorar cada una de las necesidades y capacidades de su vida. Un cuadro como el que figura en la página siguiente podría facilitarle la tarea.

	Vivir	Amar	Aprender	Dejar un legado
Autoconciencia				
¿Cuál es mi situación actual?				
¿Cuál es mi paradigma de calidad de vida?				
Conciencia moral				
¿Qué exigencias interiores debo satisfacer?				
¿Cuáles son los principios cuya observancia incidirá en la calidad de vida?				
Voluntad independiente				
¿Qué elecciones debo hacer para satisfacer mis necesidades y capacidades?				
¿Qué libretos debo reescribir?				
Imaginación creativa				
¿Qué resultados deseo obtener en lo que se refiere a la calidad de vida?				
¿Qué puedo hacer para obtenerlo?				

420

Ejercicio 3: Retírese a un lugar tranquilo y medite sin prisa en preguntas como éstas:

¿Cuáles son en mi sentir mis mejores cualidades?

_____

_____

¿Qué buenas cualidades me atribuyen otras personas que me conocen bien?

_____

_____

Cuando sueño despierto, ¿qué me veo hacer?

_____

_____

De entre todas mis actividades, ¿cuáles son las que me deparan una profunda satisfacción?

_____

_____

¿Cuáles son las cualidades de carácter que más admiro en otras personas?

_____

_____

¿Qué persona ha ejercido, más que ninguna otra, una influencia beneficiosa en mi vida?

_____

_____

¿Por qué esa persona tuvo sobre mí una influencia tan importante?

_____

_____

¿Cuáles fueron los momentos más felices de mi vida?

_____

_____

¿Por qué fueron felices esos momentos?

_____

_____

Si tuviera tiempo y recursos ilimitados, ¿qué elegiría hacer?

_____

_____

¿Cuáles son las tres o cuatro cosas que considero más importantes?

_____

_____

Cuando pienso en mi trabajo, ¿qué actividades me parecen más valiosas?

_____

_____

Cuando pienso en mi vida personal, ¿qué actividades me parecen más valiosas?

_____

_____

¿Qué podría hacer mejor en beneficio de los demás?

_____

_____

¿Qué talentos poseo que los demás ignoran?

_____

_____

Aunque antes de ahora haya descartado muchas veces esos pensamientos por distintas razones, ¿hay cosas que creo que debería hacer?, ¿cuáles son?

_____

_____

¿Cuáles son mis necesidades y capacidades físicas?

_____

_____

¿Qué tan satisfecho estoy de mi nivel actual de realización en el ámbito físico?

_____

_____

422

¿Qué resultados distintos de los actuales desearía alcanzar en este ámbito, en relación con la calidad de vida?

_____

_____

¿Qué principios conducirán a esos resultados?

_____

_____

¿Cuáles son mis necesidades y capacidades sociales?

_____

_____

¿Qué tan satisfecho estoy de mi nivel actual de realización en el ámbito social?

_____

_____

¿Qué resultados distintos de los actuales desearía alcanzar en este ámbito, en relación con la calidad de vida?

_____

_____

¿Qué principios conducirán a esos resultados?

_____

_____

¿Cuáles son mis necesidades y capacidades mentales?

_____

_____

¿Qué tan satisfecho estoy de mi nivel actual de realización en el ámbito mental?

_____

_____

¿Qué resultados distintos de los actuales desearía alcanzar en este ámbito, en relación con la calidad de vida?

_____

_____

¿Qué principios conducirán a esos resultados?

_____

_____

¿Cuáles son mis necesidades y capacidades espirituales?

_____

_____

¿Qué tan satisfecho estoy de mi nivel actual de realización en el ámbito espiritual?

_____

_____

¿Qué resultados distintos de los actuales desearía alcanzar en este ámbito, en relación con la calidad de vida?

_____

_____

¿Qué principios conducirán a esos resultados?

_____

_____

¿En qué puntos se superponen mis necesidades y capacidades físicas, sociales, mentales y espirituales?

_____

_____

¿Cuáles son los roles importantes de mi vida?

_____

_____

¿Cuáles son las metas permanentes más importantes que deseo alcanzar en cada uno de esos roles?

_____

_____

De los resultados que obtengo actualmente en la vida, ¿cuáles me agradan?

_____

_____

¿Qué paradigmas determinan esos resultados?

_____

_____

De los resultados que obtengo actualmente en la vida, ¿cuáles me desagradan?

_____

_____

¿Qué paradigmas determinan esos resultados?

_____

_____

¿Qué paradigmas determinarían mejores resultados?

_____

_____

¿Qué desearía realmente ser y hacer en la vida?

_____

_____

¿Cuáles son los principios importantes en los que se basa mi manera de ser y de actuar?

_____

_____

Las respuestas que dé a estas preguntas deberían proporcionarle un excelente material en el que basar su enunciado de misión.

Ejercicio 4: Utilice su reloj para medir el tiempo mientras realiza este ejercicio.

a) En no más de un minuto, conteste la siguiente pregunta:
    Si tuviera tiempo y recursos ilimitados, ¿qué haría?
    No tema soñar. Acoja todas las posibilidades. Escriba todo lo que le venga a la mente.

b) En no más de un minuto, indique por escrito cuáles son sus valores. A continuación figura una lista parcial que puede contribuir a estimular su pensamiento.
    *   paz mental
    *   seguridad
    *   riqueza
    *   buena salud
    *   una relación estrecha con...

- reconocimiento o fama
- tiempo libre
- felicidad
- realización espiritual
- amistades
- familia
- longevidad
- aportar tiempo, conocimientos o dinero a...
- viajar
- sensación de logro
- inspirar respeto

c) En no más de un minuto, revise su lista de valores y señale los más importantes.

d) Dedique algunos minutos a comparar su lista de valores con sus sueños. Tal vez descubra que sus sueños subconscientes no están en armonía con sus valores. Quizá sueñe con vivir como Indiana Jones pero no aprecie la idea de arrastrarse por pasadizos llenos de telas de araña ni la de dormir con escorpiones.

Si usted no saca sus sueños a la superficie y los examina a la fría luz del día, puede pasarse muchos años alentando ilusiones, con el sentimiento subconsciente de que se ha conformado con menos de lo que podía obtener. Reelabore ambas listas hasta que sus sueños reflejen sus valores.

e) Ahora dedique un minuto a examinar sus valores en su relación con los cuatro ámbitos fundamentales de la realización humana. ¿Reflejan sus necesidades y capacidades físicas, sociales, mentales y espirituales? Reelabore su lista hasta que lo hagan.

f) Por último, dedique no más de un minuto a contestar esta pregunta:
¿Qué principios conducen a los valores de mi lista final?

Ejercicio 5: Si usted lleva un diario, relea lo que ha escrito en él a lo largo de los años. Busque los descubrimientos e intuiciones que tal vez haya tenido. Trate de encontrar pautas repetidas que quizá no resultaran evidentes de un día para otro. Trate de identificar y anote los valores y directivas.

426

Ejercicio 6: Utilice el modelo de análisis del campo de fuerzas de Lewin para establecer dónde desea estar, dónde está ahora y cuáles son los factores que favorecen o dificultan sus esfuerzos por cambiar.

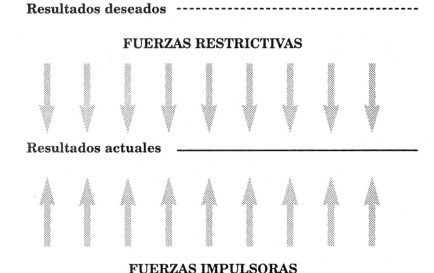

Resultados deseados -

FUERZAS RESTRICTIVAS

Resultados actuales ─────────────────────

FUERZAS IMPULSORAS

Conteste las siguientes preguntas:
- ¿Cuál es la situación ideal? ¿Cómo emplearía mi tiempo? ¿Cuáles serían los resultados?
- ¿Cuál es mi situación actual? ¿Cómo estoy empleando mi tiempo?
- ¿Cuáles son los factores específicos que me alejan del ideal? ¿Qué puedo hacer para disminuir su influencia o eliminarlos?
- ¿Cuáles son los factores específicos que me acercan al ideal? ¿Qué puedo hacer para fortalecer o incrementar su influencia?

Ejercicio 7: Utilice el gráfico de la página siguiente para reflexionar sobre un período determinado de su vida. En una época en que la expectativa de vida va en aumento, puede haber varias temporadas propicias a lo largo de la existencia. Hoy en día la jubilación trae consigo una expectativa realista de veinte o más años durante los cuales puede emprenderse una segunda carrera. A menudo esta segunda carrera es fruto de una decisión más libre que en el caso de la primera. La experiencia, los recursos y la oportunidad abren muchas puertas que antes permanecían cerradas.

Si es usted una persona casada, es muy conveniente que su cónyuge participe en este ejercicio. Tal vez mientras usted se ve viviendo en un departamento urbano y convirtiéndose en benefactor de las artes, su cónyuge planea dedicarse a la cría de caballos en Montana.

Fijarse un objetivo a menudo mejora la calidad de vida en el presente y no sólo en el futuro. Visualizar los años por venir puede reanimar el entusiasmo por las metas actuales, al darse uno cuenta de que no son las únicas metas que uno puede proponerse alcanzar. En la primera columna del gráfico que sigue anote las cosas o los aportes que desearía hacer en algún momento de su vida. Luego indique, marcando la casilla correspondiente, cuándo podría hacerlos. Una progresión por períodos de cinco o diez años es suficientemente precisa a los fines de este ejercicio.

Futuras contribuciones y realizaciones	Cuándo (edad aproximada)								
	20	30	40	50	60	70	80	90	100

Para ampliar la perspectiva, anote el año en que alcanzará cada una de esas edades. Por ejemplo, si ahora tiene treinta años, calcule cuándo tendrá cuarenta, cincuenta, sesenta, etc., y anote el año arriba de la edad correspondiente.

Estos ejercicios —así lo esperamos— lo ayudarán a inspirarse y a redactar su declaración de misión. Cuando esté listo para empezar a escribir, recuerde que lo que escribe no está dirigido a otras personas sino a usted mismo. Hágalo empleando sus propias palabras. Algunas personas se expresan con fluidez y suavidad; otras lo hacen de forma directa y contundente. La extensión de un enunciado de misión bien logrado puede variar desde unas pocas palabras hasta varias páginas; hay enunciados escritos en prosa, en verso, o bajo forma musical o artística. Escríbalo de cualquier modo que pueda captar e incentivar su propio fuego interior. No deje de releer lo que se dice en el capítulo 5 sobre los enunciados de misión estimulantes págs. 141-160).

A algunas personas les agrada leer enunciados escritos por otros. Otras piensan que, de hacerlo, no lograrían expresarse en sus propios términos. A continuación reproducimos varios, y cada lector deberá decidir si leerlos lo ayudará o no a redactar el suyo. Aunque conocemos muchos enunciados escritos por gente "famosa" en diversos períodos históricos, los que hemos elegido para incluirlos en este libro son obra de extraordinarias personas de nuestra época que no son famosas, que habitan en distintos países y ejercen variados oficios. Juzgados de acuerdo con los criterios que se enuncian en el capítulo 5, algunos otorgan más poder que otros. Pero cada uno de ellos ha surgido del alma de su creador. Si usted los lee, trate de captar algo del creador junto con la creación. Imagine la influencia de la persona que guía su vida por lo que usted lee.

Enunciados de misión

Ascensión a la montaña:
Viviré cada día con valor y con fe en mí mismo y en los demás. Viviré de acuerdo con los valores de integridad, libertad de elección y amor a todas las gentes de Dios. Me esforzaré por cumplir los compromisos que he asumido, sea ante los demás o ante mí

mismo. Recordaré que para vivir de verdad debo trepar a la montaña hoy, porque mañana puede ser demasiado tarde. Sé que mi montaña puede parecerles a los demás una simple colina, y lo acepto. Me sentiré renovado por mis victorias y triunfos personales, por pequeños que sean. Seguiré eligiendo por mí mismo y aceptando las consecuencias, como siempre lo he hecho. No buscaré excusas ni culparé a los demás. Durante tanto tiempo como pueda conservaré una mente y un cuerpo saludables y vigorosos para poder optar por subir a la montaña. Ayudaré a los demás lo mejor que pueda y agradeceré a los que me ayuden a lo largo del camino.

Vivir los días que me han sido concedidos con agradecimiento, disciplina, resolución y espíritu de aventura.

Descubrir y aceptar lo que soy realmente, usando y mejorando mis cualidades con confianza y alegría.

Apreciar mucho a mi familia.

Enriquecer mi vida y la vida de todos los que se crucen en mi camino o compartan mi afecto interesándome por ellos, afirmando su singular valía en el amor, dándoles lo que tengo para dar y aceptando lo que ellos tengan para darme, y, si lo desean, enseñándoles lo que sé y aprendiendo de ellos lo que pueda, y ayudándolos a descubrir su camino y a seguirlo.

Proteger y promover el espíritu de Sudáfrica y de la comunidad en que vivo, y también el ambiente del que dependo.

Reconocer que no soy propietario de nada sino un administrador, y que los derechos son menos importantes que las obligaciones.

Buscar a Dios constantemente y comprender mi camino hacia Él.

Teniendo en mira la gloria de Dios, hacer del mundo un lugar mejor para vivir, capacitando a la gente para que lleve una vida más plena de sentido.

Comenzando con mi familia y ampliando luego mi círculo de influencia:

Ser fiel a los principios que me son caros (caridad, fidelidad, autosuficiencia, sinceridad, integridad, proactividad, generosidad, confianza...).

Hacer que la carga sea un poco más leve y el camino un poco

430

más llevadero para todas las personas con las que tengo un trato regular.

No tomarme demasiado en serio y mantener todas las cosas en el contexto que les es propio.

Vivir y dejar vivir, aprender y enseñar, dar y recibir, amar y ser amado, comprender y ser comprendido.

———————

Cada día será para mí, no un día más, sino un día pleno de oportunidades y estímulos. Nadie decidirá por mí qué esfuerzos deseo realizar.

Deseo llevar una vida de realización moral y simplicidad. La preocupación por mi bienestar será mi primera prioridad. Creo que si me mantengo fiel a mis valores ejerceré una influencia favorable en aquellos con quienes estoy en contacto.

Intentaré con firme convicción compartir en mayor medida mis pensamientos más íntimos con las personas que amo.

Me doy cuenta de que soy interdependiente con los demás y a la vez sensible a ellos. Teniendo esto en mente, procuraré conscientemente comprender a mi familia y a mis colegas y estar más cerca de ellos.

Para seguir madurando estimularé mi mente con nuevos aprendizajes.

Aunque aprecio la libertad y la seguridad económica que me proporciona mi profesión, soy consciente de que la libertad y la seguridad por sí solas no pueden darme la felicidad que busco.

Nadie decidirá por mí.

———————

Mi misión es ser una fuerza impulsora del cambio positivo e inspirar en los demás un deseo de grandeza convirtiéndome en un catalizador de la acción y desarrollando una visión compartida de lo que es posible lograr.

Me esforzaré por construir permanentemente el futuro con mi imaginación en lugar de ser una víctima del pasado. Me esforzaré por elegir mi camino respetando el valor, la justicia, la humildad, la bondad, la comprensión y la integridad personal.

Por último, me recordaré a menudo a mí mismo que sin riesgo asumido no hay triunfo ni fracaso. Como observó Santo Tomás de Aquino: si la misión fundamental del capitán fuera conservar su barco, nunca abandonaría el puerto.

Me comprometo a ser un amigo sincero y cariñoso para quienes me rodean y a tratar siempre de relacionar lo que sé con lo que hago.

En lo que a mí se refiere, deseo desarrollar el autoconocimiento, la autoestima y la capacidad de decidir por mí mismo. Deseo usar mi talento de curador para mantener viva la esperanza y expresar mi visión valerosamente, tanto en las palabras como en los hechos.

En mi familia, deseo cultivar relaciones saludables y afectuosas que sirvan de marco al desarrollo personal óptimo de cada uno de nosotros.

En el trabajo, deseo crear un ambiente de aprendizaje impecable y capaz de perpetuarse a sí mismo.

En el mundo, deseo fomentar el desarrollo de todas las formas de vida, en armonía con las leyes de la naturaleza.

Actuar de un modo que lleve a manifestarse —en mí y en las personas que más me importan— nuestras mejores cualidades, en especial cuando podría justificarse que actuara de otro modo.

Ser humilde.

Dar gracias a Dios, de un modo u otro, todos los días.

No reaccionar ante el maltrato infligiéndolo a mi vez a otra persona.

Descubrir el yo interior que puede mirar y mira en todas direcciones sin experimentar perplejidad.

Soy partidario de tratar a todo el mundo con bondad y respeto.

Sabiendo lo que valoro, sé verdaderamente lo que deseo.

Regirme por mis valores y creencias.

Deseo experimentar las pasiones de la vida con la novedad del amor de un niño, la dulzura y alegría del amor joven, y el respeto y reverencia del amor maduro.

Mis metas son alcanzar una posición de respeto y conocimiento, utilizar esa posición para ayudar a los demás y desempeñar un papel activo en una organización de servicio público.

Por último, ir por la vida con una sonrisa en el rostro y una luz en la mirada.

432

Ser la persona a quien mis hijos miren con orgullo cuando digan: "Ése es mi papá".

Ser la persona a quien mis hijos acudan en busca de amor, consuelo y comprensión.

Ser el amigo de quien se sabe que es afectuoso y está siempre dispuesto a escuchar con empatía cuando le cuentan sus preocupaciones.

Ser la persona que no desea ganar al precio de desalentar al contrincante.

Ser la persona que es capaz de sentir dolor sin querer que los demás sufran.

Ser la persona que habla por el que no tiene voz, que escucha por el que no puede oír, que ve por el que ha perdido la vista, y es capaz de decir: "Tú lo hiciste, no yo".

Que mis actos estén siempre de acuerdo con mis palabras, por la gracia de Dios.

Conservaré el sentido del humor y una actitud positiva en todo lo que haga. Quiero ser conocido por mi familia como un esposo y padre amante y cariñoso; por mis socios comerciales, como una persona sincera y honesta, y por mis amigos, como alguien con quien se puede contar. A las personas que trabajan para mí y conmigo les prometo respetarlas y esforzarme cada día para ganar su respeto. Controlar todos mis actos constituye un fuerte sentimiento de integridad al que considero el rasgo de carácter más importante.

Viviré cada día como si tuviera el poder y la influencia necesarios para hacer de este mundo un mundo perfecto. Escuchando y sirviendo a los demás adquiriré nuevas ideas y conoceré diferentes perspectivas.

Me esforzaré por superar los desafíos que nos plantea la vida aumentando mi Círculo de Influencia y absteniéndome de dar preponderancia a aquellos ámbitos de preocupación que escapan a mi control.

Me esforzaré por ser una luz —y no una barricada— en el camino de quienes elijan seguirme o dirigirme.

Confiaré en mis sueños y no seré prisionero de nada.

Usaré mis triunfos privados sin egoísmos, procurando crear valor

para los demás. La búsqueda de la excelencia determinará mis eleccio-
nes y los caminos que he de recorrer.

No esperaré de la gente más de lo que espero de mí mismo. Buscaré
nuevas fuentes de aprendizaje y madurez: naturaleza, familia, litera-
tura, nuevas relaciones.

Prodigaré amor en lugar de esperar recibirlo. Elijo concentrarme
en ser efectivo, no eficaz. Elijo hacer que algo cambie en el mundo.

Apéndice B

Análisis de la bibliografía
sobre administración del tiempo

Al estudiar la bibliografía sobre la administración del tiempo hemos leído, analizado y sintetizado la información en ocho enfoques básicos. A continuación examinaremos cada uno de esos enfoques —desde las "raíces" hasta los "frutos"— y evaluaremos sus méritos y flaquezas. Y lo más importante: su influencia sobre la calidad de vida.

Esos enfoques tienen su origen en determinados supuestos básicos o paradigmas rectores. ¿Aceptamos nosotros tales supuestos básicos? Todos los enfoques tienen algún valor; todos representan una contribución importante. Pero si el paradigma básico de un enfoque es defectuoso o incompleto, su aplicación o instrumentación, por efectiva que sea, no brindará resultados óptimos. El hecho de que, aun esforzándonos en la aplicación de alguno de estos enfoques, no logremos mejorar los resultados de modo significativo, indica que hay un problema con el paradigma básico.

1. El enfoque "organícese" (orden)

Este enfoque sostiene que la mayor parte de los problemas concernientes a la administración del tiempo se deben al caos: a la falta de orden en nuestra vida. A menudo no podemos hallar lo que deseamos en el momento en que lo deseamos. En la mayor parte de los casos, la solución que se propone son los sistemas: sistema de archivo, sistema de bandeja de entrada-bandeja de salida, sistema de recordatorios, sistema de base de datos. Habitualmente el rasgo central de estos sistemas es la organización en tres ámbitos.

- *organización de las cosas* (ordenar todo, desde las llaves hasta las pantallas de computadoras, desde los sistemas de archivo hasta los armarios, desde el espacio de la oficina hasta el espacio de la cocina);
- *organización de las tareas* (establecer el orden y la secuencia de los asuntos pendientes, valiéndose de medios que van de las simples listas a los complejos gráficos de planificación y el *software* de administración de proyectos);
- *organización de las personas* (especificar lo que usted puede hacer y lo que los demás pueden hacer, delegar, crear sistemas de seguimiento para mantenerse al tanto de lo que está sucediendo).

Este enfoque no sólo es pertinente a los individuos sino también a las organizaciones. Cuando una empresa se encuentra en dificultades, es el momento propicio para reorganizar, reestructurar, movilizar y "actuar todos juntos".

Ventajas: La organización ahorra tiempo y permite alcanzar una mayor eficiencia. No se pierde el tiempo buscando llaves, ropa o informes extraviados. Se economiza esfuerzo. La organización aporta claridad mental y orden.

Desventajas: El peligro consiste en que a menudo la organización se convierte en un fin en sí misma en lugar de ser un medio al servicio de fines importantes. A veces se dedica muchísimo tiempo a organizar, tiempo que podría ser aprovechado para producir. Mucha gente que se ocupa de organizar cree que está consiguiendo que las cosas se hagan, cuando en realidad es posible que estén retrasando una tarea importante. Un exceso de organización ya no es una ventaja sino una desventaja. Si incurrimos en tal exceso podemos llegar a preocuparnos por minucias, a ser sobreestructurados, inflexibles y mecánicos. Esto puede sucederle tanto a una empresa como a un individuo.

436

2. El enfoque del guerrero (supervivencia y producción independiente)

El objetivo principal del enfoque del guerrero es preservar el tiempo de que se dispone para concentrarse y producir. La mayoría de nosotros nos sentimos acosados por los requerimientos de un ambiente muy activo. Trabajamos en lugares en los que la tarea por realizar supera las posibilidades del personal. Si tenemos un programa de actividades computarizado, al consultarlo comprobamos que nuestra vida está programada para los próximos dieciséis meses. Hay mensajes grabados que contestar y un constante desfile de gente que golpea a nuestra puerta. Sabemos que nos será imposible hacer la contribución que deseamos si no contamos con un lapso en el que estemos a cubierto de interrupciones y podamos dedicarnos con tranquilidad a realizar un trabajo independiente y efectivo.

El guerrero del tiempo sabe que si no hace algo para impedirlo, el sistema se convertirá en una avalancha que lo sepultará vivo. Por lo tanto, lo que se propone es defenderse, preservar su tiempo para poder concentrarse en una acción independiente y positiva. Su enfoque incluye técnicas poderosas, como por ejemplo las siguientes:

- *aislamiento* (se obtiene protección recurriendo a secretarias, puertas cerradas, contestadores automáticos, niñeras por horas y comunicaciones lacónicas);
- *alejamiento* (traslado a un lugar donde se pueda estar solo y, por lo tanto, a cubierto de interrupciones);
- *delegación* (se asignan tareas a otras personas a fin de disponer de tiempo para dedicarlo a realizar un trabajo más efectivo).

Aunque son pocos los libros que desarrollan con exclusividad este enfoque, éste está presente en buena parte de la bibliografía bajo la forma de "astutas" técnicas y triquiñuelas.

Ventajas: La ventaja de este enfoque es que implica que cada cual debe asumir la responsabilidad en lo que se refiere al aprovechamiento de su tiempo. Podemos producir porque tenemos a nuestra disposición períodos de tiempo libres de interrupciones que nos permiten realizar con tranquilidad un trabajo independiente y positivo. Todos necesitamos de vez en cuando esta clase de tiempo, sobre todo cuando nos ocupamos de algo que requiere mucha creatividad.

Desventajas: El supuesto básico de este enfoque es que los demás son el enemigo. Es un paradigma de supervivencia: aíslese, aléjese, intimide. Interponga barreras. Maneje las reuniones sin enfadar a la gente. Diga que no. Aprenda a ahuyentar a la gente de su oficina. Cuelgue el tubo en medio de una conversación: simplemente, asegúrese de que lo hace en medio de una frase suya.

Este enfoque nos permite librarnos de la gente y hacer lo que queremos. Pero cuando lo que queremos incluye a la gente, a menudo comprobamos que no están muy dispuestos a cooperar. Además, esta postura defensiva y reactiva suele culminar en una conducta manipuladora e inducir una profecía que genera su cumplimiento. La gente percibe que la eludimos y, consciente o inconscientemente, reacciona de algún modo. Exigen que les dediquemos tiempo y atención o hacen su trabajo ignorándonos, creando de este modo problemas cuya solución nos insumirá más tiempo aún. Este enfoque protector y aislacionista pasa por alto la realidad interdependiente de la calidad de vida y, en la mayoría de los casos, sólo sirve para exacerbar el problema.

El principio de la responsabilidad personal es válido y potente. El problema se presenta cuando va unido a la idea de que los demás son el enemigo. Aunque podemos ser muy productivos en el corto plazo, las consecuencias de este paradigma del logro independiente nos afectarán a la larga. El enfoque independiente es inefectivo en una realidad interdependiente.

3. El enfoque de la meta (logro)

Básicamente, este enfoque puede formularse así: "Asegúrate de lo que quieres y concentra tus esfuerzos en lograrlo". Incluye técnicas como la planificación a corto, mediano y largo plazo, la fijación de metas, la visualización, la automotivación y la adopción de una actitud mental positiva.

Ventajas: Éste es el enfoque del ejecutante de nivel mundial, del atleta olímpico. Es el poder gracias al cual la producción de un gran talento puede ser superada por la de un talento menor que esté dispuesto a pagar el precio: dirigir las fuerzas, concentrar la energía, excluir toda distracción, no permitir que nada se interponga. En el ámbito del desarrollo personal, una de las pocas cosas que pueden corroborarse empíricamente es que los individuos y las organizaciones que se fijan metas producen más. Lo real es que la gente que sabe cómo fijarse y alcanzar metas por lo general logra lo que se propone.

Desventajas: Hay muchísimas personas que utilizan el enfoque de la meta para trepar por la escalera del éxito, sólo para descubrir que esa escalera está apoyada en la pared equivocada. Se fijan metas y realizan enormes esfuerzos para alcanzarlas. Pero cuando obtienen los que querían, comprueban que los resultados no son los que esperaban. La vida les parece vacía, decepcionante: "¿Esto es todo?". Cuando las metas no se basan en principios y necesidades primarias, la energía concentrada y la resolución que hacen posible el éxito pueden llevar a que las personas no adviertan el desequilibrio que hay en su vida. Aunque tengan ingresos anuales de seis o siete cifras, sufren a causa de sus múltiples divorcios y el distanciamiento de sus hijos, que incluso se rehúsan a hablarles. Su imagen pública puede ser atractiva, pero llevan una vida vacía. El mundo los aplaude, pero no tienen relaciones satisfactorias ni un sentimiento profundo de integridad.

¿Y qué ocurre cuando de pronto algún factor extrínseco vuelve imposible el logro de la meta fundamental, cuando el atleta sufre una lesión grave e irreversible, el pintor pierde la vista o el músico ensordece? ¿Qué ocurre cuando su vida queda literalmente privada de contenido?

En la bibliografía sobre el enfoque de la meta figura a menudo la expresión "pagar el precio". Pero muy poco de lo que allí se dice brinda un cuadro realista de lo que —incluido el costo de oportunidad— puede llegar a representar ese precio.

4. El enfoque ABC (priorización e identificación de valores)

El enfoque ABC afirma: "Usted puede hacer lo que desee, pero no puede hacerlo todo". Se basa en el enfoque de la meta y añade el importante concepto de secuencia: "Concentre primero sus esfuerzos en las tareas más importantes". Incluye técnicas como la de clarificación de valores y la de clasificación de tareas. Supone que sabiendo uno lo que quiere y concentrándose en ello en primer lugar, alcanzará la felicidad.

Ventajas: Se trata del enfoque tradicional de "comenzar por las cosas más importantes". Introduce orden y secuencia. Ofrece técnicas para distinguir entre los asuntos pendientes y exhorta a concentrarse en las tareas de máxima prioridad. Las obras más recientes amplían el concepto hasta abarcar las prioridades permanentes. Afirman que "las cosas más importantes" se relacionan con nuestros valores y creencias, y que identificar nuestros valores nos proporcionará una guía para ocuparnos primero de las cosas más importantes. Este análisis en profundidad de los valores es útil y productivo.

Desventajas: Su principal defecto es que la clarificación de los valores no toma en cuenta que hay principios —leyes naturales— que rigen la calidad de vida. Esta omisión lleva a menudo a la gente a optar por valores que son contrarios a las leyes de la naturaleza. Guiarse por esos valores conduce a la frustración y el fracaso.

Infinidad de personas que ocupan los peldaños más altos de escaleras apoyadas en paredes equivocadas nos dicen que el hecho de lograr lo que valoraban no les aportó calidad de vida. Consciente o inconscientemente, esas personas se inspiraron en valores que parecían muy importantes. Se fijaron metas y realizaron enormes esfuerzos para lograr sus prioridades. Pero cuando obtuvieron lo que querían, descubrieron que los resultados no eran los que ellos esperaban.

El hecho de que valoremos algo en un momento determinado de nuestra vida no significa necesariamente que, de lograrlo, obtendremos una felicidad permanente. La historia está llena de ejemplos de individuos y sociedades que consiguieron lo que valoraban sin alcanzar por

440

eso el "éxito" o la felicidad. A veces, en realidad, conseguir lo que deseaban los destruyó.

No sólo debemos poner en juego la autoconciencia —el conocimiento de lo que valemos—, sino también las demás dotes: la conciencia moral, la imaginación y la voluntad independiente. Sólo así podremos estar seguros de que nuestros valores están en armonía con la realidad del norte verdadero. Lo fundamental es que si nuestras metas no se basan firmemente en principios correctos, nunca alcanzaremos la realización ni la calidad de vida.

5. El enfoque del instrumento mágico (tecnología)

Este enfoque se basa en la creencia de que un instrumento adecuado (sea un programa de actividades, un sistema de planificación, un programa de computadora, una computadora portátil o de bolsillo) nos permitirá llevar calidad a nuestra vida. Normalmente esos instrumentos nos ayudan a no perder de vista las prioridades y a organizar las tareas, y nos facilitan el acceso a la información clave. El supuesto básico es que los sistemas y estructuras nos ayudarán a ser más efectivos.

Ventajas: Sin duda el uso efectivo de los instrumentos es muy valioso. Tanto al construir una casa como al ordenar la propia vida, el uso de instrumentos adecuados determina una significativa diferencia. ¿Por qué cavar con una cuchara cuando podemos usar una retroexcavadora? Por qué utilizar una simple agenda cuando podemos recurrir a un sistema de planificación que nos ayude a:

- tener presentes las prioridades,
- tener a la vista las metas,
- organizar las tareas,
- organizar la información de uso frecuente y acceder rápidamente a ella.

La cantidad de instrumentos impresos y electrónicos que ofrece el mercado indica por sí sola que este enfoque es muy popular. Los ins-

441

trumentos son un símbolo de esperanza. Manejar algo que sugiere orden inspira un sentimiento de orden. Es satisfactorio poner las cosas por escrito, comprobar artículos en una lista, mantenerse informado sobre aspectos de nuestra vida.

Desventajas: Los paradigmas fundamentales en que se basa el diseño de la mayor parte de los instrumentos destinados a administrar el tiempo se remontan al enfoque de la meta y al enfoque ABC. Como ya indicamos, estos enfoques, que no carecen de ventajas, tienen también graves defectos, debidos en gran parte a que no toman en consideración las realidades extrínsecas que gobiernan la calidad de vida.

El supuesto básico de que la solución está en la tecnología también es deficiente. Ningún instrumento, ni siquiera el más perfeccionado, puede sustituir la visión, el juicio, la creatividad, el carácter o la competencia. No se llega a ser un gran fotógrafo porque se posea una excelente cámara, ni un gran poeta porque se posea un excelente procesador de palabras. Tampoco un excelente sistema organizativo cambiará nuestra vida, aunque a menudo es lo que implícitamente se promete. Una buena herramienta puede aumentar nuestra capacidad para crear calidad de vida, pero no puede crearla por nosotros.

En realidad, la mayoría de los instrumentos actuales fomentan el "hacer humano" y no el "ser humano". El hecho de fijar la atención tan sólo en la actividad del día nos mantiene ocupados despachando una tarea tras otra sin preguntarnos siquiera si esas tareas son necesarias o prescindibles. Muchas personas piensan que los instrumentos están rígidamente estructurados y son antinaturales. En lugar de servirnos se convierten en amos exigentes, obsesionados por lo que aún no se ha hecho, que día tras día transforman el ritmo y el equilibrio naturales haciendo entrar apretadamente lo que deberían ser momentos fecundos de la vida en segmentos de tiempo predeterminados. ¿Y cuánta gente da a estos instrumentos el uso al que están destinados? Muy poca, según lo reconocen incluso quienes los venden. La gente compra aparatos refinados y termina usándolos como calendarios de lujo. Algunos asesores en administración de oficinas comprobaron que los "organizadores" se utilizaban para registrar citas o quedaban olvidados en un cajón del escritorio. Para mucha gente, los instrumentos son símbolos de una promesa incumplida.

6. *El enfoque de administración del tiempo 101 (habilidades)*

Este enfoque se basa en el paradigma según el cual administrar el tiempo es una habilidad (como hacer cálculos o manejar un procesador de palabras). Para desempeñarnos con efectividad en el mundo actual tenemos que dominar ciertas habilidades básicas, como, por ejemplo:

- usar un planificador o una agenda de citas
- confeccionar listas de asuntos pendientes
- fijarnos metas
- delegar
- organizar
- priorizar

La teoría sostiene que estas habilidades básicas representan una forma de alfabetización social necesaria para la supervivencia. Este enfoque organizacional goza de popularidad. La falta de habilidad para planificar, fijar metas o delegar puede tener un efecto perjudicial en una organización. Como parte de sus programas de desarrollo de recursos humanos, muchas empresas organizan cursos y recurren a cintas grabadas y folletos para enseñar las habilidades básicas a sus empleados.

Ventajas: Se logran algunas mejoras, sobre todo en lo que se refiere a las habilidades laborales valoradas por la empresa.

Desventajas: Como primer problema debemos mencionar la profundidad y la calidad de la capacitación. ¿Qué paradigmas fundamentales se enseñan? ¿Están relacionados con los principios correctos? ¿O difunden supuestos inexactos sobre la naturaleza de la vida y la efectividad?

Es interesante destacar que muchas personas que no ponen tanto énfasis en la organización ni usan sistemas avanzados de planificación, disfrutan de más paz interior, relaciones más gratificantes y mayor satisfacción en su vida que otras que sí lo hacen. Y, a la larga, esas personas suelen hacer contribuciones más importantes a la empresa que las "habilidosas" en la aplicación de técnicas de administración.

Más que de la habilidad o la técnica, la calidad individual o empresarial depende de que tanto el carácter como la conducta estén en armonía con los principios correctos. Gran parte de la enseñanza que se imparte actualmente sobre la administración del tiempo es una mezcolanza de técnicas y triquiñuelas para ahorrar tiempo, condimentada con unos pocos principios (como los de organización y priorización). Pero pocas veces se capacita a la gente para aplicar esos principios —o para discernir y aplicar otros— adecuadamente. Las habilidades por sí solas no son la solución.

7. El enfoque "dejarse llevar por la corriente" (armonía y ritmos naturales)

Este enfoque se basa en un conjunto de supuestos sobre el tiempo y la vida que difieren de los que fundamentan la administración del tiempo tradicional. El paradigma básico es que aprendiendo a "dejarnos llevar por la corriente" y volviendo a los ritmos naturales recuperaremos la espontaneidad y la serenidad que son propias de muestro ser.

Gran parte de esta literatura se inspira en las filosofías de las culturas orientales, que acentúan la congruencia del yo interno y nuestra armonía con el fluir de la naturaleza. Este enfoque se basa también en la investigación biológica, según la cual todos los seres vivos tienen ciertas vibraciones y el hecho de vivir en nuestro mundo mecánico de relojes, nanosegundos, computadoras y teléfonos celulares trastorna los ritmos naturales de nuestro organismo y provoca enfermedades y otros problemas. Representa algo así como la contraparte de la administración del tiempo tradicional, un refugio para quienes se han sentido maltratados por los sistemas y los paradigmas de los otros enfoques.

Ventajas: Se ha dicho que los arqueólogos que algún día desentierren las reliquias de nuestra civilización sin duda concluirán que nuestra sociedad rendía culto a los relojes. Hay relojes en las escuelas, en los templos, en la oficina, en cada habitación de nuestros hogares. Incluso llevamos pequeños relojes en la muñeca.

Los adoremos o no, los relojes hacen tictac, los teléfonos repique-

444

tean, las computadoras hacen "bip" (o cualquier otro sonido que estén programadas para producir), y la cadencia mecánica marca un ritmo vivaz y exigente.

Pero a veces, en medio de la marcha veloz y aparentemente forzada, experimentamos uno de esos momentos "intemporales" en que la cadencia se vuelve gradualmente inaudible en el gozo del momento. Tal vez suceda al aire libre, en contacto con la naturaleza, lejos de relojes, teléfonos y computadoras, donde nos sentimos conscientes y en armonía con los ritmos naturales de nuestro cuerpo y del medio que nos rodea. O quizá nos pase cuando estemos absortos en algo que amamos: música, arte, literatura, cuidado del jardín. O cuando estamos con alguien a quien amamos, compartiendo, descubriendo, comunicándonos. El ritmo es marcadamente distinto, y percibimos en el momento una calidad que lo hace fecundo y satisfactorio. Somos conscientes de la total diferencia. Queremos que haya más momentos intemporales en nuestra vida.

Este enfoque nos sensibiliza al valor de tales momentos y nos ayuda a dar cabida a más de ellos en nuestra vida. Nos libera de la dominación de las cosas "urgentes" que constantemente nos apremian. Produce y fomenta la armonía interna y externa.

Desventajas: A menudo este enfoque es una reacción ante la adicción a la urgencia, una huida más bien que una ayuda para crear calidad de vida. Elementos vitales como la visión, la resolución y el equilibrio están por lo común ausentes. Además, hay ocasiones en que realizar lo importante significa ejercer la voluntad independiente y nadar río arriba en lugar de dejarse llevar por la corriente.

8. El enfoque del restablecimiento (autoconciencia)

Parte del material reciente más meritorio procede de lo que se conoce como el enfoque del restablecimiento. El paradigma básico es que hay deficiencias psíquicas esenciales producidas por el medio, la herencia, la imposición de guiones y otras influencias que se manifiestan como conductas de administración del tiempo contraproducentes o disfuncionales.

445

Influido por un temprano modelo de rol o por la cultura familiar, un individuo puede convertirse en "perfeccionista", en cuyo caso temerá delegar funciones, se sentirá inclinado a ocuparse de minucias y dedicará un tiempo excesivo a proyectos que van más allá de una efectiva utilización de los recursos disponibles. Alguien marcado como "deseoso de agradar" puede asumir demasiados compromisos y trabajar en exceso por temor al rechazo. La persona "morosa" probablemente tema el triunfo tanto como el fracaso si piensa que sus triunfos pasados perjudicaron a alguien o afectaron gravemente su vida familiar. La solución, según este enfoque, consiste en que el individuo se restablezca de las deficiencias psíquicas o sociales que originaron problemas en la administración del tiempo.

Ventajas: El enfoque es valioso porque se concentra en algunos de los paradigmas que determinan nuestra conducta, es decir, en las raíces del problema. Produce una mayor autoconciencia y ayuda a la gente a lograr cambios y mejorías fundamentales.

Desventajas: Los métodos de restablecimiento que se sugieren son tan variados como los que propicia el movimiento general de restablecimiento. Aunque este enfoque proporciona un valioso autoconocimiento y ayuda a definir parte del problema, es más útil para diagnosticar que para prescribir. Ni siquiera brinda un enfoque unificado de la solución, y los variados enfoques aceptados se contradicen entre sí aun respecto de cuestiones básicas. Además, se concentra en un aspecto muy limitado. No se ocupa en absoluto de muchos otros problemas conexos presentes en la administración del tiempo.

Por lo demás, la autoconciencia es valiosa en sí misma pero incompleta. La comprensión del guión que nos ha sido impuesto en el pasado contribuye sólo parcialmente al cambio significativo.

El gráfico que sigue a continuación muestra en forma resumida las principales contribuciones, ventajas y desventajas de los ocho enfoques de la administración del tiempo.

446

Enfoque	Contribución	Ventajas	Desventajas
Organícese	orden	• ahorra tiempo • no se desperdician esfuerzos • permite aumentar la productividad	• se convierte en un fin, más que en un medio de alcanzar fines importantes • fomenta la ilusión de la productividad • no ayuda necesariamente a lograr lo importante
Guerrero	elevada producción independiente	• responsabilidad individual por el empleo del tiempo y los resultados • permite disponer de tiempo libre de interrupciones para la acción independiente de corto plazo	• fomenta una independencia extrema que puede llegar a la arrogancia • a menudo da lugar a que la gente se sienta ofendida • lleva a adoptar una conducta manipuladora • la gente se confabula para pagar con la misma moneda • determina inefectividad en el largo plazo

Enfoque	Contribución	Ventajas	Desventajas
Meta	compromiso y concentración	• clarifica los valores • crea un plan secuencial para el logro de las metas	• crea la falsa expectativa de que el logro de las metas se traducirá necesariamente en calidad de vida • produce un desequilibrio en la vida a causa de la concentración exclusiva del tiempo y la energía • antepone el logro imprescindible de las metas a la reacción espontánea ante los momentos de plenitud que ofrece la vida • subordina todo al logro independiente
ABC	priorización	• impone orden y secuencia al logro	• la prioridad depende a menudo de la urgencia, de las circunstancias o de otras personas • no contempla una respuesta segura ante el surgimiento espontáneo de auténticas prioridades de orden superior • no toma en cuenta las realidades extrínsecas que rigen la calidad de vida

448

Enfoque	Contribución	Ventajas	Desventajas
Instrumento mágico	potenciación	• ofrece instrumentos que facilitan la comunicación, el seguimiento de progresos y resultados y la organización • aumenta la productividad • magnifica la capacidad individual • permite producir bienes y servicios de alta calidad	• crea la ilusión de que el poder reside en el instrumento • a veces se percibe como restrictivo y antinatural • fomenta el "hacer humano" y no el "ser humano" • en lugar de servir, los instrumentos se convierten en amos exigentes • no se utiliza todo el potencial de los instrumentos, sino aparatos refinados como calendarios de lujo • a menudo se concentra en determinar día por día la prioridad de lo urgente
Administración del tiempo 101	habilidades	• desarrolla habilidades que facilitan el cumplimiento de los objetivos • mejora el desempeño	• crea la ilusión de que la efectividad depende de la habilidad • no hay uniformidad en la enseñanza, en lo que respecta a su calidad y a su orientación hacia el "norte verdadero" • por lo general se concentra sólo en las habilidades que se consideran valiosas para la empresa

Enfoque	Contribución	Ventajas	Desventajas
Dejarse llevar por la corriente	armonía	• comienza a apartarse del paradigma de la urgencia • crea un ritmo de vida que está más en consonancia con nuestros ritmos naturales	• carece de las ventajas de los enfoques más orientados a los objetivos • carece del equilibrio propio de un enfoque más integrado • está en desacuerdo con los valores representados por la actitud de cumplir compromisos asumidos respecto de otras personas a través de citas, programas de actividades y cierta clase de productividad secuencial
Restablecimiento	autoconciencia	• ayuda a identificar la naturaleza y el origen de los hábitos disfuncionales relativos a la administración del tiempo	• no ofrece una solución unificada • es incompleto: la autoconciencia por sí sola no crea calidad de vida • se centra en un aspecto muy limitado • se centra en el pasado y no en el futuro

Aunque todos estos enfoques aportan contribuciones valiosas, por lo general se originan en el paradigma de control, esfuerzo independiente, eficiencia y tiempo cronológico. El gráfico que sigue muestra cómo se relacionan con las tres generaciones de administración del tiempo descritas en el capítulo 1.

450

Enfoque	1ª generación	2ª generación	3ª generación
Organícese (orden)		x	x
Guerrero (supervivencia y producción independiente)		x	x
Meta (logro)		x	x
ABC (priorización e identificación de valores)			x
Instrumento mágico (tecnología)		x	x
Administración del tiempo 101 (habilidades)		x	x
Dejarse llevar por la corriente (armonía y ritmos naturales)	x*		
Restablecimiento (autoconciencia)	x*		

* En algunos aspectos, estos enfoques pertenecen a la primera generación; en otros, nos acercan a la cuarta, formulando preguntas que trascienden los límites del paradigma de eficiencia cronológico.

Los pioneros de cada generación de la administración del tiempo han hecho contribuciones de enorme importancia. Reconocemos y apreciamos sus esfuerzos, así como los de quienes participan de la tarea de dar a luz una nueva generación basada en las leyes naturales que gobiernan la calidad de vida. Estoy convencido de que el discernimiento y la sinergia de muchos nos permitirán alcanzar mayores niveles de comprensión y contribución.

Bibliografía sobre administración del tiempo

Alexander, Roy, *Common Sense Time Management*, AMACOM, 1992.

Allen, Jane Elizabeth, *Beyond Time Management*, Addison-Wesley, 1986.

Applebaum, Steven H. y Walter F. Rohrs, *Time Management of Health Care Professionals*, Aspen Systems, 1981.

Barnes, Emilie, *The Fifteen Minute Organizer*, Harvest House, 1991.

Bennett, Robert F., *Gaining Control: Your Key to Freedom and Success*, Franklin Institute/Pocket Books, 1987.

Best, Fred, *Flexible Life Scheduling*, Praeger, 1980.

Billingsley, Anne Voorhees, *Getting the Twenty-fifth Hour*, Hearth, 1988.

Bond, William J., *199 Time-Waster Situations and How to Avoid Them*, Frederick Fell, 1991.

—*One Thousand and One Ways to Beat the Time Trap*, Frederick Fell, 1982.

Caddylak Systems, *Easy to Make Time Management Forms*, Westbury, Nueva York, 1983.

Carnahan, George R., *T.I.M.E.*, Cincinnati, South Western, 1987.

Cooper, Joseph D., *How to Get More Done in Less Time*, Doubleday, 1962.

Criswell, John W., *Maintenance Time Management*, Englewood Cliffs, NJ: Fairmont Press, distribuido por Prentice Hall, 1991.

Culp, Stephanie, *How to Get Organized When You Don't Have Time*, Writer's Digest Books, 1986.

Davenport, Rita, *Making Time Making Money*, St. Martin's, 1982.

Douglass, Merrill E. y Donna N. Douglass, *Manage Your Time, Manage Your Work, Manage Yourself*, AMACOM, 1980.

— *Time Management for Teams*, AMACOM, 1992.

Douglass, Merrill y Phillip H. Goodwin, *Successful Time Management for Hospital Personnel*, AMACOM, 1980.

Eyre, Richard y Linda Eyre, *Life Balance*, Ballantine, 1988.

Fanning, Tony y Robbie Fanning, *Get It All Done and Still Be Human*, Menlo Park, CA: Open Chain Publishing, 1990.

Guaspari, John, *It's About Time*, AMACOM, 1992.

Hedrick, Lucy H., *Three Hundred and Sixty-Five Ways to Save Time*, Hearst, 1992.

Helmer, Ray G., *Time Management for Engineers and Constructors*, American Society of Civil Engineers, 1991.

Hobbs, Charles R., *Time Power*, Harper & Row, 1987.

Hopson, Barrie y Mike Scally, *Time Management*, Mercury, 1989.

Hummel, Charles, *Tyranny of the Urgent*, InterVarsity, 1967.

Hunt, Diana y Pam Hait, *The Tao of Time*, Simon & Schuster, 1990.

Hutchins, Raymond G., *High School Time Tracker*, Prentice Hall, 1992.

Januz, Lauren Robert, *Time Management for Executives*, Scribner's, 1982.

Josephs, Ray, *How to Gain an Extra Hour Every Day*, Plume, 1992.

Keyes, Ralph, *Timelock*, HarperCollins, 1991.

Kobert, Norman, *Managing Time*, Boardroom Books, 1980.

Kofodimos, Joan R., *Why Executives Lose Their Balance*, Center for Creative Leadership, 1989, Informe nº 137.

LaBoeuf, Michael, *Working Smarter*, McGraw-Hill, 1979.

Lakein, Alan, *How to Get Control of Your Time and Your Life*, Signet, 1973.

Levinson, J. Conrad, *The Ninety Minute Hour*, Penguin, 1990.

Littleton, Mark, *Escaping the Time Crunch*, Moody Press, 1990.

Love, Sydney, *Mastery and Management of Time*, Prentice Hall, 1978.

Mackenzie, R. Alec, *Teamwork through Time Management*, Dartnell Press, 1990.

—*Time for Success*, McGraw-Hill, 1989.

—*The Time Trap*, AMACOM, 1990.

Maher, Charles A. (comp.), *Professional Self-Management Techniques*, P. H. Brookes, 1985.

Marvin, Philip, *Executive Time Management*, AMACOM, 1980.

Mayer, Jeffrey J., *If You Haven't Got the Time to Do It Right, When Will You Find the Time to Do It Over?*, Simon & Schuster, 1990.

McCay, James T., *The Management of Time*, Prentice Hall, 1959.

McCullough, Bonnie, *Totally Organized the Bonnie McCullough Way*, St. Martin's, 1986.

McGee-Cooper, Ann., *Time Management for Unmanageable People*, Bowen & Rogers/Self, 1993.

—*You Don't Have to Go Home from Work Exhausted*, Bantam, 1990.

McRae, Bradley C., *Practical Time Management*, International Self Counsel Press, 1988.

Neal, Richard G., *Managing Time*, Richard Neal Associates, Falls Church, VA, 1983.

Olney, Ross y Patricia Olney, *Time! How to Have More of It*, Walker, 1983.

Pearson, Barrie, *Common Sense Time Management*, Mercury, 1989.

Posner, Mitchell J., *Executive Essentials*, Avon, 1982.

Randall, John C., *How to Save Time and Worry Less*, Hotline Multi-Enterprises, 1979.

Reader's Digest, *Organize Yourself*, Berkley Reader's Digest Books, 1980.

Reynolds, Helen, *Executive Time Management*, Prentice Hall, 1979.

Saltzman, Amy, *Downshifting*, Harper Perennial, 1992.

Schlenger, Sunny y Roberta Roesch, *How to Be Organized in Spite of Yourself*, Signet, 1990.

Schofield, Deniece, *Springing the Time Trap*, Shadow Mountain, Salt Lake City, 1987; Signet, 1989.

Scott, Dru, *How to Put More Time in Your Life*, Signet, 1980.

Seiwert, Lothar J., *Time Is Money, Save It*, Dow Jones-Irwin, 1989.

Sherman, Doug y William Hendricks, *How to Balance Competing Time Demands*, Navpress, 1989.

Shippman, Leo J. y Jeffrey Martin, A. Bruce McKay, Robert A. Amastasi, *Effective Time Management Techniques for School Administrators*, Prentice Hall, 1983.

Silver, Susan, *Organize to Be the Best*, Adams-Hall, 1989.

Smith, Hyrum W., *The Advanced Day Planner Users Guide*, Franklin Institute, 1987.

—*Ten Natural Laws of Successful Time and Life Management: Proven Strategies for Increased Productivity and Inner Peace*, Warner, 1994.

Smith, Ken, *It's about Time*, Crossway Books, 1992.

Smith, Marian, *In Today, Out Today*, Prentice Hall, 1982.

Stautberg, Susan S. y Marcia L. Worthing, *Balancing Act*, Avon, 1992.

Stokes, Steward L., Jr., *Time Is of the Essence*, QED Information Sciences, 1983.

The Success Group, *How to Get Organized*, Self/Palm Beach Gardens, FL.

Swenson, Richard A. Margin: *How to Create The Emotional, Physical, Financial, and Time Reserves You Need*, Navpress, 1992.

Tassi, Nina, *Urgency Addiction*, Taylor, 1991.

Treuille, Beverly Benz y Susan Schiffere Stautberg, *Managing It All*, Master Media, 1988.

Turla, Peter y Kathleen L. Hawkins, *Time Management Made Easy*, Dutton, 1983.

Webber, Ross Arkell, *Breaking Your Time Barriers*, Prentice Hall.

—*A Guide to Getting Things Done*, Free Press, 1980.

—*Time and Management*, Van Nostrand Reinhold, 1972.

Whisehunt, Donald W., *Administrative Time Management*, University Press of America, 1987.

White, T. Kenneth, *The Technical Connection*, Wiley, 1981.

Winston, Stephanie, *Getting Organized*, Norton, 1978.

—*The Organized Executive*, Norton, 1983.

Wright, Howard, *Success and Time Management*, Wright Financial, 1992.

Temas conexos con la administración del tiempo

Alesandrini, Kathryn, *Survive Information Overload*, Business One, Irwin, 1992.

Arnold, William W. y Jeanne M. Plas, *The Human Touch: Today's Most Unusual Program for Productivity and Profit*, Wiley, 1993.

Baker, Kim y Sunny Baker, *Office on the Go*, Prentice Hall, 1993.

Barker, Joel Arthur, *Paradigms: The Business of Discovering the Future*, HarperCollins, 1992.

Bennett, William J., *The De-Valuing of America: The Fight for Our Culture and Our Children*, Summit, 1992.

Bittel, Lester R., *Right on Time*, McGraw-Hill, 1991.

Black, Joe, *The Attitude Connection*, Life Vision Books, 1991.

— *Looking Back on the Future*, Life Vision Books, 1993.

Blanchard, Ken, William Oncken, Jr., y Hall Borrows, *The One Minute Manager Meets the Monkey*, Morrow, 1989.

Block, Peter, *Stewardship*, Berrett-Koehler, 1993.

Boldt, Laurence G., *Zen and the Art of Making a Living: A Practical Guide to Creative Career Design*, Penguin, 1991.

Bolles, Richard N., *The 1994 What Color Is Your Parachute?*, Ten Speed Press, 1994.

— *The Three Boxes of Life*, Ten Speed Press, 1978.

Booher, Diana, *Clean Up Your Act*, Warner, 1992.

Bremer, Sidney Newton, *Spirit of Apollo*, Successful Achievement, 1971.

Burka, Jane B. y Lenora M. Yuen, *Procrastination*, Addison-Wesley, 1983.

Burns, James MacGregor, *Leadership*, Harper & Row, 1978.

Burns, Lee, *Busy Bodies*, Norton, 1993.

Campbell, Andrew y Laura L. Nash, *A Sense of Mission: Defining Direction for the Large Corporation*, Addison-Wesley, 1992.

Chopra, Deepak, *Ageless Body, Timeless Mind*, Harmony, 1993.

Coleson, Chuck y Jack Eckerd, *Why America Doesn't Work*, Word, 1991.

Collins, James C. y William C. Lazier, *Beyond Entrepreneurship: Turning Your Business into an Enduring Great Company*, Prentice Hall, 1992.

Cooper, Dr. Kenneth H., *The Aerobics Program For Total Wellbeing*, M. Evans, 1982.

Dardik, Irving y Dennis Waitley, *Quantum Fitness*, Pocket, 1984.

Dominguez, Joe y Vicki Robin, *Your Money or Your Life*, Viking, 1992.

Drucker, Peter, *The Effective Executive*, Pan, 1970.

Gleick, James, *Chaos: Making a New Science*, Penguin, 1987.

Goldberg, Philip, *The Intuitive Edge: Understanding Intuition and Applying It in Everyday Life*, Jeremy Tarcher, 1983.

Goldratt, Eliyahu M., *The Goal*, North River Press, 1984.

Hickman, Draig R., *Mind of a Manager, Soul of a Leader*, Wiley, 1990.

Hillman, James y Michael Ventura, *We've Had a Hundred Years of Psychotherapy and the World's Getting Worse*, HarperCollins, 1992.

Hunnicutt, Benjamin Kline, *Work without End*, Temple University Press, 1988.

Jamison, Kaleel, *The Nibble Theory*, Paulist Press, 1984.

Jones, John W., *High-Speed Management*, Jossey-Bass, 1993.

Kinder, Dr. Melvyn, *Going Nowhere Fast*, Fawcett Columbine, 1990.

Kotter, John P. y James L. Heskett, *Corporate Culture and Performance*, Free Press, 1992.

Kouzes, James M. y Barry Z. Posner, *Credibility: How Leaders Gain It and Lose It, Why People Demand It*, Jossey-Bass, 1993.

Kuhn, Thomas S., *The Structure of Scientific Revolutions*, University of Chicago Press, 1962.

Langer, Ellen J., *Mind-Fulness*, Addison-Wesley, 1989.

Materka, Pat Roessle, *Time In, Time Out*, Time Enough, Ann Arbor, 1993.

McCarthy, Kevin W., *The On-Purpose Person*, Pinon Press, 1992.

McWilliams, John-Roger y Peter McWilliams, *Do It!*, Prelude Press, 1991.

Meyer, Christopher, *Fast Cycle Time*, Free Press, 1993.

Mitroff, Ian I. y Harold A. Linstone, *The Unbounded Mind: Breaking the Chains of Traditional Business Thinking*, Oxford University Press, 1993.

Myers, David G., *The Pursuit of Happiness*, Morrow, 1992.

456

Nave, Jean Russel, *The Quest for Real Success*, Windemere Press, 1987.

Nielsen, Duke, *Partnering with Employees: A Practical System for Building Empowered Relationships*, Jossey-Bass, 1993.

Noble, Valerie, *Guide to Individual Development: An Annotated Bibliography*, Special Libraries Association, Washington, D. C., 1986.

Oakley, Ed y Doug Krug, *Enlightened Leadership: Getting to the Heart of Change*, Simon & Schuster, 1993.

Orsborn, Carol, *Enough Is Enogh*, Putnam, 1986.

— *Inner Excellence: Spiritual Principles of Life-Driven Business*, New World Library, 1992.

Osterbreg, Rolf, *Corporate Renaissance: Business as an Adventure in Human Development*, Nataraj, 1993.

Parker, Marjorie, *Creating Shared Vision*, Senter for Ledelsesutvikling A/S (The Norwegian Center for Leadership Development), 1990.

Proat, Frieda, *Creative Procrastination*, Harper & Row, 1980.

Quigley, Joseph V., *Vision: How Leaders Develop It, Share It, and Sustain It*, McGraw-Hill, 1993.

Rubin, Theodore Isaac, *Overcoming Indecisiveness*, Avon, 1985.

Russo, J. Edward y Paul J. H. Schoemaker, *Decision Traps*, Fireside, 1989.

Rutherford, Robert D., *Just in Time*, Wiley, 1981.

Ryan, Kathleen D. y Daniel K. Ostereich, *Driving Fear out of the Workplace*, Jossey-Bass, 1991.

Schaef, Anne Wilson y Diane Fassel, *The Addictive Organization*, Harper, 1988.

Schofield, Deniece, *Confessions of an Organized Housewife*, Writer's Digest Books, 1982.

Schor, Juliet B., *The Overworked American*, Basic, 1991.

Seligman, Martin E. P., *Learned Optimism*, Pocket, 1990.

Selye, Hans, *Stress without Distress*, Signet, 1975.

Senge, Peter M., *The Fifth Discipline*, Doubleday, 1990.

Shames, Laurence, *The Hunger for More*, Vintage/Random House, 1986.

Sherman, Doug y William Hendricks, *Your Work Matters to God*, Navpress, 1987.

Skopek, Eric W. y Laree Kiely, *Taking Charge*, Addison-Wesley, 1991.

Tyssen, Theodore G., *The First Time Manager*, International Self-Counsel Press, 1992.

Vetterli, Richard y Gary Bryner, *In Search of the Republic*, Rowman & Littlefield, 1987.

Waldrop, M. Mitchell, *Complexity*, Simon & Schuster, 1992.

Wheatley, Margaret J., *Leadership and the New Science: Learning About Organization from an Orderly Universe*, Berrett-Kohler, 1992.

Whitney, John O., *The Trust Factor: Liberating Profits and Restoring Corporate Vitality*, Donnelly, 1994.

Wick, Calhoun W. y Lu Stanton Leon, *The Learning Edge: How Smart Managers and Smart Companies Stay Ahead*, McGraw-Hill, 1993.

Tiempo: filosófico, sociológico, científico, etc.

American Institute of CPAs, *Controls for the Effective Use of Time*, American Institute of Certified Public Accountants, Nueva York, 1958.

Bender, John y David E. Wellbery (comps.), *Chronotypes: The Construction of Time*, Stanford University Press, 1991.

Blackwell, B., *The Nature of Time*, Oxford, 1986.

Carlstein, Tommy, *Time Resources, Society and Ecology*, Allen & Unwin, 1982.

Carlstein, Tommy, Don Parkes y Nigel Thrift, *Human Activity and Time Geography*, E. Arnold, Londres, 1978.

Carr, David, *Time Narrative in History*, Indiana University Press, 1986.

Das, T. K., *Time Dimensions*, Praeger, 1990. (Esta obra imponente es una inmensa bibliografía que abarca varias dimensiones del tiempo. Las obras en ella incluidas ofrecen ideas y perspectivas de campos tales como la antropología, la sociología, la biología, la geografía, la historia, la lingüística, la literatura, la administración y la física. Su orientación es decididamente académica, pero contiene más de 300 páginas de referencias que dan una idea de la vastedad de las reflexiones e investigaciones suscitadas por el tema del tiempo a lo largo de los siglos. El estudio de todas estas obras no podría ser completado por un individuo aunque dedicara a ello la vida entera. Es interesante señalar que, con muy pocas excepciones, la literatura sobre administración del tiempo no refleja ninguna conexión con este inmenso acervo de conocimientos.)

Denbigh, Kenneth, *Three Concepts of Time*, Springer-Verlag, 1981.

Dossey, Larry, *Space, Time and Medicine*, Shambhala Publications, 1985.

Elton, L. R. B. y H. B. Messel, *Time and Man*, Pergamon Press, 1978.

Ewing, A. C., *The Fundamental Questions of Philosophy*, Routledge and Kegan Paul, 1951.

Frazer, J. T., *Time, The Familiar Stranger*, University of Massachusetts Press, 1987.

Hatano, Seiichi, trad. por Ichiro Suzuki, *Time and Eternity*, Greenwood Press, 1963.

Herrin, Donald Arthur, *Use of Time by Married Couples* (tesis inédita), Brigham Young University, 1983.

Holmes, Ivory H., *The Allocation of Time by Women*, University Press of America, 1983.

Juster, F. Thomas y Frank P. Stafford (comps.), *Time, Goods and Well Being*, Survey Research Center, Institute for Social Research, University of Michigan, 1985.

Lee, Mary Dean y Rabindra N. Kanungo (comps.), *Management of Work and Personal Life*, Praeger, 1984.

Norbert, Elias, trad. por Edmund Jebhcoth, *Time, An Essay*, 1992.

Pleck, Joseph H., *Working Wives, Working Husbands*, National Council on Family Relations, Sage, 1985.

Rifkin, Jeremy, *Time Wars*, Henry Holt, 1987.

Robinson, John, *The Rhythm of Everyday Life*, Westview Press, Boulder, 1989.

Sharp, Clifford, *The Economics of Time*, Oxford, 1981.

Tivers, Jacqueline, *Women Attached*, St. Martin's, 1985.

Van Vliet, Willem, *Theories, Methods, and Applications of Activity*, Vance Bibliographies, Monticello, IL, 1978.

von Franz, Marie-Louise, *Time, Rhythm and Repose* (143 ilustraciones, 16 en color), Thames & Hudson, 1978.

Wolf, Fred Alan, *Taking the Quantum Leap*, Harper & Row, 1981.

Zee, A., *Fearful Symmetry*, Macmillan, 1986.

Apéndice C
La literatura sapiencial

Llamamos "sapiencial" a aquella parte de la literatura clásica, filosófica, proverbial y religiosa que trata específicamente del arte de vivir. Algunas de las obras a las que hoy tenemos acceso son anteriores a la ciencia formal y la filosofía, y en un principio se transmitían de generación en generación por tradición oral o a través de proverbios o del arte simbólico, además de transmitirse por medio de la palabra escrita.

Una de las obras escritas más antiguas que se conocen es "La Sabiduría de Ptah-hotep" (egipcia, año 2500 a. de C.), la cual, junto con otros textos del mismo origen, tuvo una importante influencia en la cultura griega. Las tradiciones griega y hebrea contribuyeron a modelar el pensamiento moderno de Occidente. Algunas obras sapienciales de Oriente, como los escritos de Confucio (551-479 a. de C.) y los de Mencio (371-289 a. de C.), al igual que obras de la India como el *Bhagavadgità* y el *Dhammapada,* tuvieron amplia difusión en Occidente. La literatura de los aborígenes de América es cada vez más conocida y asequible.

No todas las obras mencionadas son parte de la literatura sapiencial: lo que caracteriza a esta última y la distingue de su contexto religioso y filosófico es un matiz práctico, casi del tipo "hágase de este modo". En la tradición hebrea, por ejemplo, los libros *Job, Salmos, Proverbios* y el apócrifo *Sabiduría de Salomón* son representativos de la literatura sapiencial.

Los principales temas recurrentes

Reconocemos que hay que obrar con mucha prudencia cuando se trata de extraer conclusiones de un conjunto tan vasto de obras que difieren profundamente entre sí en lo que hace a su filosofía, sus paradigmas esenciales e incluso su lenguaje. Creemos, sin embargo, que es beneficioso tratar de discernir en ellas los temas más generales y aprender a valorar las diferencias.

Basándonos en nuestros propios estudios y en nuestros esfuerzos por aprender de los eruditos que durante largos años y con el mayor de los empeños han investigado en este campo, sugerimos que algunos de los temas más frecuentados en esa literatura son los siguientes:

Elección

Tenemos la posibilidad de elegir. Algunas elecciones dan mejor resultado que otras. Hay una relación de "causa y efecto" entre las elecciones y las consecuencias. A esta relación se la denomina "Ley de la Cosecha".

Reflexión

Si dedicamos algunos momentos a reflexionar sobre la vida en lugar de pasar todo nuestro tiempo ocupados en vivir, advertiremos las consecuencias de nuestras elecciones y de ello extraeremos enseñanzas.

El valor de las opciones

El mayor valor de una opción respecto de otra no siempre se puede demostrar plenamente con argumentos racionales ni defender con facilidad, pero se puede discernir. Recurriendo a algún tipo de intuición, la gente sabe "qué es lo correcto", y la vida mejora cuando uno aprende a confiar en esta "guía".

La verdad

Hay "verdades" —leyes fundamentales de la vida que operan con regularidad infalible—, y estamos en mejores condiciones cuando aprendemos y vivimos de acuerdo con ellas.

Necesidades básicas

Hay necesidades humanas universales, y nada marcha bien por largo tiempo en la experiencia humana cuando se las pasa por alto.

Naturaleza

La gente es parte de un todo ecológico más amplio. Vivir en armonía con la naturaleza es una parte vital de la calidad de vida.

Relaciones

La ley que rige la calidad de nuestras relaciones con los demás es la ley de la reciprocidad, también llamada la Regla de Oro. La vida es mejor cuando tratamos a los demás como desearíamos ser tratados.

Contribución

La gran dicotomía aparente es que, cuanto más damos, más obtenemos.

Perspectiva

La vida no se agota en el "yo" y el "ahora". Una perspectiva más amplia conduce a decisiones de mayor calidad.

Lo destacable de la "literatura sapiencial" es que, en la medida en que es posible hallar en ella modelos, regularidades y temas, constituye la base de datos más ampliamente confirmada de toda la experiencia humana. Pasarla por alto —no tratar de aprender de ella— implica un desinterés absurdo por un recurso valioso. Sumergirse regularmente en la gran base de datos de la vida equivale a seguir un curso intensivo de concienciación.

Bibliografía sobre literatura sapiencial

Somos conscientes de que el estudio de la literatura sapiencial plantea muchos problemas, entre ellos el de definirla de manera satisfactoria. Rendimos tributo a los eruditos que han dedicado muchos años al estudio de este campo. Ellos, al igual que otras personas versadas en literatura, advertirán sin tardanza que la bibliografía incluida más abajo no es exhaustiva. Nuestra intención al proporcionar esta lista de libros es permitir que el lector se forme una impresión sobre la variedad y el alcance de esta literatura, ilustrar el carácter común de algunos de los temas generales que hemos mencionado y proporcionar un punto de partida a quienes estén interesados en utilizar este vasto acervo de experiencia humana como un medio para educar la conciencia.

En la actualidad estamos compilando una lista más amplia que, creemos, será un valioso recurso para muchas personas, y nos agradaría recibir sugerencias acerca de otras obras que podrían ser incluidas. Si está interesado en colaborar con este proyecto, le rogamos escriba a Covey Leadership Center, 3507 N. University Avenue, Suite 100, Provo, Utah 84604, o envíe un fax a 801-342-6236. Si lo hace le enviaremos un formulario de respuesta en el que podrá hacer constar su sugerencia, indicando por qué piensa que la obra debería ser incluida y cuál fue la influencia que tuvo en su vida.

La lista que sigue está dividida en dos partes: "obras básicas" y "compilaciones"; los títulos de las obras figuran por orden alfabético. Las personas familiarizadas con esta rama de la literatura advertirán que algunas de las "obras básicas" son compilaciones en sentido técnico; en esta bibliografía, sin embargo, las obras que agrupamos bajo el título de "compilaciones" son esencialmente recopilaciones de proverbios.

Obras básicas

The Analects of Confucius. Trad. por Arthur Waley, Vintage, 1938.
The Art of Virtue. Benjamin Franklin, Acorn, 1986.
As a Man Thinketh. James Allen, Running Press, 1989.
As a Man Thinketh. Vol. 2. James Allen, MindArt, 1988.

The Bhagavad Gita. Trad. por Eknath Easwaran, Nilgiri Press, 1985. [Trad. esp.: *Bhagavadgità: la canción del Señor,* Barcelona, Edhasa, 1988.]

Book of the Hopi. Frank Waters, Ballantine, 1963.

The Book of Mormon. The Church of Jesus Christ of Latter Day Saints, 1986.

The Collected Dialogues of Plato. Comp. por Edith Hamilton y Huntington Cairns, Princeton University Press, 1961. [Trad. esp.: *Diálogos,* Madrid, Gredos, 1988].

The Dhammapada. Trad. por Eknath Easwaran, Nilgiri Press, 1985. [Trad. esp.: *El Dhammapada,* Barcelona, Publications de l'Abadia de Monserrat, 1982.]

The Essential Gandhi. Comp. por Louis Rischer, Vintage, 1962.

La Santa Biblia.

The Instruction of Ptah-hotep and the Instruction of Ke'Gemni: The Oldest Books in the World. Trad. por Battiscombe Gunn, Londres, John Murray, 1912.

The Lessons of History. Will y Ariel Durant, Simon & Schuster, 1968. [Trad. esp.: *Lecciones de la historia,* Buenos Aires, Sudamericana.]

The Meaning of the Glorius Koran: An Explanatory Translation. Mohamad Marmaduke Pickehall, Mentor Books, s. f.

The Meditations of Marcus Aurelius. Trad. por George Long, Avon Books, 1993. [Trad. esp.: *Meditaciones,* Madrid, Alianza, 1993, 3ª. ed.]

The Nicomachean Ethics. Aristóteles, Oxford University Press, 1991. [Trad. esp.: *Ética nicomaquea, Ética eudemia,* Madrid, Gredos, 1993.]

The Opening of the Wisdom-Eye. H. H. Gyatso, el Dalai Lama Tenzin, Quest Books, 1966.

Ramayana. R. K. Narayan, Penguin, 1972. [Trad. esp.: *El Ramayama,* Barcelona, Lumen, 1984.]

The Sayings of Confucius. Trad. por Lionel Giles, Londres: Charles E. Tuttle, 1993.

The Sayings of Mencius. James R. Ware, Mentor Books, 1960.

Siddhartha. Hermann Hesse, New Directions, 1951. [Trad. esp.: *Siddharta,* Barcelona, Plaza y Janés, 1993.]

Sufism, The Alchemy of the Heart. Labyrinth Publishing, 1993.

Tao, to Know and Not Be Knowing. Labyrinth Publishing, 1993.

Tao Te Ching. Lao Tsé, Penguin, 1963. [Trad. esp.: *Tao Te King,* Madrid, Edaf., 1993.]

The Torah. Trad. por W. Gunther Plaute, Central Conference of American Rabbis, 1981.

The Upanishads. Trad. por Eknath Easwaran, Nilgiri Press, 1987. [Trad. esp.: *Upanisads,* Madrid, Edaf., 1993.]

Walden, Or, Life in the Woods. Henry David Thoreau, Shambhala, 1992. [Trad. esp.: *Walden,* Barcelona, Parsifal, 1989.]

The Way of Chuang Tzu. Thomas Merton, Shambhala, 1965.

The Wisdom of Confucius. Peter Pauper Press, 1963.

Wisdomkeepers: Meetings with Native American Spiritual Elders. Steve Wall y Harvey Arden, Beyond Words Publishing, 1990.

The Wisdom of the Vedas. J. C. Chatterji, Quest Books, 1992.

World Scripture: A Comparative Anthology of Sacred Texts, International Religious Foundation, Paragon House, 1991.

Zen, The Reason of Unreason, Labyrinth Publishing, 1993.

Compilaciones

The Art of Peace. Morihei Ueshiba, trad. por John Stevens, Shambhala, 1992.

The Art of Worldly Wisdom. Baltasar Gracián, trad. por Joseph Jacobs, Shambhala, 1993. [Trad. esp.: *El arte de la prudencia,* Madrid, Temas de Hoy, 1993.]

The Book of Virtues. William J. Bennett, Simon & Schuster, 1993.

Words of Wisdom, Ariel Books, 1992.

The Enlightened Heart: An Anthology of Sacred Poetry. Comp. Stephen Mitchell, HarperCollins, 1989.

The Enlightened Mind: An Anthology of Sacred Prose. Comp. Stephen Mitchell, HarperCollins, 1991.

Light from Many Lamps. Comp. Lillian Eichler Watson, Fireside, 1979.

Native American Wisdom. Running Press, 1993.

Oneness. Jeffrey Moses, Fawcett Columbine, 1989.

The Pocket Aquinas. Comp. Vernon J. Bourke, Pocket, 1960.

Prayer of the Heart, Writings from the Philokalia. Trad. por G. E. H. Palmer, Philip Sherrard y Kallistos Ware. Shambhala, 1993. [Trad. esp.: *La filocalia de la oración de Jesús,* Salamanca, Sígueme, 1990, 3ª ed.]

The Sayings of Muhammad. Allama Sir Abdullah Al-Mamun Al-Suhrawardy, Charles E. Tuttle, 1992.

Spiritual Illuminations. Comp. Peg Streep, Viking Studio Books, 1992.

Thoughts in Solitude. Thomas Merton, Shambhala, 1993. [Trad. esp.: *Pensamientos de la soledad,* Barcelona, Edhasa.]

Wisdom: Conversations with the Elder Wise Men of Our Day. James Nelson, Norton, 1958.

Wisdom Is One, B. W. Huntsman, Charles E. Tuttle, 1985.

Words of Wisdom. Thomas C. Jones, Chicago: J. G. Ferguson, 1966.

A World Treasury of Folk Wisdom, Reynold Feldman y Cynthia A. Voelke, HarperCollins, 1992.

Comentario y análisis

Proverbial Philosophy: A Book of Thoughts and Arguments, Martin Farquhar Tupper, E. H. Butler, Filadelfia, 1892.

Ways of Wisdom. Comp. Steve Smith, University Press, 1983.

Wisdom. Comp. Robert J. Sternberg, Cambridge University Press, 1990.

Índice de problemas/oportunidades

Se diseñó este índice como fuente para el acceso al material de *Primero, lo primero* que trata problemas y oportunidades específicas sobre los temas del tiempo y la calidad de vida. Este índice está dividido en áreas que se relacionan con las dimensiones personales e interpersonales. En algunos casos, se señalan capítulos o secciones enteros además de sugerencias o ideas específicas. Las referencias en bastardillas representan narraciones. Las mayúsculas corresponden a subtítulos.

PARTE UNO: LA DIMENSIÓN PERSONAL

Cuando no son satisfactorios los resultados obtenidos en la vida

Cuando no se siente entusiasmo por la propia vida

Cuando se siente que no se crece

470

La administración del tiempo parece demasiado estructurada y rígida

La razón por la cual la administración del tiempo tradicional no da buenos resultados

Cuando se elige una herramienta de planificación efectiva

PARTE DOS: LA DIMENSIÓN INTERPERSONAL

**La forma en que la realidad interdependiente
influye en el tiempo**

**El fomento de relaciones ricas y gratificadoras
con los demás**

Cuando el problema lo constituyen "los demás"

Cuando se vive o trabaja en un ámbito dificultoso

Cuando se determina lo que es importante en la familia, el grupo o la organización

Sobre el Centro de Liderazgo Covey

Esta firma, integrada por 500 miembros, está empeñada en la tarea de facultar a las personas y organizaciones a mejorar su desempeño mediante la aplicación a fines valiosos del liderazgo centrado en principios.

Su cartera de clientes incluye 200 de las 500 empresas de *Fortune*, así como varios miles de pequeñas y medianas empresas, instituciones educativas y organizaciones gubernamentales y privadas de todo el mundo. Sus clientes consideran que su trabajo en liderazgo centrado en principios constituye la base de la efectividad de la calidad, el liderazgo, el servicio, la formación de equipos, la orientación organizacional y muchas otras iniciativas empresariales estratégicas.

Su singular enfoque contextual de la formación de culturas basadas en la confianza mediante la acción dirigida a los cuatro niveles —personal, interpersonal, administrativo y organizacional— goza de merecida fama.

La firma faculta a las personas y organizaciones a enseñarse a sí mismas e independizarse del Centro. Al adagio que dice: "Dale un pescado a un hombre y lo alimentarás por un día; enséñale a pescar y lo alimentarás toda la vida", se le añade: "Forma maestros de pescadores y beneficiarás a la sociedad toda".

El proceso de capacitación se lleva a cabo a través de programas desarrollados en el Centro de Liderazgo Covey de las Montañas Rocosas, Utah; de programas y asesoramiento *in situ* para empresas clientes, y de seminarios públicos de Administración según los Siete Hábitos y Primero, lo Primero, ofrecidos en más de 77 ciudades de América del Norte y más de 40 países de todo el mundo.

Para ponerse en contacto con su representante de área, llame a Latin America Covey Leadership Center, 1 (407) 644-4416.

Red de Covey

Latin America Covey Leadership Center

TOMÁS Y CARMEN MORELL
107 N. Virginia Ave.
Winter Park, FL 32789
tel.: (407) 644-4416
fax: 644-5919
Walter Santaliz
Vía San Gabriel 2
Urbe Monte Albernia
Guaynabo PR 00969

Argentina
MARINA VILLALONGA
CARLOS RÍOS
Corrientes 861, 5° piso
Tel.: (54-41) 264-844
Fax: 264-844
2000 Rosario

Brasil
ANTONIO-CARLOS R.
MORAES
Brig. Faria Lima 2003
Cj. 1301-1302
São Paulo, S.P.
C.P. 01451
tel.: (55-11) 815-7797
fax: 815-7797
Brasil

Colombia
ADVANTAGE MANAGEMENT
INTERNATIONAL COLOMBIA
Dr. Juan Manuel Ruiz R.
Calle 90 N° 11 A - 34 Of. 206
tels.: 610 03 96 / 610 03 85
fax: 610 2723
Bogotá, D.C.

México
MARIO BORGHINO
GRUPO M.B. CONSULTORES
José M. Rico 121-402
Col. del Valle
tel.: 52-5-524-5804
fax: 52-5-524-5903
tel.: 52-5-534-1925, 45 o 65
03100 México D.F.

Panamá
ALFONSO PALMA
JOSÉ G. MIRALLES
Vía Ramón Arias, El Carmen
Oficentro Ropardi, Of. G
Tel.: (507) 223-3341
Tel.: (507) 223-7671
Fax: 223-7646
Mailing Address
P.O. Box 025207
Miami FL 33102-5207
PTY 8857.

Puerto Rico
ÁNGEL DE JESÚS, SOCORRO
OLIVENCIA
Edif. Banco Coop. Plaza
Suite 601 B
623 Avenida Ponce de León
tel.: 809-754-7441
tel.: 809-763-7171
fax: 809-751-3840
Hato Rey, PR 00917
WALTER SANTALIZ (Bus. Mgr.)
U.S. Postal Address:
Vía San Gabriele # 2
Urb. Monte Alvernia
Guaynabo, PR 00969
Federal Express Address:
Vía San Gabriele # 2
Urb. Monte Alvernia
tel.: 809-789-1097
tel.: 809-760-8585
fax: 809-731-5757
Río Piedras, PR 00927

Venezuela
BÁRBARA HAUSER
CCCT Torre B
Ofic. 708, Chuao
tel.: 58-2-959-2960
fax: 58-2-261-5476
Caracas

Otro título del autor

Meditaciones diarias
para la gente altamente efectiva

Stephen R. Covey ha ayudado a millones de lectores a conseguir el éxito profesional y la realización personal. Con intuiciones penetrantes, el doctor Covey revela un camino para vivir con justicia, integridad, sinceridad y dignidad humana, principios que nos dan la seguridad necesaria para adaptarnos a los cambios, y la sabiduría y la capacidad imprescindibles para obtener ventajas de las oportunidades que ofrecen estos últimos.

Como una concisa introducción al pensamiento revolucionario del doctor Covey o como un recordatorio de sus principios clave, *Meditaciones diarias para la gente altamente efectiva* proporciona un impulso inspirador que le aproximará a la experiencia holística de la efectividad y el propósito personales.

Otro título del autor

Los siete hábitos
de la gente altamente efectiva

Desde 1991 en la lista semanal de libros más vendidos del *Publishers Weekly* (y a menudo encabezándola), este indiscutible *best-seller* se merecía una puesta al día, y eso es lo que ha hecho su autor con esta nueva edición: la estructura general no cambia —hubiera resultado absurdo, dado su alto grado de efectividad—, sólo se amplía, se extiende hacia nuevos temas y detalles que el lector sin duda agradecerá.

El punto de partida general, pues, sigue siendo el mismo: el hecho ineludible de que casi todo el mundo intuye que su comportamiento en la empresa podría mejorar en muchos aspectos, pero pocos saben cómo conseguirlo. A partir de ahí Stephen Covey, el llamado Sócrates americano, no da consejos paternalistas ni se dedica a sermonear sin ton ni son. Su método es claro, certero y eficiente: casi un cursillo dividido en siete etapas que el lector deberá asimilar y poner en práctica por su propia cuenta, adaptándolas a su personalidad y aplicándolas libremente en todos los ámbitos de la vida empresarial. Para ello, el autor se sirve de anécdotas penetrantes y significativas destinadas a hacernos reflexionar sobre cada uno de nuestros actos y sobre el modo de acceder al cambio, a la verdadera efectividad: desde la visión personal hasta la autorrenovación equilibrada pasando por el liderazgo personal, la administración personal, el liderazgo interpersonal, la comunicación empática y la cooperación creativa. Teniendo en cuenta todo esto, y a través del desarrollo de ciertos conceptos, el lector acaba comprendiendo que, si queremos cambiar la situación, deberemos cambiarnos también a nosotros mismos.

Este libro se terminó de imprimir en el mes de agosto de 1996
en los Talleres Gráficos D'Aversa e Hijos S.A.
V. López 318 - Quilmes